教育部新文科研究与改革实践项目
江苏高校优势学科建设工程 联合资助

南京大学人文地理：1919—2019

〇 黄贤金 张 捷 甄 峰 罗小龙 金晓斌 主编

南京大学出版社

南京大学人文地理丛书

编委会

丛书顾问 曾尊固　崔功豪　彭补拙　杨达源

丛书主编 黄贤金　张　捷　张京祥

丛书编委（按姓氏笔画排序）

马俊亚　王红扬　朱喜钢　李满春
吴小根　吴缚龙[英]　　　张兆干
张京祥　张　捷　罗小龙　金晓斌
周生路　周寅康　宗跃光　胡阿祥
姜忠尽　顾朝林　徐建刚　黄贤金
章锦河　甄　峰　翟国方　魏也华[美]
濮励杰

总　序[1]

曾尊固　崔功豪　黄贤金　张　捷　张京祥　金晓斌

自1921年竺可桢先生创立地学系以来,南京大学地理学已走过了98年发展路程;人文地理专业办学可以追溯到南京高等师范学校1919年设立的文史地部,则南京大学地理学科的历史已有100年之久。百年历史见证了南京大学人文地理学科发展的历程与辉煌,彰显了南京大学人文地理学科对中国当代人文地理学发展的突出贡献。

南京大学是近代中国人文地理学科发展的奠基者。从最初设立的文史地部,到后来的地学系,再到1930年建立地理系,一直引领着中国近代地理学科建设与发展;介绍"新地学",讲授欧美的"人地学原理"、"人生地理",以及区域地理、世界地理、政治地理、历史地理、边疆地理和建设地理等,创建了中国近代人文地理学学科体系;南京大学的人文地理一贯重视田野调查,1931年"九·一八"事变前组织的东北地理考察团,随后又开展的云南、两淮盐垦区考察以及内蒙古、青藏高原等地理考察,还有西北五省铁路旅游、京滇公路六省周览等考察,均开近代中国地理考察风气之先;1934年,竺可桢、胡焕庸、张其昀、黄国璋等先生发起成立中国地理学会,创办了《地理学报》,以弘扬地理科学、普及地理知识,使南京大学成为当时全国地理学术活动的组织核心。人文地理学先驱和奠基人胡焕庸、张其昀、李旭旦、任美锷、吴传钧、宋家泰、张同铸、曾尊固等先生都先后在南京大学人文地理学科学习或教学、研究。早在1935年,任美锷先生、李旭旦

---

[1] 感谢任美锷、吴传钧、张同铸、宋家泰等先生在《南京大学地理学系建系八十周年纪念》的文章以及胡焕庸、李旭旦先生为南京大学地理系建系65周年作的纪念文章,为本序内容提供了宝贵的借鉴和难得的资料。感谢南京大学地理与海洋科学学院原院长、教育部长江学者奖励计划特聘教授高抒教授对于《南京大学人文地理丛书》出版的关心与支持。感谢南京大学地理与海洋科学学院院长、教育部长江学者奖励计划特聘教授鹿化煜教授,以及学院党委书记、欧亚科学院院士李满春教授,为完善序言内容提出了修改意见。

先生就翻译、出版了《人地学原理》一书，介绍了法国人地学派；1940年设立中央大学研究院地理学部培养硕士研究生，开展城市地理与土地利用研究；20世纪40年代，任美锷先生在国内首先引介了韦伯工业区位论，并撰写了《建设地理学》，产生了巨大影响；胡焕庸先生提出了划分我国东南半壁和西北半壁地理环境的"胡焕庸线"——瑷珲—腾冲的人口分布线，至今仍然为各界公认。张其昀、沙学浚先生分别著有《人生地理学》《中国区域志》及《中国历史地理》《城市与似城聚落》等著作，推进了台湾地区人文地理学科研究和教育的发展。竺可桢先生倡导的"求是"学风、胡焕庸先生倡导的"学业并重"学风，一直引领着南京大学人文地理学科的建设与发展。

南京大学积极推进当代中国人文地理教育，于1954年在全国最早设立了经济地理专业；1977年招收城市区域规划方向，1979年吴友仁发表《关于中国社会主义城市化问题》，引起了学界对于中国城市化问题的关注，也推动了城市规划专业教育事业发展；1983年兴办了经济地理与城乡区域规划专业（后为城市规划专业），成为综合性高校最早培养理科背景的城市规划人才的单位之一；1982年与国家计划委员会、中国科学院自然资源综合考察委员会合作创办了自然资源专业（后为自然资源管理专业、资源环境与城乡规划管理专业）；1991年又设立了旅游规划与管理专业（现为旅游管理专业）。这不仅为培养我国人文地理学人才提供了多元、多领域的支撑，而且也为南京大学城市地理、区域地理、旅游地理、土地利用、区域规划等人文地理学科的建设与发展提供了有力的支撑。

南京大学不仅在人文地理专业教育与人才培养方面起引导作用，而且在人文地理学科建设方面也走在全国前列，当代人文地理学教学与研究中名家辈出。张同铸先生的非洲地理研究、宋家泰先生的城市地理研究、曾尊固先生的农业地理研究、崔功豪先生的区域规划研究、雍万里先生的旅游地理研究、包浩生先生的自然资源与国土整治研究、彭补拙先生的土地利用研究、林炳耀先生的计量地理研究等，都对我国人文地理学科建设与发展产生了深远的影响，在全国人文地理学科发展中占据着重要的地位。同时，南京大学人文地理学科瞄准国际学科发展前沿和国家发展需求，积极探索农户行为地理、社会地理、信息地理、企业地理、文化地理、女性地理、交通地理等新的研究领域，保持着人文地理学学科前沿研究和教学创新的活力。

南京大学当代人文地理学科建设与发展，以经济地理、城市地理、非洲地理、旅游地理、土地利用与自然资源管理、国土空间规划为主流领域,理论人文地理学和应用人文地理学并重发展,人文地理学的学科渗透力和服务社会能力得到持续增强,研究机构建设也得到了积极推进。充分利用南京大学综合性院校多学科的优势,注重人文地理学科与城乡规划学科融合发展,并积极响应国家2019年提出的构建国土空间规划体系建设要求,建立了城乡规划一级学科点,以及在地理学学科设立了土地利用与自然资源管理、国土空间规划等二级学科,引领了我国国土空间规划领域的博士生人才培养,并突出人文地理学研究国际化合作,整合学科资源,建设南京大学人文地理研究中心及国土空间规划研究中心;同时,还与法国巴黎第十二大学建立了中法城市·区域·规划科学研究中心。按照服务国家战略、服务区域发展以及协同创新的目标,与中国土地勘测规划院等单位共建自然资源部碳中和与国土空间优化重点实验室,与江苏省土地勘测规划院共建自然资源部海岸带开发与保护重点实验室。此外,还积极推进人文地理学科实验室以及工程中心建设,包括建设南京大学江苏省智慧城市仿真工程实验室、江苏省土地开发整理技术工程中心等,积极服务地方发展战略。

南京大学当代人文地理教育培养了大量优秀人才,在国内外人文地理教学、研究及区域管理中发挥了中坚作用。如,中国农业区划理论主要奠基人——中国科学院地理与资源研究所邓静中研究员;组建了中国第一个国家级旅游地理研究科学组织、曾任中国区域科学协会副会长,中国科学院地理与资源科学研究所的郭来喜研究员;中国科学院南京分院原院长、中国科学院东南资源环境综合研究中心主任、著名农业地理学家佘之祥研究员;中国区域科学协会副会长、中国科学院地理与资源科学研究所著名区域地理学家毛汉英研究员;我国人文地理学培养的第一位博士和第一位人文地理学国家自然科学基金杰出青年基金获得者——中国地理学会原副理事长、清华大学建筑学院顾朝林教授;教育部人文社会科学重点研究基地、河南大学黄河文明与可持续发展研究中心主任、黄河学者苗长虹教授;中国城市规划学会副理事长石楠教授级高级城市规划师;中国城市规划设计研究院原院长杨保军教授级高级城市规划师;自然资源部国土空间规划研究中心张晓玲副主任;英国社会科学院院士、伦敦大学政经学院城市地理学家吴缚龙教授等,都曾在南京大学学习过。曾任南京大学思源教授的美国马里兰大学沈清教授,南京大学国家杰出青年基金(海外)获得者、美国犹他大学魏也华教授也都在人文地理学科工作过,对推进该学科国际合作起到了积极作用。

南京大学当代人文地理学科建设与发展之所以有如此成就，是遵循了任美锷先生提出的"大人文地理学"学科发展思想的结果，现今业已形成了以地理学、城乡规划学为基础学科，以建筑学、经济学、历史学、社会学、公共管理等学科为交融的新"大人文地理科学"学科体系。南京大学正以此为基础，在弘扬人文地理学科传统优势的同时，通过"融入前沿、综合交叉、服务应用"的大人文地理学科发展理念，积极建设和发展"南京大学人文地理研究中心"（www.hugeo.nju.edu.cn）。

新人文地理学科体系建设，更加体现了时代背景，更加体现了学科融合的特点，更加体现了人文地理学方法的探索性，更加体现了新兴学科发展以及国家战略实施的要求。尤其是在教育部新文科研究与改革实践项目支持下，南京大学人文地理学科联合城乡规划、公共管理等学科，牵头实施了"面向国土空间治理现代化的政产学研协同育人机制创新与实践"，为人文地理学跨学科融合发展提供了新的契机。为此，南京大学人文地理学科组织出版并修订了《南京大学人文地理丛书》，这不仅是南京大学人文地理学科发展脉络的延续，更体现了学科前沿、交叉、融合、方法创新等，同时，也是对我国人文地理学科建设与发展新要求、新趋势的体现。

《南京大学人文地理丛书》将秉承南京大学人文地理学科建设与发展的"求是"学风，"学业并重"，积极探索人文地理学科新兴领域，不断深化发展人文地理学理论，努力发展应用人文地理学研究，从而为我国人文地理学科建设添砖加瓦，为国内外人文地理学科人才培养提供支持。

我们衷心希望《南京大学人文地理丛书》能更加体现地理学科的包容性理念，不仅反映南京大学在职教师、研究生的研究成果，还反映南京大学校友的优秀研究成果，形成体现南大精神、反映南大文化、传承南大事业的新人文地理学科体系。衷心希望《南京大学人文地理丛书》的出版，不仅展现南京大学人文地理学的最新研究成果，而且能够成为南京大学人文地理学科发展新的里程碑。

目 录

第一篇 近代人文地理发展

第一章 南京大学人文地理发展系谱 … 3
一、人文地理专业与机构发展回顾 … 3
二、人文地理学科发展历程 … 6
三、对中国人文地理学科发展的贡献 … 9

第二篇 近当代人文地理先驱

第二章 中国近代科学地理学和人口地理学的奠基人
——胡焕庸先生(1901—1998) … 15
一、学术生平 … 15
二、奠定以人地关系为核心的地理思想 … 16
三、建立中国人口地理学 … 17
四、重视地理研究为生产建设服务 … 18
五、成果丰硕著作等身 … 19
六、学业并重风范永垂 … 21
七、主要著作 … 22

第三章 中国大人文地理学的耕耘者
——任美锷先生(1913—2008) … 24
引言 … 24
一、主要学术经历与人文地理实践 … 25
二、任美锷先生在人文地理学领域的学术贡献 … 27
三、任美锷先生涉及人文地理学的代表性论著 … 31

第四章 中国统一地理学的践行者
——李旭旦先生(1911—1985) ······ 35
引言 ······ 35
一、主要学术经历 ······ 36
二、学术贡献 ······ 39
三、代表性论著 ······ 47

第五章 中国人地关系理论的创始者
——吴传钧先生(1918—2009) ······ 57
一、《建国方略》引入区域研究领域 ······ 57
二、人地关系地域系统理论 ······ 58
三、经济地理学是生产布局的科学 ······ 60
四、土地利用调查与土地利用图编制 ······ 61
五、区域综合考察与可持续发展研究 ······ 62
六、行政区划与城市发展研究 ······ 63
七、结语 ······ 64
附录1:吴传钧先生从事区域与城市研究工作年表 ······ 65
附录2:吴传钧先生区域与城市研究科研成果目录 ······ 71

第六章 中国非洲地理领域的先行者
——张同铸先生(1915—2008) ······ 79
一、全部智慧,善谋大势 ······ 80
二、"三位一体",有机统一 ······ 81
三、带病工作,硕果累累 ······ 83
四、淡泊名利,关心他人 ······ 85
五、热爱中华,赋诗高歌 ······ 86
六、九十华诞,示展人生 ······ 89

第七章 中国人文地理学的重要开拓者
——张其昀先生(1900—1985) ······ 91
一、主要生平 ······ 91
二、我国近代地理学教育的开拓者之一 ······ 92

三、对中国近代人文地理学的开拓 …………………………… 94

　　四、主要著作 …………………………………………………… 100

第八章　中国城市地理的开拓者
　　　　——宋家泰先生(1915—2007) ………………………… 101

　　一、宋家泰先生简况 …………………………………………… 101

　　二、中国现代城市地理的开创人 ……………………………… 102

　　三、"城市—区域"理论 ………………………………………… 103

　　四、"城市—区域"理论的应用与演进 ………………………… 104

　　五、城市—区域理论的实践 …………………………………… 108

　　六、结语 ………………………………………………………… 109

第九章　中国自然资源与土地利用研究的推进者
　　　　——包浩生先生(1932—2007) ………………………… 110

　　引言 ……………………………………………………………… 110

　　一、主要学术经历 ……………………………………………… 111

　　二、主要学术贡献 ……………………………………………… 116

　　三、代表性论著 ………………………………………………… 122

第十章　中国计量地理的开创者
　　　　——林炳耀先生(1940—2018) ………………………… 131

　　一、启迪人生的教育家 ………………………………………… 132

　　二、中国计量地理的开创者 …………………………………… 134

　　三、新经济时代的规划引领者 ………………………………… 137

　　四、代表性论著 ………………………………………………… 140

第三篇　当代人文地理学科重点领域

第十一章　城市地理 ……………………………………………… 145

　　一、1949年以来城市地理学学科发展历程回顾 …………… 145

　　二、研究重点领域与学术贡献 ………………………………… 148

　　三、未来学科发展及研究展望 ………………………………… 156

第十二章　旅游地理 ······ 165
一、学科发展的历程回顾 ······ 165
二、重点领域与学术贡献 ······ 168
三、旅游地理学的发展构想 ······ 178
附录：南京大学旅游地理学的代表性成果 ······ 183

第十三章　非洲地理 ······ 190
一、南京大学非洲地理研究历程 ······ 191
二、南京大学非洲地理研究内容 ······ 194
三、南京大学非洲地理研究面临的问题与发展方向 ······ 198

第十四章　经济地理 ······ 203
一、南京大学经济地理学发展历程回顾 ······ 203
二、重点领域 ······ 208
三、学科发展构想 ······ 216
四、代表性论著 ······ 219

第十五章　土地利用 ······ 224
一、土地利用学科发展历程回顾 ······ 224
二、土地利用学科重点领域 ······ 225
三、土地利用学科发展构想 ······ 241
四、代表性论著 ······ 243

第十六章　社会地理 ······ 254
一、南京大学对社会地理学性质与内容的研究 ······ 254
二、南京大学社会地理学的主要研究领域 ······ 255
三、南京大学在社会地理学方面承担的研究课题 ······ 261
四、发展建立中国式的社会地理学研究 ······ 262

第十七章　文化地理 ······ 268
引言 ······ 268
一、南京大学文化地理学研究的基本领域 ······ 275
二、南京大学的新文化地理学研究 ······ 276
三、南京大学文化地理学的应用研究 ······ 279

四、结论 …………………………………………………… 279

第十八章　交通运输地理 ……………………………………… 285
　　引言 ………………………………………………………… 285
　　一、我国交通运输地理学研究进展概述 ………………… 286
　　二、南京大学的学科贡献 ………………………………… 295

第十九章　信息地理 …………………………………………… 311
　　一、信息地理学发展回顾 ………………………………… 311
　　二、重点领域与学术贡献 ………………………………… 315
　　三、信息地理学的发展构想 ……………………………… 321

第二十章　土地利用碳排放 …………………………………… 328
　　一、南京大学土地利用碳排放研究回顾 ………………… 329
　　二、南京大学土地利用碳排放研究的主要方向 ………… 330
　　三、土地利用碳排放的研究展望 ………………………… 339
　　四、代表性论著及学位论文 ……………………………… 342

第二十一章　40年南京大学人文地理学发展研究
　　　　　　——基于CiteSpace的文献计量学分析 ………… 350
　　一、人文地理学概况 ……………………………………… 350
　　二、数据来源及研究方法 ………………………………… 353
　　三、南京大学人文地理学发文特点 ……………………… 354
　　四、南京大学人文地理学发展特点 ……………………… 360
　　五、小结 …………………………………………………… 365

第一篇　近代人文地理发展

第一章　南京大学人文地理发展系谱

张敏[1,2]，黄贤金[1,3]，张捷[1,3]，彭佳雯[1,3]

（1. 南京大学人文地理研究中心；
2. 南京大学建筑与城市规划学院；
3. 南京大学地理与海洋科学学院）

一、人文地理专业与机构发展回顾

南京大学的地理学科素有中国地理学摇篮的美誉。自1921年竺可桢先生创立东南大学（南京大学前身）地学系以来，南京大学地理学业已走过了98年发展历程；若追溯到南京高等师范学校1919年设立的文史地部，南京大学的地理学科则历史已有100年之久，是国内最早创办地理学系的高校之一。当年，竺可桢先生创建的地学系设地理气象和地质矿物两个专业。1928年更名中央大学后，1930年设立地理学系，内部设地理、气象两个专业。1944年气象专业独立成系。1949年中央大学更名国立南京大学，设地理系。

1952年院系调整前后，金陵女子大学地理学系、暨南大学史地系地理学组、浙江大学地理学系、四川大学地理学系部分师生先后并入南京大学，组成了新的地理学系。1954年在国内率先成立经济地理学和自然地理学两个专业。20世纪60年代根据国家发展需要又首创地图学和陆地水文两个专业，自然地理学专业改为地貌学与第四纪地质学专业。1977年高校恢复招生后，根据国际地理学发展方向，在全国又首先在经济地理学专业基础上发展城市与区域规划方向、陆地水文专业发展自然资源方向、地图学专业增加计算机制图内容。

1987年地理学系易名为大地海洋科学系，设有经济地理与城乡区域规划（城市规划）、地图学（地理信息系统）、自然资源（陆地水文）、地貌与第四纪地质学专业。其中，在经济地理学专业基础上兴办的经济地理与城乡区域规划专业，使南京大学地理学系成为综合性高校中第一个培养城市规划理科人才的单位。与此同时，在地图学专业基础上发展遥感和地理信息系统专业，地貌与第四纪地质学专业发展了海洋地貌和沉积学方向。1995年大地海洋科学系又易名为城市与资源学系,设经济地理与城乡区域规划(城市规划)、地理信息系统与地图学、资源环境规划与管理(土地管理与房地产开发)、旅游规划与管理、地貌与第四纪地质学专业。2006年5月,根据学科发展的需要,南京大学批准成立地理与海洋科学学院,学院下设地理信息科学系、国土资源与旅游学系、海岸海洋科学系和城市与区域规划系四个系。2010年9月,因学科调整需要,城市规划学科与建筑学科合并成立南京大学建筑与城市规划学院。

南京大学人文地理专业的发展沿革如图1-1所示。

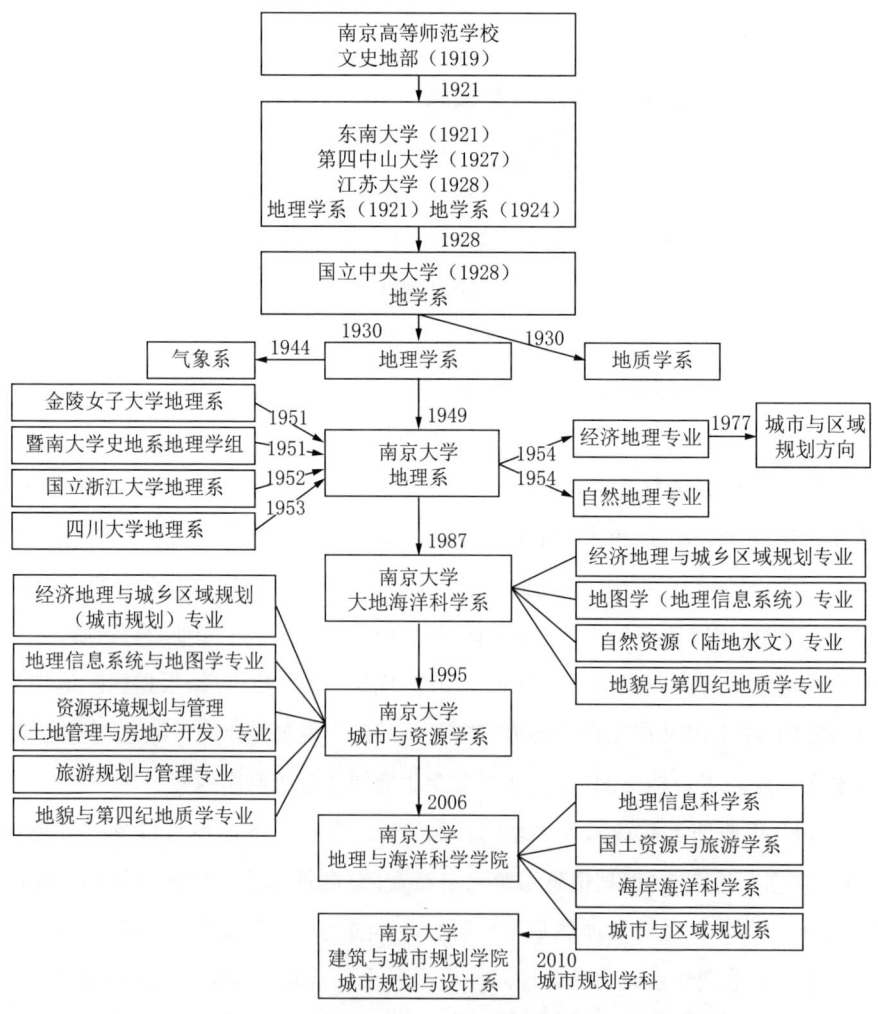

图1-1 南京大学地理系(人文地理专业)沿革

随着南京大学人文地理学科不断发展壮大,在南京大学综合性院校的环境中,充分利用多学科交叉的优势,整合资源成立了一系列重要的人文地理研究机构。主要有:南京大学非洲研究所(1965年成立南京大学非洲经济地理研究室,1992年非洲经济地理研究室经教育部批准改名为非洲研究所);南京大学城市规划设计研究院(1985年成立城市规划设计研究所,1995年获建设部甲级城市规划设计资质证书并于同年建院);南京大学区域发展研究所(1992);南京大学房地产事务所(1997);跨学科的南京大学城市科学研究院(2000);南京大学旅游研究所(2002);中法城市·区域·规划科学研究中心(2007)。同时,按照服务国家战略、服务区域发展的要求,与江苏省国土资源厅合作建立了南京大学—江苏省国土资源厅国土资源研究中心(2007)、无锡南大国土资源研究中心(2010)。此外,还积极推进人文地理学科实验室以及工程中心建设,建立了城市规划与区域开发模拟实验室(1997)、水土模拟实验室(2001)、城市灾害与公共安全实验室(2008)、旅游景观环境评价实验室(2006)、江苏省土地开发整理技术工程中心(2010),等等。南京大学人文地理研究机构由基础层、应用层、联合应用层三个层级组成(图1-2)。

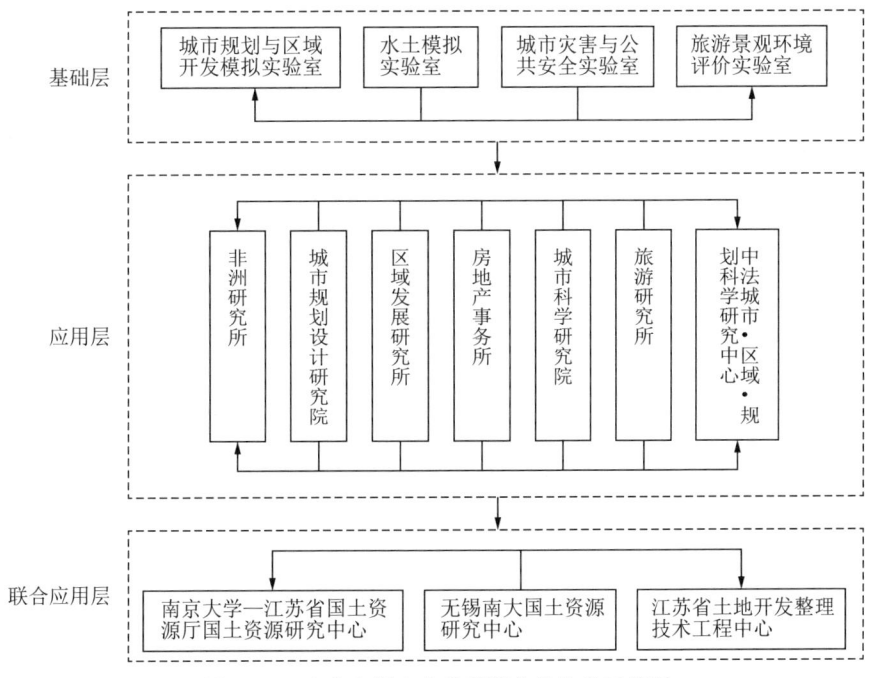

图1-2 南京大学人文地理研究机构发展情况

二、人文地理学科发展历程

90多年的历史见证了南京大学人文地理学科发展的辉煌成就,彰显了南京大学人文地理学科对于中国当代人文地理学发展的突出贡献。在过去的90多年里,南京大学人文地理学科大致经历了三个发展阶段,即三个30年。

1. 1919年到新中国成立初期院系调整:近代中国人文地理学的源地与人才培养摇篮

从1919年南京高等师范学校设立文史地部开始,到新中国成立初期院系调整为止,在这30多年的时间里,南京大学近代人文地理学科的先辈们,积极引进国外人文地理学前沿理论,在国内开始了初步的实践,一直引领着中国近代人文地理学科建设与发展的方向。介绍"新地学"、"韦伯区位论",讲授欧美的"人地学原理"、"人生地理"以及区域地理、世界地理、政治地理、历史地理、边疆地理和建设地理等,阐明近代科学地理学的新内容与新方向,构建了中国近代人文地理学学科体系。1931年九·一八事变前组织了东北地理考察团,随后又开展了云南、两淮盐垦区考察以及内蒙古、青藏高原等地理考察,以及西北五省铁路旅游、京滇公路六省周览等考察,均开近代中国地理考察风气之先,野外考察和实践不仅有助于验证新地理理论和技能,更使得我国古老的地理学开始焕发出密切联系国家建设和社会进步的青春。1934年在校老师竺可桢、胡焕庸、张其昀、黄国璋等先生发起成立了中国地理学会,以弘扬地理科学、普及地理知识,随后又创立了我国最重要的专业学术专刊《地理学报》。由于学会自成立至1950年一直挂靠在南京大学(中央大学)地理学系(先后由竺可桢、胡焕庸任理事长,张其昀、胡焕庸、李旭旦、任美锷任总干事),南京大学成为当时全国地理学术活动的组织核心,成为全国的地学研究中心。作为近代中国人文地理学科发展的奠基者,这一时期的南京大学也孕育了一批人文地理学科的先驱和大师,他们中的杰出代表有胡焕庸、张其昀、任美锷、吴传钧、李旭旦、黄国璋等。南京大学人文地理学在保持自身发展兴旺的同时,向全国输送大量优秀人文地理学者,带动了中国人文地理学的发展。因此,这一时期,南京大学人文地理学构成近代中国人文地理学的发源地和人才培养的摇篮。

2. 新中国成立初到20世纪70年代末80年代初:承担全国性科学研究和生产任务的先行者

从新中国成立初期,到20世纪70年代末80年代初的30年左右时间里,同其他高校和相关院系一样,南京大学地理系在曲折中时而顺利、时而艰难地前进。一方面,在国家百废待兴的时刻,南京大学地理系强调教学联系实际,注重为生产发展服务,积极承担起全国性的科学研究和生产任务,广泛参加新中国成立以来的铁路选线、综合考察、水利建设、流域规划、农业区划、工业布局和城乡规划等大规模社会主义建设。正如时任南京大学教授的宋家泰先生所言,包括经济地理学、人文地理学在内的整个地理学,应该发展成为"一门极富于建设性,理论密切联系实际,为经济、社会发展服务的应用性科学,经济地理学、人文地理学的发展一定要和我国社会主义经济建设和生产实践紧密结合起来"。在此定位下,南京大学地理系通过践行为经济社会生产服务,不仅为地区的开发建设提供了决策上不可或缺的参考,而且有力推动了自身学科前进,使人文地理学的教学和研究进入一个广阔的天地,并得到进一步的发展和壮大。另一方面,也曾因全盘地学习苏联,彻底否定人文地理学,将地理学简单划分为自然地理和经济地理两部分,过分强调基于生产关系和经济统计的经济地理学,使教学内容比较单一化,在一定程度上对人文地理学科发展造成了消极影响。此外,又备受"左"倾路线的干扰,特别是在"文化大革命"中受到很大挫折,人文地理学的有关课程也被迫停开。即便如此,富有教学和科研传统的南京大学,仍然为中国近现代人文地理学科培养出宋家泰、张同铸以及曾尊固、郭来喜、佘之祥、沈道齐、毛汉英、郭焕成、崔功豪、包浩生、林炳耀、彭补拙、郑弘毅、虞孝感等一批时代精英。

3. 20世纪80年代初期至今:"大人文地理科学"的蓬勃发展和国际化趋势

20世纪80年代初期以来,国家实行改革开放政策,南京大学人文地理学科进入了迅猛发展的黄金时期。地理学在服务于经济和社会发展方面获得了广阔的天地,政府有关部门对地理科学的应用性有了新的认识,应用领域的发展直接推动了学科的前进。学科发展方面,在21世纪城市化迅速发展的背景下,人口(包括城市)、资源、环境与可持续发展问题已成为广义"地理科学"研究的重要领域,这些问题需要地理学、建筑学和规划学等交叉学科联合攻关,以人地关系为主要内容的新方向得到大家的重视。与此相适应,由任美锷先生早年提出的"大人文地理学"学科发展思想成为新时期南京大学人文地理学科发展的核心思想。

目前,南京大学人文地理学科业已形成了以地理学、城乡规划学为基础学科,以建筑学、经济学、历史学、社会学等学科为交融的新"大人文地理科学"学科体系。整合资源成立了一系列重要的人文地理研究机构,包括区域发展研究所、旅游研究所、城市规划设计研究院、南京大学—江苏省国土资源厅国土资源研究中心等。这也正是对南京大学综合性大学多学科交叉优势的充分利用与特色彰显。南京大学以此为基础，在弘扬人文地理学科传统优势的基础上，通过"融入前沿、综合交叉、服务应用"的大人文地理学科发展理念，正积极建设和发展"南京大学人文地理研究中心"。南京大学人文地理学科紧跟国际学科发展前沿，瞄准国家发展需求，各分支学科蓬勃发展。城市地理、经济地理、旅游地理、交通地理等传统优势学科持续发展的同时，积极探索农户行为地理、社会地理、信息地理、企业地理、文化地理、女性地理等新的研究领域。

新时期，南京大学人文地理学注重国际视野和国际影响，积极走向世界。南京大学非洲研究所作为全国设立的第一批外国问题研究机构，顺应经济全球化趋势，目前已将非洲研究扩展到全球战略研究和中外比较研究，成为我国世界地理研究领域的重要基地。南京大学人文地理学不断扩大国际交流与合作，如与法国巴黎第十二大学建立了"中法城市·区域·规划科学研究中心"、与澳大利亚西悉尼大学建立了"虚拟城市与区域开发实验室"，与美国南卡罗来纳大学、英国 Bournemouth 大学签订了旅游学研究合作备忘录，以及若干国家和地区的人文地理学科领域优秀学者之间的互访与合作，使得南京大学人文地理学科的教学和研究内容不断趋向前沿，与国际日益接轨。

这一时期，南京大学为国家经济建设、科学研究和地理学教育输送了大批骨干人才，如顾朝林、石楠、陈雪明（美）、陈田、丁金宏、杨保军、陆林、苗长虹、吴缚龙（英）、杨桂山、陈雯、张小林、张捷等。南京大学人文地理学为全国人文地理学科研和教育机构输送了大量中青年优秀人才，分布于中国科学院、香港大学、清华大学、中国人民大学、浙江大学、中山大学、武汉大学、兰州大学、同济大学、东南大学、厦门大学、山东大学、云南大学、河南大学、北京师范大学、华东师范大学、南京师范大学、东北师范大学、陕西师范大学、福建师范大学、江苏师范大学等教育科研机构。

南京大学人文地理学科产生了中国人文地理学首位国家自然科学基金杰出青年基金获得者——顾朝林，国家级教学名师——李满春，国家自然科学基金重点基金获得者——顾朝林，国家社会科学基金重大项目获得者——黄贤金，全国青年地理科技奖获得者——李满春、濮励杰、张京祥、甄峰、罗小龙，教育部"新世纪(跨世纪)优秀人才培养计划"基金获得者——顾朝林、李满春、濮励杰、黄贤金、张京祥、甄峰。

三、对中国人文地理学科发展的贡献

1. 中国人文地理学的摇篮

南京大学地理系不仅是中国最早建立的地理系,而且从建立起就成为中国人文地理学研究的学术中心。南京大学人文地理学不仅引进国外人文地理学前沿理论,而且在国内积极开展人文地理学科学考察和实践,开设"新地学"、"韦伯区位论"、"人地学原理"、"人生地理"以及区域地理、世界地理、非洲地理、政治地理、历史地理、边疆地理和建设地理等课程,培育出大批优秀人文地理学人才。同时,作为中国地理学会的挂靠单位,创办了中国地理学最重要的学术刊物《地理学报》,南京大学成为当时中国地理学术活动的组织核心。因此,南京大学是中国人文地理学的发源地与人才培养的摇篮。

2. 中国人文地理学思想理论发展的中坚

南京大学在人文地理学发展的不同历史阶段均引领着中国人文地理学的思想理论发展。这里诞生了中国人文地理学核心思想奠基者(胡焕庸、任美锷、李旭旦、吴传钧),产生了中国的区域学派(宋家泰),是中国计量革命的先锋(林炳耀),推动了中国人文地理的社会文化转向(顾朝林)。任美锷、李旭旦在大学四年级时,翻译出版了《人地学原理》,不仅引入了以"人地关系"为核心的西方人文地理学思想,而且建构并实践着以人地关系为基础的综合统一的大人文地理学思想(白吕纳著,任美锷、李旭旦译,1935)。吴传钧提出地理学的中心任务是研究人地关系地域系统的形成过程、结构特征、发展趋向和优化调控等(吴传钧,1991)。宋家泰开拓了人文地理学区域学派理论,开展了城市与区域规划等研究。林炳耀引入计量地理学理论和方法,推动了中国人文地理学的计量革命(林炳耀,1984)。顾朝林较早在中国开展了城市社会地理学研究(顾朝林、C.克斯特洛德,1997),引领中国人文地理学的社会文化研究的兴起。

进入21世纪之后,南京大学继续担当中国人文地理学的理论先锋。顾朝林系统引介西方人文地理学流派和战后美、英、法等国人文地理学的进展(顾朝林、于涛方、李平,2008),推动中国人文地理学研究在理论深度和涉猎的广度上进一步发展。与此同时,南京大学的青年学者交叉运用新兴理论视角,使得中国人文地理学不断焕发新的活力。如新马克思主义、制度学派与城市地理的结合,互联网、信息地理与人文地理学的结合,新文化地理学与城市地理学的结合,女性主

义与城市地理学研究的结合等。南京大学人文地理学研究充分发挥人文与自然综合、文理交叉、多学科组合的优势,在空间哲学研究和空间跨学科研究方面卓有成效,在传统领域和人地关系基本领域的综合研究方面成绩突出。如综合历史、环境考古与文化景观的历史地理学研究,综合自然地理、土地经济、农业地理、遥感与GIS技术的土地资源利用研究,王颖院士团队综合海洋、地貌、遥感与GIS技术的南海疆域研究等。

3. 中国人文地理学主要分支学科建设的引领者

南京大学不仅引领中国的经济地理、人口地理、农业地理、政治地理、交通地理等人文地理学的传统学科发展,而且引领着城市地理、旅游地理等人文地理学优势学科建设和信息地理、文化地理、社会地理等新兴学科的发展,以及城市与区域规划、土地利用、可持续发展等人文地理学综合交叉应用学科的发展。南京大学经济地理专业是新中国最早成立的专业,参与了新中国建设需要的大量的基础调查和重大建设项目的选址布局研究,为国家发展建设培养了大批人才,其他相关分支学科在此基础上不断发展。1923年毕业于南京大学地学系,并于1928—1942年在南京大学任教的胡焕庸先生从人地关系的角度研究我国人口问题和农业问题,是中国人口地理学的创始人,找出了中国人口疏密分界线,即著名的"胡焕庸线"(胡焕庸,1935)。1923年毕业于南京高等师范学校并于1927年起在国立中央大学地理学系任教的张其昀先生,进行了系统的政治地理学基本理论研究。1945年中央大学研究生毕业并留校一直任教于南京大学的宋家泰先生是中国现代城市地理学的开创人、人文地理学的综合应用——中国城市与区域规划学科的先行者,提出了著名的"城市—区域"理论(1980),总结的城镇体系规划"三结构一网络"理论在中国城市与区域规划理论和实践中产生了深远影响(宋家泰、顾朝林,1988)。此外,吴友仁先生开启了中国城市化研究的序幕(吴友仁,1979)。崔功豪提出了中国自下而上的城市化过程(崔功豪、马润潮,1999)。顾朝林在梳理中国城镇发展的历史、现状与未来的基础上归纳了中国城镇体系结构特征,为中国城市地理研究、城市与区域规划理论和实践奠定了扎实的基础(顾朝林,1992)。南京大学在城市空间结构、城市化、城市群、城市管治、城市社会与文化等领域一直引领中国城市地理学的发展。南京大学张同铸所开辟的非洲地理研究,以曾尊固为代表的农业地理研究,郑弘毅等在交通地理方面的研究与应用等,对中国人文地理学学科建设都有很大贡献。1956年毕业于南京大学地理系的郭来喜,是中国旅游地理学科倡导和实践的重要代表学者。南京大学较早确立了旅游地理、土地利用研究方向,推进了中国旅游地理及土地利用学科的发展。近年来,一批中青年学者在信息地理、文化地理、社会地理等新兴领域的研究渐成气候,探索新技术在历史地理等传统研究领域的应用,推动中国人文地理学新兴分支学科发展和传统领域的更新。此外,南京大学的城市与区域规划、自然资源与国土整治、国土空间规划、可持续发展等人文地理与其他学科交叉形成的应用学科也蓬勃发展。

参考文献:

[1] [法]白吕纳.人地学原理[M].任美锷,李旭旦,译.南京:钟山书局,1935.

[2] 崔功豪,马润潮.中国自下而上城市化的发展及其机制[J].地理学报,1999,54(2).

[3] 樊杰,孙威.中国人文—经济地理学科进展及展望[J].地理科学进展,2011,30(12).

[4] 顾朝林.中国城镇体系——历史、现状、展望[M].北京:商务印书馆,1992.

[5] 顾朝林,[比利时]C.克斯特洛德.北京社会极化与空间分异研究[J].地理学报,1997,52(5).

[6] 顾朝林,于涛方,李平.人文地理学流派[M].北京:高等教育出版社,2008.

[7] 胡焕庸.中国人口之分布——附统计表与密度图[J].地理学报,1935(2).

[8] 林炳耀.论发展我国计量地理学的若干问题[J].经济地理,1984(2).

[9] 宋家泰.城市—区域与城市区域调查研究——城市发展的区域经济基础调查研究[J].地理学报,1980,35(4).

[10] 宋家泰,顾朝林.城镇体系规划的理论与方法初探[J].地理学报,1988,43(2).

[11] 吴传钧.论地理学的研究核心——人地关系地域系统[J].经济地理,1991,11(3).

[12] 吴传钧.展望中国人文地理学的发展[J].人文地理,1996,11(s1).

[13] 吴友仁.关于我国社会主义城市化问题[J].城市规划,1979(5).

第二篇　近当代人文地理先驱

第二章 西昌地区人文地理环境

第二章 中国近代科学地理学和人口地理学的奠基人
——胡焕庸先生(1901—1998)[1]

吴传钧

(中国地理学会)

一、学术生平

胡焕庸,字肖堂。1901年11月20日出生于江苏省宜兴县(今宜兴市)。1919年考取南京高等师范学校(简称南高)文史地部。1920年,竺可桢来校任教。1921年,南高扩建成东南大学,并成立我国第一个地学系,由竺可桢任主任。1923年,胡焕庸在南高毕业,即赴江苏省立第八中学(今扬州中学)任史地教员。1926年春,他回到南京补读东南大学学分,获得理学士学位,并于同年赴法国巴黎大学和法兰西学院进修。

1928年9月,胡焕庸从法国回国,既担任中央大学地学系教授,又担任气象研究所研究员,成为竺可桢在这两个单位的得力助手。从1930年起,竺可桢不再担任中央大学教授。竺可桢留下的自然地理学和气候学的教学任务,几乎全部由胡焕庸担任。1930年,中央大学地学系分成地理系和地质系,由胡焕庸任地理系主任。

从1927年到1937年的10年,是中央大学地理系(包括此前的地学系)蓬勃发展的时期。在这10年中,特别是1930年以后的7年,胡焕庸在培养地理人才方面起了很大的作用。他担负起气候学和自然地理的几乎全部教学任务,包括地学通论、气候学、天气预报、地图投影以及亚洲和欧洲自然地理。此外,他还从事地理教学基本建设,如编写教材、编绘挂图、组建中国地理教育研究会、创刊

---

[1] 原文为《胡焕庸大师对发展中国地理学的贡献》[《人文地理》,2001,16(5)]。另外,第一和第七部分为编者根据百科名片"胡焕庸"整理。

《地理教育》等等。

正当胡焕庸和中央大学地理系在工作上取得进展的时候,七七事变发生。中央大学迁至重庆。迁址后的中央大学地理系缺乏中国地理和经济地理的教师。为此,胡焕庸改教中国地理和经济地理课程,并且结合教学工作完成一系列的中国地理和经济地理的专著,并公开出版。1941年,中央大学研究院成立地理研究部,由胡焕庸任主任,当年就招收首届研究生3名。以后,每年招收研究生,直到抗战胜利后他去美国考察时为止。

1949年后胡焕庸曾在华北革命大学政治研究院学习1年,后在治淮委员会技术委员会工作3年。1953年,他调到上海华东师范大学地理系,直到华东师范大学人口研究所(室)成立为止,除了"文化大革命"时期以外,他主要从事世界地理的教学和研究。1981年以后,胡焕庸作为华东师范大学人口研究所所长,主要从事人口地理学硕士研究生的培养。从1984年起,他招收攻读博士学位的研究生;从1985年起,他担任博士后研究站的指导教授。他在1989年3月退休以后,仍返聘任教并担任人口研究所名誉所长。

二、奠定以人地关系为核心的地理思想

当1919年五四运动推动我国改革时,胡师考入南京高等师范学堂文史地部学习;1921年南高扩建为东南大学,由适从美国学成归国的竺可桢先生创办地学系,并任主任;胡师在竺老的教导之下,初步掌握了近代科学地理学的内容和作用,从此就把研究地理学作为自己终生的事业。1926年他毕业于东南大学后,去法国巴黎大学进修,随自然地理学家德·马东(E. de Marfonne)、经济地理学家德芒戎(A. Demangeon)学习,同时又到邻校法兰西学院旁听人文地理学家白吕纳(J. Brunhes)讲课,课余并系统自学法国人文地理大师维达尔·白兰士(Vidal de la Blache)关于人地关系的学说,虽留法仅短短两年,却全面掌握了法国学派的理论要义,并为他的地理学思想打下基础。

法国人文地理学的特点在于:① 重在解释,这是新地理学有别于专于叙述的旧地理学;② 地理学研究的自然现象与人文现象并非各自孤立,而有着相互联系,存在于"地球一体"之中;③ 地面上各种现象不仅为空间性有机体结合,而且为时间性有机体演化,无时不在演化之中,换言之,人文地理学乃是动的科学;④ 人受地之影响,地也受人之影响,人之意志、智力与才能因时而不同,故地之利人与人之利地,亦因人、因时而异,要求双方适应。法国学派的这些论点,比先此而出现的由德国地理学家拉采儿(F. Ratzel)所提出的环境决定论,无疑要进一步多得多。胡师在1935年为他的学生任美锷、李旭旦所译白吕纳著《人地学原理》一书写了一篇长序,即全面介绍了他对法国学派人地关系理论和方法的学习心得。他根据法国学派的观点,在理论上强调人地关系论,认为这是研究人口、资源、环境相互关系的总体。他体会到学习地理学不仅要懂得人地关系这一地理学的核心思想,尤其要研究最能集中体现人地关系的人口地理学和农业地理学,也因此胡师终其一生即以这两个领域作为研究地理的主攻方向。

三、建立中国人口地理学

1935年胡师在《地理学报》(第2卷第2期)发表开拓中国人口地理学的重要论文《中国人口之分布》,并附有中国第一张人口密度图。当时中国总人口估计有4.75亿,他以1点表示1万人,根据所掌握的实际情况将4.75万个点子落实到地图上,再以等值线法画出人口密度图。该文指出中国人口分布存在着极端的地区不平衡,大致从黑龙江省的瑷珲到云南省的腾冲画一斜线,可以清楚标识以此线分出的东南半壁和西北半壁人口密度悬殊的情况:东南半壁虽只占土地面积的36%,而人口却占96%;西北半壁虽土地面积占64%,而人口仅占4%。这个现象主要是地理环境和农业基础的地区差异所造成的。这条东北—西南斜线可说是对反映中国人口地理基本情况起到了画龙点睛的作用,从而一直为外国学者所确认和引用,并被称为"胡焕庸线"。《中国人口之分布》发表后不久即被美国 Geographical Review 杂志全文翻译介绍,英国、德国地理刊物亦相继介绍,认为该文不仅开创了中国人口地理研究,同时也奠定了中国人口地理学的基础。该文内容不限于人口的数量研究,而着重探讨自然、社会、经济特别是农业生产条件对人口增长和分布的影响。该文所揭示的东南半壁与西北半壁的差异至今仍然有着指导意义。根据1982年全国人口普查数据,东南和西北的人口比是94.4∶5.6,1990年全国人口普查结果又表示两个半壁的人口比是94.2∶5.8,可见"胡焕庸线"确实揭示了中国人口分布的最基本地区差异。

新中国成立后重视人口的调查研究,胡师于1953年从治淮委员会调回华东师范大学地理系,先以教授外国自然地理为主,其后逐渐恢复人口研究,1957年该校根据他的建议成立人口地理研究室,他率领师生到江苏省的南通、常熟、宜兴等地进行人口地理和农业地理的调查,并发表了研究报告,延续了20年前的人口地理研究。但曾几何时,北京大学马寅初教授发表了《新人口论》,主张推行计划生育、控制人口增长,不幸遭到不公正的政治批判,于是国内有关人口研究都难以为继,胡师不得已而转教自然地理。此后直到"文革"后的1978年中央拨乱反正,马寅初的《新人口论》得到平反,人口问题再次受到重视,1982年又进行全国人口普查,胡师被中国人口学会聘为顾问,并接受国家计划生育委员会的研究任务,华东师范大学不仅恢复了人口地理研究室,并扩建为人口研究所,胡师任所长。同时得到联合国人口基金委的资助,得以开展到全国各地调查和出版著作所需费用,并招收人口地理专业博士研究生和博士后。胡师先后出版了《中国八大区的人口密度和人口政策》、《中国八大区人口增长、经济发展的过去与未来》等著作,荣获上海市高等学校哲学社会科学研究优秀成果一等奖。又与张善余教授合编《世界人口地理》、《中国人口地理》等书,1990年出版了《胡焕庸人口地理选集》,选辑了他的代表性论文29篇。胡师研究人口地理的重点:一是人口分布的区域差异,二是人口分布与粮食生产的关系,始终把人口地理与农业地理加以有机结合。他曾主张:蒙新地区人口容量不宜超过6000万,青藏地区不宜超过1000万,边疆少数民族地区也应推行计划生育政策。所有他晚期的累累著作推动了中国人口地理学、人口经济学和人口社会学的研究。

四、重视地理研究为生产建设服务

胡师治学的另一研究重点是以农业地理为中心的经济地理。我国近代地理界开展农业区划研究,首推胡师1934年在《地理学报》创刊号上发表的《江苏省之农业区域》一文,根据作物分布统计,联系气候、土壤和水利条件,划分江苏省为4个农业区,即:苏北旱粮区、苏中籼稻区、沿海棉花区、苏南稻丝区。次年又在《地理学报》(第2卷第1期)发表《安徽省人口密度与农业区划》,阐明人口密度和自然条件与农业分布的关系,并划分安徽省为4个农业区。1936年他进一步对全国作了农业区的划分研究,在《地理学报》(第3卷第1期)发表了《中国之农业区域》一文,开创了全国农业地理与农业区划的研究,与他两年前发表的《中国人口之分布》为姊妹篇,互相呼应,显示了农业地理与人口地理研究相结合的特点。该文分析气候和地形条件与作物分布的关系,特别指出一些地形与气候界线对农作物分布的重要意义,如海拔3000米等高线为青藏高原的东界,年降水量300毫米等雨线为北方干旱区之东界,正月$-6℃$等温线为冬小麦分布北界,正月$10℃$等温线为双季稻分布北界等,从而划分全国为9个农业区,即:东北松辽区、黄河下游区、长江下游区、东南丘陵区、西南高地区、黄土高原区、漠南草原区、蒙新宁干燥区、青藏高原区。这是中国第一个农业区划方案,其发表先于金陵大学农学院卜凯教授(J. L. Buck)《中国土地利用》一书对中国东中部划分为2个农业地带和8个农业区之方案。

胡师在华东师范大学设立人口地理研究室后,又继续其人口地理与农业地区相结合的研究,于1958年在华东师范大学《地理集刊》上发表《江苏省人口密度和农业区划》一文,在24年前发表的江苏农业区域基础上又有所深化,指出全省可分为5个农业地理大区(即：淮北地区、淮南地区、西南丘陵地区、长江三角洲地区和滨海地区),每一个大区又可细分为7~9个小区,对每一小区论述其自然环境特点、水利情况、主要农作物分布以及发展前景,远比1934年提出的方案细致。

除为农业服务而外,胡师在30年代初曾到苏北沿海地区考察废盐田垦耕和淮河流域水利情况,著有《两淮水利盐垦实录》,引起水利部门的注意。1950年初淮河流域又闹大水,治淮委员会特调胡师到该委任技术委员,再度到两淮考察,研究治淮之策,提出在苏北新开灌溉总渠,分引一部分淮水由此直接入海,此项建议被该委接受贯彻。胡师又先后写成《淮河》、《淮河的改造》、《淮河水道志》、《祖国的水利》等书,体现了地理学家为水利服务的热情。30年代末胡师受有关部门的委托,进行缩小省区研究,作为抗战胜利后重建国家经济基础之策略,于1940年完成设计报告,开中国行政区划研究之先河。

此外,胡师受法国学派影响,重视区域地理研究,认为区域地理学是地理学的核心。他从1935年编著《江苏图志》开始,对区域地理进行了多层次的研究,包括分省地理、中国地理、欧洲分国地志、世界地理以及分国经济地理等,发表了有关著作二三十种。

五、成果丰硕著作等身

胡师自1924年开始发表论文,迄至1990年搁笔,前后66年,共发表论文及专著168种,平均每年2.5种(表2-1)。在最初阶段(1924—1937年),平均每年发表3.2种,内容涉及面极广,包括人文地理、自然地理、区域地理共十多个分支学科,显示其治学基础之广博。1937—1949年间,由于环境不安,又缺乏发表条件,平均每年仅1.4种,内容以国内外区域地理为主,经济地理次之。新中国成立后的初期(1949—1965年),平均每年写1.2种,内容以治理淮河为主,并结合在华东师范大学授课,以自然地理较多,并开始人口地理研究。"文革"前后的12年(1966—1978年),全国动乱,科研工作瘫痪,无成果。

表 2-1 胡焕庸著作分类统计

分类\时段	1924—1937	1937—1949	1949—1965	1979—1984	1985—1990	（小计）
人口地理	4	1	3	26	33	67
经济地理	2	4	1	4	7	18
农业与农业区域	4	1	2	1	—	8
气候、气象	6	3	—	2	—	11
水利	1	1	5	1	1	9
外国区域地理	5	4	2	—	—	11
本国区域地理	2	2	1	—	—	5
区域地理学	1	—	—	—	2	3
自然地理	—	—	4	3	—	7
地貌、地质	1	—	—	1	—	2
地图	1	—	—	—	—	1
外国地理学	7	—	1	—	—	8
政治地理	2	—	—	—	—	2
中国地理学发展史	—	—	—	—	4	4
中国地理学者	—	—	—	1	5	6
地理教育	3	—	—	—	—	3
其他	2	1	—	—	—	3
合计	41	17	19	39	52	168
年平均数	3.2	1.4	1.2	7.8	10.4	2.5

1978年中央拨乱反正，带来了科学的春天，胡师焕发革命的青春，他说："别人的时间是以年计算的，我的时间只能以天计算，只要我的呼吸不停，我的工作也就一日不止，努力争取夺回我在'十年内乱'中白白浪费掉的宝贵光阴，为祖国的地理研究贡献自己的一份余热。"当时他已近80高龄，视力衰退，要用放大镜才能看书，而且右手发抖不能书写，竟学会了用左手写字，他这种为事业而奋斗的毅力，令人敬佩。他凭此毅力辛勤工作，因而在1979—1984年间，平均每年发表论著7.8种之多，着力主攻人口地理，旁及经济地理和自然地理。1984年他因年事已高，辞去人口所所长职务，但老骥伏枥，壮心不已，仍然笔耕不止，1985—

1990年间,平均每年发表成果10.4种,在他生命的最后阶段竟然出现了他一生中最高产的奇迹,他以具体行动实践了对人民的诺言,走完了一个地理学大师的光辉历程。

六、学业并重风范永垂

1945年夏抗日战争胜利前夕我考取公费将去英国留学,胡师为我题"学业并重"四字作为临别勉词,意即做学问和创事业二者不可偏废。他本人毕生即以此立志自勉,在治学方面,强学力行,推陈出新,开拓引路;在创业方面,培养专业人才,创建研究机构,组织学术团体,主持专业刊物等厥功尤伟。胡师自1928年从法国留学归国即任母校(东南大学、中央大学)地理系主任兼教授。新中国成立后又于1953年转任华东师范大学地理系和人口研究所教授,在两校先后执教76载,培养了大批地理学和人口学专门人才,包括2名院士和上百名教授。胡师于1928—1930年协助竺可桢业师创建中央研究院气象研究所;1941年在中央大学研究生院创建地理学部,兼任部主任,开展研究工作,并培养地理专业硕士生;1957年在华东师范大学创建人口地理研究室,1981年扩建为人口研究所,任所长,1984年增设博士后科研站;胡师于1934年发起成立中国地理学会,并创办《地理学报》,先后任总干事、学报主编和理事长,组织领导全国性的地理学术活动;1981年胡师又应聘出任中国人口学会顾问。回顾胡师70年的学术生涯、所作所为,对发展中国地理学和地理事业作出了重大的、卓越的贡献,无愧为我国地理学界的一代宗师。

我在胡师的长期熏陶下,耳濡目染,亦步亦趋,以师道是从,除治学外,亦甘愿为发展中国地理事业而付出一定的时间和精力,亦先后参与中国地理学会的业务组织工作,主编《地理学报》;支持湖南经济地理所和西安外国语学院人文地理所的建立和《经济地理》《人文地理》的创刊;为扩大中国在国际地理界的影响而承担联合国大学(UNU)顾问和国际地理联合会(IGU)副主席的工作,以此来告慰业师对我的殷切嘱望。如今业师虽已谢世,但我仍然不忘"学业并重"的立身之道。我时常记得法国人文地理学界有两位大师,即白兰士和白吕纳,他俩的师生情谊感人至深,白吕纳在纪念老师白兰士时说:"恕我骄傲地声明:我是白兰士教导出来的学生,而且将永远是他的学生。我的思想、我的感觉、我对人地关系的最初认识乃至我对地理学的爱好,莫不出于老师的教化。"这正是我对胡焕庸老师想永远表达的同样感情。

七、主要著作

[1] 胡焕庸,等,译.战后新世界[M].上海:商务印书馆,1924.

[2] 胡焕庸.中国人口之分布[J].地理学报,1935,2(2).

[3] 胡焕庸.江苏图志[Z].中央大学地理系,1935.

[4] 胡焕庸,李旭旦,等.两淮水利盐垦实录[Z].中央大学地理系,1935.

[5] 胡焕庸.黄河志气象篇[M].上海:商务印书馆,1936.

[6] 胡焕庸.气候学[M].香港:商务印书馆,1938.

[7] 胡焕庸.四川地理[M].重庆:正中书局,1939.

[8] 胡焕庸.世界经济地理[M].重庆:青年书店,1940.

[9] 胡焕庸.苏联经济地理[M].重庆:青年书店,1941.

[10] 胡焕庸.美国经济地理[M].重庆:青年书店,1942.

[11] 胡焕庸.中国经济地理[M].重庆:青年书店,1943.

[12] 胡焕庸.日本地志[M].重庆:京华印书馆,1944.

[13] 胡焕庸.朝鲜地志[M].重庆:京华印书馆,1945.

[14] 胡焕庸.台湾和琉球[M].重庆:京华印书馆,1945.

[15] 胡焕庸.两淮水利[M].南京:正中书局,1949.

[16] 胡焕庸.淮河[M].北京:中国青年出版社,1951.

[17] 胡焕庸.淮河的改造[M].上海:新知识出版社,1954.

[18] 胡焕庸.苏联自然地理概论[M].上海:新知识出版社,1955.

[19] 胡焕庸.各洲自然地理讲义(亚洲部分)[M].上海:华东师范大学出版社,1959.

[20] 胡焕庸.各洲自然地理讲义(欧洲部分)[M].上海:华东师范大学出版社,1959.

[21] 胡焕庸.古地理学教程[Z].华东师范大学,1963.

[22] 胡焕庸,康淞万,蔡吉.世界气候的地带性和非地带性[M].北京:科学出版社,1981.

[23] 胡焕庸,陈业裕.世界海陆演化[M].北京:商务印书馆,1981.

[24] 胡焕庸,周之桐.法国经济地理[M].天津:天津人民出版社,1982.

[25] 胡焕庸,严正元,康淞万.欧洲自然地理[M].北京:商务印书馆,1982.

[26] 胡焕庸,张善余.世界人口地理[M].上海:华东师范大学出版社,1982.

[27] 胡焕庸.中国八大区的人口密度和人口政策(中英文版)[M].上海:上海外语教育出版社,1983.

[28] 胡焕庸.论中国的人口分布[M].上海:华东师范大学出版社,1983.

[29] 胡焕庸,张善余.中国人口地理(上册)[M].上海:华东师范大学出版社,1985.

[30] 胡焕庸.中国八大区人口增长、经济发展的过去与未来[M].上海:华东师范大学出版社,1986.

[31] 胡焕庸.淮河水道志[G].蚌埠:淮河志编纂办公室,1986.

[32] 胡焕庸.中国人口地理简编[M].重庆:重庆出版社,1986.

[33] 胡焕庸,张善余.中国人口地理(下册)[M].上海:华东师范大学出版社,1986.

[34] 胡焕庸,等.中国东部、中部、西部三带的人口、经济和生态环境[M].上海:华东师范大学出版社,1989.

[35] 胡焕庸,伍理.中华人民共和国人口分布图[M].北京:中国地图出版社,1989.

[36] 胡焕庸,伍理.中华人民共和国人口密度图[M].北京:中国地图出版社,1989.

[37] 胡焕庸.中国人口的分布、区划和展望[J].地理学报,1990,45(2).

参考文献:

[1] 胡焕庸.胡焕庸人口地理选集[M].北京:中国财政经济出版社,1990.

[2] 胡焕庸.治学经历述略[J].中国科学史料,1991,12(1).

[3] 胡师子女.胡焕庸教授——简历·年表·著述[Z].1998.

[4] 中国科学技术协会编.中国科学技术专家传略.理学编.地学卷[C].石家庄:河北教育出版社,1996.

[5] 钱今昔.地理学大师胡焕庸[C]//中国地理学90年发展回忆录.北京:学苑出版社,1999.

第三章 中国大人文地理学的耕耘者
——任美锷先生(1913—2008)

高抒[1]，钟士恩[1,2]，张捷[1,2]

（1. 南京大学地理与海洋科学学院；2. 南京大学人文地理研究中心）

引言

任美锷先生(1913—2008)，浙江宁波人。1936年毕业于中央大学地理系，1939年获英国格拉斯哥大学博士学位，曾任中国地理学会总干事、《地理学报》主编、中国科学院南京地理研究所所长、中国地理学会名誉理事长、中国海洋学会名誉理事长等多个国内外重要学术兼职。1980年当选为中国科学院学部委员（院士）。先生一生治学严谨、勤奋著述，发表了200多篇论文，出版了5部专著，直至耄耋之年仍然发表多篇SCI收录论文。研究成果获英国皇家地理学会维多利亚奖章(1986)、国家教委首届全国高等学校优秀教材特等奖(1988)、何梁何利基金科学与技术进步奖(2000)、中国地理学会第一届中国地理科学成就奖(2004)。

先生学问博大精深，理论联系实际。先生学术思维敏捷，高瞻远瞩，不仅是著名的自然地理学家和海洋学家，同时是著名的人文地理学家。先生在普通人文地理、经济地理、旅游地理、资源地理、历史地理和环境考古等多个大人文地理学领域都有重要学术贡献。先生治学严谨，教书育人数十载，培养了大批优秀地理学专家，如遥感GIS专家陈述彭、冰川学家施雅风、地貌学家李吉均、海岸沉积学家王颖等中科院院士和国内许多著名地理学家如包浩生、唐邦兴、崔之久、朱大奎等教授。改革开放后指导的博士、硕士研究生章典、张捷、周寅康、蒋忠诚、聂跃平、朱晓东、濮励杰等也都活跃在地理学术界。

一、主要学术经历与人文地理实践

先生 1928 年考入宁波的浙江省立第四中学后,在书店发现了张其昀编的《高中本国地理》和美国人鲍曼著、竺可桢等译的《战后新世界》,很受吸引,于是高中毕业后报考了中央大学地理系。先生跟随张其昀先生学习期间,在熟读台维斯(W. M. Davis)的地貌学说的同时,于 1933 年遍游浙江省的名山大川,从雁荡山的峭峰林立到天台山的浑圆无奇,进一步理解了内动力在塑造地貌形态中的作用;1934—1935 年,他深入青海、甘肃、陕西、宁夏和绥远(今内蒙古)五省区考察人文地理,在如何能使黄土高原也得黄河之惠、逐渐改变贫穷面貌等问题的思考之中,萌生了长期研究黄河问题的愿望。大学期间,他在《方志月刊》杂志发表了论文《兰州附近地志研究》,还与同窗李旭旦一起翻译了白吕纳的经典著作《人地学原理》。在中央大学学习期间,他对人文地理学领域的各种问题产生了浓厚的兴趣。

1936 年大学毕业后,先生以优异成绩被中英庚款录取,公费派送赴英国留学。中英庚款董事会指定中央研究院地质研究所所长李四光教授指导他的留英事项,在李四光教授建议和推荐下,先生于 1936 年赴英国格拉斯哥大学攻读博士学位,他的导师是德高望重的英国著名地质学家、英国皇家学会会员 E. B. Bailey 教授。李四光教授认为,人文地理学研究需要有深厚的自然科学基础;任美锷选择一位地质学家担任他的博士生指导老师,这是接受李四光教授建议之后的结果。在 Bailey 教授指导下,先生选习了地质学基础课,其中包括著名岩石学家 G. W. Tyrrell 的岩石学。1937 年暑假去阿尔卑斯山考察冰川地貌和地质构造。1939 年完成了题为《苏格兰 Clyde 河流地貌发育》的博士论文并获得博士学位。

先生于 1939 年回国,任浙江大学教授。当时正值抗战时期,浙江大学经过几次迁移,1940 年到达贵州。先生于 1940 年初到达位于遵义的浙大本部,1943 年夏离开,在遵义浙大工作三年多。之后,他于 1944—1946 年在重庆沙坪坝中央大学任教授。在这段时期,他重新开始了人文地理的研究,并取得了很大的成就(详见下文)。虽然他在 1950 年前后因为人文地理研究的学术思想而遭受过不公正的批判,但他对于人文地理的关注直至晚年都没有减少。

1956 年,先生参与了《全国十二年科学技术发展规划》的制定工作,同时接受了云南热带生物资源综合考察任务。1957—1960 年,他多次赴云南南部考察,根据大量考察资料,提出云南南部 25°N 以南、海拔 1000 米以下的盆地能够种植橡胶,为云南南部扩大橡胶种植面积提供了科学依据。先生于 20 世纪 50 年代中期进行三峡地区喀斯特研究,提出了"深部喀斯特作用"的新观点。继而又进一步研究了喀斯特地貌的地带性问题。1959—1962 年,先生任中国科学院南京地理研究所所长。

1962 年,先生响应国家召唤进入海洋科学领域。1965 年,参加海南岛铁炉港建设研究,根据潮汐汊道理论完成了可行性研究,使铁炉港得以顺利建成。1979 年,受国家海洋局委派,作为中方首席科学家与来访的美国伍丝霍尔海洋研究所 J. D. Milliman 博士一起,促成了中美合作的首个大型研究项目"长江口及东海大陆架海区沉积动力学"。该项目于 1980—1983 年执行,取得了丰硕成果,成为中国海洋科学走向世界的标志之一。1979 年,先生又接受了江苏省海岸带和海洋资源综合考察任务,并担任考察队队长,历时 5 年在国内率先完成了该项任务。

20 世纪 70 年代末,先生发表了一系列论文,将"古海洋学"介绍到国内,并积极建议我国加入国际深海钻探计划,推动了国内的古海洋学研究。此后,又进行了江苏潮滩沉积动力学、中国三大三角洲海岸相对海平面变化、人类活动对黄河及其三角洲的影响、流域—海洋相互作用等研究,取得了一系列开创性的成果。他还以自己的沉积学知识,指导了大庆油田、下辽河油田的生产工作。1984 年,先生根据黄河口潮流和悬沙特征的分析,提出建设胜利油田油港是可行的,这一结论得到了石油部的采纳。该港建成后运行良好,1997 年又进一步扩建,对黄河三角洲的发展起了重要作用。他将历史文献与现代科技成果结合,阐明人类活动与自然因素对黄河和黄河三角洲发育与发展的影响,指出地区经济发展所应遵循的规律,对黄河海港建设及黄河三角洲开发提出具体意见,得到当地政府及胜利油田领导的高度评价。1999 年,他撰文讨论黄河下游整治及黄河断流问题,根据多年实地考察及对大量资料的综合分析,认为要改善黄河下游环境及黄河断流,必须采取多种措施,这一意见受到国内学术界的广泛重视。

先生十分重视学科交叉,在 84 岁高龄,又将自然地理、海岸科学及其他相关科学交叉结合,开拓长江三角洲可持续发展研究。1996—1997 年,他与严东生院士共同主持"长江三角洲可持续发展咨询项目",提出尽快建设太仓港为上海国际航运中心的副港,以上海港为主港,以浙江北仑港和江苏太仓港为副港建设上海国际航运中心的战略建议,被地方政府部门所采纳。据江苏省计经委和交通厅研究估算,太仓港的投产从2010年起每年可节约苏锡常腹地至海港间集装箱陆上运费8.7亿元,还可节约港口建设费用25亿元。

改革开放以后,先生在国际学术交流中十分活跃。1978年,应美国科学促进会的邀请,参加了中国代表团赴美国访问,这是"文化大革命"后中美科学界间的第一次大型交流,访问了世界著名的Scripps海洋研究所等学术机构。1986年夏,接受美国Fulbright基金会邀请到美国讲学一年,主要在西伊利诺斯州立大学讲授中国地理课程,同时也到美国许多大学和研究所做学术报告及参观访问。1982年和1987年,出席了分别在瑞士苏黎世和美国伍丝霍尔海洋研究所举行的第一、二届国际古海洋学会议。1989年,出席了联合国海洋环境保护科学委员会在曼谷举行的"海平面上升与三角洲沉降"国际学术讨论会。1992年秋,出席了在瑞典哥德堡市举行的国际海洋研究委员会全体会议。

先生在地理学多个领域的杰出成就已成为一个榜样,激励着后人不断追求地理科学的创新。

二、任美锷先生在人文地理学领域的学术贡献

先生在自然地理、海洋海岸、喀斯特地貌的研究方面的学术贡献众所周知,因此国内大多介绍较为详尽。此外,纵观先生的学术研究,密切关注实践应用和人地关系也是其工作的重要特色。1956年,先生应国务院邀请,赴京参与《全国十二年科学技术发展规划》的制定工作,他与其他200多名科学家一起,最早规划了中华人民共和国的科技蓝图。从先生早年的地形与人生、土壤与人生、黄土与人生、洞穴与古人类等系列研究,到后期自然区划准热带划分与橡胶生产、深部喀斯特基准面与西南成昆铁路和三峡大坝建设、海岸沉积与港口建设、《黄河——我们的母亲河》等系列研究:一是反映了先生不为理论而理论、注重科学研究的生产实践应用和经济建设导向的学术思想;二是先生众多的跨学科综合研究和交叉学科方法应用,在当代地学分支学科研究越来越细、宏观综合整体研究的地理学传统面临挑战的今天,有着特别重要的启迪价值。

1. 普通人文地理

先生1934—1935年深入青海、甘肃、陕西、宁夏和绥远(今内蒙古)五省区考察人文地理,在如何能使黄土高原也得黄河之惠、逐渐改变贫穷面貌等问题的思考之中,萌生了长期研究黄河问题的愿望。大学期间,他在《方志月刊》杂志发表了论文《兰州附近地志研究》。先生早年在大学期间就与同窗李旭旦先生合作翻译地理学概论名著——白吕纳的《人地学原理》(1935)，该书中对人口地理、居处地理、城市研究与生活方式的系统构建对推动我国人文地理学起到了极其重要的作用。

先生早年关于地形与人生、土壤与人生、黄土与人生、洞穴与古人类等系列研究，强调了区域差异、人地关系、地理环境的时空模式等重要地理学研究思想。先生十分强调跨学科综合研究，倡导自然地理与人文地理融为一体。1946年，刚刚三十出头的先生就担任了《地理学报》总编辑，积极著文评述欧美各学派的新地理思想，对我国近代地理学的发展起了极大的推动作用。先生对普通人文地理的重要贡献，同样体现在研究著作《黄河——我们的母亲河》中。先生对人文地理众多分支学科领域（经济地理、建设地理、旅游地理、历史环境地理等）的研究成果（详见下文），实际上从整体上对我国普通人文地理也是重大的贡献。

先生对人地关系的研究密切关注国际前沿，不断与时俱进。在《建设地理新论》一书中，最大的特色是对于人的因素的关注，或然论取代了旧的环境决定论。在强调地理研究为经济建设服务的同时，先生同样提出动态的经济地理学，"人为的措施是随时在更新，随时在变动，因此经济地理实施也必随时在更新和变动，所以我们必须用动的眼光，来研究它们"。但与此同时，先生同样敏锐地观察到人类活动对地理环境的负面影响，强调土地利用的合理模式，先生1942年在《思想与时代月刊》发表的《土壤与人生》一文中指出，"土壤是人生的基础，立国的骨干"，反映在当今仍具有重要的思想启迪作用。到了20世纪70年代，可持续发展成为国外最新的发展理念。先生敏锐地观察到这种事实，从强调或然论和人在地理环境改造、经济建设中的重要角色认识，转向为注重科学研究的生产实践的可持续利用模式，比如关于黄河三角洲、长江三角洲、江苏海岸带的国土整治研究。先生提出，海岸带的开发利用必须按照自然规律和经济规律办事，取得最佳的经济效益和生态效益。

2. 服务于人类社会建设的地理学研究

先生留学英国期间，对西方国家科技服务于经济和社会的印象极其深刻，而当时国内经济地理学领域的研究水平较为落后，大多以描述物产分布为主。先生首先将韦伯的工业区位论引进中国。在《建设地理学》专著中，他论述了经济地理学的理论体系、土地资源开发利用及其与人类活动的关系等重要科学问题，经济地理学要有一条理论主线,而区位理论就是本学科当时所处阶段的通用理论。先生提出地理学要为工业、农业、交通运输服务,要解决重大经济建设问题。这种方法在先生后来的工作中多次体现出来,如中国自然区划、喀斯特地貌、大型河流三角洲地貌等项研究。先生提出:

> 地理研究是实施经济建设的先导,故参与经济计划的地理学者可称为"地理工程师"。有地理工程师和通敏的政治家、经济学家共定建设的大计,技术工程师分任专门设计,并执行实际的施工;那样殊途同归,方能使国家的经济建设,有美满的成效。(任美锷,1991)

服务于人类社会建设的自然地理学研究,一是体现在自然区划在指导中国经济社会发展,特别是经济生产的明确利用界限中的重大意义。他承担了中国自然区划研究工作,结合在南京大学讲授"中国自然地理"课程,后来总结为专著《中国自然地理纲要》(与杨纫章、包浩生等合著),于1979年7月由商务印书馆出版(初版)。此前,中国科学院出版了《中国自然区划》(科学出版社出版),把全国分为8大自然区,而《中国自然地理纲要》将全国分为若干自然带,提出了新的区划原则和方案。胡耀邦同志曾在1972年12月举行的全国宣传工作会议上给予很高评价,号召大家都要读这本书。这本著作后来被译成英文、西班牙文、日文等发行,在国内外产生巨大影响。

服务于人类社会建设的自然地理学研究,二是体现为潮汐汊道和沉积动力理论在海港建设中的应用。由于港口建设的需要,先生敏锐地觉察到20世纪30年代至70年代的国外潮汐汊道稳定性理论在我国海岸带开发中的重要意义,并与合作者一起将这一理论进一步推广到中小河口水道的整治,建立了港口建设可行性的地貌判据。这一方法现已被国内学术界和工程界接受,广泛应用在港口建设、航道工程。海南岛铁炉港、洋浦港的可行性论证就是在潮汐汊道理论指导下成功进行的。20世纪50年代之后,沉积动力学成为地质学、工程学和物理海洋学的新兴交叉学科。先生积极探索了潮汐环境的沉积动力特征及其在港口建设中的应用,根据水动力条件和悬沙侵蚀、输运、堆积条件确定港口、航道建设方案,为在许多原先认为不适宜于港口建设的地方兴建大型海港提出了新思路。基于新的方法,先生提出了黄河泥沙影响的动态变化和潮流流速特征的两条理由,主张可以在老黄河口附近建港,最终使东营港成功建设。

3. 旅游地理

先生(1940)关于自然风景与地质构造的研究,在自然地理学论文背后蕴藏着人文地理乃至地理学研究思想的精华。

> 以上所述,只是就个人从前旅行的记忆所及……但由此亦可见各种自然山水都可用科学方法,研究其所以然的理由。我们既知一峰一壑的造成原因,则欣赏风景必更可增加兴会。反而言之,我们地理学者,以分析风景成因为主要任务,但奇景所在,同时也可任性欣赏,寓游赏于研究,这确是我们地理学者的最可贵,最有意味的地方。(任美锷,1940)

先生这篇文章反映出:(1) 自然风景的地质构造研究的重要目的是给予人们旅游和旅行科学上的阐释,提升旅行的审美乐趣;(2) 旅游要结合地理地质科学来寻求科学阐释,这个理念,对今天的旅游解说系统和旅游导游词以及旅游产品设计具有超前性,而教科文组织世界自然遗产相关方面的工作即体现了这种理念;(3) 对于地理学(地貌学)提出"寓游赏于研究"的原则更具超前性,如Goudie(2002)对地貌与美学关系探讨中曾经感叹现代地貌学研究过于强调过程而脱离了研究者对地貌的原始兴趣趣味。

相较于张其昀(1934)、徐近之(1934)、任美锷(1935)等科学考察游记类文献,先生1940年发表的这篇论文也被公认为中国旅游地理萌芽时期的代表作,提出"世界名胜分析起来不外乎山水植物建筑四项"的风景资源分类理念。

先生在海岸带国土整治中强调了经济开发建设中的旅游资源和保护珍稀动物问题(任美锷,1984),同样研究了海平面变化对海岸沙滩和区域旅游发展的影响(任美锷,1990),对旅游与地理环境之间的重要且辩证关系的认识具有相当的前瞻性。

4. 历史地理、地理学史与环境考古

1949年后,先生在承担地理学史、地理学概论等新设课程的基础上,对中国历史地理、环境考古逐步产生了浓厚的兴趣,这对先生后来研究海洋地质环境考古,比如黄河输沙量的历史变迁、长江三角洲与海岸线的变迁,以及北京周口店洞穴发育与古人类考古产生了重要的影响，奠定了先生在历史地理、地理学史与环境考古中先驱者的地位。

先生在《中国科学》上发表的《北京周口店洞穴发育及其与古人类生活关系》(1981)，是世界上论述洞穴演变与古人类关系的最详细的成果，英、美、法、联邦德国、意大利、西班牙、日本等十几个国家的科学家纷纷来函索取。该文不仅将喀斯特洞穴研究与中国文明密切结合，同时与气候变迁、洞穴沉积、河流演变等综合，技术上将喀斯特洞穴研究结合沉积学、地质构造、显微技术、黏土矿物学等多个学科的方法技术进行综合研究，将猿人洞的演化划分为五个阶段，认为北京猿人能在周口店长期居住生活与猿人洞的演化、充填以及当时的古地理环境有着密切的关系。

先生(1984)对徐霞客的地理学贡献的研究，将隐没在一般旅行家中的徐霞客在喀斯特地貌等地理学上的学术贡献发掘出来，使得徐霞客得到地理学家应有的客观评价。这是先生对我国地理学史和喀斯特学史的重要贡献。

古海洋学是 20 世纪 70 年代中期随着深海钻探技术而发展起来的一门新兴学科，先生敏锐察觉并推动了这一新兴学科在中国的发展，在我国参加大洋钻探等方面向国家提出了重要建议。同时，又先后从事江苏潮滩（潮坪）沉积动力学研究、中国三大三角洲海岸相对海平面变化研究、人类活动对黄河和黄河三角洲的影响及黄河与海洋交互作用研究等，做出了一系列开创性的成果。他将历史文献与现代科技成果相结合，阐明人类活动与自然因素对黄河和黄河三角洲发育与发展的影响，指出地区经济发展所应遵循的规律，对黄河海港建设及黄河三角洲开发提出具体意见，受到党和政府及国内学术界的高度重视。

任美锷先生因病于 2008 年 11 月 4 日 12 时 05 分在南京仙逝，享年 96 岁。先师哲人逝矣，而学术不朽。张捷兹撰联敬挽：

> 学囊西国旧曾行，英欧区位传新说，青山青史高名常在，
> 妙手南疆昔指点，华夏山河重又整，黄海黄河弘论犹存！

三、任美锷先生涉及人文地理学的代表性论著

[1] [法]白吕纳. 人地学原理[M]. 任美锷，李旭旦，译. 南京：钟山书局，1935.

[2] 任美锷. 兰州附近地质研究[M]. 南京:钟山书局,1935.

[3] 任美锷. 自然风景与地质构造[J]. 地理学报,1940,2(2).

[4] 任美锷. 甘南北川之地形与人生[J]. 地理学报,1942(7).

[5] 任美锷. 工业区位的理论与中国工业区域[J]. 地理学报,1944(11).

[6] 任美锷. 建设地理新论[M]. 重庆:商务印书馆,1946.

[7] 任美锷. 四川省农作物生产力的地理分布[J]. 地理学报,1950(16).

[8] 任美锷. 山东省沂河上游区域地理调查简报[J]. 地理学报,1952,18(3-4).

[9] 任美锷. 庐山地形的初步研究[J]. 地理学报,1953,19(1).

[10] Ren, M. E. La glaciation du Yulungshan, Yunnan, Chine[J]. Annales de Geographie,1959,69.

[11] 任美锷,杨纫章. 中国自然区划问题[J]. 地理学报,1961,27.

[12] 任美锷. 珠江河口动力地貌特征及海滩利用问题[J]. 南京大学学报(自然科学),1964,8(1).

[13] 任美锷,刘泽纯,金瑾乐,等. 北京周口店洞穴发育及其与古人类生活的关系[J]. 中国科学(A辑),1981,24(3).

[14] 任美锷. 国土整治与中国地理学[J]. 地理研究,1983,2(4).

[15] 任美锷. 徐霞客对世界岩溶学的贡献[J]. 地理学报,1984,39(3).

[16] 任美锷. 江苏省海岸带和海涂资源综合调查报告[C]. 南京:江苏省海岸带和滩涂资源综合考察队,1985.

[17] 任美锷,杨纫章,包浩生. 中国自然地理纲要[M]. 北京:商务印书馆,1985.

[18] Ren, M. E., Zhang, R. S., Yang, J. H. Effect of typhoon No.8114 on coastal morphology and sedimentation of Jiangsu Province, the People's Republic of China[J]. Journal of Coastal Research,1985,1(1).

[19] Ren, M. E(ed.). *Modern Sedimentation in Coastal and Nearshore Zone of China*[M]. Berlin:Springer-Verlag, Beijing:China Ocean Press,1986.

[20] Ren, M. E., Shi, Y. L. Sediment discharge of the Yellow River and its effect on the sedimentation of Bohai and the Yellow Sea[J]. Continental Shelf Research,1986,6(6).

[21] Ren, M. E., Milliman, J. D. Man's influence on the erosion and

transport of sediment by Asian rivers: the Yellow River example[J]. Journal of Geology,1987,95.

[22] 任美锷. 人类活动对密西西比河三角洲最近演变的影响[J]. 地理学报,1989,44(2).

[23] 任美锷. 最近十年来中国地理科学的进展[J]. 地理学报,1990,45(2).

[24] 任美锷. 任美锷地理论文选[M]. 北京:商务印书馆,1991.

[25] 任美锷. 中国自然区域及开发整治[M]. 北京:科学出版社,1992.

[26] Ren, M. E. Relative sea level changes in China over the last 80 years[J]. Journal of Coastal Research,1993(9).

[27] Ren, M. E. Relative sea level rise in China and its socio-economic implications[J]. Marine Geodesy,1994(17).

[28] Ren, M. E., Milliman, J. D. River flux to the sea: impact of human intervention in river systems and adjacent coastal areas. In: Eisma D (ed.), Climate Change: Impact on Coastal Habitation [M]. Lewis: Boca Raton (Florida, USA),1995.

[29] Ren, M. E. Effect of sea level rise and human activity on the Yangtze Delta, China. In: Milliman J D, Haq B U (eds.), Sea Level Rise and Coastal Subsidence[M]. Kluwer: London,1996.

[30] 任美锷,杨宝国. 当前我国港口发展条件分析——兼论上海国际航运中心[J]. 地理学报,1998,53(3).

[31] 任美锷,严东生. 论长江三角洲可持续发展战略[M]. 合肥:安徽教育出版社,1999.

[32] 任美锷. 黄河——我们的母亲河[M]. 北京:清华大学出版社,广州:暨南大学出版社,2002.

参考文献:

[1] Goudie, A. S. Aesthetics and relevance in geomorphological outreach[J]. Geomorphology,2002,47(2-4).

[2] Shi, Z. Obituary: professor Ren Mei-e(1913-2008)[J]. Estuarine, Coastal and

Shelf Science，2009，82(2)．

[3] 包浩生．任美锷教授八十华诞地理论文集[M]．南京：南京大学出版社，1993．

[4] 方延明．科学无坦途　贵在肯攀登——访维多利亚奖章获得者南京大学任美锷教授[J]．中国高等教育，1986(8)．

[5] 高抒．任美锷. 20世纪中国知名科学家学术成就概览—地学卷—地理学分册[M]．北京：科学出版社，2010．

[6] 高抒．高校院系管理与社会服务[M]．南京：南京大学出版社，2011．

[7] 彭补拙．记任美锷院士学术风采二三事[G]// 吴传钧，施雅风．中国地理学90年发展回忆录．北京：学苑出版社，1999．

[8] 任美锷．任美锷地理论文选[M]．北京：商务印书馆，1991．

[9] 任美锷．回忆与怀念[C]//韩存志．资深院士回忆录：第2卷．上海：上海科技教育出版社，2006．

[10] 王颖，朱大奎．怀念我们的老师任美锷院士[J]．南大校友通讯，2008，冬季号．

[11] 徐近之．西宁松潘间之草地旅行[J]．地理学报创刊号，1934(1)．

[12] 张粉琴．情满山海——中科院院士、地理学泰斗的故事[G]// 刘纪远．现代中国地理学家的足迹．北京：学苑出版社，2002．

[13] 张捷，俞锦标，林钧枢，等．深切缅怀任美锷院士[J]．中国岩溶，2008，27(4)．

[14] 张其昀．浙游记胜[J]．地理学报创刊号，1934．

第四章 中国统一地理学的践行者
——李旭旦先生(1911—1985)

汤茂林

（南京师范大学地理科学学院）

引言

李旭旦(1911—1985)，江苏江阴人，著名的区域地理学家，地理教育家。李旭旦先后就读于江阴"南菁中学"、南京中央大学地理系。1934年毕业后留校任教。1936年考取中英庚款奖学金，赴英国剑桥大学留学，1939年回国后任重庆中央大学地理系教授。1943年任中央大学地理系主任。1946年至1947年赴美国马里兰大学，任访问教授，他认真研究了中国的地理区划问题，写成《中国地理区之划分》一文，发表于《美国地理学家协会汇刊》(*Annals of the Association of American Geographers*)，这篇文章首创将自然与人文要素综合起来划分地理区，至今仍不失学术价值。1947年回国后，继续任南京中央大学地理系教授、系主任，兼任《地理学报》主编。1949年南京解放时作为知识分子代表，成为南京市军管会委员。新中国成立后任南京大学地理系教授、主任。1952年全国高等院校进行院系调整时，李旭旦教授到南京师范学院创建地理系科，先后任系主任、名誉系主任；并担任中国地理学会常务理事、江苏省地理学会副理事长。

李旭旦先生一生主要致力于人文地理学、区域地理学和地理教育理论的研究。早年他接受了法国、英国人文地理学派的人地关系思想，在中国进行了人文地理学研究的开创性工作。1957年后，地理学界学习苏联模式，错误地开展了对人文地理学的批判，李旭旦也受到波及。1978年后李旭旦先生为复兴人文地理学倾注了全部心血，他提出了人地关系理论是人文地理学的基础和核心，强调人地关系协调思想，同时身体力行创立有中国特色的人文地理学，并亲自担任中国地理学会人文地理学专业委员会主任委员，是当之无愧的中国现代人文地理学奠基人。

李旭旦先生著述质量颇高,他撰写的《人地关系的回顾与瞻望》、《国土整治与协调论》等大量著述,以及主编的《国外地理科学文献选译》《中国大百科全书·人文地理学》《人文地理学概说》《人文地理学论丛》等为我国人文地理学的复兴与繁荣做出了卓越的贡献。

一、主要学术经历

李旭旦先生中学就读于江阴"南菁中学",并于1930年以品学兼优保送到南京中央大学地理系学习。在校期间便翻译饶美亚的《绘图学》(《方志月刊》1933年,6卷1期、2期、6期、11期)。他还与胡焕庸、任美锷合著《东坝考察记》(《方志月刊》1933年,6卷12期)。1934年毕业留校,在中央大学地理系任助教。

1936年他考取中英庚款,留学英国,在剑桥大学攻读地理学硕士学位。在英国求学时还受到英国著名地理学家罗士培的人地观的影响。在两年的学习和一年的环球旅行之后,李旭旦回国,同年被聘为中央大学教授。其间,李旭旦学术成果丰硕。

1940年他发表《区域图表与地景素描在峨眉山之应用》(《地理学报》第7卷)和《芬兰之国情与国势》(《世界政治》5卷1期)。

1941年利用暑假进行川西、川北和甘南等地地理考察。发表《白龙江中游人生地理观察》(《地理学报》8卷)和《希特勒之"欧洲新秩序"评》(《世界政治》6卷1期)。

1942年他担任中央大学地理系系主任,并发表《西北科学考察纪略》(《地理学报》9卷)。担任《地理学报》总干事及总编辑。

1943年发表《评哈特向著〈地理思想史论〉》(《地理学报》10卷)。

1945年发表了《空权时代之新地理》[《中国青年(重庆)》12卷1期]。

1947年应美国马里兰大学地理系邀请,赴美讲学一年,并著有《中国地理区之划分》(刊于美国地理学家协会会刊 Annals A.A.G., 9月)。

1948年出版著作《世界政治地理》(中华书局)。

1949年发表《东北之农业区域及农产分布》(《科学》31卷11期)。

1950年发表《东北的钢铁工业》(《地理知识》第4期)、《如何培养新地理工作人才》(《地理知识》第4期)、《我们迫切需要建立新的地理思想和方法》(《地理知识》第7期)、《新经济地理学的几个基本原则》(《地理知识》第10期)、《东北地位与朝鲜战争》(《地理知识》第 12 期)。被聘为学术名词统一工作委员会委员。

1951 年发表《地大物博人众的新中国》(《地理知识》第 1 期)、《美帝侵略的地理思想》(座谈会记录)(《地理知识》第 2 期)、《关于祖国面积和人口的数字问题》(《地理知识》第 2 期)、《作为一个人民地理教师应该掌握些什么》(《地理知识》第 8 期)和《美国资源丰富吗》(《地理知识》第 11 期)。翻译《苏联地理》,并创办《地理知识》(《中国国家地理》前身)。

1952 年发表《新沂河完成后六塘河流域的农田水利问题》(《地理学报》第 18 卷)和《苏联在亚洲区域的和平建设》(《地理知识》第 10 期)。还发表《我们祖国的地理》(南京市铅印,政治常识讲座记录之一)。

1953 年发表《斯大林学说在有关地理方面的几个重要论点》(《地理知识》第 5 期)和《师范大学及师范学院地理系科简介》(《地理知识》第 9 期)。

1954 年发表《学习苏联,实现社会主义工业化》(《地理知识》第 1 期)、《过渡时期的地理教育方向》(《地理知识》第 5、6 合期)和《小学地理教学的目的、任务与方法》(江苏省科学技术普及协会编印)。

1955 年发表《亚洲的地理大势》(《地理知识》第 3 期)、《外国经济地理教学上的几个主要问题》(《地理知识》第 4 期),出版《苏联经济地理概论》(新知识出版社)和合译《研究自己的乡土》(中国青年出版社)。

1956 年发表《白龙江作为我国农业地带分界线的意义》(《地理知识》第 3 期)。从《苏联大百科全书》选译《巴西》(人民出版社)。

1957 年发表《扩大民主生活和加强政治思想教育》(《江苏盟讯》第 4 期)。同年与徐竹生合译伊·谢尔巴科夫的《我的旅行:我是怎样成为地理学家的》(中国青年出版社)。

1960 年发表《世界大自然区的划分》(未发表手稿,后收入《李旭旦地理文选》,浙江教育出版社,1991 年)。

1962 年发表《卡依戈洛道大气候分类法及其评价》[《南京师院学报》(自然科学版)第 2 期]。

1963 年发表《分式号码填图法的应用与评价——以太湖东山地区为例》(《江苏地理学会论文集》)。同年写作《各洲自然地理》(讲义)(南师油印件,8 月)。

1964年翻译魏格纳的《海陆的起源》[1]（商务印务馆）。这一个世界长期争辩额大陆漂移问题还没有得到真正全部的肯定，而李旭旦坚决站在魏格纳一边，这是要有一定的识见和勇气的。

1978年发表《美国的人文地理学》(《中国地理学会1978年经济地理专业学术会议论文选集》)。

1979年发表《欧美区域地理研究的传统与革新》[《南京师院学报》（自然科学版）第1期]，翻译《东欧经济地理问题论文集简介》(《国外地理科学文献选译》第2辑)，发表《人文地理学的革命》(《南师校庆学术报告会论文》)和《现代地理学的几个问题》(《地理知识》第9期)，整理《解放前中国地理学会大事记》。

1979年12月28日—1980年1月7日，他在第四届中国地理学会代表大会上提出复兴人文地理学的倡议，得到了吴传钧等老一辈地理学家的支持和绝大多数代表的热烈响应。此后，他不顾困难和压力，在多种场合和报刊上呼吁复兴人文地理学，从而使一度在中国销声匿迹的人文地理学走上蓬勃发展的轨道。

1980年8—9月在日本东京举行的第24届国际地理学会议的大会及分组会上，宣读了"The development of human geography in new China"(《新中国人文地理学的发展》)以及《中国区域地理教学问题》等论文，获得与会者的一致好评。

1981年发表《国际地理学界的一次盛会——参加东京国际地理会议观感》[《南京师院学报》（社会科学版）第1期]。在此次会议上，李旭旦以复兴区域地理学、复兴人文地理学作为他的中心思想，征得许多国际知名学者的支持。翻译R.E. Dickinson的《人文地理学的发展》(《国际地理科学文献选译》第7辑)。翻译并发表《人文地理学》(《大英百科全书》新版条目，《国外地理科学文献选译》第7辑)、《国土整治与协调论》(《南师校庆学术报告会论文》)、《人地关系的回顾与瞻望——兼论人文地理学的创新》(《世界地理集刊》第2集)和《人文地理学的复兴》(《百科知识》第3期)。

1982年发表《人文地理学的理论基础及其近今趋向》[《南京师院学报》（自然科学版）第2期]、《为什么要学习地理和怎样自学地理》(《地理知识》第3期)、《英美区域地理学的新动向》(《中国地方史志》第1期)、《大力开展人地关系

---

[1] 北京大学出版社2006年重新再版，是该社"科学素养文库·科学元典丛书"之一。

与人文地理学的研究》(《地理学报》37卷4期)。翻译出版《地理学思想史》(普雷斯顿·詹姆斯著,商务印书馆)。

1983年发表《漫谈地理科学和怎样自学地理》(《青年自学指南》,江苏科学技术出版社)。翻译《〈地理学的理论问题〉一书介绍》(《国外地理科学文献选译》第10辑)和《人文主义地理学》(段义孚著)两文。发表英文论文"Rural settlements of the Jiangsu province,China"(*Geo Journal* 7卷1期),与陆诚合作发表《论十九世纪德国地理学的统一性观点》(《地理研究》2卷3期)。参与编著《地理学词典》。

1984年发表《知国·爱国·报国——兼谈地理教育问题》[《南京师大学报》(社会科学版)第2期]。《中国大百科全书:人文地理学》(中国大百科全书出版社,1984,主编)。发表《翁文灏先生对我国地理学的贡献》(《地理学报》39卷3期)、《世界各国人文地理学流派》(《人文地理文集》,《南京师大学报》增刊)和"The human geography in China"(*Geography in China*, Science Press)。

1985年发表《评C.李特尔、F.拉采尔和H.J.麦金德》[《南京师大学报》(自然科学版)第1期,为地理专辑]和《开展人文地理研究的几点意见》(《地理科学》第4期)。主编《人文地理学概说》(科学出版社)。

1986年1月,主编的《人文地理学论丛》(人民教育出版社)正式出版。

李旭旦在当选为江苏省地理学会副理事长、中国地理学会常务理事期间,著述颇丰,积极呼吁"人文地理学的复兴"、"大力开展人地关系与人文地理学的研究"、"人文地理学的新生",许多媒体都进行了采访和报道,为复兴人文地理学的发展做出了突出贡献。

李旭旦先生不仅是我国著名的地理学家,还是一位忠诚的地理教育家,其主编过许多地理教材,而且科学研究的学术成果硕果累累,可谓实至名归的地理学大师。

二、学术贡献

胡焕庸[1]、吴传钧、宋家泰、金其铭[2]等老一辈地理学家总结了李旭旦先

---

[1] 胡焕庸:《痛悼李旭旦教授》,《国外人文地理》1986年,1卷2期。
[2] 金其铭:《为中国人文地理学的发展而鞠躬尽瘁——悼念李旭旦老师》,《地理与国土研究》1985年,1卷4期。

生的学术思想和学术造诣时,指出主要有以下四个方面[1]:

1. 重视区域地理与地理区划的研究

他重视区域地理研究的思想早已扎根在大学学习期间,深受法国白吕纳提倡小区域研究的影响。在国外留学期间和之后几十年的教学科研生涯中,区域地理成为他长期研究的中心,在大学学习时期,对江苏南部东坝的考察及苏北两淮盐垦的实地调查(见《两淮水利盐垦实录》专著);在英国的硕士论文——《江苏北部区域地理》[2]等,可视为他早期从事区域地理的理论与实践的成果。他任教时期,于1940年夏曾率领高年级学生远赴峨眉山作区域地理考察,并撰写了《区域图表与地景素描在峨眉山之应用》(《地理学报》7卷,1940年)一文,具体阐明了区域图表在区域地理考察中的作用。1941年,他组织并担任西北科学团团长,考察了白龙江中下游区域,著写《白龙江中游人生地理观察》一文(《地理学报》8卷,1941年),是一篇区域地理研究的力作。新中国成立后,他在南京师范学院地理系曾讲授各洲自然地理多年,所编讲义(后经整理正式出版)内容丰富、文字生动,是一本国内不可多得的世界区域自然地理教材。结合教学与科研的实践,他撰写了《世界大自然区的划分》(1960年)、《欧美区域地理研究的传统与革新》(1979年)等论文。他认为:近代区域地理学的理论与实践、内容与目的等方面都存在着一些问题,因而受到种种非难与冲击;但他坚信区域地理学过去曾经是,今后仍将是地理学的核心,并反对把区域地理学分裂成自然与经济两个部门,认为把地理学分割成许多过于细小的分支和系统地理学者的过分专业化,都有损于地理学的完整性和综合性。他殷切期望现代区域地理学者应致力于方法论和革新,并力主把传统的百科全书式的区域描述代之以专题研究和解释性的分析。他认为在中国,地理科学的现代化必须包括区域地理学的重新定向,才能很好地为四化建设服务。

李先生十分重视中国地理区划的研究。他在1947年发表的《中国地理区之划分》论文,就是吸取了当时国外地理学区划的理论方法和经验,并充分运用了国内各方面有关的科研成果,比较全面系统地对我国复杂多样的地理环境的地

---

[1] 这一节节选自宋家泰等对李旭旦的评价,详见:宋家泰、吴传钧、金其铭:《李旭旦先生对我国地理学的贡献》,《地理学报》1986年第4期。

[2] 南京师范大学出版社将于2021年年底出版中英文对照本,作为《李旭旦文集》的一卷。

域差异性进行了地理分区,把整个国土作为一个巨大的人地系统单元,综合考察地貌、气候、水文、土壤、植被等各自然要素和人口、经济、民族、文化等人文要素。在系统分析我国人地关系地域分异特征的基础上,提出了综合地理分区的方案。将我国自然和人文因素综合起来划分地理区,这一成果在当时具有开创性的理论和实践意义。

特别值得提出的是,40年代初期,他在对白龙江中游比较深入的地理考察的基础上,科学地提出了我国南北地理分界的西端应以白龙江中游为界的结论。在他所发表的《白龙江中游人生地理观察》(《地理学报》8卷,1941年)和《西北科学考察纪略》(《地理学报》9卷,1942年)两文中,详细论述了有关地理区域的分界线及转折点。我国地理的南北分界线,向以秦岭淮河为准,而秦岭向西以迄青藏高原(东缘),其间的陇南山区,东西六百余公里内,崇山峻岭,沟谷分割,无显著的自然地物可资依据。通过对川北甘南的实地考察,李先生明确提出了白龙江是我国南北重要分界线的科学论断,并认为它也是我国东部农区与西部牧区的分界。这一科学考察结论,为新中国成立后国家制定《1956年到1967年全国农业发展纲要》规定不同地域单位面积产量和复种指数地理分界线提供了基本依据。

2. 强调地理学的统一性

在他早年组织的一些区域地理调查中,都把自然现象和人文现象作为一个地域的统一整体来加以考察。1947年发表的《中国地理区之划分》一文即采用自然要素和人文要素综合起来划分的方法,把中国划分为十二个大区。

新中国成立初期,我国地理学者在学习苏联经验时,在自然地理、经济地理的理论和实践固然都取得了长足的进展,但也带来了把自然地理和经济地理截然分开的不良影响。李旭旦先生一再强调地理学的统一性,统一地理学正是他的地理思想的重要组成部分。他翻译了苏联B.A.阿努钦所著关于《地理学的理论问题》一书中的17点结论,以及美国H.M.斯蒂文斯所著《地理学的理论问题》一书的英译本评述和美国D.胡森《地理学的理论问题》英译本导言(均载南京师范学院《国外地理科学文献选译》第10辑,1983年),比较详尽地介绍了统一地理学的基本内容。他自己在《人地关系的回顾与瞻望——兼论人文地理学的创新》(1979年)等论文中也一再阐明这一观点。他认为:"在人类科学技术迅猛发展的今天,地球上除少数地区外,已没有不受人类活动影响的纯自然环境了。当我们把地球当作人类之家来考虑时,就不能不考虑到人对环境所起的作用,也不能不考虑环境对人所产生的影响。就人类对环境所起的作用来说,既有积极的建设性的一面,也有消极的破坏性的一面,发挥环境的建设性作用,避免其破坏性作用,改善并恢复已被破坏的环境,已成为现代地理科学研究的重要目的。"他说:"我们不能离开了人类研究自然地理。例如,土壤系统的形成就离不开人的因素,人类活动对生态系统的演替、气候的变化和地形的改变也有很大的影响。随着人类科技文化的进步,这种影响将越来越大。另一方面,我们也不能丢开了自然环境来说明人类的生活(包括经济、政治、社会、文化等各个方面)。人类居住在地球表面,一切生活都不能超脱于地理环境。"很显然,这些论点,都是十分正确的。

3. 复兴人文地理学及谋求人地关系的协调

早在青年时期,李先生即对人文地理学及人地相关论产生了浓厚的兴趣。在西方,环绕着人地关系的人文地理学理论,各家见解不一。德国F.拉采尔把自然环境作为影响社会发展的决定性因素;而法国地理学先驱P.维达尔·白兰士的"人地相关论"则把地理学的重心从自然转移到人这个积极力量上来,认为人类生活方式不完全是环境统治的产物,人类与自然之间是相互影响的。自然固然能影响人,人类亦能适应与改造自然。与"环境决定论"相比,"人地相关论"在当时是较为积极的理论。作为地理系的大学生,他与同班同学任美锷翻译了法国人地学家白吕纳所著《人地学原理》。这部经典论著,对我国人文地理学的发展产生了很大的影响。其后,在他四十年的学术实践和一系列论著中,都十分强调人地关系是人文地理学的核心问题,这种思想一直贯穿他一生的治学进程。

在50年代初期,我国地理学界在积极学习苏联地理学思想的同时,曾不适当地开展了对人文地理学的批判。当然,批判和肃清那些为帝国主义服务的地缘政治学及其他某些唯心地理学理论的影响,使人们运用马列主义和辩证唯物主义去研究地理学是十分必要的,但由于受当时思想认识水平的局限,除经济地理学以外,整个人文地理学都被认为是唯心主义的伪科学,从而成为地理科学研究的禁区。李先生对此始终持有不同的看法。直到70年代后期,学术界出现了百家争鸣的春天,他进一步坚定地表达出自己的见解,并把复兴人文地理学作为自己晚年努力奋斗的重大目标。可以这样说,中国人文地理学在近年来之所以取得了迅速的发展,是与他的不懈努力分不开的。他在中国地理学会第四届代表大会(1980年)的发言中指出:30年来,我国自然地理学和各个部门都得到了长足的进展,但在人文地理学方面,则仅仅是经济地理学的一花独放,并认为这个局面应有所改变。他指出:"人文地理学,包括经济地理、人口地理、聚落地理、民族地理、历史地理、文化地理、社会地理、疾病地理等,以及近年西方国家出现的感应地理、行为地理等学科,内容极为丰富。人类除经济生活外,也还有政治生活、文化生活、文娱生活等方面。经济活动的空间结构也不限于生产配置,还存在着物质生活水平和消费水平的地区差异问题。因此,仅仅以研究生产配置为主旨的经济地理学虽然是一个极为重要的方面,但是不足以概括人文地理学的全貌。"他并且申称:目前在中国复兴区域地理学的同时,更应复兴全面的人文地理学。这绝不意味着要恢复20世纪初西方各国的人文地理学流派,也不在于全盘照搬现在流行于西方的以福利为出发点的人生地理学,而是主张参考现代人生地理学的革新方向,运用新技术、新方法,结合我国社会主义建设的实际需要,创立一门中国式的人文地理学。其内容应在正确的人地相关论的基础上,分析研究如何按照自然规律和社会主义的经济规律利用自然、改造自然,因地制宜地使自然为人类谋福利,而不受自然的惩罚,把自然环境引向有利于提高全民族的物质文化水平的方向,研究在不同民族和文化区内有关人文地理问题等。他认为:这将是我国地理学者面临的一项伟大、艰巨的任务。此后,他陆续在国内多种刊物上发表文章,在各种有关会议上,大声疾呼,要复兴中国人文地理学。

李先生对人文地理学的理论问题主要有以下的主张:

(1) 人文地理学的理论基础是人地相关论

他在《中国大百科全书:人文地理学》卷中写道:"人文地理学是以人地关系的理论为基础,探讨各种人文现象的分布、变化和扩散以及人类社会活动的空间结构的一门近代科学。人文地理着重研究地球表面的人类活动或人与环境的关系所形成的现象的分布与变化。它以人地关系论点作为理论基础的核心,而人地关系是人类出现以后就存在的客观关系,又是随着人类社会活动的进化而不断变化的。"他反对环境决定论。认为环境决定论把自然环境作为社会发展的决定因素是十分错误的;但认为对F.拉采尔其人,不应抹杀其贡献,拉采尔是所有对人文地理学有贡献的人之一,也是第一个系统地说明文化景观概念的地理学家。他认为在人与环境的关系中,人是主动的积极因素。除了环境的直接影响外,还有其他因素在起作用。不能用环境控制来解释一切人生事实。他主张用辩证唯物主义观点来看待人地关系。认为：在人地关系中，总的说来，一方面人类是居于主动的地位，地理环境是被认识、利用、改造和保护的对象；另一方面，地理环境又经常影响着人类活动的地域特征。

(2) 要建立中国式的人文地理学创新

他一再强调：复兴人文地理学不是复旧，不是恢复过去的人文地理学。他认为：任何学科都在发展中前进，人文地理学也不例外，现在必须用新的观点、新的手段和方法来发展人文地理学。

他主张发展我国人文地理学，要以马列主义、辩证唯物主义和历史唯物主义的哲学为准则，走正路。他指出："当前我国新人文地理学正在起步，走向复兴，特别要警惕这一点。开展人文地理学的研究，应当以马列主义作为理论基础，应当具有社会主义中国的特色。在学习国外的人文地理学时，切忌采取拿来主义，照搬照抄，要使人文地理学为我国社会主义四化建设服务。"他认为："既要大胆引进，又要加以分析批判，要有分析地引进，要有批判地吸收"。

在发展人文地理学上，他很注意技术手段的创新。他说：20多年来，电子计算机的应用已能处理多种变量的复杂计算，使地理学有可能对一些空间规律的研究应用许多新的统计方法与技术手段，来进行精确的度量，并用数字来表达人地关系说明区域差异与变化。在地理学中采用模型来探讨实际问题应该日益广泛。并认为按照普通系统论的原则，一切系统具有共同的抽象特征，自然系统与经济系统具有同型性。物理学上的热力学第二定律可用来说明城市间人口移动趋势和两城间的吸引范围。在数学上，生物的生长曲线与创新散布曲线和经济发展曲线或人口增长曲线也很相似；人口潜力与重力场有共同性；水力模型与运输模型可以互用；数学上的函数关系有时可以取代文字上的因果说明；运筹学可以用于位置分析；线性规划可用于解决交通运输问题；用回归分析方法可以确定两个以上相互依存的变量，从而创立了解决多因素问题的计算方法。可见数学模型既能说明自然规律，也可以用以说明农业、工业、运输、人口、城市等人文现象的相互关系与发展规律。

他主张人文地理学应解决社会主义四个现代化建设的实际问题。过去人文地理学以小区域研究、区域和文化景观类型为其主要论题，现在已转到以分析解决多种现实的社会问题为其主攻方向。它涉及国土整治、环境保护、资源的合理利用以及改善人民生活等问题的探讨。从事人文地理工作必须首先与社会主义四化建设的实际工作和具体任务紧密结合起来,才具有科学的生命力。他指出:人文地理学的研究不是靠写写空洞文章,高谈阔论就算了事,它必须按具体问题首先从事实地考察,以取得第一手资料,根据这些资料来进行分析研究,才能得出科学的论证,作为政府决策的参考。例如,切实地进行农村地理研究,就必须进行定点定期的土地利用调查和制图,考察农村人口与聚落分布以及农村生态环境的变化过程等,才能预测今后农村地理面貌的未来。

与此同时,还要向我国目前人文地理学领域内的薄弱环节进军,以填补多年来没有接触过的空白和荒废领地。他指出有关政治地理学方面国际领土纠纷问题,和我国自元代以来已承袭了近五百年的国内行政区划的合理调整问题,至今无人问津;少数民族地区在四化建设中所面临的特殊问题,国际边界和国内特区建设以及军事地理等课题也几乎是空白。他认为这些问题的研究可能会碰到资料上的困难,牵涉到政策上的种种顾虑,但这些问题都是必须研究的。

(3) 人地关系研究中的协调观点

在地理学中,谋求人地关系协调的思想,在我国已有悠久的历史。在我国古代的地理著作以至近代地理学家的论著中都闪烁着这一科学思想。20世纪40年代初,李先生通过对白龙江流域的地理考察即指出:"高山本多森林,大都砍伐无遗,大概在人口较稠之聚落附近,森林破坏之程度亦愈甚。我国农人但知辟地为田,不知植林蓄草养其田。故以言白龙江之土地利用,过事农业,忽视林牧,实为一不平衡之发展。""我国山地面积广大,苟能善加利用,实为无穷利薮。惜我农耕汉人,为平原民族,伐林焚草,滥加耕犁,以致濯濯童山,荒岩暴露,急流洗冲,泥沙俱去。土壤侵蚀为我国西北山地之普遍现象,造林保土节水,当为今后山地利用之必要工作。""大概人口愈密集之处,森林之破坏愈甚,……吾人利用自然,知之破坏,不加补偿,实不智之甚。"很显然,这些有关水土流失的论断,在今天看来,仍有其很大的现实意义。

70年代后期,他指出人地关系的协调是当代人文地理学研究的新课题。1981年在他写的《国土整治与协调论》以及以后的《中国大百科全书·人文地理学》"人文地理学"词条中,着重提出这一看法。他说:"自60年代以来,在地理学的理论方面,自然与人文的统一性已在全世界再次得到确认。在人地关系上,已形成了人与环境间的'和谐论',从而奠定了现代地理学的统一性与综合性。……和谐论主张分析人与环境的关系,以谋求自然环境与人类生活间的协调。它正成为人文地理学理论的一大革新。70 年代以来,分析并协调人与环境的关系已成为人文地理学的新课题。"

4. 重视实际调查,理论与实践相结合的严谨学风

李先生曾称:"治学之道,人各有异,我只想强调一下前人已讲过的八个字:'读万卷书,行万里路'。"这句话是他终生的座右铭。他早年就认为:"地理学者,以大自然为实验室,对于名山大川,渴慕尤深,其攀岭击石,寻胜探幽,非仅在赏心悦目;必察其形质,究其成因,并追索地形演化之史迹,分析自然作用之消长。"(《昂白山之冰川地形》,《地理学报》5 卷,1938 年)。1936 年,他在英国剑桥大学就读时,导师征求他的意见,是攻读三年制的博士研究生,还是二年制的硕士研究生,他选择了后者。这是为了能省下一年时间和三分之一的留学经费,去周游列国,进行实地调查考察。1938 年 7 月,他"发剑桥,经伦敦,渡峡至巴黎,略览市容及参观万国博览会后,即于 12 日转车赴瑞士,历日内瓦、洛桑、湖间市、伯尼、绿村诸地,临渡白朗峰北之冰海及少女峰东之格林台法尔冰川,溯龙谷,登色勒瓦山,复驰艇溜蒙四州二湖。"留学期间,他周游法、德、瑞士、荷兰等国,后又横渡大西洋,横贯美国大陆东西,再渡太平洋回到祖国。尔后,抗日战争期间,他在后方又亲自组织和参与了多次野外考察。尽管当时经费困难,现代交通工具缺乏,必要的仪器设备都没有,但他认为:"虽然如此,我们却不能因噎废食,而放弃考察工作,地理学者之野外考察决不能因困难众多而中止。""地理学研究的对象是地面现象,所以它的实验室就在野外。研究地理的人要注重野外考察,就是这个道理。"他在青年时期,就树立了脚踏实地,理论联系实际的良好学风。在大学学习期间,就对苏北沿海地区的盐垦水利事业做了实地考察。解放后,他对淮北六塘河流域又进行过多次考察,提出了水利规划建设的中肯意见,这是与他早年的工作基础分不开的。60 年代初,他曾带领南师师生到太湖东西山地区和南京江浦老山等地进行调查研究,并运用美国科尔贝(C.C.Colby)的分式号码法,以东山地区为例,探讨其应用并对之进行了评价(《分式号码填图法的应用与评价——以太湖东山地区为例》,1963 年)。直至晚年,虽然由于心脏病的缘故,他已不能再事野外考察了,但有时还是雄心勃勃,跃跃欲试地想出去搞一点实地调查。例如,1983 年,南师地理系接受了江苏省黄河故道地区的综合考察工作,正是由他负责,并亲自到淮阴、滨海、盐城等地访问座谈,具体深入地了解黄河故道地区的自然和经济地理特征。

三、代表性论著

1. 专著

	文献名称	著者	类型	年份	出处
1	世界政治地理	李旭旦	著作	1948年	中华书局
2	苏联经济地理概论	李旭旦	著作	1955年	新知识出版社
3	世界地理教学著作大纲(高等师范院校用)	李旭旦、单树模	著作	1956年	人民教育出版社
4	苏联经济地理概论	李旭旦	著作,修订本	1957年	新知识出版社
5	各洲自然地理(讲义)	李旭旦	著作	1963年	南师油印件
6	中国大百科全书：人文地理学	李旭旦主编	著作	1984年	中国大百科全书出版社
7	人文地理学概说	李旭旦	著作	1985年	科学出版社
8	人文地理学论丛	李旭旦主编	著作	1986年	人民教育出版社
9	中国大百科全书：地理学	李旭旦(副主编,地理学史部分主编)、王煦柽、陆漱芬、金其铭等参编	著作	1990年	中国大百科全书出版社
10	世界自然地理通论	李旭旦著,汪永泽整理	著作	1990年	江苏教育出版社
11	李旭旦地理文选	李旭旦	著作	1991年	浙江教育出版社

2. 论文

	文献名称	著者	类型	年份	出处
1	东坝考察记	胡焕庸、任美锷、李旭旦	论文	1933年	《方志月刊》,6卷12期
2	连云港之开辟计划及工程现状	李旭旦	论文	1934年	《方志月刊》,7卷11、12合期
3	柯本氏世界气候分类法大要	胡焕庸讲;李旭旦述	论文	1935年	《方志月刊》,8卷1、2合期

续表

	文献名称	著者	类型	年份	出处
4	安徽黄山考察记	李旭旦	论文	1935年	《方志月刊》，8卷6期
5	两淮水利盐垦实录	胡焕庸、李旭旦等	论文	1935年	中央大学地理系，1935
6	写在萧铮先生《中国的土地与人口问题》之后	李旭旦	论文	1936年	《地理教育》，1卷3期
7	中国之高峰	李旭旦	论文	1936年	《地理教育》，1卷5期
8	英国地理学会赴会记	李旭旦	论文	1936年	《地理学报》，3卷4期
9	昂白山之冰川地形	李旭旦	论文	1938年	《地理学报》，5卷
10	芬兰之国情与国势	李旭旦	论文	1940年	《世界政治》，5卷1期
11	区域图表与地景素描在峨眉山之应用	李旭旦	论文	1940年	《地理学报》，7卷
12	国势与国防	李旭旦	论文	1941年	《中国青年》（重庆），4卷3期
13	希特勒之"欧洲新秩序"评	李旭旦	论文	1941年	《世界政治》，6卷1期
14	日苏协定及今后苏联动向之推测	李旭旦	论文	1941年	《世界政治》，6卷9期
15	白龙江中游人生地理观察	李旭旦	论文	1941年	《地理学报》，8卷
16	印度政治地理	李旭旦	论文	1942年	《世界政治》，7卷3期
17	国际关系与国命轮回说	李旭旦	论文	1942年	《世界政治》，7卷5期
18	国际疆界划分之原则	李旭旦	论文	1942年	《世界政治》，7卷10期
19	近代人生地理学之发达及其在我国之展望	李旭旦	论文	1942年	管理中英庚款董事会十周年纪念论文
20	西北科学考察纪略	李旭旦	论文	1942年	《地理学报》，9卷

续 表

	文献名称	著者	类型	年份	出处
21	评哈特向著《地理思想史论》	李旭旦	论文	1943年	《地理学报》,10卷
22	人生地理学之近今趋势	李旭旦	论文	1944年	《国立中央大学社会科学季刊》,2卷1期
23	政治地理学之内容及发展	李旭旦	论文	1944年	《中国青年》(重庆),11卷4期
24	空权时代之新地理	李旭旦	论文	1945年	《中国青年》(重庆),12卷1期
25	Delimitation of the Geographic Regions of China(中国地理区之划分)	李旭旦	论文	1947年	*Annals of the Association of American Geographers*,37卷3期
26	中国的出路	吴斐丹、吴文晖、李旭旦等	论文	1948年	《中国论坛》,1卷2期
27	东北之农业区域及农产分布	李旭旦	论文	1949年	《科学》,31卷11期
28	如何培养新地理工作人才	李旭旦	论文	1950年	《地理知识》,第4期
29	东北的钢铁工业	李旭旦	论文	1950年	《地理知识》,第4期
30	我们迫切需要建立新的地理思想和方法	李旭旦	论文	1950年	《地理知识》,第7期
31	新经济地理学的几个基本原则	李旭旦	论文	1950年	《地理知识》,第10期
32	东北地位与朝鲜战争	李旭旦	论文	1950年	《地理知识》,第12期
33	地大物博人众的新中国	李旭旦	论文	1951年	《地理知识》,第1期
34	关于祖国面积和人口的数字问题	李旭旦	论文	1951年	《地理知识》,第2期
35	美帝侵略的地理思想(座谈会记录)	李旭旦	论文	1951年	《地理知识》,第2期

续 表

	文献名称	著者	类型	年份	出处
36	作为一个人民地理教师应该掌握些什么	李旭旦	论文	1951年	《地理知识》,第8期
37	美国资源丰富吗?	李旭旦	论文	1951年	《地理知识》,第11期
38	苏联在亚洲区域的和平建设	李旭旦	论文	1952年	《地理知识》,第10期
39	我们祖国的地理	李旭旦	论文	1952年	南京市铅印,政治常识讲座记录之一
40	新沂河完成后六塘河流域的农田水利问题	李旭旦	论文	1952年	《地理学报》,18卷,第3、4期合刊
41	斯大林学说在有关地理方面的几个重要论点	李旭旦	论文	1953年	《地理知识》,第5期
42	师范大学及师范学院地理系科简介	李旭旦	论文	1953年	《地理知识》,第9期
43	比较两个世界市场的贸易特征	李旭旦	论文	1953年	《地理知识》,第9期
44	小学地理教学的目的、任务与方法	李旭旦	论文	1954年	江苏省科学技术普及协会编印
45	学习苏联,实现社会主义工业化	李旭旦	论文	1954年	《地理知识》,第1期
46	过渡时期的地理教育方向	李旭旦	论文	1954年	《地理知识》,第5、6期合刊
47	亚洲的地理大势	李旭旦	论文	1955年	《地理知识》,第3期
48	外国经济地理教学上的几个主要问题	李旭旦	论文	1955年	《地理知识》,第4期
49	白龙江作为我国农业地带分界线的意义	李旭旦	论文	1956年	《地理知识》,第3期
50	扩大民主生活和加强政治思想教育	李旭旦	论文	1957年	《江苏盟讯》,第4期
51	世界大自然区的划分	李旭旦	论文	1960年	未发表手稿,后收入《李旭旦地理文选》,浙江教育出版社,1991年

续 表

	文献名称	著者	类型	年份	出处
52	卡依戈洛道夫气候分类法及其评价	李旭旦	论文	1962 年	《南京师范学报》（自然科学版），第 2 期
53	分式号码填图法的应用与评价——以太湖东山地区为例	李旭旦	论文	1963 年	《江苏地理学会论文集》
54	美国的人文地理学	李旭旦	论文	1978 年	《中国地理学会 1978 年经济地理专业学术会议论文选集》
55	欧美区域地理研究的传统与革新	李旭旦	论文	1979 年	《南京师院学报》（自然科学版），第 1 期
56	现代地理学的几个问题	李旭旦	论文	1979 年	《地理知识》，第 9 期
57	《东欧经济地理问题论文集》简介	李旭旦	论文	1979 年	《国外地理科学文献选译》，第 2 辑
58	人文地理学的革命	李旭旦	论文	1979 年	南师校庆学术报告会论文
59	The development of human geography in new China(新中国人文地理学的发展)	李旭旦、宋家泰	论文	1980 年	第 24 届国际地理学大会（东京）
60	On the problem of regional geography teaching in China（中国区域地理教学问题）	李旭旦	论文	1980 年	第 24 届国际地理学大会（东京）
61	对编写国家农业地理丛书的意见	李旭旦	论文	1981 年	《李旭旦地理文选》
62	人地关系的回顾与瞻望——兼论人文地理学的创新	李旭旦	论文	1981 年	《世界地理集刊》，第 2 集
63	国土整治与协调论	李旭旦	论文	1981 年	《南师校庆学术报告会论文》
64	国际地理学界的一次盛会——参加东京国际地理学会会议观感	李旭旦	论文	1981 年	《南京师院学报》（社会科学版），第 1 期

续 表

	文献名称	著者	类型	年份	出处
65	国际地理学会会议观感	李旭旦	论文	1981年	《地理教学》，第2期
66	詹姆斯著《地理学思想史》述评	李旭旦	论文	1981年	《世界地理集刊》，第1辑
67	新中国人文地理学的发展（日本）	李旭旦、宋家泰	论文	1981年	（日）地理，第3期（中国特集）
68	人文地理学的复兴	李旭旦	论文	1981年	《百科知识》，第3期
69	英美区域地理学的新动向	李旭旦	论文	1982年	《中国地方史志》，第1期
70	解放前中国地理学会记事	李旭旦	论文	1982年	《中国科技史料》，第2期
71	人文地理学的理论基础及其近今趋向	李旭旦	论文	1982年	《南京师院学报》（自然科学版），第2期
72	为什么要学习地理和怎样自学地理	李旭旦	论文	1982年	《地理知识》，第3期
73	大力开展人地关系与人文地理学的研究	李旭旦	论文	1982年	《地理学报》，37卷4期
74	Rural settlements of the Jiangsu province, China	李旭旦,金其铭	论文	1983年	*GeoJournal*,7(1)
75	介绍几本最新出版的英国地理书籍	李旭旦	论文	1983年	《地理学报》，38卷3期
76	论十九世纪德国地理学的统一性观点	李旭旦,陆诚	论文	1983年	《地理研究》，2卷3期
77	漫谈地理科学和怎样自学地理	李旭旦	论文	1983年	《青年自学指南》，江苏科学技术出版社
78	江苏省农村聚落的整治问题	李旭旦,金其铭	论文	1983年	《经济地理》，3卷2期
79	论区域地理教学问题	李旭旦	论文	1983年	《地理教学》，第2辑
80	如何进一步开展人文地理学的研究	李旭旦	论文	1984年	《人文地理文集》（《南京师大学报》增刊）
81	世界各国人文地理学流派	李旭旦	论文	1984年	《人文地理文集》（《南京师大学报》增刊）

续　表

	文献名称	著者	类型	年份	出处
82	翁文灏先生对我国地理学的贡献	李旭旦	论文	1984年	《地理学报》,39卷3期
83	知国·爱国·报国——兼谈地理教育问题	李旭旦	论文	1984年	《南京师大学报》(社会科学版),第2期
84	The human geography in China	李旭旦	论文	1984年	*Geography in China*, Science Press
85	开展人文地理研究的几点意见	李旭旦	论文	1985年	《地理科学》,5卷4期
86	评C.李特尔、F.拉采尔和H.J.麦金德	李旭旦	论文	1985年	《南京师大学报》(自然科学版),第1期

3. 译文译著

	文献名称	著译者	类型	年份	出处
1	绘图学(一):绪言	[奥]饶美亚著,李旭旦译	译文	1933年	《方志月刊》,6卷1期
2	绘图学(二):透射法	[奥]饶美亚著,李旭旦译	译文	1933年	《方志月刊》,6卷2期
3	绘图学(三):斜射法	[奥]饶美亚著,李旭旦译	译文	1933年	《方志月刊》,6卷6期
4	绘图学(四):彭氏投射之分析法	[奥]饶美亚著,李旭旦译	译文	1933年	《方志月刊》,6卷11期
5	首都之地象	[英]巴尔博著,任美锷、李旭旦译	译文	1934年	《方志月刊》,7卷7期
6	西康贡嘎山之高度与位置	[美]布特赛尔著,李旭旦译	译文	1934年	《方志月刊》,7卷3期
7	第十四届国际地理会议纪要	李旭旦译	译文	1935年	《方志月刊》,8卷1、2期合刊
8	人地学原理	[法]白吕纳著,任美、李旭旦译	译著	1935年	钟山书局
9	苏联地理	[苏]葛里哥利、雪夫著,李旭旦译	译著	1950年	开明书店

续 表

	文献名称	著译者	类型	年份	出处
10	研究自己的乡土	[苏]斯·弗·奥勃罗契夫主编,侯学煮、陆漱芬、李旭旦等译,李旭旦、滕砥平校	译著	1955年	中国青年出版社
11	巴西(《苏联大百科全书》条目)	李旭旦	译文	1956年	人民出版社
12	学校地方研究的教学原则	[苏]A.E.斯塔普罗夫斯基著,李旭旦译	译文	1956年	《地理知识》,7卷2期
13	我的旅行:我是怎样成为地理学家的	[苏]伊·谢尔巴科夫著,李旭旦、徐竹生译	译著	1957年	中国青年出版社
14	海陆的起源	[德]魏格纳著,李旭旦译	译著	1964年	商务印务馆。北京大学出版社2006年重新再版
15	人文地理学的发展[为R.E.Dickinson的《地理学的形成》(1976)一书第17章]	[英]R.E.Dickinson著,李旭旦译	译文	1981年	《国际地理科学文献选译》,第7辑
16	地理学思想史	[美]普雷斯顿·詹姆斯著,李旭旦译	译著	1982年	商务印书馆
17	"人文地理学"条目(《大英百科全书》1980年版,第7卷,1049—1050页)	李旭旦	译著	1982年	《国外地理科学文献选译》,第7辑
18	人文主义地理学[1]	[美]段义孚著,李旭旦译	译著	1983年	Annals AAG,1976,66(2)
19	《地理学的理论问题》一书介绍	李旭旦译	译文	1983年	《国外地理科学文献选译》,第10辑

---

〔1〕 这是人文主义地理学的奠基之作之一。李先生在译文附录中列出了当时代表性的人文主义地理著作多篇(部)。

续 表

	文献名称	著译者	类型	年份	出处
20	《地理学的理论问题》英译本导言	[美] D.胡森著,李旭旦译	译文	1987年	《人文地理》,2卷1期
21	现代苏联地理学的理论问题	[苏] Л.库德里亚舍瓦主编,李旭旦、马广志译	译著	1987年	科学出版社
22	地理学思想史	[美]普雷斯顿·詹姆斯,杰弗雷·马丁著,李旭旦译[1]	译著	1989年	商务印书馆(译自英文1981年第2版)
23	人文主义地理学	[美]段义孚著,李旭旦译,汤茂林补译	译文	2008	《中国城市评论》第4辑,南京大学出版社

4. 学术报告

	文献名称	著作	类型	年份	出处
1	现代地理学与中学地理教学	李旭旦	学术报告	1979年	1979年在无锡召开的《地理教学法》会上所作的学术报告(见《李旭旦地理文选》,浙江教育出版社,1991年)
2	知国·爱国·报国	李旭旦	学术报告	1983年	1983年10月26日盐城教育学院

5. 学术通信

	文献名称	著者	类型	年份	出处
1	对复兴区域地理调查表的答复	李旭旦	信件	1980年	回复日本石田宽有关"复兴区域地理"议题的调查表(见《李旭旦地理文选》,浙江教育出版社,1991年)

---

[1] 马丁在英文2005年新版中仍然将中译者误为杨吾扬。

6. 编著

	文献名称	著者	类型	年份	出处
1	地理学词典	李旭旦(编委)	编著	1983年	上海辞书出版社,1983

7. 报道

	文献名称	著者	类型	年份	出处
1	地理消息一:美国地理专家联合会第三十一次年会纪要	李旭旦	报道	1935年	《地理学报》,2卷2期
2	地理消息二:美国摄影测量学会与国际摄影测量学会近讯	李旭旦	报道	1935年	《地理学报》,2卷2期
3	地理消息三:额非尔士峰探险队之新组织	李旭旦	报道	1935年	《地理学报》,2卷2期
4	地理消息四:中国气象学会举行十周纪念大会	李旭旦	报道	1935年	《地理学报》,2卷2期
5	地理消息五:中国地质学会第十一届年会纪略	李旭旦	报道	1935年	《地理学报》,2卷2期
6	地理消息六:中央大学地理系云南考察团近讯	李旭旦	报道	1935年	《地理学报》,2卷2期
7	地理消息七:国防设计会西北调查团近讯	李旭旦	报道	1935年	《地理学报》,2卷2期
8	欧洲政治地理	李旭旦	报道	1941年	《史地杂志》,1卷4期下

第五章　中国人地关系理论的创始者
——吴传钧先生(1918—2009)

顾朝林

（清华大学建筑学院）

我国杰出地理学家、人文地理学家的开拓者和组织者、中国地理学会名誉理事长、国际地理联合会前任副主席、中国科学院院士吴传钧先生，从1936年进入中央大学（现南京大学）地理系开始，从事地理工作已逾70年。半个世纪以来，他怀着对发展中国地理学事业的高度热情和责任感，踏遍了祖国大地，远涉20多个国家和地区，开拓了我国当代地理学一系列重要的研究领域。本文主要论述吴传钧先生的区域与城市研究的学术贡献。

一、《建国方略》引入区域研究领域

吴传钧先生进入地理学研究领域，开始于初中地理老师介绍孙中山先生的《建国方略》的吸引：为了发展我国的实业，大规模地建设国家，不仅要在沿海开辟一系列的大港口，在内地具备条件的地方开设工厂、开发矿藏，还要把铁路修到祖国的四面八方，把贫困落后的中国建成繁荣昌盛的国家。对国土开发和区域规划的憧憬，激发了他学习地理学的兴趣。其本科毕业论文《中国粮食地理》、硕士学位论文《四川威远山区土地利用》、博士学位论文《中国稻作经济》（Rice Economy of China）都是有关粮食和土地利用的研究。

吴传钧先生的科学研究，从土地利用入手，研究区域的核心课题——人地关系。1949年前，吴传钧先生就对西南地区进行了土地利用的典型调查研究。1950年主持编制了我国第一幅大比例尺彩色土地利用图——南京市土地利用图。20世纪50年代，配合铁路建设负责进行兰州—银川—包头新铁路线选线调查，配合水利建设，参加黄河流域初期规划工作。同时，参与康藏、青甘、黄河中游、黑龙江流域综合考察，从事区域综合研究。结合黑龙江流域综合考察进行了东北土地利用和农业区划研究,在中苏两国科学院黑龙江流域水力资源联合综合考察队参加了有关工、农、运输业生产布局的调查。60年代初,受华北局计委的委托调查华北地区工业布局问题,作为生产布局自然条件评价的试点,负责工业和城市用水的调查。70年代初,参加大兴安岭地区宜农荒地资源考察,又到苏、浙、赣、闽、新、甘、青、川、滇等省进行农业生产典型调查。70年代后期,发起组织编写《中国农业地理丛书》,主编《中国农业地理总论》。70年代末80年代初,受中国科学院委托,主持全国1:100万土地利用图的调研与编制,经过九年努力,终于完成并出版了此项成果,为国家进行土地管理、农业生产和国土规划提供了一项重要依据;与此同时,积极参与国土开发整治研究工作。90年代起,配合《21世纪议程》的实施,进行区域可持续发展的研究。

二、人地关系地域系统理论

人地关系是区域研究的核心内容。人地关系不仅仅表现为空间关系,还有很多非空间关系的客观存在,比如人地关系的思维形式、人地关系的时间演变、人地关系的系统结构等。与此同时,涉及人地关系综合研究的学科不仅限于地理学,还有其他地球科学、人文社会科学和哲学等领域。

追溯吴传钧先生关于人地关系思想,最早来源于法国人地学派代表人物维达尔·白兰士(Paul Vidal de la Blache)和白吕纳(Brunhes J.)。该派根据区域观念来研究人地关系,提出的"或然论"认为人地关系是相对的而不是绝对的,人类在利用资源方面有选择力,能改变和调节自然现象,并预见人类改变自然愈甚则两者的关系愈密切,具有朴素的辩证观点。吴传钧经过长期的实践和探索,认为人类社会通过生产和有意识地改变自己生存的物质条件,从而改变外在自然界。在此过程中,为人类和新的自然环境之间带来新的关系,因此动态的人地关系可以理解为一种具有社会和历史特性的辩证关系。

80年代以来,吴传钧反复强调地理学要"着重研究地球表层人与自然的相互影响与反馈作用"。1979年年底在广州召开的第四次地理学会代表大会上,吴传钧先生作了"地理学的昨天、今天与明天"的学术报告,对地理环境、人地关系的内涵进行了阐述。提出地理学研究的特殊领域"是研究人地关系的地域系统"。从1983年起,钱学森先生也不断倡议要以"从定性到定量的综合集成方法"研究人地关系的巨系统及其结构与功能,并强调这是地理学重要的基础研究。1991年吴传钧先生在《经济地理》上发表学术论文《论地理学的研究核心——人地关系地域系统》。他将人地关系的思想完整地引入地理学中,提出和论证了人地关系地域系统是地理学特别是人文地理学理论研究的核心。

吴传钧先生非常赞同钱学森先生关于人类社会与自然界组成的开放复杂的巨系统的论述,并进一步将系统论思想引入地理学的研究中,提出"人"和"地"两要素按照一定的规律相互交织在一起,交错构成的复杂开放的巨系统内部具有一定的结构和功能机制,在空间上具有一定的地域范围,便构成了人地关系的地域系统。也就是说,"人地关系地域系统是以地球表层一定地域为基础的人地关系系统"。这一理论使得地理学对人地关系的研究具体落实到地域空间之上。

吴传钧先生认为:"地理环境是对应主体而言的,主体是人类社会。所谓地理环境有广狭两义,狭义的地理环境即自然综合体,广义的地理环境则是指由岩石、土、水、大气和生物等无机和有机的自然要素和人类及其活动所派生的社会、政治、经济、文化、科技、艺术、风土习俗和道德观等物质或意识的人文要素,按照一定的规律相互交织、紧密结合而构成的一个整体。它在空间上存在着地域差异,在时间上不断发展变化。"人地关系地域系统研究的中心目标是协调人地关系,从空间结构、时间过程、组织序变、整体效应、协同互补等方面去认识和寻求全球的、全国的或区域的人地关系系统的整体优化、综合平衡及有效调控的机理,为有效地进行区域开发和区域管理提供理论依据。

根据这个目标,吴传钧先生提出了人地关系地域系统的研究内容:① 人地关系地域系统的形成过程、结构特点和发展趋向的研究;② 人地关系中各子系统相互作用强度的分析、潜力估算、后效评价和风险分析研究;③ 人与地两大系统间相互作用和物质、能量传递与转换的机理、功能、结构和整体调控的途径与对策研究;④ 地域的人口承载力分析,关键是粮食问题研究;⑤ 一定地域人地关系系统的动态仿真模型研究;⑥ 人地关系的地域分异规律和地域类型分析研究;⑦ 不同层次、不同尺度的各种类型地区人地关系协调发展的优化调控模型研究。

吴传钧先生的人地关系地域系统理论认为:"人地关系是包括两组各不相同但又相互联系的变革量的一种系统。"人地关系地域系统属人地关系系统。在人地关系地域系统中一共有空间、时间、自然、人文四组变量,且从属于自然和社会两大系统。从形态来说是开放的复杂巨系统;从实质来说是通过内部结构组合和功能机制的转换的动态过程;从研究的目的来说是通过结构调整和机制优化,使人地关系更加协调,使人类社会能够朝着区域可持续的方向发展。

吴传钧先生的人地关系地域系统理论还认为:"人地关系系统的研究是一项跨学科的大课题,其研究内容和方向也是多方面的,但在特定的时间条件下,这一研究的方向和重点应是明确的。其中心目标是协调人地关系,重点研究人地关系地域系统的优化,落实到地区综合发展上。区域开发、区域规划和区域管理必须以改善区域人地相互作用结构、开发人地相互作用潜力和加快人地相互作用在地域系统中的良性循环为目标,为有效地进行区域开发和区域管理提供科学依据。"

三、经济地理学是生产布局的科学

人地关系地域系统理论是吴传钧先生关于区域研究建立的基础理论,在应用层面,他进一步拓展了生产布局学框架。他认为:空间分布是地理学家的研究对象,需要回答的问题不仅是分布在哪里,而且要回答在什么条件下、什么时候、为什么分布在那里、形成怎样的分布类型等问题。静态分布就是事物的相对位置(relative location),即地域结构(territorial structure);动态分布则是形成和产生地域分布的机制(mechanism),亦称作地域过程(territorial process),两者密不可分,又相互影响,两者结合则称作地域系统(Territorial System)。

20 世纪 60 年代,吴传钧先生发表了《经济地理学——生产布局的科学》(1960)和《发展我国经济地理学的几点意见》(1962)两篇论文,提出了生产布局的科学理论和相关学科建设问题,即"经济地理学是一门特殊的学科领域,具有自然—技术—经济相结合的特点"。

在 80 年代初,中央领导同志提出国土整治这一重大任务(1981 年)后不久,他就指出:"国土整治所涉及的资源合理开发和有效利用,大规模改造自然工程的可行性论证与后效预测,地区建设和生产力的总体布局,各项生产和生活基础设施的合理安排,以及不同地域范围环境的综合治理和保护等问题,归根结底是要理顺人与自然的关系,使人口、资源、环境协调发展。国土整治和地理学两种研究都具有鲜明的地域性和综合性的特点。"他利用各种机会倡导地理学要为国土整治服务,并倡导《全国国土规划纲要(草案)》的制定,为区域整体发展和重大项目布局奠定了跨世纪性的框架基础。1985 年,吴传钧先生在《经济地理学——人文地理学的主要分支》(1985)一文中写道:"作者以为经济地理学的研究不能局限于生产方面,还应包括经济活动和交换与消费方面,作为一门科学,经济地理学的研究对象可以理解为人类经济活动的地域体系,其核心仍然是生产布局体系。所谓生产布局体系,它的概念既包括各生产部门在地域上的布局,也包括各生产部门的结构、规模和发展,以及地域布局和部门结构的相互联系。"

近 50 年来,我国广大经济地理工作者遵循这样的学科性质定向,一方面,认真地加强自然资源、自然条件等自然科学的知识;另一方面,钻研区域经济科学和部门经济科学的原理,努力掌握新的方法和技术手段。正是通过这样的综合训练,才使我国经济地理工作者能够承担并很好地完成国家和地方大量的关于生产布局、资源合理开发利用、国土整治和区域可持续发展等综合性任务。

四、土地利用调查与土地利用图编制

国土整治与区域开发的总目标是理顺和协调人类生产与地理环境之间的关系,土地利用是区域研究的核心课题。吴传钧先生认为:土地利用是人类生产活动和自然环境关系表现得最为具体的景观,通过研究土地利用,不仅可以了解到农业生产的核心问题,而且可以了解人地关系的主要问题。"土地利用是人与自然关系的核心,是地理学着力研究的问题。"

土地利用调查与土地利用图编制是吴传钧先生长期从事的区域研究领域之一。早在大学时期,吴传钧先生便着手四川威远山区土地利用的调查并编制土地利用图。50 年代初,在南京组织开展 1∶4 万的土地利用调查研究。80 年代初,吴传钧先生又进行全国百万分之一的土地利用调查和制图,先后完成了 1∶100 万《中国土地利用图集》和《中国土地利用》大型专著,后来获得国家科技进步二等奖和中国科学院科技进步一等奖。

英国在 30 年代率先在本土进行土地利用图的编制,前后用了十多年的时间完成。1960 年,柯尔孟(Alice Coleman)又第二次编制土地利用图,用 12 年时间调查编完全英 114 幅土地利用图。英国两次制图分类只不过是 6 类和 12 类土地分类。日本、美国采用遥感技术,开展了土地利用图的编制,分类最多也只有 37 类。吴传钧先生领导编制中国土地利用图,既借鉴国外的先进经验,又结合中国的实际,突出生产利用观点,反映中国土地利用特点,显示地域差异性,充分利用多种技术,运用合理的表达方式,在地面实况调查的基础上,利用遥感图像或航摄照片进行编制,提高判读水平,丰富制图内容,在分类体系上独创 6 大类 69 个亚类系统,充分展现中国土地利用精耕细作与多样性的特色,受到国际学术界的高度评价。

五、区域综合考察与可持续发展研究

"双脚量神州,一心为强国"是《中国国土资源报》记者徐峙对吴传钧先生的概括和总结。在60多年的科学生涯中,他的足迹踏遍中国所有省区,重视实地考察也是其长期坚持的治学风范。吴传钧先生视综合考察为"建设计划的计划",是"以经济为纲而不是以学科为纲",并把综合考察和区域研究相结合,提出区域综合考察的主要课题是资源的合理利用和生产的合理布局,需要将政治—经济—技术三结合,工作的特点在于它的综合性和区域性,要多学科联合作战,应用各种方法从多方面进行区域研究,从而提出比较全面的区域开发建议,以此促进地区经济发展。

新中国成立初期,由于国家对边疆地区的资源状况了解甚少,在竺可桢先生的倡导下,1956年开始组建综合考察工作。几十年来,吴传钧先生不仅参加过黑龙江综合考察、黄河综合考察,云南、华南热带生物资源考察,还协助竺可桢先生主持黑龙江综合考察工作,担任青藏高原和西南国土资源综合考察的科学顾问。

吴传钧先生一贯强调科学研究为国家建设服务。早在50年代初,他负责进行了铁道部包头—银川—兰州铁路经济选线工作;为配合水利建设,他参加了黄河流域的初期规划,还承担了黑龙江流域综合考察中的生产布局工作。60年代初,组织了华南、云南热带作物合理布局,华北工业基地布局调查研究等。

80年代以来,国家战略重点转移到经济建设方面。经济的高速发展使我国的自然环境结构发生巨大变化。他认为人地关系研究需要向广度和深度发展,并提出:"人地关系是否协调抑或矛盾,不决定于地而决定于人。"因此,"要主动认识、自觉地按照地的规律去利用和改变地,以达到更好地为人类服务的目的,这就是人和地的客观关系"。

吴传钧先生认为:"当前世界面临人口数量迅速增加、资源在地域上和时间上的供应失调、环境污染扩大而质量恶化、城市化进程加快而城市扩展失控等日益严重的全球性问题的困扰,这些问题如不加解决或解决得不好,不仅经济生产受到阻碍,人类社会本身也将面临危机。""在人地关系系统中,人口与社会经济要素为一端,资源与自然环境为另一端,双方之间以及各自内部存在着多种直接反馈作用,并密切交织在一起。它们的相互作用主要表现在两方面:一是自然资源对人类活动的促进作用和自然灾害对人类活动的抑控作用;二是人类对自然系统投入可控资源,治理自然灾害,开发不可控资源,从而实现土地资源的产出。这样,人地间相互作用在投入过程中得到了充分的体现。由此可见投入产出是人地系统中最基本的双向作用过程。"

在人地关系系统中,人口与发展是人的主导因素,资源与环境是地的主导因素,这是全球可持续发展研究的关键因素,如何使四者的关系协调和谐,是区域可持续发展研究的核心所在。《中国21世纪议程》发布后,吴传钧很快就强调地理学会要结合21世纪议程的实施,为国家可持续发展战略服务,并提出国家和区域可持续发展指标体系的研究、制定具有特别的重要意义。他认为,分析人地关系地域系统,单纯的定性研究是远远不够的,还要和定量分析相结合。人地关系地域系统内部是否协调,人类对其施行调控的可能幅度等,都应该使其数量化。

六、行政区划与城市发展研究

吴传钧先生也对区域研究中的行政区划和城市发展等要素进行了深入的研究。

1. 关于行政区划的研究

早在1944年,他就在《国是月刊》上发表了《论缩改省区》的文章,就省的意义、历代省制演变、现行省制和省区缺点、新省区数、新省区划分原则、新省区命名和省治选定、新省区设计等进行了深入研究。1986年在开展国土规划研究时,又发表了《我国行政区划的沿革及其和经济区划的关系》一文,系统地论述了行政区和经济区差别、我国历代行政区演变、改革行政区等问题,并提出了调整行政区原则、一级行政区规模、行政区与经济区和中心城市关系、行政区与自然地理区关系以及省区以上设置大行政区的建议。

2. 关于城市发展的研究

早在1951年,吴传钧先生根据自己的实践经验就发表《怎样做市镇调查》一文,不仅对市镇进行定义,而且具体论述了市镇调查的主要内容,包括位置、居民、工商业、市镇度、历史发展等,通过调查发现它们的关系,了解整个市镇的经济特征和发展规律。1983年在联合国大学和中国科学院联合召开的"区域开发规划"国际学术研讨会上,作了"北京的城市规划问题"(Urban Planning Problems in Beijing)的演讲,重点论述了工业化、城市化、城市结构、多样化城市功能,以及城市发展问题如不平衡的城市结构、环境污染、水资源短缺和郊区农业衰退等,提出城市增长控制、城市建设转向、老城区转型和强化与周边腹地关系等建议。在1987年英国曼彻斯特的中英双边城市地理学术讨论会上作"论中国城市发展"(The Urban Development in China)的专题演讲。

七、结语

这些年来,我国地理工作者通过对大量区域开发、区域可持续发展问题的研究,在自然要素和社会经济要素相互作用的机制及其对区域发展的作用研究方面取得了许多重要进展,其中一个重要原因就是得益于吴传钧先生关于区域研究与区域规划的相关学术思想。

参考文献:

[1] Wu, C.J. Urban planning problems in Beijing[G]. Regional Planning in Different Political System—The Chinese Setting. Bochum Ruhr University,1984.

[2] Wu, C. J. The urban development in China[J]. *The Journal of Chinese Geography*,1990(2).

[3] Wu, C.J. Land utilization in China: its problems and prospect[J]. *Geojournal*,1990,20(4).

[4] Wu, C.J. The new development of rural China[J]. *Tijdschrift van de Belg. Ver. Aardr. Studies-BEVAS*,1997(1).

[5] 郭来喜,陆大道. 人地关系与经济布局理论创新与突破[J]. 地理科学进展,1998(1).

[6] 刘圣佳. 吴传钧院士的人文地理思想与人地关系地域系统学说[J]. 地理科学进展,1998(1).

[7] 陆大道,郭来喜. 地理学的研究核心——人地关系地域系统[J]. 地理学报,1998(2).

[8] 吴传钧. 中国粮食区域综论[J]. 粮食问题,1943(1).

[9] 吴传钧. 论缩改省区[J]. 国是月刊,1944(5).

[10] 吴传钧. 威远山区土地利用研究[J]. 四川经济季刊,1945(2).

[11] 吴传钧. 怎样做市镇调查[J]. 地理知识,1951(7).

[12] 吴传钧. 铁路选线调查方法的初步经验[J]. 地理学报,1955(2).

[13] 吴传钧. 经济地理调查的一般方法[J]. 地理学资料,1957(1).

[14] 吴传钧. 经济地理学——生产布局的科学[J]. 科学通报,1960(19).

[15] 吴传钧.发展我国经济地理学的几点意见[G]//中国地理学会1961年经济地理学会讨论会文集.北京:科学出版社,1962.

[16] 吴传钧.开展土地利用调查与制图为农业现代化服务[J].自然资源,1979(2).

[17] 吴传钧.合理开发山区[G]//中国农业地理总论.北京:科学出版社,1980.

[18] 吴传钧.国土开发整治区划与生产布局[J].经济地理,1984(4).

[19] 吴传钧.经济地理学——人文地理学的分支[G]//李旭旦.人文地理学论丛.北京:人民教育出版社,1985.

[20] 吴传钧.我国行政区划的沿革及其和经济区划的关系[G]//国土规划与经济区划.上海:华东师范大学出版社,1986.

[21] 吴传钧.国际地理学发展趋向述要[J].地理研究,1990(3).

[22] 吴传钧.论地理学的研究核心——人地关系地域系统[J].经济地理,1991(3).

[23] 吴传钧.展望中国人文地理学的发展[J].人文地理,1996(增刊).

[24] 吴传钧.人地关系与经济布局[M].北京:学苑出版社,1998.

附录1:吴传钧先生从事区域与城市研究工作年表

1936年　进入南京中央大学地理系开始专业学习。

1941年　本科毕业,毕业论文《中国粮食地理》次年由商务印书馆出版;同年考入中央大学研究生院,导师胡焕庸。

1943年　研究生毕业,得理科硕士学位;任中央大学地理系讲师。

1944年　发表《论缩改省区》一文。

1945年　考取公费留学英国利物浦大学。

1946年　兼任利物浦大学地理系讲师。

1948年　获利物浦大学哲学博士学位,回国后进入南京中国地理研究所,任副研究员。

1949年　中国地理研究所在新中国成立后改组为中国科学院地理研究所,任副研究员。

1950年　进行南京郊区调查,主编土地利用图;创办《地理知识》;加入九三学社。

1951年　参加西藏工作队,在西康北部调查,编写《西康藏族自治州》(1954年由生活·读书·新知三联书店出版)一书。撰写《怎样做市镇调查》一文。

1952年　负责兰州—银川铁路选线调查;参加思想改造运动。

1953年　参加包头—银川铁路选线调查,在此基础上编写《黄河中游西部地区经济地理》(1956年由科学出版社出版)一书。

1954年　参加水利部主持的黄河流域规划灌溉组工作。

1955年　参加甘肃、青海农业调查,编写《甘青农牧交错地区农业区划初步研究》(1958年由科学出版社出版)一书。

1956年　开始参加中苏两国科学院合作的黑龙江流域综合考察,编写有关航运报告,访问苏联远东地区;任地理所研究员兼经济地理学科组组长。

1957年　继续参加黑龙江流域考察,编写有关农业区划报告,随竺可桢副院长访问苏联和黑龙江下游地区;编写《黑龙江及乌苏里江地区经济地理》一书;到苏联科学院生产力研究委员会学习,次年发表访苏工作内部报告。

1958年　参加编写《十年来的中国科学·地理学》卷的经济地理学部分,《十年来的中国科学·综合考察》卷的黑龙江流域考察部分;编写中华地理志《东北地区经济地理》一书;地理研究所由南京迁北京,成立经济地理研究室,任室主任。

1959年　继续参加黑龙江流域考察,编写《黑龙江流域煤炭工业布局与发展远景设想》报告;参加全国地理学术会议,编写《地区综合考察和生产力发展远景的研究》报告。

1960年　参加黑龙江流域考察总结,编写综合报告;在《科学通报》发表《经济地理学——生产布局的科学》一文;翻译英国斯坦普著《大不列颠群岛——自然地理和农业地理》一书,由商务印书馆出版;开始招收经济地理学硕士研究生。

1961年　到云南西双版纳和海南岛考察热带作物布局问题,在此基础上编写《中国热带作物布局的理论讨论》一书中有关自然条件评价部分(1963年由科学出版社出版);地理学会在上海召开第一次全国经济地理专业学术会议,讨论经济地理学的对象、任务与发展方向;加入中国共产党。

1962年　参加编写我国南方六省热带资源开发方案;地理学会在长春召开第二次经济地理专业学术会议,讨论自然条件评价和交流国外经济地理情况,提交《美国经济地理学发展概况》一文。

1963年　参加全国农业科学技术规划会议,提交《海南岛综合开发问题》论文,并参与开展农业区划调查研究的规划讨论;进行华北工业和城市用水的调查;地理学会在杭州召开第三届代表大会,提出我国经济地理学发展概况的报告。

1964年　继续进行华北工业和城市用水调查;参加国家科委召开的北京国际科学讨论会,负责地理组的讨论;参加安徽寿县农村"四清",次年5月结束。

1965 年	参加农业区划考察,在《地理学报》发表《我国农业区划工作的新发展》一文;协助东莞农业区划报告及地图集的审定工作。
1966 年	参加国家科委在东莞召开的第二次全国农业区划会议;负责武威地区农业区划调查,因"文化大革命"爆发,工作半途而废;经济地理研究室解散。
1971 年	恢复工作,参加非洲地理研究,编写《坦桑尼亚》科普读物。
1972 年	随同农业部农垦局领导考察黑龙江农垦情况;重建经济地理研究室。
1973 年	参加地理所组织的黑龙江宜农荒地资源考察队,在呼伦贝尔盟调查。
1974 年	开始组织全国农业地理调研与丛书编写工作,到浙江、江西、福建调查。
1975 年	继续到新疆、甘肃、青海、四川、云南调查,并开始主持《中国农业地理总论》一书的编写(1980 年由科学出版社出版)。
1978 年	访问美国地理界;恢复招收硕士研究生;地理学会在长沙召开"文化大革命"后第一次全国经济地理专业学术讨论会,作访美报告。
1979 年	开始着手 1∶100 万土地利用图的调研编制工作;参加地理学会在成都召开的"地理学与农业"学术会议,编写《因地制宜发挥优势逐步发展我国农业生产的地域专业化》报告(发表于 1981 年《地理学报》);任地理研究所副所长;应东京联合国大学副校长之邀,首访日本。
1980 年	在广州召开的地理学会第四届全国代表大会上,作《地理学的特殊研究领域和今后任务》的报告,提出关于发展旅游地理的论文,并倡议复兴人文地理学和开展旅游地理研究报告;带团参加在东京召开的第 24 届国际地理大会,作《中国经济地理学的发展》的报告(日本《地理》期刊发表了译文);促成《经济地理》创刊;参加联合国在泰国召开的山区与平原相互关系的学术讨论会,顺访泰国北部山区;到西藏短期考察。
1981 年	应东京联合国大学校长之聘,任校长顾问委员;主持由中国科学院和联合国大学在北京联合召开的"土地资源评价和合理利用"国际学术讨论会(论文集 1983 年由联合国大学出版);到意大利参加纪念马尔提尼学术讨论会,到匈牙利参加土地利用变化学术讨论会,顺访联邦德国地理界;应澳大利亚 CSIRO 邀请,率团访问澳大利亚;由地理学会常务理事会候补为副理事长;开始参加国土经济学研究会活动,任秘书长,与地理学会在南京联合召开首届国土整治学术讨论会。
1982 年	率中国地理学会代表团,参加在里约热内卢召开的拉美区与国际地理会议,顺访巴西。

1983年　主持由中国科学院和联合国大学在北京联合召开的"区域开发规划"国际学术讨论会（论文集1984年由联邦德国波鸿大学出版）；参加国土经济学研究会组织的青海柴达木考察；率中国地理学会代表团访问加拿大；开始组织海岸带综合调查中土地利用部分的工作。

1984年　参加地理学会在北京召开的全国理事会议，连任副理事长，提出发展海洋地理的报告；接任《地理学报》主编；主编 *Geography in China*；代表中国地理学会参加在巴黎召开的第25届国际地理大会，解决我国在国际地理联合会的会籍问题，应英国学术院的邀请，访问英国地理界；主持由教育部委托地理学会在北京举办的人文地理讲习班；主持由地理学会在乌鲁木齐召开的全国经济地理学术会议，讨论经济区划和大西北开发问题；参加国土经济学研究会组织的贵州考察。

1985年　主持由地理学会和西安外语学院、陕西师范大学与美国加州州立大学北岭分校联合召开的中美人文地理研讨会，促成学会与西安外语学院人文地理研究所合作创办《国外人文地理》（后改为《人文地理》）期刊；参加呼伦贝尔盟国土规划评审会；主持由地理学会在无锡召开、有英国和日本人文地理学家参加的城市地理学术会议；应美国加州州立大学北岭分校与夏威夷大学之邀前往讲学。发表《经济地理学——人文地理学的主要分支》。

1986年　主持由中国地理学会在北京召开的中加双边学术会议，讨论国土开发整治，论文集次年由加拿大阿尔伯他大学出版；参加在巴塞罗那举行的地中海区域国际地理会议，顺访西班牙；参加国务院在成都召开的三线企业调整、改造讨论会；应东德科学院地理与生态研究所之邀访问民主德国；主持由地理学会与城市科学研究会联合在广州召开的沿海地区开发建设讨论会。

1987年　率中国地理学会代表团访问日本，参加中日双边城市地理讨论会；参加中英双边城市地理学术讨论会，顺访英国；参加云南德宏自治州开辟边境民族经济贸易区论证会，顺访滇西边境；主编的《中国农业地理丛书》获得中国科学院科技进步一等奖。

1988年　参加在南京召开的高师人文地理讨论会，作《发展具有中国特色的人文地理学》的报告；率中国地理代表团参加在悉尼召开的第26届国际地理大会，当选为国际地理联合会副会长，顺访新西兰。

1989年　到布达佩斯参加国际地理联合会执行委员会议，力排外国代表反对在华召开国际大会之议,讨论结果维持在北京召开亚太区域大会原议;参加国际山地研究所在成都召开的山地农业系统讨论会;应广西壮族自治区计委之邀到南宁参加钦州湾地区国土规划评审会。

1990年　出版《1∶100万中国土地利用图集》;筹备亚太地区国际地理大会,于8月间如期在北京胜利召开,到会代表达千人,盛况空前;所参加编制的《中华人民共和国国家农业地图集》获国家科技进步二等奖。

1991年　所主编的《1∶100万中国土地利用图》获中国科学院科技进步一等奖;中国科学技术学会授予"周培源国际科技交流大奖";在中国地理学会第6届全国理事大会上当选为理事长;到布拉格参加国际地理联合会执行委员会议,顺访捷克;当选为中国科学院院士(学部委员)。

1992年　编写《全国海岸带和海涂资源综合调查报告》荣获国家科技进步一等奖;初夏参加中国科学院地学部组织的三峡地区水土保持和移民问题考察;8月到华盛顿参加第27届国际地理大会,连续当选国际地理联合会副主席;应潮州地区之邀,参加潮安县县城选址考察和咨询。

1993年　参加中国科学院地学部组织的广州至上海段沿海海平面上升问题考察;到荷兰参加国际地理联合会执委会会议,并应法国热带地理研究所之邀,访问波尔多和巴黎;应新疆维吾尔自治区旅游局之邀,作全疆旅游资源考察;参加在北京召开的国际区域科学讨论会,参加地理学会在上海召开的旅游资源评价讨论会;到广州参加国际城市规划与教育会议。

1994年　编写《中国土地利用》专著;在庆祝中国地理学会成立85周年大会上,倡议为配合《中国21世纪议程》的实施,以持续发展研究作为近期地理工作的主攻方向;应汉城市政府之邀,到韩国参加中、韩、日三国东北亚经济发展研讨会,顺访韩国国土研究所;应大庆市政府之邀,参加大庆市调整产业结构的国际研讨会;到布拉格参加国际地理联合会召开的中欧区域国际地理大会;由民政部组织参加湖北、安徽两省设评审会,到两湖平原各城市及安庆考察;到昆明参加云南省徐霞客研究会成立大会。

1995年　受国家自然科学基金会委托主编《地理科学发展战略调研报告》;应商丘市之邀,讨论该市发展问题;应台北中国文化大学及"中央大学"校友会之邀,到台湾地区五所大学作短期讲学,顺道访问香港中文大学地理系;应民政部之邀,参加广东、海南两省设评审会,到广州、粤西各城市及海口考察;到防城参加发展规划会,顺访越南边境;到成都参加西藏自治区国土

	规划评审会;到厦门参加旅游规划评审会;参加中国科学院地学部组织的河西走廊水利问题考察;秋季应水利部之邀到榆林地区考察水拉沙改造环境现场;冬季参加中国科协委托地理学会召开的长江产业带学术讨论会;参加中科院地学部组织的江西广东红壤地区农业考察;所主编的《中国土地利用》专著及《1∶100万中国土地利用图》两项成果获得国家科技进步二等奖。
1996年	受国家自然科学基金资助,集中力量编写《现代经济地理学》专著;应山东菏泽地区之邀,讨论该地区发展设想;8月到海牙参加第28届国际地理大会,顺访比利时安特卫普港口城市;应法国地理学会之邀,到法国进行从北到南的学术考察。
1997年	受国家科学出版基金资助,集中力量编写《中国经济地理》专著;到南京参加中国科学院地学部组织的长江三角洲考察报告评审会;应比利时卢汶大学之邀进行学术交流,顺访卢森堡;应国家海洋局之邀,评议《中国海洋功能区划报告》;再访广西防城,评议防城发展规划。
1998年	应国家土地管理局之邀,评议《全国土地利用规划》;参加IGU城市地理专业委员会到苏南考察张家港、苏州新区;中国科学院组织院士考察黄河下游断流情况;到香港参加香港中文大学主持的第二届世界华人地理大会;徐霞客研究会组织考察黔西盘县;庆祝重庆地理学会成立考察北碚、沙坪坝、大足石刻;考察唐山京唐港。
1999年	参观昆明世博会,考察大理、丽江;到台湾地区参加台湾师范大学主持的第三届世界华人地理大会,考察台湾中西部;中国地理学会庆祝成立90周年。
2000年	参加南京师范大学纪念李旭旦教授复兴人文地理学20周年;应韩国邀请参加中韩仁川地理研讨会,IGU世界大会;参加九三学社株洲发展战略座谈会,登衡山;参加桂林市、张家界、内蒙古阿拉善盟旅游规划评审。
2001年	先后参加广东顺德发展规划、云南曲靖发展规划、福建省旅游规划、昌都农业发展规划、广汉三星堆旅游规划、南阳持续发展规划的评审;参加重庆师范大学主持的三峡旅游节活动,江阴徐霞客故居碑廊落成。
2002年	到合肥评议安徽两山一湖治理规划,参观包公祠;到长春评吉林省旅游规划;到青海评互助土族自治县旅游规划;到武汉评湖北省旅游规划,顺访潜江、荆州;在北京评贵州省旅游规划;到海南评博鳌港发展,游三亚;到

第五章　中国人地关系理论的创始者

南昌评樟树旅游规划；参加国土资源部土地利用战略评议；评天津国土试点规划；评沅陵、马鞍山、厦门西区、河南伏牛山等地旅游规划，游安阳。

2004年　应广西壮族自治区文化厅和北海市政府之邀，到合浦参加"海上丝绸之路始发港理论讨论会"，发表《海上丝绸之路的回顾与前瞻》报告。

2005年　应国际日本文化研究中心之邀，访问京都，发表《纵论中国地理学的发展过程》报告。

2006年　评甘南省旅游规划，参加广东增城新农村建议讨论；讨论武汉市城市圈总体规划，到汕头讨论产业定位；到哈尔滨评议都市圈发展规划；到郑州讨论中牟县发展；在京讨论琢县三祖圣地开发建设规划。

2007年　评审辽宁沿海经济带规划和丹江口旅游规划。

附录2：吴传钧先生区域与城市研究科研成果目录

1941年　《中国燃料资源汇编》（内部），交通部汽车燃料动力研究所。

1942年　《中国粮食地理》（本科毕业论文），商务印书馆。

1943年　《土地利用之理论与研究方法》，《地理》，第3卷，第1—2期；
《地理学通论》，中央大学地理系油印讲义；
《中国粮食区域综论》，《粮食问题》，第1期。

1944年　《近百年来外人考察我国边陲述要》，《边政公论》，第3卷，第5—6期；
《国都问题综论》，《国是月刊》，第4期；
《论缩改省区》，《国是月刊》，第5期。

1945年　《四川威远山区土地利用》（硕士学位论文），《四川经济季刊》，第2卷，第1期。

1948年　《中国稻作经济》（Rice Economy of China），英国利物浦大学博士学位论文。

1949年　《南京上新河的木市》，《地理》，第6卷，第2—4期；
《苏联新图志》（与周立三等合编），亚光舆地学社。

1950年　《对于旧地理思想的批判——建立正确的人地观念》，《地理知识》，第6期。

1951年　《南京郊区经济调查报告》（与周立三等合写），中国科学院地理所内部报告；
《1∶4万南京市土地利用图》（与王吉波等人合编），中国科学院地理所印（内部）；

《新式拼合世界地图》(与瞿宁淑合编),大中国图书局；

《怎样做市镇调查》,《地理知识》,第7期。

1952年 《兰宁铁路经济调查报告》(与孙承烈等合作),铁道部内部报告；

《撒哈拉的问题》(译作),《地理知识》,第8期。

1953年 《包宁铁路计划线经济调查报告》(与武泰昌等合作),铁道部内部报告；

《包兰铁路经济调查简报》(与武泰昌等合作),铁道部内部报告；

《伊盟线路概况》,铁道部内部报告。

1954年 《黄河流域综合开发技术经济报告灌溉部分》(与周立三等合写),水利部黄河流域规划内部报告；

《西康藏族自治州》,生活·读书·新知三联书店。

1955年 《黄河的问题及其改造》,《地理知识》,第2期；

《铁路选线调查方法的初步经验》(与孙承烈等合作),《地理学报》,第22卷,第2期。

1956年 《黄河中游西部经济地理》(与孙承烈等合写),科学出版社；

《黑龙江及乌苏里江航运调查报告》(与鲁祖周、郭来喜合作),中国科学院黑龙江流域综合考察队内部报告；

《果洛藏族自治州》,《地理知识》,第4期；

《玉树藏族自治州》,《地理知识》,第5期。

1957年 《经济地理调查的一般方法》,《地理学资料》,第1期；

《黑龙江省及乌苏里江地区经济地理》(与郭来喜等合编),科学出版社；

《黑河地区经济概况》,中国科学院综合考察委员会印(内部)；

《开发黑龙江的先声》,《科学大众》,第11期。

1958年 《甘青农牧交错地区农业区划初步研究》(与周立三等合写),科学出版社；

《包兰铁路》,《地理知识》,第9期；

《武威地五区农业生产调查简报》,《地理学资料》,第2期；

《苏联的经济地图工作》,《地理知识》,第7期。

1959年 《东北地区经济地理》(与梁仁彩等合编),科学出版社；

《经济地理学》(与周立三合写),《十年来的中国科学·地理学》,科学出版社；

《黑龙江流域综合考察》(与朱济凡等合编),《十年来的中国科学·综合考察》,科学出版社；

　　　　　《黑龙江流域煤炭工业布局与发展远景设想》（与郝凌云等合写），中国科学院黑龙江流域综合考察队内部报告；

　　　　　《开展人民公社的调查研究，建立新经济地理学》，《大跃进中的中国地理学》，商务印书馆。

1960年　《经济地理学——生产布局的科学》，《科学通报》，第19期，译文载日本《人文地理》，1964年第4期；

　　　　　《黑龙江流域及其毗邻地区经济研究》（与朱济凡等合编），《黑龙江流域综合考察队学术报告》（第一卷），科学出版社；

　　　　　《黑龙江流域及其毗邻地区生产力配置远景的初步研究》（与华熙成合写），《黑龙江流域综合考察队学术报告》（第一卷），科学出版社；

　　　　　《大不列颠群岛——自然地理和农业地理》（译作，斯坦普·比佛著），商务印书馆。

1961年　《云南南部发展热带作物地区的交通运输问题》，《云南热带亚热带地区以橡胶为主的植物资源综合开发方案》，云南考察队内部报告。

1962年　《地区综合考察和生产力远景发展的研究》（与李文彦合写），《1960年全国地理学术会议论文集》，科学出版社；

　　　　　《发展我国经济地理学的几点意见》，《中国地理学会1961年经济地理学术讨论会文集》，科学出版社。

1963年　《海南岛综合开发问题》，1963年全国农业科学技术会议论文；

　　　　　《热带作物布局的自然条件评价》，《中国热带作物布局的理论探讨》，科学出版社。

1964年　《华北主要城市工业用水问题》，《华北地区工业布局调查研究报告》，中国科学院地理所提交华北局计委内部报告；

　　　　　《美国经济地理学发展概况》，《资本主义国家经济地理学的研究动向》，商务印书馆。

1965年　《我国农业区划工作的新发展》（与林超等合写），《地理学报》，第4期。

1972年　《坦桑尼亚》（与蔡宗夏合写），商务印书馆。

1973年　《呼伦贝尔盟荒地资源考察报告》（与唐孝渭等合写），中国科学院地理所荒地考察队内部报告。

1974年　《浙江、福建、江西三省有关农业布局问题的调查报告》（与蔡清泉等合写），中国科学院地理所内部报告。

1975 年　《中国的农业》（与张豪禧等合写），商务印书馆。

1979 年　《开展土地资源合理利用的调研与制图为农业现代化服务》，《自然资源》，第 2 期；

《出访美国地理界观感》，《地理知识》，第 3 期。

1980 年　《中国农业地理总论》（与中国科学院地理所农业地理室同仁合写），科学出版社；

《要因地制宜利用土地资源》，《人民日报》，1980 年 6 月 17 日；

《1∶600 万中国土地利用现状概图》（与沈象人合编），地图出版社。

1981 年　《因地制宜发挥优势逐步发展我国农业生产的地域专业化》，《地理学报》，第 4 期；

《因地制宜发挥地区农业优势》，《农业现代化研究》，第 3 期，1981 年编入《农业发展战略》（科学出版社）；

《我国土地资源利用问题》，《地理教学》，第 2 期；

《要为国土整治服务》，《地理学报》，第 3 期；

《开发旅游资源发展旅游地理研究》，《旅游资源的开发与观赏》，北京旅游学院。

1982 年　《因地制宜整治国土》，《国土研究班讲稿选编》，中华人民共和国国家基本建设委员会、国土局；

《谈谈国土整治》，《百科知识》，第 2 期；

《国土整治与国土规划》，《瞭望》，第 3 期；

《国土整治与规划》，《水土保持通报》，第 5 期。

1983 年　The planting of trees and crops-agro forestry systems practiced in south China. *Mountain Research and Development*, Vol.3, No.4；

Land Resources of the People's Republic of China (Chief Editor), United Nations University, Tokyo；

Proper utilization of land resources and the modernization of agriculture in China. *China in Canada: A Dialogue or Resources and Development*. McMaster University.

1984 年　《人文地理学》（副主编），中国大百科全书出版社；

《国土开发整治区划与生产布局》，《经济地理》，第 4 期；

《谈柴达木地区经济综合发展问题》，《青海社会科学》，第 1 期；

Geography in China, *An Outline of Chinese Planning System*. Science Press;

Urban planning problems in Beijing. *Regional Planning in Different Political Systems—The Chinese Setting*（Chief Editor），Bochum Ruhr University；

《发展海洋地理学》,《地理知识》,第 6 期。

1985 年　《对我国国土整治区划的构思》,《中国国土整治战略讨论第二集》,能源出版社；

《经济地理学——人文地理学的主要分支》,《人文地理学论丛》,人民教育出版社。

《北京土地利用》(主编),北京市农业区划办公室；

《中国 1∶100 万土地利用图编制总结报告》(与郭焕成、沈象仁合写)；

《人文地理学概说》(与郭来喜合编),科学出版社；

《考察贵州国土经济观感》,《地理学与国土研究》,第 3 期；

《贵州山区综合开发问题》,《山地研究》,第 3 期。

1986 年　《1∶100 万中国土地利用图编制规范及图式》(与沈洪泉合作),科学出版社；

《我国行政区划的沿革及其和经济区划的关系》,《国土规划与经济规划》,华东师范大学出版社。

1987 年　《调整布局促进三线建设》,《开发研究》,第 3 期；

Water resources and territorial development in China. *Land and Water Development: Chinese and Canadian Perspective*. Edmonton Canada.

1988 年　Retrospect and prospect of urban development in China. *Geographia Polonica*. Poland.

《1∶20 万北京市土地利用图》(与沈象仁合编),北京市测绘局；

《自然资源研究的新趋势》,《自然资源》,第 1 期；

《海岸带的开发利用和环境保护》,《经济发展与环境》,中国科学技术协会；

《经济大辞典·国土经济·经济地理卷》(主编),上海辞书出版社；

《数量地理仔生产布局中的应用》序言,中国地理学会数量地理专业组编,科学出版社；

《中国城市发展的回顾与前瞻》,《国外人文地理》,第 1 期；

Agricultural transformation in adjacent mountain areas of Chinese himalayas—A case study of Yunnan and Guizhou Provinces (Abstract). *Agricultural Development Experiences in West Sichuan and Xizang, China*. ICIMD.

1990年　《中国大百科全书·地理学》(副主编)，中国大百科全书出版社；

《1∶100万中国土地利用图集》，科学出版社；

《国土开发整治与规划》(与侯峰合编)，江苏教育出版社；

《国土整治和地理学的理论研究》，《自然地理与中国区域开发》，湖北教育出版社；

《当代中国产业布局》序言(王志电编)，中国城市经济社会出版社；

《国际地理学发展趋向述要》，《地理研究》，第3期；

Land utilization in China: its problems and prospects. *Geojournal*, Vol. 20, No.4；

The progress of human geography in China: its achievements and experiences. *Geojournal*, Vol. 21, No.1-2；

Territorial management and regional development. *Recent Development of Geographical Science in China*, Science Press；

The urban development in China. *The Journal of Chinese Geography*. Vol. 1, No.2.

1991年　《论地理学的研究核心——人地关系地域系统》，《经济地理》，第11卷，第3期。

1992年　《建立资源节约型社会经济体系》(与陆大道合写)，《人民日报》，1992年5月13日；

Utilization and protection of natural resources in national economic development. *Development and Ecology*. India: Rawat Publication.

1993年　《中国海岸带土地利用》(与蔡清泉合编)，《中国海岸带和海涂资源综合调查专业报告》，海洋出版社；

《农业地理学的发展趋向和任务》，《地理学与农村持续发展》，气象出版社；

《中国的国土开发整治研究》，《地理研究与发展》，香港大学出版社；

《潮安县县城选址考察报告》，《中国方域——行政区划与地名》，第1期；

《新的产业空间、高技术产业开发区的发展与布局》序言(魏心镇编)，北京

1994年　《重负的大地——人口、资源、环境、经济》(主编),人民教育出版社;

《纵论亚太—东北亚—北京的经济发展》,《东北亚大都市未来超国境化展望协力方案》,韩国汉城市政府开发研究院;

《小城镇是农村现代化的基地》,《中国社会报》,1994年8月4日;

《中国土地利用》(主编),科学出版社。

1995年　《自然科学发展战略调研报告·地理科学》(主编),科学出版社;

《大庆持续发展问题》,《大庆区域经济调整规划研究》,中国社会科学出版社。

1996年　《水·绿洲·人——中国科学院院士吴传钧访谈》,《中国水利》,第2期;

《关于菏泽地区经济发展战略的若干问题》,《人文地理》,第4期;

《展望中国人文地理学的发展》,《人文地理》,增刊。

1997年　《国土整治与区域开发》,《面向21世纪的中国地理学》,上海教育出版社;

《现代经济地理学》(与刘建一、甘国辉合编),江苏教育出版社。

1998年　《中国经济地理学》(主编),科学出版社;

《人地关系与经济布局——吴传钧文集》(主编),学苑出版社;

《加强自然科学与社会科学的交错研究》,《光明日报》,1998年9月1日;

《发展具有中国特色的地理科学》,《中学地理教育参考》,第11期;

《中国人文地理学的发展》,《科学进步与学科发展》,中国科学技术出版社。

1999年　《论跨世纪中国地理学发展问题》,《1999跨世纪海峡两岸地理学术研讨会论文集》(上册);

《改革创新再创辉煌——贺中国地理学会成立九十周年》,《科学日报》,1999年11月15日;

《我国20世纪地理学发展回顾及新世纪前景展望》,《地理学报》,第5期。

2000年　《院士之路:吴传钧》,《中学地理教育参考》,第6期;

Prospect for the economic development in the Yellow Sea Rim Region through Sino-Korean cooperation. *Economic Region of the Yellow Sea Rim: the Present and the Future*. Inchon Development Institute.

2001年　《地理学是一门伟大的学问》,《地理教育》,第1期;

《发展内河航运与西部大开发》,《中国21世纪内河航运论坛》,人民交通出版社;

　　　　　《中国农业与农村经济可持续发展问题——不同类型地区实证研究》,中国环境科技出版社。
2002年　《钱学森院士对发展地理学的倡导》,《钱学森科学贡献暨学术思想研讨会论文集》,中国科技出版社；
　　　　　《迎接中国地理学进入发展新阶段》,《地域研究与开发》,第3期。
2005年　《纵论中国地理学的发展过程》(附日文译文),日本京都国际日本文化研究中心。
2006年　主编《海上丝绸之路研究》(北海合浦海上丝绸之路始发港理论研讨会论文集),科学出版社。

第六章 中国非洲地理领域的先行者
——张同铸先生(1915—2008)

苏 群

(南京大学地理与海洋科学学院)

张同铸教授1915年出生在苏北一个小知识分子的贫寒家庭,在父母呕心沥血的抚育下,从小酷好读书,热爱学习,于1947年中央大学史地系研究生毕业。中华人民共和国成立后,于中国人民大学经济地理研究生毕业,一直在南京大学地理系任教,先后担任系常务副主任,兼经济地理教研室主任及之后的非洲研究室主任等行政领导职务,时达28年之久。作为一个共产党员的人民教师,主持系、室的日常工作,几十年如一日。张老93岁高龄,因病住院,于2008年1月16日,我和老伴去省中医院看望,并与张老合影留念。1月18日下午,我和姜忠尽同志等再去医院看望,届时,医生给张老量血压,高压136 mmHg,低压76 mmHg,和正常人一样,我们和张老的家属为之感到非常高兴!并安慰他老人家把病治好以后,再出院回家,张老默默点头,当我们离开医院时,他老人家一直在目送我们,依依不舍。待我回到家中,约两个小时,噩耗传来,令人惊讶与悲痛,张老您为什么走得这么快呀!听家属说:是一口痰阻在喉管,吸不出来,与世长辞。当天晚上,我彻夜未眠,回忆往事,张老一生,令人敬佩!用14句话、56个字进行概括:"矢忠职守,执著敬业,肩负重任,竭尽心力,教书育人,以身作则,学术探索,求真务实,听党召唤,艰辛创业,诚恳待人,谦和接物,淡泊名利,一生清白。"张老一生,所作贡献,为人皆知,从他身上,深深体会到:张老作为一名学者,是德、识、才、学的素养齐备;作为一个基层领导的考核标准,是德、能、勤、绩、廉的好干部。他的敬业精神,是我们这一代的学习楷模。我是张老的学生,1952年全国院系调整后,第一届统考进校的本系大学毕业生,留校任教的学子,一直在张老的领导下工作。几十年来,他的行政领导、教书育人、科学研究、工作作风、为人处世以及忠于党的教育事业等方面的形象与举措,给我们留下了深刻印象,最值得怀念的是他的人生价值观和忠心耿耿的敬业精神。通过反复回顾和体验,就以下方面,撰写成文:一是怀念;二是敬佩;三是学习;四是继承;五是弘扬……并以张老的人生价值观与敬业精神为榜样,把自己的有限生命奉献给无限的事业。

一、全部智慧,善谋大势

张老作为一个党员教师,主持系室的日常工作,如何把自己的全部智慧和主要精力一心一意地放在谋划地理学事业发展的全局性、战略性与突破性的重大问题上,捕捉信息,掌握动向,研究问题,锐意改革,开拓创新,推动发展,是张老义不容辞的首要职责,也是张老一生的主要业绩。地理学是一门古老科学,又是一门新兴学科,它在认识、利用与改造环境,为人类生存与发展方面,起着"非凡"的作用。为此,地理学的发展与国家的建设息息相关。中华人民共和国成立后,特别是1952年全国院系调整以后,张老受党的委托,肩负重任,在学校党委、行政与系党总支的领导下,在任美锷教授、杨怀仁教授、李海晨教授、孙本文教授、沈汝生教授、宋家泰教授、苏永煊教授、杨戊教授、陈丙咸等教授以及广大老师的支持与合作下,遵照国家建设事业的发展大局,考虑学科原有基础,吸收苏联莫斯科综合性大学地理系的办学经验,科学制订并不断调整充实完善我国综合性大学地理学专业的教学计划,明确培养目标,安排课程设置,组织教学环节,狠抓基本建设,选聘优秀教师,配备新生力量,为我国的社会经济发展与建设培养高级人才服务作出成绩。在专业建设上,由地理学专业分为经济地理与地貌两个门类,并很快过渡到两个专业;在学制规范上,由三年制很快过渡到四年制和五年制。随着我国五年计划的实施、大规模经济建设的展开以及外交事业的发展等,地理学事业方兴未艾,并不断地拓展新的领域。张老不失时机地抓住机遇,开拓创新,在原有学科和专业的基础上,先后成立以李海晨教授为主的地图学专业,以杨戊教授为主的陆地水文地理专业,以及海洋研究室、非洲研究室等等,进一步扩大地理学为国家的生产建设与科学研究服务的范围。社会在发展,技术在进步,手段日益更新,张老非常关注新技术的发展与应用,如地理计量技术与遥感手段,是通过我系举办全国地理系统的培训班,推广了计量方法在我国地理学中的应用,起着促进学科发展的现代化作用。地图学专业也随之由原有的"小笔尖"的制图方式转化为自动制图的发展方向,成为全国制图业的首创之举,并具有领先的意义。经济地理专业的改造则更加迫切,张老亲自领队去北京、苏北等地进行调查,并安排力量对皖南山区农业地理的试点调查研究,达三年之久。在得知国家城建总局需要大量理科城市规划人才的信息后,本系在我国高校地理系第一个毅然决定把经济地理转向城市规划专业方向。通过教研室的全体老师及其他教研室有关老师的共同努力,即在江阴县城总体规划实践和举办两期全国城市规划培训班及对江苏盐城、南京六合、山东烟台、湖南岳阳等四个城市规划基本训练的基础上,在恢复高考的第一年,进行"经济地理与城市规划"专业招生,重点为城市规划建设培养人才服务,实践证明,完全正确。此外,在原有资料翻译与整理的基础上,他组织大家编辑《地理科技资料》,进行全国信息交流,对善谋大势与发展学科等亦起着重要作用。

1964年7月,国家高教部批准成立南京大学非洲经济地理研究室,张老担任了研究室主任以后,主要精力与思想注意力又转向开拓非洲地理学这一新领域,使非洲经济地理研究室的工作突飞猛进,提交大量成果,形成新的特色,并在全国成立非洲研究学会,担任会长,发展会员500多人,为国家的外交事业、广交非洲朋友等,在信息资料上作出了积极贡献。总之,张老主持的系、室工作,始终把善谋发展大势放在一切工作首位,费尽心血,竭尽全力,开拓创新,推动前进,使南京大学地理系成为发展很快,并在全国具有领先地位的院系。

二、"三位一体",有机统一

所谓"三位一体,"系指教学、科研、后勤"三大板块"的关系,成为一体的有机统一。张老在善谋系、室发展大势的前提下,发挥地理系的功能作用和学科的综合优势。他既要管好教学,又要管好科研,还要管好后勤,"三管"齐下,一抓到底,这是在当时系、室领导人员少(仅有一个主持日常工作的副系主任和教研室主任)等情况下所形成的,也是张老主持系、室工作的又一特色。这三方面的工作,如何摆布?又如何有机结合?张老在国家的教育方针和郭影秋校长、匡亚明校长办学思想的指导下,按照我国设立综合性大学的主要职能——要出高质量的人才与高质量的科研成果的要求,而始终坚持:以教学为中心,以科研为重点,以后勤为保证,三者形成有机整体,对推动整个地理学事业的持续发展作出了积极贡献。

教学方面:狠抓教学是高等学校压倒一切的中心任务。张老在人才的培养上,特别重视劳动对象(学生)、劳动手段(设施)与掌握劳动手段的劳动者(教师)

及其劳动技能（水平）的有机统一。他十分注意学生的德才兼备和动手能力的基础训练，坚持野外与实验室的实践。根据实际需要，及时调整教学计划，把培养学生与工作实践相结合，经常组织与亲自参加检查性听课，提高教学水平，保证教学的正常秩序。此外，建立因材施教的"试点班"，帮助成绩优秀的学生更快提高，而专业思想不稳定的学生则稳定学习情绪。由于系内专业较多，他出以公心，全面关注，协调发展，特别是在教学、生产与科研相结合的实践中，重视多专业的协同作战，发挥专业所长，以提高地理系及其分支学科解决实际问题的能力，形成学科的综合特色。在师资力量的建设上，张老特别注意教师队伍的扩大、引进及培养提高，方式多样，因专业制宜。如从全国高校引进各专业人才。又如经济地理学是研究生产布局的科学，专门引进与培训懂得工、农、交技术经济知识的三位年轻教师，为部门地理学的生产布局知识进行充实与配套。非洲经济地理研究室的老师普遍进行外语进修，对外文出身的教师加强地理培训，以及分期分批去非洲学习、考察等。只有良好的师资队伍，才能有"两个"高质量成果。总之，在张老的精心安排下，南大地理系培养出来的毕业生，无论哪个专业，通过室内的理论教学、课程实验、参观实习、南京近郊、安徽九华山、江西庐山的教学实习，以及结合国家生产与科研任务实践的生产实习，不仅理论水平较高，而且独立工作能力较强，受到用人单位的好评，众多校友成为国家各单位的业务骨干、领导和专家，为各项建设事业作出了积极贡献。

科研方面：接受国家的生产任务，开展科学研究，是综合性大学的一项重要工作，一为国家建设服务；二为培养人才服务；三为地理学的学科发展提供了有利条件。因此，张老非常重视高等学校的科学研究，除了安排各专业的科研任务以外，多年来，他亲自领队进行江宁横溪大队土地利用研究、苏北涟水人民公社规划研究、江苏农业区划研究。60年代初，带领地理、气象、生物三系的部分教师和学生，参加科学院云南生物资源综考队，进行以橡胶树为主的热带作物综合考察，张老并负责编写云南南部五个专区（自治区）以橡胶树为主的热带作物开发利用报告。通过逐级汇报，云南省中央西南局、农垦部领导一致重视，并定为西部地区八大特色农业基地之一的天然橡胶基地，这表明国家对云南综考成果的肯定。1964—1966年，南京大学与科学院综考会合作，开展以山地开发利用为主的贵州考察研究，张老领队我校地学三系部分师生与其他科研教学单位，协同组成规模巨大、19个专业的综合考察队，他担任业务队长，负责考察队的业务工作。经过三年努力,跑遍贵州全省,并提出山区开发利用的建设性意见,如"一业为主,多种经营,因地制宜,各具特色"的论点,改变到处"以粮为纲"的局面,受到省领导赞扬与重视。"文革"后,贵州省科技局领导三次亲临地理系邀请继续赴贵州考察,终以客观形势变化而未果,这足以表明贵州省领导对综考成果相当满意。总之,张老在生产科研方面做了大量工作,取得了巨大成绩,作出了很大贡献,为推动学科的发展、教学质量的提高,以及为著书立说等奠定了良好基础。

后勤方面:张老非常重视后勤工作,随着系室的教学与科研发展需要,他在力所能及的情况下,逐步敷设与配套资料室、图书馆、仪器室、绘图室、实验室等,并逐步配备人事、行政的专职秘书,教学、科研的兼职秘书等,协助开展工作,为全系的后勤服务提供了有力保证。

三、带病工作,硕果累累

张老在南大执教60年:"文革"前的拼命工作;"文革"中的首当其冲;"文革"后的狠抓教改;退休后的退而不休,奉献余热,硕果丰实。"文革"前,由于系内的行政机构严重缺失,在长期缺乏主要领导又无得力助手的情况下,系务负担非常沉重,他白天坚持上班,处理行政事务;教学任务很重(先后开出七门课),晚上备课到深夜,放弃假日休息;每年寒暑假,不是出外考察,就是任务在身;师母身体不佳,长期生病,抚育爱女,经济上全靠张老的工资开支。"文化大革命"中,作为共产党员的常务副系主任和教研室主任,在打击"一大片"的情况下,成为批斗的主要对象之一,身居"牛棚"达六年之久。1972年4月恢复了党籍,结束了"靠边"状态,恢复原职,重整旧业。但是地理系已完全今非昔比,老一套"破"了,新的是一片空白,真是百孔千疮,不知从何下手,张老作为系领导,依靠广大教师,特别是中年教师,筹划起振兴之策,从而使地理学的发展迈步前进。由于往年的过度劳动和多年的郁闷心情,终于在1973年夏发作了心脏病——心房纤维性颤动(简称"房颤")。后来,胸部安装了起搏器,患病30多年,除了住院两个月外,他一直坚持带病工作,直到2004年在医生郑重叮嘱的情况下,才放弃工作,休养身心。

此间,在相当长的时间内,张老不仅仍然承担系、室(非洲室)的领导工作,还兼任江苏省国土总体规划顾问,中国非洲问题研究会会长、终身名誉会长,中国地理学会、世界地理专业委员会副主任,江苏省地理学会副理事长,中国中东学会副会长、顾问,中国世界经济学会理事以及《辞海》的编辑等职务,社会活动很多。他充分利用一切可利用的时间,累计撰写学术论文63篇,编著与主编学术专著10本,共约150万字,这些成果主要完成于20世纪80—90年代,其中有6本专著是在1987年退休以后进行的。张老担任《中国大百科全书:世界地理卷》编委会副主任兼非洲分支主编,中国地理学会《世界农业地理丛书》副主编(执行主编),《中国经济百科全书》国别经济分支副主编。历时20年完成中国地理学第一套《世界农业地理丛书》10本。《世界农业地理丛书》提出了"洋为中用,加速中国农业现代化借鉴"的编书目的,理论性、实用性强,其中苏联、非洲两个分册还获得省、部级二等奖,堪称中国世界地理学的创举。张老的代表性学术专著有:《经济地理学原理》(与曹廷藩、杨万钟教授等合作,科学出版社,1991年),率先提出生产布局一般规律性原理,纠正了国内过去关于生产布局理论的片面性,全书内容起点较高,分析深入,获得同行好评,并获得中国科学院出版基金资助。《非洲石油地理》(主编,科学出版社,1991年),填补了国内本门学科的空白,获江苏省教委高校优秀成果二等奖。《非洲经济社会发展战略问题研究》(主编,国内十多位非洲问题专家撰写,人民出版社,1992年),获得"代表我国学者当前研究非洲学术水平"的好评,其中"非洲人口类型"专题,运用人口、经济、资源、环境协调发展原理,率先提出非洲人口发展战略类型,批驳了国外某些错误论述,获得访华的美国非洲学者的高度重视和引用,并获得1985年江苏省社科联二等奖、国家教委1995年优秀成果二等奖。《江苏省经济地理》(新华出版社,1993年),获得江苏省社科联三等奖。主编的《世界农业地理总论》(集体撰写)(商务印书馆,2000年)系我国第一部世界范围的农业地理专著,被读者评为具有"求新特色、前瞻面向"的一部杰作。此外,由张老主持和参加的《江苏省农业地理》和《第三世界石油斗争》二书,先后获得中国科学院科技进步一等奖(1987年)。张老所获荣誉证书7项:南京大学、国家教委、国家新闻出版总署、中国地理学会、《中华人物辞海》、中国非洲问题研究会、英国剑桥国际名人传记中心。事迹被收入《中国当代地理学家》、《中国社会科学家大辞典》(英文版)、《中国高等教育专家名典》、《中国当代社会科学专家学者大辞典》、《名人资讯杰出人才数据库》(国际互联网站)、《世界名人大典——杰出人才卷》、《中国国情报告·专家学者卷》以及英国、美国各图书期刊等共26种(载于《中国地理学家及地理单位名录》,2006年4月)。以上成果,足以说明:张老的人生价值,是"矢忠职守,执着敬业",即使遭遇重重困难,仍能坚持奋进,锲而不舍,择善而从,成为地理学界的一位名副其实的学术"大师",把生命的全部智慧奉献给地理学事业。

四、淡泊名利,关心他人

这是张老人生价值的又一充分体现。作为一个基层领导的共产党员,从事教学与科研工作,确实具有"立党为公,执政为民,不谋私利,关心他人,全心全意为人民服务的优秀品德"。他是一位见荣誉就让,见困难就上,勇挑重担,方便他人,困难自己的好领导、好党员、好学者,身教言教,令人尊敬,是我们学习的光辉典范。并有大量的事实足以证明。

(1)《经济地理学原理》一书,是三位教授的合作项目,张老承担本书的主要章节,编写分量超过全书的一半以上,并承担全书的统稿定稿任务,按理应为第一作者,但他出于对老科学家的尊重,主动列为第二作者。

(2)《世界农业地理丛书》,是张老在中国地理学会世界地理专业委员会内提出,并决定实施的。全书11本,计划10年完成,这是一项浩大工程,也是我国世界地理学的创举,此书需要动员全国世界地理学家的力量,长期共同努力执行,商务印刷馆自告奋勇承担出版。1979年在南大召开协作会上,大家推荐张老为丛书的主编,后来,他又出于尊重老科学家的考虑,不顾他人反对,将公推丛书主编的荣誉主动让位于世界自然地理学家李春芬先生,自己退居副主编。

(3)学校设立第一批博士点时,领导要他申请博导资质,他因重任在身,无法顾及,为不影响全局,主动放弃申请。后来申请时,因年到70岁,超过年限,被拒之门外,个人荣誉,从不懊悔。

(4)张老年满72岁,即1987年退休时,接受系领导返聘五年,每月从他的科学基金中付款80元作为薪酬。五年以后(1992年),退休不退业,一直忙到2004年才真正休息。此间,不仅一文不拿,而且用不完的科学基金全部上缴或留作后继之用,这就是他老人家的金钱观。

(5)在改善他人的工作条件上,张老主动把朝南、向阳、光线好、通风条件好的系主任办公室和朝北的冬冷、夏热、光线差的绘图室进行对调,以利绘图人员有一个更好的工作条件,把方便留给他人,把困难留给自己。

(6)在分配房屋与调整工资上,因学校条件有限,名额不多,张老总是主动让步,先人后己。

(7)在张老经济条件较差的情况下,1958年他获得40元的跃进奖,该要的他不要,而主动捐献给苏北的贫苦农民。

（8）学校补发"文革"中克扣的工资，他全部作为党费上交组织。

（9）我们教研室的老师，每年均有1—2次带学生出外实习，沈汝生教授的夫人因病过世，留下两个小孩，尽管有保姆照顾，因外出时间长，仍然放心不下，张老主动关心，特地组织年轻教师的家属，早出晚归，帮助照料，使沈先生在外安心工作。

（10）张老特别关心年轻教师的配偶调动问题。我受张老的几次委托，利用出差的机会，协助系领导进行人事调动等，这就为老师们切身问题的解决提供了有利条件。

（11）经济地理教研室60年代留下来的年轻教师中，农村出身的同志经济困难较大，他们向张老借钱，他二话不说，照借不误，后来借钱者调走了，而张老仍能理解他们的困境，并主动给予资助。我是教研室最困难的教师之一，60年代初，在我最需要钱的时候，向张老借了40元（占张老月工资的三分之一），因我负担太重，拖了很多年，在我和老伴经济上稍有好转时，尽管张老一再表示不要我还，我是"有借有还"，分两次还清了，非常感谢张老对我的关心与支持。

张老在淡泊名利、关心他人方面，生动实例很多，就不一一列举。那么，张老本人和家庭的情况又怎样呢？穿着简朴，不抽烟，不饮酒，不玩牌，为人处事，作风正派，作为一位资深教授和学校的中层领导，在他家里找不到一件像样的家具。师母长期生病在家，一直不工作，医疗费用全靠自己，加以退休早，工资不高，最大困难，自己克服，不向组织伸手，从不雇用保姆，在近90岁高龄时，才请2小时的钟点工帮助洗衣做饭、打扫卫生等，其他一切，自己动手。两老的最大欣慰：一是，他们拥有一个很懂事而很有孝心的女儿——张奕女士，她成了家，边工作，边照顾父母、公婆和小孩，安排老人生活；二是，经常有系室的老师去看望张老，有远方的同事、校友等来信来电问候，学子不忘恩师，这是张老精心耕耘几十年的辛勤结晶。张老是个淡泊名利，关心他人，爱生如子，节约自己，有益于人民，对社会贡献很大而受人尊敬的人。

五、热爱中华，赋诗高歌

张老长期接受祖国的传统文化教育，是一个道德高尚的文人，热爱中华，心系祖国，每逢国家大事，总是感慨万分，发自肺腑之心，激情赋诗高歌。在此选编几组，以供雅兴。

（一）喜迎香港回归祖国

1997年6月,香港回归在即,"七一"临近,人心振奋,举国沸腾,欣国耻之前雪,喜华夏之扬眉,爱赋俚诗,以志感奋(1997年6月28日)。

明珠香港庆回归,鼎沸中华动地欢;十亿神州齐颂祝,六洲华商尽笙歌。

百年旧恨从今雪,两制新猷裕后多;大地增辉时代换,可怜彭魂哭穷途。

百年史鉴当牢记,无忘惨淡虎门烟;两铁[1]角力强者胜,只缘祖国已腾飞。

九天气卫风云二[2],百亿超机银河Ⅲ[3];荣辱兴衰凭国力,自强爱国好儿男。

"一国两制"开新宇,四海千秋仰邓公;"港人治港"才荟萃,特区更特沐春风。

陆倚窗口连世界,港依腹地焕新容;港陆一体鹏展翅,明朝香岛更峥嵘。

（二）喜闻北京申办2008年奥运会成功

2001年7月13日,在莫斯科国际奥运大会上,北京申办2008年奥运会获得成功,此乃我国历史性盛事,实现了小平同志遗志,豪情满怀,欣然赋诗,以志其盛(2001年7月20日)。

体坛盛会聚俄京,举世凝神注莫城;五城竞奥风云急[4],百二评委慎诠衡。

---

[1] 指中英谈判。
[2] 地球同步卫星风云二号,气象卫星定点于105°E,距地面35800公里的赤道上空,达到90年代同类卫星技术水平。
[3] 银河Ⅲ巨型计算机运算速度130亿次/秒,达到少数发达国家技术水平。
[4] 五城及得票数为:北京(56)、多伦多(22)、巴黎(18)、伊斯坦布尔(9)、大阪(6)。

诸城各自陈优势,投票两轮决高分[1];萨翁宣布北京胜,一声惊雷"我们赢"。

两度申奥八年成,苦心策划运谋深;十亿神州欢达旦,寰宇华胄振豪情。

缤纷焰火飞流彩,漫卷红旗舞乾坤;成败激情都掉泪,一样眼泪两般情。

高标办奥多挑战,中华儿女志恢宏;文明绿化联科技,环境场馆展新容。

竞赛金牌争报捷,体育大国更峥嵘;友谊合作基金建,光大奥运创新风。

(三) 甲申猴年书感

岁次甲申,序属猴年,祖国一片兴旺气象,张老亦佳讯频添,欣然赋诗,聊以书怀(2004年1月15日)。

万步甲申辞癸未,华年"八九"度遐龄;声宏腰直思维敏,饭饱眠安夜尿频。

起搏跟踪多魅力,马老欣告富余年;崎岖往事何须意,华夏山河满目春。

为公为民方向正,发展经济重平衡;富民兴国震寰宇,硕果分享惠亿民。

人均收入增六倍,富贫霄壤不持平;恩格指数徐徐降,小康新局款款临。

平生淡泊无多求,暮年但冀得安和;蜗室偏高难适应,易居低位是良筹。

猴年伊始传佳讯,隔岁迁居丙二楼;领导关爱殊心感,寄傲南窗慰白头。

---

[1] 五城及得票数为:北京(56)、多伦多(22)、巴黎(18)、伊斯坦布尔(9)、大阪(6)。

张老的诗篇很多,不胜枚举,以上三篇,足以说明,他对祖国的每件大事、喜事,都有发自肺腑之心,赋予深厚感情,去歌颂民族的复兴、祖国的富强、人民生活的安康和党的正确领导等等,他是一位热爱党、热爱祖国的忠诚战士。可惜的是:他老人家于2008年1月18日下午,即93岁高龄时,"泰然含笑挥手别,骑鹤登仙入冥间"。如能再过几个月,就能亲自观赏奥运盛况,撰写新的美诗篇。

六、九十华诞,示展人生

2004年10月10日,为庆祝张老的九十寿诞,地理系的很多老师、同事、校友等从各地赶来,欢聚南京,并以各种形式向张老及其老伴的生日致以祝贺,大家异口同声地说:"张先生是地理系的有功之臣。""张先生对地理系有特殊贡献。""张先生在同学中形象高大。""任、张主持系的20多年,是地理系发展的辉煌时期。"老同事孙慧同志和她的老伴(镇江市政协主席)、书法家黄选能同志一道从镇江赶来参加祝寿会,由黄选能同志亲书"寿"字横幅,并附贺文曰:"人之所求,世之所尊,以健为本,以德为魂,有益于世,无愧于人。"为纪实祝词也。本系孙达教授给张先生九十大岁贺联:"执教六秩桃李满天下,学富五车著论贯中非。"正值张老九十华诞喜庆之日,我因公出差,不能参加盛会,特请姜忠尽同志代我宣读寿庆贺词:"张老对党心忠诚,爱生如子令人敬;乐育英才不知倦,严谨治学启后昆。红花绿叶满枝头,笑看春风拂九州;桃李芬芳飘四海,阳光雨露谱春秋。雨骤风狂何所惧,无求名利品清馨;任劳任怨不言禄,为国为民献丹心。傲雪经霜不老松,白发萧疏心尚童;敬祝恩师九十寿,朱染西天夕阳红。"外地来信祝贺的有:北京中国现代关系研究院朱重贵研究员来信祝寿贺诗云:"一生耕耘科教线,清白流芳在人间;耄耋无忘酬壮志,硕果累累满宇寰。"北京大学赵宝煦资深教授来信对张老的评价是:"苍龙日暮还行雨,老树春深更著花。"南开大学张象教授来信:"耕耘集收较晚,读后深为感动,我等又是老年,将以先生为楷模,永向先生学习。"华东师范大学地理系严重敏教授来信:"您的大作是回忆总结性的佳作……您的语言文字及对经济地理,特别是对非洲研究的深而广博,一直是我们钦佩的老学长。"南开大学前校长滕维藻教授来信:"兄看来健康状况比我好……在学术上的成就亦胜于我,在地理学界,特别是经济地理学界影响更大。"等等。大家从不同的角度,对张老的业绩实际及其对事业的无私奉献等加以肯定,这是张老执教60年人生的客观反映。

综上六个方面,一是以事实为依据;二是以感知为基础;三是以党政干部的审核条件为标准；四是以当代学者应有的素养为准绳；等等。用科学发展观与求真务实的精神，对张老的一生进行回忆、评价与怀念。他老人家敬业精神的精华所在：(1) 始终把系、室全局的发展大势放在首位，并能正确处理好行政领导与个人的教学、科研任务间的关系；(2) 在教书育人的问题上，不仅是如何教好每门课的问题，而且是如何当好一个人民教师，用身教言教的实际行动影响学子成长；(3) 在学术研究问题上，不唯古、不唯书、不唯外、不唯上，而是唯实、务实的治学思想，对任何事物不限于迷信之中，只有求真务实才是真正的科学；(4) 作为一个共产党员，听党召唤，忠心耿耿，兢兢业业，勤勤恳恳，关心他人，不谋私利，循规蹈矩，诚信待人，机心格物，虚心处世，对人从无傲气，但也不低声下气。他很欣赏"淡泊以明志，宁静以致远"的古训，为南京大学的科教事业终生奋斗。

今天，响应党中央的号召，解放思想，开拓创新，增强信心，迎难而上，用张老"锲而不舍"的敬业精神，活到老，学到老，奉献到老，为发展我国的教育事业和实现我国又好又快的发展目标而奋勇前进。

第七章 中国人文地理学的重要开拓者
——张其昀先生(1900—1985)[1][2]

刘盛佳

(华中师范大学地理系)

一、主要生平

张其昀(1901—1985),字晓峰,浙江省鄞县人。1919 年考入南京高等师范学校,1921 年该校扩充为东南大学,遂转入地学系,1923 年毕业。1923—1927 年在上海商务印书馆编辑中学地理教科书。1927 年回东南大学(1928 年改名中央大学,即今南京大学)任教。1936—1949 年在浙江大学史地系、史地所工作,先后任史地教研室主任和文学院院长。其间于 1943—1945 年应美国国务院邀请,赴美国哈佛、克拉克、俄亥俄、芝加哥、威斯康辛等大学讲学和考察。1949 年去台湾地区,转入政界,1962 年开始筹办中国文化大学,1985 年病逝,享年 84 岁。

张其昀的学术生涯从他在《史地学报》1922 年第 1 卷第 1 期发表《柏拉图理想与周官》算起,至 1985 年为蒋复璁的《珍帚斋文集》所写的序止,共 63 个春秋。根据《华冈学园张创办人其昀著作目录》的统计,共有各种论著 2045 种,其中有

---

[1] 原文为《张其昀的地理思想和学术成就》[《地理学报》,1993,48(4):377—384]。本文第四部分"主要著作"系编者所加。

[2] 本文是刘盛佳教授应北京大学城市与环境学系陈传康教授之约而写。张氏一生,无论是在地理教育,还是在地理研究方面,均成果卓著。要想对其学术成就作全面系统的研究,绝非短期之内可以奏效。陈传康特将张氏之子、台湾中国文化大学董事长张镜湖教授寄来的宋晞撰写的《张其昀先生传略》、台湾中国文化大学谢春明教授提供的《华冈学园张创办人其昀著作目录》,寄给刘盛佳教授使用。张氏一生著作等身,要写出其博大精深,实在是勉为其难。拙文完成后,承蒙吴传钧、陈传康、邓宗琦和邓先瑞教授审阅并提出宝贵意见。

关地理学的论著约350种，虽然只占其学术论著总数的17％左右，但却是我国近现代地理学者中发表论著最多的学者之一；出版地理学术著作和教科书31种，译著4种，也鲜有其比。张其昀从事教育工作凡40年，包括在大陆的26年和在台湾地区的14年，培养了大批学者，为中国近现代著名的教育家、史地学家，是中国近代科学地理学的开拓者和创建人之一。

二、我国近代地理学教育的开拓者之一

中国近代地理学教育，始于1921年由竺可桢在东南大学创立地学系，张其昀、胡焕庸于1923年毕业，为首届毕业生，1927年张其昀回母校任教。1928年胡焕庸、黄国璋皆在东南大学任教，下一年，他们三人联名发表了《本校地学系地理门应独立成系建议书》（载《地理杂志》2卷5期，1929年），中央大学和中山大学同年正式设置地理学系。张其昀、胡焕庸、黄国璋成为继竺可桢之后，中国近代地理学教育事业的开拓者，以后他们分别成为浙江、中央、北京（平）师范大学三所大学地（理）学系主任，以其卓越的学术成就，创建了中国科学地理学。

张其昀从事教育事业的26年（1923—1949年），包括三个阶段：

1. 1923—1926年在商务印书馆编译所，从事编辑中学地理教科书。过去的中学地理教科书，观念陈腐，内容芜杂。张其昀编辑的两部教科书——《人生地理教科书》与《高中本国地理》，廓清上述积弊，而代之以新鲜的、科学的近代地理学内容。且着重在人地关系的阐明，开创了地理学的新学风。如《高中本国地理》，在总论中，力图阐明我国在东亚的地位，分论不是按省份进行叙述，而是以地理区域来讲解，这较过去前进了一大步。在该书的自序之中，对洪堡、李特尔所开创的近代地理学亦有所论列。由于作者编辑地理教科书著有成绩，不特开拓了他此后教学和科研的进程，由是而在他第二阶段的教学工作中，于编辑地理教科书，仍不得不加以兼顾。他是继张相文（1866—1933）之后，编纂系统中学地理教科书的第二人。

2. 1927—1936年张其昀在母校任教，由讲师、副教授升至教授。至1935年张其昀共发表各种论著181种，其中有关地理学的刚好100种，论著之多，为他人难以企及。早在大学学习时，便在竺可桢教授指导下，在《史地学报》上先后发表了《最近欧洲地理学进步之概况》、《美国之地理学》等学术论文，还与同学合译鲍曼的《战后新世界》这一学术巨著。他正是以学贯中西的杰出成就，成为中央大学的著名教授，1935年且成为中央研究院第一届评议会评议员，在全体评议

员中,他的年纪最轻,且是唯一未留过学的学者。

3. 1936年9月竺可桢接任浙江大学校长,聘请张其昀兴办史地学系。1937年七七事变后浙大撤离杭州,一迁建德,继迁赣南吉安与泰和,三迁宜山,1940年四迁至黔北的遵义和湄潭,在竺可桢的领导下张氏率师生迁徙奔走,在极端恶劣的环境中培养了不少卓有成就的学生。正因为教学与研究成就突出,1939年在史地学系的基础上,浙江大学又先后成立文科研究所史地学部、设立史地教育研究室,并在师范学院也设史地学系,成为与中央大学、中山大学、北京师范大学并驾齐驱的地理人才培养基地。

张其昀在地理教育中,培养高水平人才方面积累了许多成功的经验。

其一,是将世界上水平最高的学术著作引入教学之中,如他撰写的《人生地理学教科书》,便融合了鲍曼(Isaiah Bowman,1878—1950)的《战后新世界》(*The New World*)、白吕纳(Lean Brunhes,1869—1930)的《人生地理学》(*The History of Social Sciences Series*, *Human Geography*,1930)的有关内容。对欧美各国著名的人文地理学家的论著,他采取译述的形式,撰成《新地学》一书。又将自己多年积累的研究成果写成了《人地学论丛》。因此他的教学和教材,始终把研究和教学结合起来,造就高水平的学生。

其二,理论和实际结合,着重研究中国面临的实际问题。张其昀将课堂教学与野外实习考察结合起来,其中在中央大学的十年间,学校附近的野外实习考察不计外,以东北(1931年)、浙江省(1934年)、西北(1935—1936年)三次考察最为著名。东北考察归来,方在整理考察收获之初,便爆发了九·一八事变,原来的考察着重一般的实习,如自然环境中的气候和边缘海,物产中的大豆,后来则同抗击日寇结合起来。引发了以地略学(地缘政治学)和政治地理学为主,包括30余篇学术论文的东北系统地理研究。人地学中许多理论在这里得到实际应用,如《榆关揽胜》是1933年《国风》杂志发表的系列学术论文,共四篇,九·一八事变以后,日寇占领东北,觊觎华北,山海关成为保卫华北、收复东北的形胜要地,张其昀通过"揽胜",从军事地理学角度,阐述保卫华北和收复东北的方略。浙江的游踪所及,则结晶成《浙游揽胜》一文,以"千岩竞秀,万壑争流"的传诵名句,概括描述了浙江的美丽风光,激发人们对祖国大好河山的热爱,以培养学生的爱国主义精神。西北野外考察的重点放在资源的开发和经济的发展,张其昀已敏感地预测到西北将作为中国的战略后方,在未来的岁月里发挥重要作用。

他率领学生进行野外实地考察，对学生野外工作能力是很好的锻炼和培养。

其三，是造就学者型的人才。地理学的教育包括课堂教学、实验室实验、野外实习三种形式，在《地理杂志》创刊号上，他的《地理教育之目标》和《地理学与大学教育》两文，论述了这三种教学形式的意义、作用、联系、目标。他认为课堂教学一是基本原理，二是客观事象，三是用原理解释事象，用事象来阐明原理；而实验是基本原理的验证，许多深奥的理论通过实验的验证，变得浅显明白易于理解；野外实习则包括对客观地理事象进行观察、分析、归纳、演绎，是实习者的理论再创造。继在中央大学时的三次长途野外考察之后，在浙大因辗转迁徙，无法进行常规的教学，他采取边走边讲，实现观察与讲解的融合。《遵义新志》便是集中全体师生进行全面系统的考察和研究后写成的高水平的地方志。张其昀非常重视培养学生的写作和翻译能力，他鼓励学生写作乡土地理报告，以锻炼他们的写作能力。为了推动地理学的发展，他特别重视编辑地理刊物，作为交流学术成果、推广新知识的阵地。如1928年创办的《地理杂志》，及其后身《方志月刊》，1934年创办的《地理学报》，到浙大以后，1937年即创刊《史地杂志》，他皆是创办者，并亲任主编。对学生的写作则竭诚鼓励，如任美锷、李旭旦翻译白吕纳的《人地学原理》，即由他同东大校友创办的钟山书局为之出版；朱炳海翻译威列特的《雾与航空》，施雅风获教育部嘉奖的毕业论文《遵义附近之地形》，陈述彭受到学术界好评的毕业论文《螳螂川的地文与人生》等，都不同程度地受过他春风化雨的教泽，这也说明他的地理教育的成功。

去台后，张其昀写了大量教育理论著作，对地理教育也倾注了很多精力，如编著《中国之自然环境》、《中国气候与人文》、《中国区域志》、《中国经济地理》、《中国地理大纲》、《政治地理学》和译著《人生地理学》等，皆是70年代以前台湾地区各高等院校地理系科的教材或参考书，有的直到现在仍在使用。他创办的中国文化大学将地理学与文学、史学、哲学结合起来进行教学，表现了独有的特点。

三、对中国近代人文地理学的开拓

张其昀作为学者，地理学固为专长，后对史学、文学和哲学皆有精深的造诣，他将上述学科门类结合起来，统称之为文化。所谓文化，既指人类社会历史实践过程中所创造的物质财富和精神财富总和的广义理解，也指社会的意识形态以及与之相适应的制度和组织机构的狭义解释。他是对文化进行研究的大家，

1978年台湾地区出版的当代名人录介绍张其昀的学术研究范围,认为他研究中国的现势,中国文化之渊源,及其对人类文化之贡献;中国在世界战略与政略中之地位;经济建设对国计民生之关系。就地理学的研究而言,构成了时空结合的体系。他在其巨著《中华五千年史》[1]第一册"自序"中写道:"空间与时间原是不可分离的,历史须以地理为背景,地理应以史事来印证。"早在40年代,他已认为:"历史与地理能连带学习,最为有益。世界近代史之地理因素,当加充分说明。欲了解20世纪之重大问题,必须具有经济地理与政治地理之知识,方能明其底蕴。"若再往上推溯,则他在30年代中说:"时间与空间,错综变化,流转无穷。人地学家之注意点,集中于斯,一面应用科学的研究法,一面应用史学的研究法,一方以世界的眼光观察局部,一方以过去的事实解释现在。"20年代中,他在《战后新世界》译序中则说:"历史所以解释过去,地理所以解释现在。"虽然文字不多,但将地理与历史匹配,相提并论,在学术思想上已呈萌芽。可以看出,这一思想多年间是一脉相承的。

张其昀的史学、地学研究,之所以相互渗透、紧密结合,一是他所受的教育,从南京高师文史地部学习时起,接受刘经庶(字伯明,1877—1923)的哲学史、柳诒徵(字翼谋,1880—1956)的史学、竺可桢(字藕舫,1890—1974)的地学教育。而对其影响尤为强烈的是柳、竺二氏之史、地两学,柳氏之史学,实际上是中国传统的学说,他特别推崇二顾(顾炎武、顾祖禹)之学。张其昀回忆时写道:"当时我校新设地理课程,他(柳诒徵)指示我们应多读地理,研习科学,并以追踪二顾之学——顾亭林的史学和顾景范的地理学——相勖勉。"竺可桢为美国哈佛大学博士,倡导的是科学的地理学与气象学,张氏主修其地理学课程,毕业后他所从事的地理教科书的编纂、翻译世界地理名著以及作广泛的地理考察等,多深受竺氏的影响。他追随竺氏达30年(1919—1949年)之久,他将柳氏传统史学与竺氏科学地学结合,形成其独特的史地之学。

二是张其昀受法国米细勒(Michelet)和白吕纳的影响也很深。米氏是法国19世纪大史学家,著有《法国通史》(*Histoire de France*)一书,书中第三篇为《法国地文一览》(*Tableau de France*),内中写道:"地理者,历史之第一要义也";又说:"历史之主人翁曰民族,然民族若无地理为其根基,恍如御风而行,飘泊而

---

[1] 张其昀:《中华五千年史》,中国文化研究所,1961年。

来,……夫地理与历史之关系,非仅舞台与戏剧之比,盖舞台常静止,而地理则变动。食物也,气候也,其于人生之影响,端绪纷繁,不可胜纪。国土之于人民,其犹鸟之有巢乎。"白吕纳,张氏最初译为白菱汉,正是将史地结合起来的著名地理学大师,白氏认为:"人类历史在地面上开展着,历史事实必以地理为基础。……上面已经说过,历史学目前是渐渐更富有地理意味了。现在各大历史著作都仿米细勒及其后人的方法,于正文前加一地学导言,如蓝维赛氏(Lavisse)《法国史》前之附以白雷斯(Paul Vidal de la Blache)《法国地理总论》,汉姆霍铁氏《世界史》英译本前之附有白雷斯氏导言,均著其例。"

张其昀史学论著占其著作总篇数的70%左右,最著名的著作是《中华五千年史》,原计划为32册,实际写了9册,包括远古、西周、春秋、战国、秦代、西汉,其中春秋和战国分别为3册和2册。此著虽是史学作品,但其内容却有很强的地理意味,如《春秋史》中包括:泰山岩岩、鲁邦所瞻——鲁及宋曹,泱泱大风的海邦——齐及卫燕,表里河山的内陆国——晋与楚,南北争衡的衢地——郑与陈秦,江汉为池、南方之强——楚国,大江下游的水乡泽国——吴,杭州湾头的新霸图——越策篇章;《战国史》中包括:天下胸腹的魏国,北方之强的赵国,天下咽喉的韩国,东北新锐的燕国,江汉云梦的楚国,海岱之间的齐国,高屋建瓴的秦国等篇章,皆将政治实体所处的位置,所有的战略与地略地位,特殊的地理环境,以及繁荣昌盛或衰落灭亡的过程和致变的主客观因素,一一阐明。从某种程度上,张氏将人地关系之学引入史学的研究之中,开创了史学地理化的新风尚。

张其昀在学生时代,便写作了《历史地理学》。历史地理学这一术语,自他首先使用。此前,中国有史地的研究,而无历史地理之名,科学历史地理学奠基人顾颉刚,1928年在广州中山大学开设古代地理研究的课程,编纂《中国古代地理研究讲义》,然而他一直到60年代之前,都未曾使用"历史地理学"这一术语。他创办的学术杂志《禹贡》半月刊,外文译名是 *The Evolution of Chinese Geography*,就是中国地理沿革,直到第三年(1936年)才改名为 *The Chinese Historical Geography*,方有历史地理学这一名称。张氏1923年发表在《史地学报》上的学术论文,开了科学历史地理学的先河。不仅如此,他还认为历史地理学在我国前途广阔,他在《近二十年来中国地理学之进步》一文中曾这样说:"当兹新旧学术交融之会,纵目观之,俨然有塞草恕长、波涛腾迅之势,预料新潮流之所趋,其成就当不可限量。"与后来的事实相对照,这一说法可以称之为科学的预见。

政治地理学是张其昀毕生重点耕耘的学术领域,1922年《史地学报》创刊号上,他发表《柏拉图理想与周官》一文,便是历史政治地理学的著作。在其地理学论文中,政治地理约占总数的60%以上。1949年前,主要围绕抗击日寇、收复失地的主题,以及行政区划的改革、首都和省会的选择。九·一八事变以前,1923—1931年,他先后写作了《远东问题之地理背景》、《地理与国际问题》、《国防计划与多伦》,不仅敏锐地进行了预测,而且提出了对策。九·一八事变至七七事变之间的6年间,共写作了22篇政治地理学术论文,他大声疾呼,祖国神圣领土必须尽快收复;面对东北的沦陷,热河省(相当于今河北、内蒙古和辽宁接界地区)的战略地位空前提高,张氏在《国风》杂志第一卷中,分上、中、下三篇,以"热河省形势论"为题,纪念九·一八事变一周年,要求政府当局将军事前沿的热河省建设成牢不可破的防线。1936年有三箭论文有特殊意义,即《中国国势的鸟瞰》、《中国国富概况与国际关系》和《日本国势的鸟瞰》,用比较的战略分析方法阐述了敌我之间的利和弊,他认为广阔的国土、众多的人口和不屈不挠的爱国精神,这是战胜敌人的可靠保证,但军事装备水平低劣,经济发展落后,社会也缺乏和谐的一致,以致给日寇以可乘之机;敌方幅员有限,人口无多,加之领土破碎分散,资源贫乏,这些是其致命的弱点,然而明治维新后,在整个亚洲它率先步入资本主义社会,具现代化的经济发展水平,有装备精良的庞大武装,还有一千多年的长期的"海盗"传统,所以极富侵略性。因此他认为从根本上说中国只有发展起来,才能永葆独立之地位,才能抵御日寇之侵略。

1937年的七七事变,揭开了中国抗日战争的序幕,作为一个政治地理学家,他以《卢沟桥之位置》为题,于7月18日在《大公报》和《新中华》杂志上发表,大声疾呼动员起来,抗击日寇的侵略。抗战期间,由于他所在的浙江大学用了四年时间辗转迁徙,停留之地都是僻壤山乡,对外联络极为困难,写作有所减少,但发表的政治地理学论文也达22篇。据张氏著作目录内容,战后张其昀的学术兴趣转入首都、省会和行政区划的研究,建都问题早在20年代便已提出,他主张建都南京,发表论文20余篇,其中《定都南京之十大理由》和《首都十论》最具代表。他主张江苏省会选在镇江,浙江省会择定宁波,前者处长江与大运河的交汇处,后者与孙中山的东方大港隔钱塘江口而望。

去台后,张氏在政治地理学方面的贡献一是系统的基本理论研究,包括1965年《政治地理学》一书的出版,和此前1962年的"地略学"研究。政治地理学是康德(Immanuel Kant)创立的学术名词,最早将西方政治地理学著作引入中国的便是张其昀,鲍曼的《战后新世界》由他及同学共8人所翻译,于1927年在商务印书馆出版。有人将邓启东于1931年译介亨丁顿的《地理环境与政治问题》和1948年译介《范肯堡氏国家轮回学说》作为最早的引入是不当的;即便是亨丁顿、范肯堡、麦金德等人的政治地理学著作,张氏也在其译述著作《人生地理学》和《新地学》,《马歇尔的国防论》(1947)、《麦钦德学说与中国之边疆》(1948)、《马汉之海权论》(1948)、《李(列)宁史太(斯大)林之国防论》(1948)以及《潘兴的传统》等作了系统的译介和研究。"地略学"(Geopolitics;Geopolitik),大多译为地缘政治学,还有译为地理政治学、地本政治学、大地政治学等,一般认为由拉采尔(Friedrich Ratzel)的理论衍生,切伦(Rudolf Kjellen)和豪斯浩佛(Karl Haushoter)加以发展,张其昀将其理论与中国实际融合起来,进行全面深入的探索,最后写成《政治地理学》一书,是我国学者早期撰写的有关政治地理学方法论著作。

二是张其昀反复研究阐述台湾是中国神圣的领土这一观点。张其昀于1949年6月去台湾,第二年初先后发表或出版了《台湾史纲》、《台湾精神》和《台湾文化之骨干》,从台湾的历史、地理、精神和文化等方面,进行全面、系统的论述,阐明台湾是祖国不可分割的神圣领土。

区域地理学(含方志学)是张其昀研究的另一重点。他历来主张部门地理学与区域地理学实为经纬,不可偏废。认为今后地理学家,"一面须就通论地理中至少专精一类,一面须就方志地理中至少专精一区,则端绪虽繁,而经纬已举,庶几人有专学,学有专人"。仅著作便有《中国区域志》甲篇2册、乙篇2册(1958),《中国经济地理》(1959),《中国地理大纲》(1963),《方志》四册(1957),以及《本国地理》四册(1933)、《中国民族志》(1947)、《遵义新志》(1948)和《夏河县志》(1935)等;他的其他著作如《人地学论丛》(1932)和《人生地理学教科书》(1946)等,也有颇多的区域地理学内容。尤具科学意义的是其区划研究,包括综合地理区划(1946)和农业区划。前者在其《人生地理教科书》中提出,依据人文因素和自然因素的综合,将全国分成23个区,由于资料丰富,使用了要素叠置分布的方法,因此成为当时与葛德石(C. B. Gressay)在《中国地理基础》一书中的区划齐名之作。

农业区划在我国早期以胡焕庸1936年的《中国之农业区域》最为著名,以气候、地形与农作物的分布,将全国分为 9 个农业区,尤具影响。但张其昀以气候作为出发点,先将全国分为潮湿、次潮湿、半干燥和干燥 4 个区,再将全国分成 6 个农业带,即东部四带、西部两带,其中东部分别为春小麦(长城以北)带、冬麦带(秦岭—淮河以北)、水稻带(南岭以北)和水稻热作带,也很具科学性,但因其以英文在国外发表,却被国内学者所忽视,鲜为人知。1932 年他在《人地学论丛》中,首次将秦岭淮河作为我国农业的重要分界线,并且将气候与农业的界线吻合起来。

张其昀对我国人文地理学基本理论的开拓和创建,其标志是 1932 年的《人地学论丛》和 1926 年的《人生地理教科书》。其特点是引入欧美和日本的先进人文地理学理论,如鲍曼的《战后新世界》(1921)、《战后新世纪》(1927),白吕纳写的社会科学史丛书《人生地理学》,同竺可桢、胡焕庸等共同翻译的专辑《新地学》(1933)等。张其昀的译著与原著几乎是同年出版,如《战后新世界》和《人生地理学》皆是如此。另一方面,就是研究中国的实际问题,举凡人文地理学的各个分支或部门学科,无不涉猎;凡是我国统一、建设和人民生产、生活的有关人地关系问题,无不敏锐地观察,深入研究。

去台后,由于置身政界和研究史学,对地理学的研究没有往昔的专一,但著作反而加多,50 年代出版地理著作 8 部,最具代表性的是《中国地理学研究》和《中国区域志》。《新方志举隅》和《方志》两部著作,是新方志的方法论学术著作。早在 30 年代初,为改革方志的体例和内容,就提出了《县志拟目》,迨西北考察之后,为《方志月刊》编辑"拉卜楞专号",颇见方志特色。至于抗日战争期间,他主持纂修的《遵义新志》,其地质、地形、气候、土壤、人口、聚落、土地利用、产业、交通、民族与史迹等分志,完全是现代意义的地志学。中国有两千多年的方志纂修传统,然而体例形式绝无变改,其作用和意义也逐渐低落,因此张氏力举更新,为了扩大影响,将《遵义新志》1948 年版加以扩充、修改,1953 年在台北以《新方志学举隅》为名再版;后又完全从方志学的基本理论出发写作了《方志》这一巨著。

中国科学地理学从张相文奠基至今约近百年,竺可桢作为第一代宗师,他的成就是气象学和地理学相结合,然而基于强烈的科学救国思想,使其对研究人地关系的人文地理学尤其注重。第二代诸人中,以胡焕庸、张其昀、黄国璋三人最为卓著,他们皆以人文地理学见长,胡焕庸以人口地理、农业地理著名,誉满海内外;黄国璋以北美地理、边疆地理成就最大;张其昀则人文地理学及其庞大的分支系统皆有涉猎,其中人文地理学基本理论、政治地理、历史地理、区域地理则功勋卓著,著作等身。说他们是我国当代人文地理学的创建人,是恰切的。

四、主要著作

《中国地理学研究》

《中国区域志》

《中华民国史纲》

《抗日战史》

《人文地理学》

《初级中学人文地理编辑例言》

《江浙两省人文地理之比较》

《人生地理学之态度与方法》

《人生地理学》

《中国人地关系概论》

《中华五千年史》巨著(全书总目初分为三十二册)

参考文献:

[1] 白汉菱.人生地理学[M].张其昀,译,竺可桢,校.上海:商务印书馆,1930.

[2] 白吕纳.人地学原理[M].任美锷,李旭旦,译.南京:钟山书局,1935.

[3] 鞠继武.中国地理学发展史[M].南京:江苏教育出版社,1987.

[4] 刘盛佳.地理学思想史[M].武汉:华中师范大学出版社,1990.

[5] 宋晞.传略[M]//张其昀先生文集.台北:中国文化大学华冈出版部,1987.

[6] 张其昀.历史地理学[J].史地学报,1923,2(3).

[7] 张其昀.新地学序[M].南京:钟山书局,1933.

[8] 张其昀.近二十年来中国地理学之进步(一)[J].地理学报,1935,2(3).

[9] 张其昀.近二十年来中国地理学之进步(二)[J].地理学报,1935,2(4).

[10] 张其昀.旅美见闻录[M].上海:商务印书馆,1946.

[11] 张其昀.中国文化新论二·史学与地学[M].台北:中国文化大学华冈出版部,1970.

[12] 竺可桢,张其昀,胡焕庸,等.译.新地学[M].南京:钟山书局,1933.

第八章　中国城市地理的开拓者
——宋家泰先生(1915—2007)

蔡建辉,郑弘毅

（南京大学地理与海洋科学学院）

2007年10月31日,我国著名的经济地理学家、城市与区域规划学家、地理教育家、中国地理学会原理事和经济地理专业委员会原副主任委员宋家泰教授,在经历了人生的93个春秋之后,永远地离开了我们。他走得平静,走得安详,但是他所开创的学思源远流长。半个多世纪以来,宋先生把他的全部心血倾注于祖国的地理学事业,为国家培养了一大批经济地理、城市与区域规划人才;同时在科研方面,尤其是在农业地理与农业区划、区域地理、经济区划与区域规划、城市地理与城市规划等方面都作出了突出贡献。本文主要论述宋家泰先生和他的城市—区域理论。

一、宋家泰先生简况

1. 少年愁滋味

宋家泰先生祖籍安徽肥东,出生于贫寒家庭,四岁时母病故。先生幼年时无钱读书,老塾师惜其才,免学费教之并收留于家中,从此开始了随读乡塾七年的学习。1937年7月先生自江苏省扬州中学毕业后,志在地理,然天不由人,竟被录取到浙江大学农经系。因学非所愿,半年后先生率然弃学回乡,随即日寇铁骑接踵而至,先生被迫背井离乡走向了个人的一年"流亡"之途。直至1938年7月,在饱经折磨后和极其险恶的重痾之下,先生毅然报考了中央大学师范学院史地系并被录取,然"史地史地,既难专史,又难专地,势难两得",致使学习情绪极其低落,经过了一年的学习以后,决意转入地理系,又以同等学力并借用假名报考了中央大学地理系。结果,天如人愿,终于转入了地理系。

2. 中央大学如愿学地理

1939年9月先生如愿进入了中央大学地理系并继续攻读研究生,师从著名地理学家胡焕庸先生。在此期间,他牢固地树立了地理科学研究的两个基本理论观点——"区域研究论"与"人地关系论",基本掌握了地理科学的基础理论知识和野外观察能力,并培养了"大开大合"的论文写作能力。

3. 南京大学写人生

1945年6月先生研究生毕业后留校并一直在南京大学任教,于1995年正式退休,从事教育业长达50年,把全部心血倾注于祖国地理学与城市地理学事业,为国家培养了一大批经济地理和城市区域规划方面的人才,可谓桃李满天下,他是我国很少有的视野开阔、实践丰富、卓越的综合经济地理学家。

二、中国现代城市地理的开创人

"他是我国现代城市地理的开创人",这是吴传钧院士在宋家泰先生众弟子为纪念其八十华诞所出版文集的序言中对先生的评价。

在中国地理学界,率先将地理学理论和方法应用到"城市"这种"焦点"上,家泰先生确是第一人。早在20世纪70年代,地理界还在热衷于对大区域的研究时,先生以敏锐的洞察力,准确地把握了国家的需求和科学发展方向,于1975年7月接受了原国家城建总局为培养总体规划高级人才的建议和要求,果敢地将南京大学"经济地理"专业改造为"城市与区域规划"专业,创立了中国城市与区域学科,并首任南京大学城市科学研究中心主任、城市规划设计研究所所长。自此之后,先生亲自带领师生队伍到江苏江阴、盐城、六合,湖南岳阳、石门、澧县,湖北宜昌、当阳,山东烟台,广西柳州地区和沿海地区,以及河南商丘地区等城市,从地理学的角度入手,对城市性质、规模、人口进行深入的研究;探索和解决城市规划建设和地域国土开发经济建设中的许多重大问题,开创了中国现代城市地理的先河。并在此基础上出版了《城市总体规划》一书,至今仍是国内地理界唯一一本有关城市规划的专著,曾被不少院校作为专用教材。

在其后的学术及实践生涯当中,先生更是积极地宣扬和拓展自己的城市地理知识,先后培养了近100名硕士生、12名博士生和合作完成一名博士后指导任务;主编了《中国经济地理》,组织编写了《区域规划理论与方法》;出席了国际地理学联合会(IGU)第24届会议、国际亚洲城市化会议、全美地理学家1985年年会并宣读了重要观点;在阿克隆会议上,受聘为美国"亚洲城市研究协会"

(AURA)国际委员会的中国委员。先生为中国现代城市地理学科作出了极其重大的贡献。

三、"城市—区域"理论

宋家泰先生在中央大学地理系学习期间,就深刻认识到地理学的研究对象是地理区域,区域研究是地理学的核心,是地理学研究的永恒主题。在把地理学引入城市这个"点"后,宋家泰先生通过总结城市发展、演变的规律,从地理学区域观的角度深刻剖析了城市发展所存在的各种问题。1980年,先生在《地理学报》发表《城市—区域与城市区域调查研究》一文,提出著名的"城市—区域"理论:城市与区域是一种相互依存、不可分裂的"血肉"关系,城市与区域具有动态统一性原则,城市是区域发展的"核心"或"焦点",区域是城市发展的基础和根本,两者是主导和基础的关系,其发展具有相辅相成、相得益彰的本质联系,城市及其借以存在和发展的一定区域间具有不可分割的动态统一,具有多层次、开放型的特点。一个城市的发展,其产业导向发展功能都要有区域价值,要由区域价值来加以确定和衡量。

城市—区域理论的提出,揭示了城市—区域两者之间是一种相互依存、相互制约和不可分割的理论、框架、方法,它意在表达在研究城市时不能就城市论城市,应把城市放大到合理的区域范畴内,通过研究区域经济基础条件和区域经济发展与布局,来合理确定城市发展定位、城市性质、城市规模和城市的发展方向,而城市作为区域发展的核心,它的发展又将会对区域经济的发展起到良好的促进作用和中心带动效应。任何城市的发展都是一种"城市—区域"的动态平衡过程,城市职能、定位、发展规模的演进,都是由其所代表的区域价值所决定的,反之,由城市必须代表的区域价值出发,我们在具体规划城市发展时,就是给城市的发展定位提供有价值的规律。

"城市—区域"理论及宋家泰先生所带领的规划团队,为中国的城市规划开创了新的方向,打破了原先以苏联规划理论为主导的模式,提出进行城市规划不仅仅要依据国民经济发展计划,更应该积极研究城市—区域间的关系,探索城市—区域发展的规律,从中总结出指导城市发展的依据,给科学地规划城市,确定城市发展方向、城市定位、城市性质、发展规模等城市规划的重大问题提出了新的理论和方法。这一切对于城市规划、区域规划的贡献是十分巨大的。时至今日,我国城市规划中所采用的区域分析方法仍然是先生所倡导的"城市—区域"理论的基本框架。

在城市—区域理论的框架方法之上,先生进而指出:任何一个大大小小的经济中心都拥有其相应的大大小小的经济地域范围,这就构成了从全国到地方,从上到下一套完整的经济区划体系;相应于经济中心,也就构成了从上到下一套完整的城镇居民点体系。这种具有多层次的"城市—区域"体系,是我国长期历史发展所遗传下来的重要基础,是我国"城市—区域",即城市经济区域最本质的特征,而且是我国"城市—区域"最主要的一种类型。以之制定城镇体系规划布局和科学合理地划分城市经济区,具有极其重要的理论和实践意义。

根据以上理论基础,先生提出了城市区域经济基础的调查研究内容和基本方法,并概括了简易图式(图8-1)。

城市区域经济基础的调查研究内容:① 区域自然(地理)条件基本特征;② 区域土地资源、矿产资源及劳动力资源条件;③ 区域农业生产发展与布局;④ 区域工业生产发展与布局;⑤ 区域交通运输与布局;⑥ 区域城镇经济中心分布特点;⑦ 区域经济分片与经济联系;⑧ 本城市区域在省(区)内的经济地位及地理分工任务;⑨ 本城市区域与周围毗邻地区的经济联系。

城市区域调查研究的基本方法:① 以城市为中心,查清城市区域内上述各主要方面的从点到面、点面结合的方法;② 了解上级机关的意图和结合下面的实际情况的从上到下、上下结合的方法;③ 从本城市、本地区到毗邻经济中心、地区的由内到外、内外结合的方法;④ 分析现状和统筹远景发展的由近到远、近远结合的方法。

四、"城市—区域"理论的应用与演进

1. 城镇体系规划的"三结构,一网络"理论

"城市—区域"理论是宋家泰先生学术研究的框架与方法,早在80年代,先生就意识到如何发挥我国城镇的中心作用,逐步形成以城市为中心的完善的城镇体系,以推动城乡一体化,实现在全国各地的社会、经济的均衡发展,是我国城镇建设的重要课题。因此,在城市—区域理论应用层面上,宋家泰先生进一步拓展到城镇体系规划,他认为:城镇体系规划是依据现状地域经济结构、社会结构和自然环境的空间分布特点,合理地组织地域城镇群体的发展及其空间组合。

1980年,先生就带领师生开始对我国小城镇的建设发展问题进行研究,1983年开展了我国城市(镇)体系研究,1984年至1985年间,先生先后对烟台

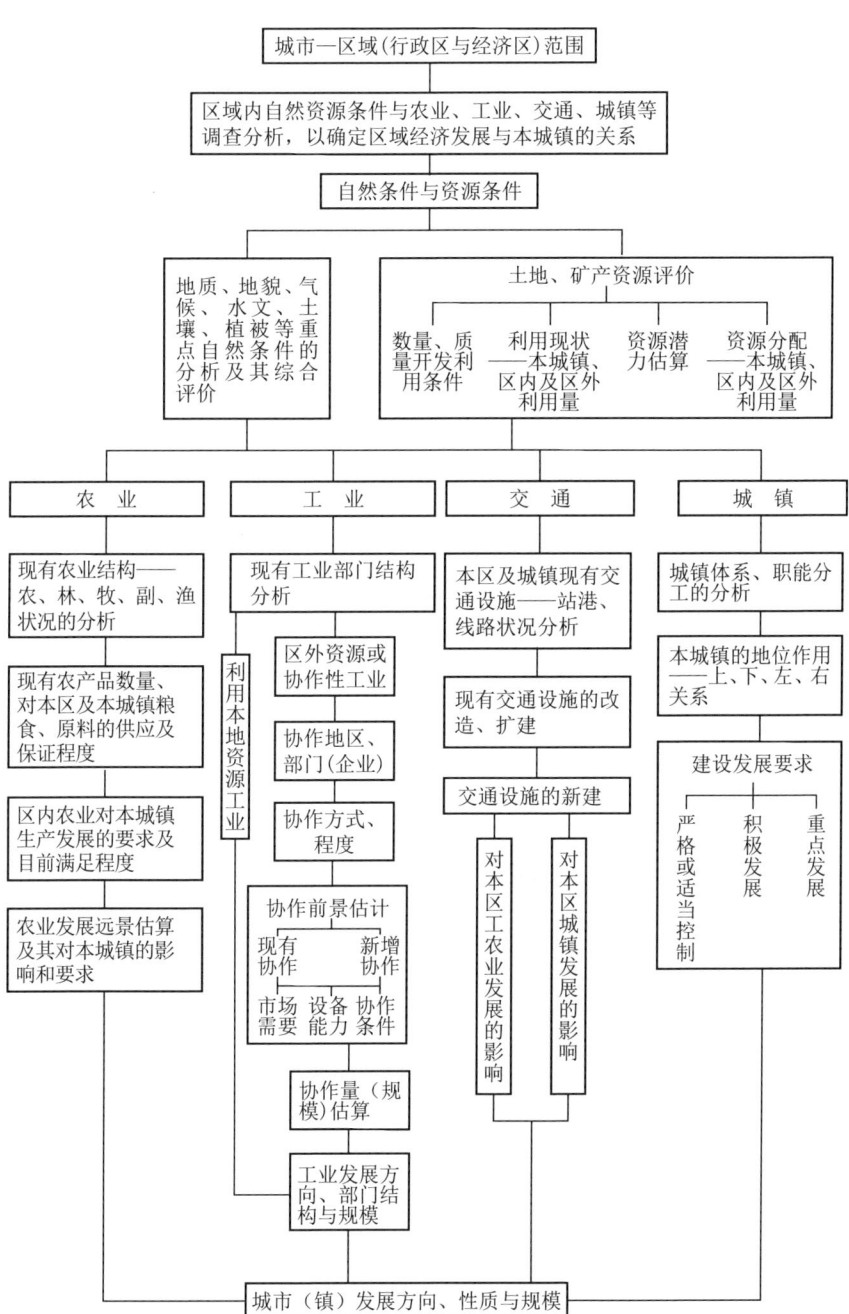

图 8-1 城市—区域经济基础(发展)调查内容和分析程序示意

市、南京市的城镇体系进行研究。完成了国家重大科研课题"城镇体系规划的理论与方法初探",对城镇体系的规划进行了理论概括和总结提高。

在前期研究成果的基础上,通过理论联系实际,宋家泰先生在国内首次论述了城镇体系规划的编制办法,重点总结出城市(镇)体系规划中以地域空间结构、等级规模结构、职能组合结构为主的"三个结构"和反映节点间相互关系的城镇联系与扩散形式和城镇网络系统的"一个综合网络"。并初步归纳出城市(镇)体系规划的六个步骤:① 城镇体系发展的历史基础分析;② 城镇体系发展现状分析;③ 城镇体系区域发展条件及制约因素分析;④ 城镇体系规划布局;⑤ 城市经济区划分及其发展;⑥ 实施城镇体系规划的措施。同时加以流程图(图8-2)进行了说明。

2. 经济区划及其战略思想

经济区是一个国家或地区经济发展到一定阶段在地域上客观存在的空间表现形式。经济区的划分,对于国家进行宏观经济调控、制定合理的空间发展战略,形成全国一盘棋的整体发展模式,具有十分重大的指导意义,它是拟定区域经济发展规划和城镇居民点合理布局的重要依据,是建设社会主义经济体系的科学的地域组织形式和必要手段。早在20世纪80年代,先生就开始进行经济区划的研究,他的研究成果《江苏省经济地理区域与城市发展问题》、《苏南地区国土规划构想》及主编的《中国经济地理》教材,对江苏省乃至全国的经济区划进行了深入的分析并提出了自己独到的见解。

1980年,先生在《地理科技资料》上发表的《江苏省经济地理区域与城市发展问题》中提出:将江苏省划分为苏南、苏中、苏北三大经济地区和宁镇区、苏锡(常)区、扬泰区、通盐区、清江区、徐州区、连云港区七个经济区,并作为其后实行"市带县"范围的重要科学依据。

1983年,先生在主编的《中国经济地理》教材中更加大胆地提出了将全国划分为十个经济区的方案:辽、吉、黑区(东北区);京、津、晋、冀、鲁、豫区(华北区);内蒙古区;陕、甘、宁、青区(西北区);新疆区;沪、苏、浙、皖区(华东区);赣、闽、台(东南区);两湖区(华中区);两广区(包括港澳,华南区);以及川、云、贵、西藏区(西南区)。

1988年,先生在《地域研究与开发》上发表的《苏南地区国土规划构想》中认为我国苏南地区可以划分为两级三片:第一层次以茅山为界分东西两大片,西片

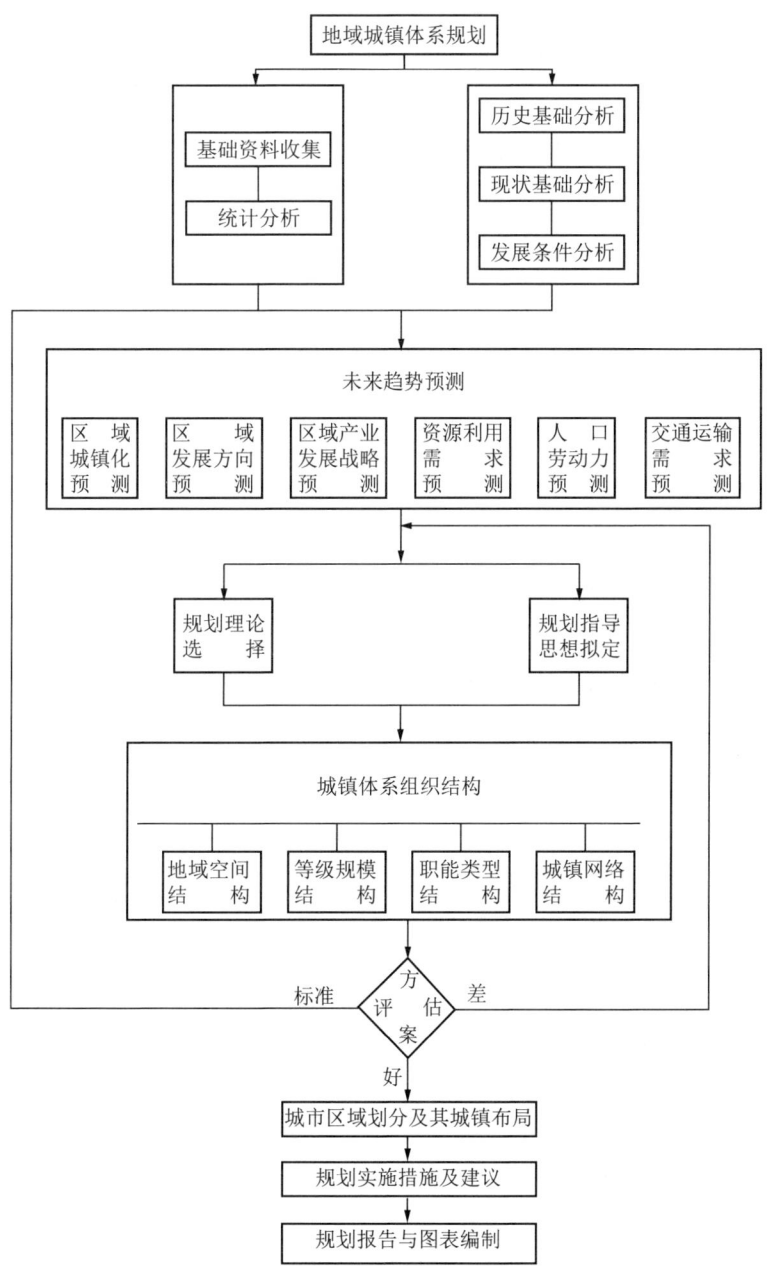

图 8-2 城镇体系规划流程图

含南京、镇江两市和江宁、高淳、溧水、句容、丹徒和扬中等县,它属宁镇—茅山低山丘陵区和秦淮河水系流域。东片是太湖水网地区,又可划分为湖东湖西两片,湖西片含常州市及溧阳、宜兴、金坛、武进、丹阳等县,是以洮、湖水系为主的平原;湖东片含无锡市、苏州市、张家港市和常熟市及无锡、江阴、昆山、太仓、吴江、吴县等县,是苏南地区经济之精华。

3. 现代城市发展的区域分析方法

在城市—区域的理论体系之下,宋先生依据我国城市区域的实际情况,对规划城市中如何确定城市发展定位、城市性质等问题,提出了新的区域分析方法。他强调正确确立城市发展性质是城市规划建设首要必须明确的重大问题,也是城市规划编制工作首要先行性任务。他在编写的《城市总体规划》教材中指出:城市发展性质是与城市发展规模密切联系的,正确地确定城市性质,将有利于合理地控制城市规模,突出总体规划布局重点,合理组织城市用地和功能布局,为城市长期建设发展提供可靠的技术经济依据。

先生指出在确定城市性质的过程中必须因城制宜,从影响其性质的主要依据和因素出发,明确城市的特点及其发展方向和主要职能,基本方法为:① 摸清任务要求,查明条件因素;② 定性定量相结合,以定性为主;分析变化因素;③ 预测发展趋势,并总结出如何确定城市经济结构、表述城市性质等方法经验。

对于区位的研究,宋先生更多的是结合我国规划的实际从方法论角度加以诠释。在教学中,他常教育我们一种宏观的区位分析方法,即对任何地域的分析,首先要将其放在若干个区域层次中进行考查,而其中的区位研究是最重要的。根据现代区位研究特征及其学派和现代区位理论的形成与发展情况,先生总结出了既注重定性研究,又增益定量分析,以宏观分析为主,又不偏废微观研究的现代区位研究方法。主要有:注重于全国范围和区域范围的宏观分析方法、微观分析方法、计量方法。这些方法论研究对城市规划的实践具有指导意义,其在今日我国的城市规划中仍是十分有效的分析方法。

五、城市—区域理论的实践

宋先生不仅著述丰硕,更是一位区域规划的先行者。他广泛将城市建设与区域发展紧密联系,积极投入到以区域理论指导下的城市建设实践当中,对我国规划事业倾注了毕生心血。宋先生自1975年致力于城市与区域规划方面研究,不断将其理论与实践相结合,完成了《城市总体规划布局研究》《城镇合理规模的理论与方法研究》、《江苏省农业地理》(参与)、《南京市经济社会发展与城镇体系研究》、《中国农业地理总论》(参与)、《中国综合农业区划》(参与)、《宜昌地区国土规划》等大量科研工作,主编《经济地理》(季刊)、主持中国城市规划学术委员会"区域规划与城市经济学组",并先后主持或参与了数十个城市总体规划和区域城镇体系规划编制工作,可谓硕果累累。

六、结语

宋家泰先生所开拓的学科道路,在南京大学城市与区域规划专业的建设和发展中,继往开来,逐步壮大,这也是对宋家泰先生学术业绩的继承和发扬,并以其来表达对宋家泰教授学术思想的缅怀和纪念。

参考文献:

[1] 宋家泰.城市—区域与城市区域调查研究[J].地理学报,1980(18).

[2] 宋家泰.江苏省经济地理区域与城市发展问题[J].地理科技资料,1980(18).

[3] 宋家泰.城镇体系规划的理论与方法初探[J].地理学报,1988(2).

[4] 宋家泰.苏南地区国土规划构想[J].地域研究与开发,1988(2).

[5] 宋家泰.中国经济地理[M].北京:中央广播电视大学出版社,1988.

[6] 宋家泰.铭感与自述[Z].不详,1995.

[7] 宋家泰.宋氏文稿初集[Z].1995.

[8] 吴传钧.序言.宋氏文稿初集[Z].1995.

[9] 郑弘毅.踏遍青山人未老,一代名师育后人.宋氏文稿初集[Z].1995.

第九章 中国自然资源与土地利用研究的推进者
——包浩生先生(1932—2007)

周寅康[1,2]，金晓斌[1,2]，潘倩[1,2]，张捷[1,2]

(南京大学地理与海洋科学学院，南京大学人文地理研究中心)

引言

包浩生先生，1932年6月出生于江苏省常熟市，南京大学教授、博士研究生导师，国务院特殊津贴获得者，2007年10月16日与世长辞，享年76岁。

包浩生先生1956年毕业于南京大学地理学系(现地理与海洋科学学院)，同年留校任教。1979年作为我国改革开放后的第一批访问学者，赴澳大利亚国立大学生物地理和地貌学系深造，师从著名喀斯特学家、洞穴学家乔·詹宁斯(J. N. Jennings)教授。1982年初回国返校，随即创办我国高等学校第一个自然资源专业；1983年开始培养自然地理学、喀斯特专业硕士研究生；1986年任教授，并与任美锷院士一起(后独立)指导博士研究生。到2002年退休，共培养硕士研究生24人、博士研究生21人，其中绝大部分已成为我国高等学校、中国科学院以及行政管理部门的重要骨干。长期以来，包浩生先生曾任中国自然资源学会副理事长、中国地理学会常务理事暨自然地理专业委员会副主任、中国科学院资源委员会委员、国家生物圈委员会委员、国家教委地理教学委员会委员、国家自然科学基金评审委员会委员、江苏省地理学会理事长、南京大学自然资源研究中心主任，以及《地理学报》《自然资源学报》《中国岩溶》《潜科学杂志》等编委或名誉编委，中国地质学会岩溶专业委员会委员和顾问等职。

包浩生先生学术态度严谨，学术思维敏捷，富有学术前瞻性和洞见性。他长期致力于区域自然地理、自然资源、土地利用、喀斯特等领域的教学与科研工作，是我国自然资源、土地利用综合研究与人才培养的创始人之一，是著名地理学家、资源学家、喀斯特学家、教育家。他投身地理学与资源学教学科研50多年来,主持过国家级、省部级及国际合作等重要科研项目多项,发表或指导研究生发表学术论文 100 多篇;主编《自然资源学导论》、《自然资源简明辞典》,参与主编《中国自然地理纲要》、《中国自然区域及开发整治》等重要著作;曾荣获国家教委"首届全国高等学校优秀教材"特等奖、国家教委科技进步奖二等奖等奖励。在自然地理、自然资源、土地利用、喀斯特以及地理学思想等方面具有精深的学术造诣和广泛的学术影响,是我国自然资源与土地利用研究的推进者。

一、主要学术经历

1. 初涉资源考察

包浩生先生 1956 年毕业留校后,翌年即投身于历时数载的《全国十二年科学技术发展规划》中的重大项目——我国热带、亚热带生物资源综合科学考察重大项目,亦称西南综合考察。始于 1957 年基本结束于 1960 年的西南综合考察中,年轻的包浩生先生辅助任美锷先生,多次赴祖国西南边陲,表现出良好的专业基础、熟练的野外工作技能以及创新的学术胆识。尽管考察区域路途遥远,考察范围大,交通不便,生活艰苦,他们不辞辛劳,跋山涉水,风餐露宿。白天考察西南区域特有的地理现象、资源状况、人文景观,晚上记录、讨论与总结。如在西双版纳热带丛林,他们走访橡胶种植园地,边考察边访问,认真总结当地群众经验,综合分析区域自然环境条件,大胆提出橡胶种植北限可达北纬 25°,海拔上限可达 900—1000 米的科学结论,为云南南部扩大当时关键性战略资源——橡胶的种植及建立热带作物和种植基地提供了科学依据。

在全国科学规划"任务带学科"的思想指导下,包浩生先生协助任美锷先生,认真总结综合分析野外实地考察资料,综合分析我国季风气候的特殊地理环境条件,研究大量的国外文献,提出了"准热带"和"热带山原"等新的科学概念,并应用于中国自然区域的划分,其成果集中反映于《中国自然地理纲要》。《中国自然地理纲要》一书初稿形成于 1965 年,由任美锷、杨纫章、包浩生著,后因"文化大革命",未能正式出版。在 1972 年竺可桢先生"至今我国还没有一本适当篇幅的中国自然地理著作问世,这与我们国家的国际地位很不相称"的感召下,1979年重写并在商务印书馆出版;1981 年再版(包浩生先生担任改写第三、四章),1992 年第三版(包浩生先生担任第一、二、十、十一、十四章的修订并参与全书的统稿工作)。这是一部集资料、观点、理念、分析于一体的全面而高屋建瓴地反映中国自然地理基本特征与自然环境区域差异的论著,体现了编者长期的野外考察调查成果、大量的第一手资料以及深厚的地理学功底。20世纪80年代中期被译成英文、西班牙文、日文等语种，由外文出版社出版发行，是国际上了解中国自然地理环境的重要渠道，在国内外具有重要影响，受到学术界的普遍推崇。1988年获国家教委首届全国高等学校优秀教材奖特等奖。

2. 首批访问学者

鉴于在自然地理、资源考察等方面的研究基础与学术成就，1979年包浩生先生获得了我国改革开放后的首批出国访问学者的机会，赴澳大利亚国立大学生物地理和地貌学系进修学习，师从著名的喀斯特学家、洞穴学家乔·詹宁斯教授。在澳期间，包浩生先生积极参与詹宁斯教授主持的有关科学研究、洞穴考察，尤其是对澳大利亚洞穴与盲谷地貌进行了较系统的考察与研究，形成了《盲谷形态动力平衡》等论文；此外，他积极参加国际学术会议，注重了解国际喀斯特学以及地理学的研究进展与态势，与国际上著名的喀斯特学家，如新西兰奥克兰大学地理系的P.W. Williams教授、英国牛津大学的M.M. Sweeting教授等建立了良好的学术关系。包浩生先生回国后，曾数次邀请P.W. Williams教授与M.M. Sweeting教授来南京大学进行学术访问、交流、讲学，有效推动了南京大学在喀斯特地貌与水文方面的研究及国际合作，是南京大学国际化办学的较早探索者，为南京大学今后在生物喀斯特、微喀斯特以及西藏古喀斯特等方面的卓越研究奠定了基础。

在十分重视喀斯特研究、考察与交流的同时，包浩生先生在澳期间也非常关注国外资源研究的学科发展与动态，深谙南京大学在自然资源考察与研究方面的基础，洞察到自然资源研究在未来国民经济发展、自然资源利用、生态环境保护等方面的重要性，为回国后在全国高校率先创设自然资源专业，培养自然资源调查、评价、规划、利用方面的专门人才提供了思路和方向。

3. 创办自然资源专业

基于在澳期间对国外自然资源研究进展的了解，结合当时我国资源研究专门人才匮乏的现状，以及南京大学在资源调查、考察方面的基础，包浩生先生回国后，在与新西兰奥克兰大学地理系的喀斯特水文学家P.W. Williams教授、英国牛津大学喀斯特专家M.M. Sweeting教授等进行学术交流、合作研究的同时，明确提出在南京大学创办自然资源专业的想法，得到了当时系领导的高度重视和充分肯定。而后，包浩生先生积极组建，成立了以水土资源为基础的自然资源专业教师团队(8人),亲自起草教学大纲和教学计划,并主动与当时的国家计委、国土局、中国科学院自然资源综合考察委员会以及中国科学院南京分院(南京土壤研究所和南京地理与湖泊研究所)等单位及著名学者联系和沟通,征求他们的意见和建议,并争取他们的支持。

1982年,经教育部研究同意,在南京大学原陆地水文专业基础上,以自然资源专业方向并轨招生,开创了我国系统培养自然资源调查、评价、规划、利用与保护的综合性专门人才的先河。1984年3月,经教育部授权,南京大学正式成立我国高校首个自然资源专业。随着管理(management)这一要素在自然资源开发利用中的重要性的不断显现,包浩生先生又一次洞察、把握学科发展动态。1986年,申请将原自然资源专业更名为自然资源管理专业,率先将管理这一基本的现代的要素纳入自然资源教学与研究中。1999年,依据教育部的专业调整要求,将南京大学自然资源专业更名为资源环境与城乡规划管理专业。目前,全国有多达160所高校,包括综合性、财经类、师范类、农业类、林业类、矿业类等各类大学均设置了该专业,其中,南京大学该专业为江苏省品牌专业,连续多年网上公开专业排名为全国第一。

自然资源专业成立伊始,包浩生先生率先垂范,亲自给学生开设专业主干课,并带领师生进行生产实习,指导学生毕业论文。与此同时,为了进一步提高教学质量,培养合格的具有潜质的自然资源研究的专门人才,他曾持续不定期地邀请中国科学院的有关专家前来南京大学给自然资源专业的学生上课或作讲座。被邀请并前来上课或作讲座的著名学者有:中国科学院自然资源综合考察委员会的孙鸿烈院士、李文华院士、石玉林院士等,中国科学院植物研究所的侯学煜院士,中国科学院南京土壤研究所的赵其国院士、龚子同研究员、徐琪研究员,中国科学院南京地理与湖泊研究所的佘之祥研究员、沈道齐研究员等。其中中国科学院南京土壤研究所的赵其国院士等专门为南京大学自然资源专业撰写并出版了教材《中国土壤资源》(南京大学出版社,1991年)。包浩生先生的这一举措有效探索了高校办学的新的理念,也极大地提高了南京大学这一新兴专业的办学力量与办学水平,培养了我国第一批自然资源专门人才。如江苏省国土资源厅的李如海博士、中国科学院南京地理与湖泊研究所的杨桂山研究员、南京大学的濮励杰教授等即是该专业的早期毕业生。

在授课、指导学生的同时,包浩生先生还十分重视教材的建设。在当时条件下,鼓励和支持学科组教师积极编写相应的讲义并逐渐完善形成教材。主要有包浩生、彭补拙教授主编的《自然资源学导论》,倪绍祥教授主编的《土地类型与土地评价》,李春华、窦贻俭教授主编的《环境科学原理》,汪承杰教授主编的《水资源概论》,包浩生、李克煌主编的《自然资源简明辞典》等。其中,《自然资源学导论》一书建立了具有中国特色的自然资源学体系,是许多高校开设自然资源专业的基础性教材,在高校自然资源专业教学教育中发挥了重要作用,曾获国家教委第三届全国高等学校优秀教材奖二等奖。

4. 积极开展自然资源与土地利用研究

在创立自然资源专业、从事自然资源教学的同时,包浩生先生十分重视自然资源与土地利用研究,先后带队或指导团队在福建沙溪流域、江苏宜兴、内蒙古准格尔旗、长江三角洲等区域开展一系列以水土资源为基础的自然资源、土地利用等方面的研究工作。其中,福建沙溪流域的自然资源研究中,较早地开展了以水资源利用为中心的包括农业、工业、交通、旅游、城镇体系、环境保护等在内的系统的流域国土规划研究;此外,在流域考察过程中,在三明市永安县发现了一处我国东南区域未见的具有极高旅游开发价值的石林,后称"鳞隐石林";江苏宜兴南部低山丘陵区的自然资源研究与洞穴资源考察中,通过大量实地考察,初步摸清了宜兴阳羡景区洞穴的分布规律、特征,为以善卷洞、张公洞为代表的洞穴旅游的进一步开发以及洞穴旅游体系的形成提供了科学依据;在该区域的土地利用与评价研究中,在国内较早成功应用了联合国粮农组织(FAO)的《土地评价纲要》体系,探讨了土地适宜性评价的理论、方法、程序以及结果表示等,并提出了"最低因子限制律"在特殊土地利用类型评价中的重要性;在内蒙古准格尔旗的土地资源调查与评价研究中,应用遥感影像数据(TM)开展黄土高原水土流失重点治理区土壤侵蚀与土地资源评价,探索以遥感数据为基础结合野外实地考察的土地资源评价的研究方法;在长江三角洲区域的土地资源与土地利用研究中,较早开展了土地资源承载力研究,并将其纳入当时由中国科学院自然资源综合考察委员会组织的全国土地资源承载能力的研究体系中。

5. 人才培养

包浩生先生不仅在学术上深入钻研、屡有建树,同时十分注重人才培养,是一位卓越的教育家。

包浩生先生自大学毕业留校任教后,始终站在教学第一线,重视教学质量,注重人才培养。在他的一生中，培养了大批优秀学生，可谓"桃李满天下"。自澳大利亚回国后，我国研究生教学开始步入正轨与发展时期，他以自然地理为基础，指导自然资源和喀斯特两个专业的研究生。在指导研究生过程中，他悉心指导，强化研究生的地理学基础、综合性内涵和区域性特色，鼓励与引导研究生进行学科交叉，注意吸收包括耗散结构等在内的其他学科的理论与方法应用于地理学与资源科学的研究。到 2002 年退休，共指导硕士研究生 24 人、博士研究生 21 人，其中许多人已成为当前工作岗位上的重要骨干。

包浩生先生敏锐的学术洞察力、对研究生创新与学科交叉探索的鼓励，在他所指导的研究生学位论文中得到了体现。如包浩生先生指导博士生张捷选题研究生物喀斯特并完成博士学位论文《生物喀斯特微形态研究》(1990)，从微观—宏观关系方面系统研究了生物喀斯特机制，并撰写生物喀斯特微形态研究的系列相关论文，开创了我国生物喀斯特研究之先河。

包浩生先生指导单卫东博士开展城镇土地质量方面的研究，完成博士学位论文《非均质地域空间扩散研究》(1995)，以非线性理论来考察地理空间问题，分析了非均质地域各向同性、各向异性、动态以及多源的空间扩散问题，形成了系列成果，丰富、发展了地理学综合性和非均质的认识。

包浩生先生指导薛达元博士从事国际上刚兴起的生态系统价值的研究，完成博士学位论文《生物多样性经济价值评估》(1997)，以长白山森林生态系统为例，构建了完整的森林生态系统价值体系；定量研究了长白山森林生态系统的价值量，形成了系列成果，是我国最早系统定量研究自然资源及生态系统价值的学者。

包浩生先生鼓励周寅康博士将地理学与非线性理论相结合，应用分形与混沌理论，完成了博士学位论文《淮河流域洪涝变化非线性研究》(1998)，初步建立了淮河流域洪涝变化混沌动力系统，形成了系列成果，在地理学非线性与定量化研究方面进行了创新性探索。

此外，余旭升硕士应用耗散结构与协同学、濮励杰博士应用 ^{137}Cs 技术等进行土地资源与土地利用等的研究，都深化和拓展了我国土地资源与土地利用的研究。

在旅游地理研究方面，包浩生先生指导冯学刚博士关于旅游管理容量的研究、毛端谦博士关于旅游目的地意象的研究、赵振斌博士关于旅游景观生态的研究、万绪才博士关于旅游环境容量的研究、吴晋峰博士关于旅游空间结构的研究等，都在国内产生了较大的学术影响。

二、主要学术贡献

1. 综合性、区域性观点

包浩生先生一生致力于研习地理与资源，深谙地理学之区域性、综合性的本质属性，对其内涵有独到的认识和见解。

地理学被认为是一门具有综合性和区域性特质的以地球表层环境为研究对象的科学。早在 20 世纪 50 年代协助任美锷先生等开展我国热带亚热带生物资源综合考察时，包浩生先生就深刻体会了地理学的综合性与区域性特质。他们根据区域一般的和特殊的自然环境、条件，大胆而科学地提出了热带橡胶宜林地北移，即橡胶种植北限可达北纬 25°、海拔上限达 900—1000 m 的结论。20 世纪 60 年代，当包浩生先生协助任美锷先生等进行中国综合自然区划时，又一次体会到了地理学的综合性与区域性。他们依据辩证法和矛盾论观点，大胆提出、科学论证自然区划的综合性原则，并成功应用于中国综合自然区划，成为我国最重要的自然区划成果之一。其集大成的《中国自然地理纲要》在充分体现地理学综合性特点的同时，对各等级区域进行了差异性分析，区域性特点跃然纸上。

到 80 年代中期，当包浩生先生带领学科团队及研究生进行福建沙溪流域考察，发现石林这一景观时，依据他对地理学综合性与区域性的认识，敏锐地察觉到我国碳酸岩分布广泛，但东南区域规模性石林与峰丛的发现所隐含的意义，大胆提出、命名并科学论证"石林"这一具有特殊区域含义的景观，为当地旅游资源开发利用及经济社会发展作出了重要贡献，是地理学综合性与区域性特点的又一典范。

90 年代后，包浩生先生多指导研究生注重地理学的综合性与区域性特质，在诸如生物喀斯特、地理空间非均质性与非线性、自然资源与生态系统价值，以及农用与城市土地质量评价等的研究和实践中，得到了充分的体现与发挥。

2. 系统论观点

20 世纪 80 年代初期，西方科学与人文思想纷纷引入我国之初，包浩生先生即洞见系统论对我国地理学发展之指导性和重要性，认为系统论观点与地理学的综合性观点在哲学体系中是完全一致的。系统论中的结构、功能、反馈、阈值、非线性以及部分之和大于整体等正是地理学中的基本要素与地理研究的基本思想,系统论将对现代地理学发展具有重要的指导作用。在洞察学术前沿的同时,包浩生先生积极主动学习与吸收系统论的理论、方法、体系,对耗散结构、协同学等新的系统论进行全面深入的了解,讨论其对地理学尤其是现代地理学研究的指导性和应用性,并将其成功应用于所讲授的研究生课程"自然地理学基本问题"中,指导和鼓励研究生进行创新性学习和探索性研究,拓宽了地理学的传统领域和研究生的学术视野。

与此同时,他也鼓励研究生运用系统论观点、理论、方法进行自然资源与土地利用的有关研究和探索,尝试学科交叉。如早在20世纪80年代早中期福建沙溪流域土地资源研究中,他指导了第一个硕士研究生余旭生吸收协同学与耗散结构理论开展了沙溪流域土地系统的研究和应用,较早将耗散结构和协同学理论应用于自然地理、自然资源与土地利用研究中,在土地利用结构与优化、主要土地利用类型规模确定及其发展方向等方面进行了研究和探索,具有学科开创性。

20世纪90年代,当分形与混沌等新的系统论与非线性理论被介绍到国内后不久,他即洞察其对地理学研究的可能作用,鼓励研究生与年轻学者开展此方面的研究,并陆续形成了系列性成果,表现出包浩生先生敏锐的学术思维与卓越的人才培养能力。

包浩生先生的系统论观点还体现于他对相关学科的关注。如80年代当系统论渐入国内并受到普遍关注时,曾有《潜科学杂志》刊行。当包浩生先生接到杂志编委会邀请时,欣然接受担任编委,并努力为杂志提供有关素材,提出有关建议。

3. 自然资源与土地利用研究

作为南京大学自然资源与土地利用研究的开拓者和引领者,包浩生先生洞察学科发展方向,带领团队不断开拓研究区域与研究方向,屡有建树,成为我国自然资源与土地利用研究的倡导者和推进者。

(1) 福建沙溪流域国土规划研究

1983年,作为全国27个国土规划试点地域之一,福建闽江上游沙溪流域国土规划受到关注与重视。作为该项目的技术负责人,包浩生先生率领南京大学研究团队赴福建沙溪流域进行自然资源考察与国土规划研究。在自然资源尤其是水资源与土地资源综合考察评价基础上,认为沙溪流域土地、水、森林、矿产等资源比较丰富,是福建省主要的冶金、建材、木材、造纸、能源和商品粮生产基地,而流域自然资源优势远未得到充分利用,土地利用不尽合理,生态环境压力渐趋增大。基于此,提出了以水资源利用为中心的流域国土规划思路,形成了以水资源开发利用为核心,包括农业、工业、交通、旅游、城镇体系以及环境保护、教育卫生与地域综合开发在内的综合性国土规划体系,提出了国土规划实施的措施,是我国较早的完整的国土规划的尝试与实践,为其他区域类似研究与规划提供了借鉴和参考。

至90年代,包浩生先生仍带领或指导学生考察福建沙溪流域土地利用问题,并与英国文化委员会展开合作研究,运用^{137}Cs、土壤磁化率测定等新技术,结合土壤结构水稳性、CEC等重要土壤理化指标,对福建沙县东溪流域土地退化特征进行了系统研究,对丰富土地退化研究的理论与方法,有效制定区域土地退化,促进土地资源可持续利用产生积极的理论与实践意义。

1984年10月,在带领研究生进行野外考察过程中,在永安县大湖乡(县城西北约13km处)发现了一片规模相当的石林、峰丛。这在我国东南沿海区域未见报道过。包浩生先生敏锐地察觉到这一喀斯特景观具有的特殊的地理研究价值与巨大的旅游开发利用价值。而后,包浩生先生数次带领团队前往,研究其形成机理,与当地一起研究旅游开发利用规划方案,并将其命名为福建"鳞隐石林"。至1987年,鳞隐石林与该县另一景观桃源洞联合被福建省人民政府列为首批省级风景名胜,1994年则被国务院列为第三批国家级风景名胜区。福建鳞隐石林的发现、规划、开发、利用是包浩生先生长期自然资源理论研究与实践探索相结合的一个典范。

(2)国土整治与自然资源研究

20世纪80年代中期,国土整治研究受到重视。结合沙溪流域国土规划的实践,包浩生先生意识到自然资源研究在国土整治研究中的基础性与重要性,以地理学的综合性和系统论观点为指导,详细讨论了国土整治研究的目的、任务和方法,系统提出了国土整治研究中自然资源研究所面临的主要任务及其在其中的重要作用。主要有:继续参与自然资源的调查与考察,进一步摸清资源的家底;深入研究自然资源的开发、利用、治理和保护,为拟定国土整治规划提供科学论据;为制定国土资源管理的法令和条例提供科学依据。这也是我国将自然资源作为国土整治研究基础的最早论点,为后来自然资源研究引导了新的方向。

对于当时国家自然资源与国土整治研究缺乏完整经验的情况,包浩生先生认为尚需继续通过实践逐步丰富和完善,并提出了相应的建议。主要有:一是加强各学科的合作,综合研究自然资源的开发利用与治理保护;二是应用现代科学思想和方法,加强自然资源管理研究;三是广泛应用遥感技术,监测自然资源的动态变化与地域差异,进行分析对比,因时因地拟定自然资源管理措施,并为研究全球性资源问题创造条件;四是积极筹建国土资源信息系统,储存自然资源和社会资源的大量数据,以供国土整治研究应用;五是改进管理体制,设立统一的资源管理机构。这些建议对国土整治研究起到了良好促进作用,并对后来的土地资源承载能力的研究具有指导性。

(3) 江苏宜兴南部低山丘陵区自然资源研究

1986—1987年,包浩生先生带领南京大学自然资源研究团队及部分师生对江苏宜兴南部低山丘陵区进行了以土地资源、洞穴旅游资源、水资源以及农业生态环境为重点的自然资源综合研究。

在土地资源研究中,涉及土地类型划分和土地利用评价。土地类型划分中,参考英美等土地类型划分体系,划分了包括土地系统和土地单元的两级土地类型分类系统。其中土地系统以高程(相对的和绝对的)为划分依据,土地单元以地貌特征、地貌部位及地表物质组成为划分依据,形成了共5个系统29个单元的我国较早的土地类型划分体系。土地利用评价中,包浩生先生带领团队及学生尝试应用联合国粮农组织(FAO)于1976年公布的《土地评价纲要》展开研究,明确了评价原则、方法与步骤,依据评价对象及其利用特点,首先选取限制性因素,而后选择评价指标,进行了不同利用类型的等级评价。其中对茶叶等特殊利用类型的适宜性评价中,提出了"最低因子限制律"在适宜性评级中的重要性,也是国内较早开展土地适宜性评价的成功案例。

在包浩生先生进行宜兴南部低山丘陵土地利用研究的同时,还组织团队开展了宜兴南部(阳羡景区)洞穴旅游资源的考察研究。在系统调查考察了该区域42个洞穴(包括新发现和新发掘的)后,基本摸清了宜兴阳羡景区洞穴的空间分布、基本特征,进一步分析了区域地质构造、地下水动力与水化学以及洞穴的岩石成分和结构,结合景区自然环境和人类活动等对洞穴发育的影响,提出了宜兴阳羡景区洞穴成因的层面发育模式和羽状发育模式,并认为宜兴南部洞穴资源可分为渗流带洞穴、饱水带洞穴和深饱水带洞穴三种类型,为宜兴南部阳羡景区洞穴旅游资源的系列开发利用提供了科学依据。

至80年代中后期,旅游人数剧增,包浩生先生洞察到这可能对洞穴利用与保护产生负面影响,同时洞穴内空间有限,空气流通不畅,空气质量将受影响,进而影响旅游人员身心健康。为此,他率先提出了(洞穴)旅游容量的概念,并指导研究生开展了以宜兴善卷洞为主要对象的以洞穴内空气 CO_2 含量为主要指标的洞穴旅游容量的研究。研究(1991)表明,宜兴善卷洞洞穴 CO_2 含量最高值为4500 ppm,对人体尚无影响,但洞穴日旅游人数应控制在10000人次以内,并提出了加强宜兴南部阳羡景区洞穴旅游资源合理开发利用的建议,不仅将洞穴学研究与环境研究有效地有机结合,拓展了洞穴学研究的新方向,而且有效促进了地方旅游开发与环境保护,实现了经济发展、旅游开发与生态环境的协调统一。

(4) 内蒙古准格尔旗土地资源评价

随着20世纪中后期对FAO以及美国的土地评价系统的引入与区域性研究,结合RS技术的发展,复杂性大范围土地评价成为可能。与此同时,黄土高原水土流失日益严重,对黄土高原尤其是水土流失严重地区展开系统的土地利用与评价研究成为当时重要的理论与实践课题。为此,国家"七五"重点科技攻关项目中专门列了"黄土高原重点治理区遥感调查和系列制图"这一重大项目,由中国科学院自然资源综合考察委员会负责,南京大学参与了其中的"内蒙古准格尔旗土地资源与环境遥感调查与制图"课题的研究。

项目开展前,包浩生先生就内蒙古准格尔旗土地资源遥感调查与土地评价研究中的基础和现实问题向课题组主要成员作了提示,希望通过此次研究,一是进一步加强南京大学在土地利用评价中的研究基础;二是强化RS数据源在土地评价中的应用,提升南京大学在土地评价中的技术与手段;三是开拓新的自然环境研究区域。

课题组在项目的统一部署下,在倪绍祥教授的带领下,应用崭新的TM遥感数据,结合连续三年的大量实地考察和相应的人口、经济社会统计资料,对准格尔旗土地资源进行了系统研究,从遥感数据源角度结合土地利用研究划分土地资源类型。在此基础上,结合准格尔旗处于农牧交错地带、生态环境极度脆弱、水土流失十分严重以及国家重要能源(煤炭资源)基地的实际,论证了该区农牧业发展方向,开展了土地资源生产能力与人口承载量研究,初步厘清了准格尔旗基本的粮食生产与载畜能力:农业发展应以建设基本农田为主,2000年可实现人均 340 kg 粮食的中等生活水平;畜牧业发展应以建设人工草场和改良草场为方向,2000 年载畜量可达 135.51 万只绵羊单位,并进一步预测了 2025 年的远景,为准格尔旗合理利用土地、保护草场、发展农畜牧业,以及进一步提高农业和畜牧业土地资源承载量提供了科学依据。

(5) "长三角"自然资源研究

1987 年,中国科学院自然资源综合考察委员会主持了全国土地资源人口承载力研究,并着手《中国 1∶100 万土地资源图》的研究,包浩生先生率领的团队参与了其中长三角区域的土地资源人口承载量研究工作,并结合本课题研究申请了最早的国家自然科学基金项目。

长三角区域(太湖流域)土地资源人口承载量研究中,包浩生先生带领师生对长江三角洲的自然资源、土地利用、土地(开发)利用强度等进行了分析与评价,讨论了土地开发强度的内涵及其相应的量度方法,界定了"土地资源高强度开发"的科学定义,揭示出长江三角洲地区土地开发利用属于高强度开发的认识。以土地利用形式与功能相结合的综合分类方式,将长江三角洲地区土地利用现状划分为 4 个零级系统、9 个一级类别、39 个二级类型和 43 个三级类型,形成四级层次分类体系。在此基础上,依据人口、粮食生产以及经济社会发展等的预测,较系统地研究了长三角土地生产能力与人口承载量,成为全国土地资源人口承载力研究的有机组成部分,也为长江三角洲土地利用与规划提供了科学依据。

随着 20 世纪 80 年代后期我国城市土地产权制度的改革,城市土地价值判断成为新形势下土地管理的重要课题。作为江苏省试点,包浩生先生负责了镇江市的城市土地定级估价研究。此项研究中,包浩生先生指导团队及研究生注意吸收他人已经形成的成果与经验,同时注意结合地理信息系统(GIS)技术。经过南京大学土地资源学科和地理信息系统学科的有效结合与协作,形成了我国第一个基于 GIS 技术的完全由计算机完成的城市土地定级系统,为土地资源研究与 GIS 的结合(学科交叉)提供了典范,为我国进行快速的城市土地定级提供了模式与经验,也为我国土地管理事业作出了重要贡献。该项成果获江苏省土地管理局土地管理科技成果一等奖(1991 年)。

(6) 喀斯特研究

包浩生先生在 20 世纪 50 年代西南综合考察时,即对喀斯特这一特殊的地貌类型尤其是对喀斯特地貌的成因发育规律予以关注,编写了《碳酸盐岩喀斯特水文学》教材(南京大学陆地水文专业印行),系统阐述了喀斯特水文系统和地下水运动的基本特征、规律。

20世纪80年代初,包浩生先生对喀斯特地貌发育中的水文动力因子进行分析,同时通过地貌形貌测量分析,得出了盲谷发育的水文动力平衡机制,是国内最早结合水文地貌(hydrogeomorphology)和地貌测量学(mophormetrics)进行喀斯特研究的成果之一。在对喀斯特研究中,既注意吸收国外新近进展,也不盲目迷信。如西方喀斯特微溶蚀形态学中的"雨痕"(rainpits)是一个较广泛的专业术语,泛指可溶岩表面由降水滴落可溶岩发生瞬间溶蚀作用而成的、直径3cm以下的圆形浅坑。包浩生先生通过对砂页岩雨痕成因的比较和石灰岩表面水文动态、溶蚀机制的分析,认为大多数文献乃至著名专著中所说的这种喀斯特溶蚀雨痕,其成因实际上不是简单的雨水重复滴水瞬间溶蚀作用形成,应该重新进行研究分析。这一结论为后来的生物喀斯特研究所证实。

80年代中期,包浩生先生率先在国内开展了喀斯特洞穴现代环境的研究,尤其对旅游开放洞穴的大气环境(如CO_2)予以关注,在宜兴阳羡景区洞穴考察与研究中进行了探索,并进而提出洞穴旅游容量的概念,为宜兴洞穴旅游资源规划与开发提供了科学依据,成为洞穴研究与环境研究相结合的典范,表现出包浩生先生宽广的学术视野和综合的地理研究本色。

包浩生先生非常注重微喀斯特和生物喀斯特现象,80年代中期即指导研究生对四川九寨沟生物型灰华坝进行了系统研究,其研究成果成为今天九寨沟导游词关于九寨沟景观成因解释的重要内容,同时被引入《九寨沟志》和 M. M. Sweeting 所著、Springer 出版社出版的 *Karst in China*。此后,指导多名博士研究生对生物喀斯特进行了系统研究,形成了系列性创新性成果,开创了我国生物喀斯特研究之先河,在国际同类研究中处于领先地位。

此外,包浩生先生还与英国 M. M. Sweeting 教授等开展了西藏古喀斯特的合作研究,在西藏古喀斯特、微喀斯特等方面取得了重要的研究成果。

三、代表性论著

包浩生先生学术思想活跃,善于思考与探索,而学风严谨,慎于著述。但凡著述,多具学术前瞻性和时代意义。

此外,包浩生先生的论文论著,早期主要协助或参与任美锷先生等的有关论文论著,如《中国自然地理纲要》等;后期则多传授自己的学术思想,指导学生及年轻学者撰写学术论文。因此,其第一作者的论文论著并不为多,但精。他主导完成或参与完成论著 10 多部,发表或指导发表论文 100 多篇。代表性成果如下:

1. 学术奖励

［1］刘泽纯,包浩生,等.中国第四纪冰川和冰期问题。全国科学大会奖。

［2］褚维德,包浩生.江苏省普通高等学校优秀教学质量奖二等奖。

［3］任美锷,杨纫章,包浩生.中国自然地理纲要。国家教委首届高等学校优秀教材奖特等奖。

［4］任美锷,包浩生主编.中国自然区域及开发整治研究.国家教委科技进步奖二等奖。

［5］包浩生,李春华,等. 土地类型与土地评价研究.国家教委科技进步奖三等奖。

［6］包浩生,彭补拙主编. 自然资源学导论.国家教委第三届高等学校优秀教材奖二等奖。

2. 代表性论著

［1］任美锷,曾昭璇,包浩生,等.中国热带亚热带地貌区划.中科院综合考察委员会,1966.

［2］包浩生,等.云南南部地貌区划.中科院综合考察委员会,1966.

［3］杨怀仁,包浩生,等.中国第四纪冰川与冰期问题［M］.北京:科学出版社,1974.

［4］任美锷,杨纫章,包浩生.中国自然地理纲要［M］.北京:商务印书馆.1978.

［5］任美锷.包浩生,等.中国自然地理纲要(修订本)［M］.北京:商务印书馆,1982.

［6］Ren, M. E., Yang, R. Z., Bao, H. S. An Outline of China's Physical Geography［M］.Beijing:Foreign Languages Press, 1985.

［7］Ren, M. E., Bao, H. S. Geographical education in Chinese Universities—A critical review geography in China［M］. Beijing: Science Press, 1984.

［8］任美锷,杨纫章.包浩生.等.中国自然地理纲要［M］.3 版.北京:商务印书馆,1992.

[9] 倪绍祥,姜永清,池宏康.内蒙古准格尔旗资源遥感研究[M].北京:中国科学技术出版社,1992.

[10] 任美锷.包浩生.中国自然区域及开发整治[M].北京:科学出版社,1992.

[11] 包浩生.自然资源简明词典[M].中国科学技术出版社,1993.

[12] 包浩生.彭朴拙,等.自然资源学导论[M].南京:江苏教育出版社,1993.

[13] 包浩生.任美锷教授八十华诞地理论文集[M].南京:南京大学出版社,1993.

3. 代表性论文

[1] 任美锷,刘振中,雍万里,等. 丽江和玉龙山地貌的初步研究[J]. 云南大学学报(自然科学版),1957(4).

[2] 包浩生,译. 论 W.M.台维斯在近代地貌学发展中的作用[C]//台维斯地貌论文选. 北京:科学出版社,1958.

[3] 任美锷,包浩生,韩同春,等. 云南西北部金沙江河谷地貌与河流袭夺问题[J]. 地理学报,1959(2).

[4] 包浩生,许廷官. 应用在农业生产上坡地类型的划分原则及其基本类型[J]. 地理知识,1959(8).

[5] 包浩生. 农业地貌学几个问题的商讨[C]//1961年地貌学术讨论会.北京:科学出版社,1962.

[6] 包浩生. 云南南部农业生产的地貌条件[C]//1961年地貌学术讨论会.科学出版社,1962.

[7] 张同铸,包浩生,崔功豪. 云南南部热带亚热带山地利用问题[J].南京大学学报(地理学),1962.

[8] 包浩生,林钧枢,赵维城. 云贵山原区与横断山系峡谷中山高山区[J].中国热带亚热带地貌区划,1966.

[9] 包浩生. 近百年来气候变化. 地理科技资料,1975(2).

[10] Jennings, J. N., Bao, H. S. Determining doling origins: a case study[J]. Helictite, 1980(1).

[11] Jennings, J. N., Bao, H. S., Spate, A. P. Equilibrium versus events in river behaviour and blind valleys at yarrangobilly new south wales[J]. Helictite,

1980(2).

[12] Jennings, J. N., Bao, H. S., Spate, A. P. Equilibrium versus events in blind valley enlargemetn. 第八届国际洞穴大会,1982.

[13] 包浩生,庄仁兴. 澳大利亚国土整治综述[J]. 国外国土开发整治参考资料,1985(1).

[14] 包浩生. 盲谷形态动力平衡[C]//中国地理学会地貌专业委员会.喀斯特地貌与洞穴.北京:科学出版社,1985.

[15] 包浩生,张忍顺.创新立见　永葆青春——访南京大学任美锷教授[J]. 地理知识,1985(9).

[16] P.W.威廉姆斯,R.G. 利昂斯,汪训一,等. 桂林穿山洞穴沉积物的古地磁解释[J]. 中国岩溶,1986(2).

[17] 包浩生,彭补拙,倪绍祥. 国土整治与自然资源研究[J]. 地理学报,1987(1).

[18] 包浩生,彭补拙,李春华. 福建省沙县东溪流域土地类型与土地评价研究[J]. 南京大学学报(地理学专辑),1987(8).

[19] 周寅康,包浩生,张捷. 淮河流域洪涝变化吸引子维数研究[J]. 地理科学,1988(4).

[20] Sweeting, M.M., Bao, H.S. Karst in Tibet[C]//国际水文地质学家协会第21届大会论文选.北京:科学出版社,1988.

[21] 包浩生,彭补拙,李晖. 江苏滩涂生态经济系统及其发展模式研究[J]. 资源与环境,1990(1).

[22] "自然地理学"、"自然保护区"、"任美锷"[C]//中国大百科全书(地理学).北京:中国大百科全书出版社,1990.

[23] 玛·斯维婷,包浩生.从世界展望中国喀斯特研究[J]. 中国岩溶,1990(2).

[24] 包浩生. 建设地理学的性质、任务与内容:自然地理学与建设地理学[C].中国地理学会自然地理专业委员会,1991.

[25] 包浩生,彭补拙,严蔚芸. 南迦邦瓦峰地区的土地资源及其合理开发利用[J].南京大学学报(自然科学),1991(1).

[26] 包浩生,潘瑞鸿,李春华,等. 宜兴阳羡景区溶洞资源特征及人类活动

对溶洞环境的影响[J]. 南京大学学报(自然科学),1991(2).

[27] Sweeting, M.M., Bao, H.S., Zhang, D. The problem of palaeokarst in Tibet [J]. The Geographical Journal, 1991(3).

[28] 包浩生、谢正栋、倪绍祥. 准格尔旗土地资源人口承载量研究[C]//内蒙古准格尔旗资源遥感研究.北京:中国科学技术出版社,1992.

[29] 包浩生. 宜兴南部溶洞资源及其开发利用[J]. 自然资源,1992(3).

[30] 包浩生,张捷. 生物喀斯特微形态特征研究[G]//包浩生.任美锷教授八十华诞地理论文集.南京:南京大学出版社,1993.

[31] 张捷,包浩生. 分形理论及其在地貌学中的应用——分形地貌学研究综述及展望[J]. 地理研究,1994(3).

[32] 张捷,包浩生,李春华. 福建永安石林地貌的现代生物喀斯特侵蚀营力[J]. 山地研究,1994(3).

[33] 秦明周,包浩生. 广西武鸣县果品生产的资源场优势及利用[J].地域研究与开发,1994(4).

[34] 单卫东,包浩生. 非均质空间随机扩散方程及其在城市基准地价评估中的运用[J]. 地理学报,1995(3).

[35] 李素英,包浩生. 森林公园在我国自然保护区系统中的地位[J]. 生物多样性杂志,1995(3).

[36] 张捷,包浩生. 生物喀斯特及其微形态研究[J]. 地球科学进展,1995(5).

[37] 周劲松,包浩生. 荒漠化及其系统过程[J]. 云南地理环境研究,1996(1).

[38] 单卫东,包浩生. 城市中空间扩散的各向异性研究[J]. 南京大学学报(自然科学版),1996(3).

[39] 单卫东,包浩生. 地理系统非均质空间扩散定量研究[J]. 地理学报,1996(4).

[40] Peng. B.Z., Pu, L.J., Bao, H.S., et al. Vertical zonation of landscape characteristics in the Namjagbarwa mass if of Tibet, China [J]. Mountian Research and Dereolpments, 1997(1).

[41] 单卫东,包浩生. 区域中心城市地价的空间扩散研究[J]. 经济地理,

1997(1).

[42] 单卫东,包浩生,张凤轩.非均质空间动态随机扩散的一般方程及其应用[J].地理科学,1997(2).

[43] 赵维城,况明生,包浩生.大理点苍山地区白雀寺地层剖面的化学风化特征及其古环境[J].云南地理环境研究,1997(2).

[44] 彭乃志,傅抱璞,包浩生,等.春小麦生产潜力与持续发展——以宁夏南部山区为例[J].自然资源学报,1997(3).

[45] 薛达元,包浩生.我国生物多样性保护研究的若干进展与今后发展领域[J].地球科学进展,1997(3).

[46] 王良健,包浩生,彭补拙.广西境内热带北界的AHP-Fuzzy综合评判[J].南京大学学报(自然科学),1997(4).

[47] Ding, D.S., Bao, H.S. The water resources in the Eughrates River and the Tigris River Valleys and political relation between countries concerned[J]. The Journal of Chinese Geography, 1997(4).

[48] 王良健,何洪林,彭补拙,等.干旱区土地利用结构调整的SD模型研究——以新疆吐鲁番市为例[J].经济地理,1997(4).

[49] 邓新彙,濮励杰,包浩生.福建沙县东溪流域土地退化特征初步研究.福建水土保持,1998(2).

[50] 李植斌,包浩生.浙江省港湾区资源及其可持续利用研究[J].自然资源学报,1998(2).

[51] 包浩生,张捷.信息时代、知识经济和21世纪的地理学[J].地域研究与开发,1998(3).

[52] Pu, L.J., Bao, H.S., D., Higgitt. Distribution and assessment of soil and land degradation in subtropical China—A case study of the Dongxi River Basin, Fujian Province[J]. Pedosphere, 1998(3).

[53] 濮励杰,包浩生,彭补拙,等.^{137}Cs应用于我国西部风蚀地区土地退化的初步研究——以新疆库尔勒地区为例[J].土壤学报,1998(4).

[54] 周寅康,包浩生,张捷.淮河流域洪涝变化吸引子维数研究[J].地理科学,1998(4).

[55] 冯学钢,包浩生.旅游活动对风景区地被植物——土壤环境影响的初

步研究[J]. 自然资源学报,1999(1).

[56] 濮励杰,包浩生,D. L. Higgitt. 土地退化方法应用初步研究——以闽西沙县东溪流域为例[J]. 自然资源学报,1999(1).

[57] 聂庆华,包浩生. 中国基本农田保护的回顾与展望[J]. 中国人口、资源与环境,1999(2).

[58] 薛达元,包浩生,李文华. 长白山自然保护区生物多样性旅游价值评估研究[J]. 自然资源学报,1999(2).

[59] 周寅康,包浩生,张捷. 淮河流域洪涝变化混沌演化特征研究[J]. 地球信息科学,1999(2).

[60] 王良健,陈浮,包浩生. 区域土地资源可持续管理评估研究——以广西梧州市为例[J]. 自然资源学报,1999(3).

[61] 薛达元,包浩生,李文华. 长白山自然保护区森林生态系统间接经济价值评估[J]. 中国环境科学,1999(3).

[62] 王良健,刘伟,包浩生. 梧州市土地利用变化的驱动力研究[J]. 经济地理,1999(4).

[63] 聂庆华,包浩生. 基于GIS农田质量自动分等定级算法及其实现——以北京市房山区为例[J]. 南京大学学报(自然科学版),1999(6).

[64] 冯彦,何大明,包浩生. 国际水法的发展对国际河流流域综合协调开发的影响[J]. 资源科学,2000(1).

[65] 王良健,包浩生,彭补拙. 基于遥感与GIS的区域土地利用变化的动态监测与预测研究[J]. 经济地理,2000(2).

[66] 徐海根,包浩生. 中国生物多样性核心元数据标准的探讨[J]. 中国环境科学,2000(2).

[67] 冯彦,何大明,包浩生. 澜沧江—湄公河水资源公平合理分配模式分析[J]. 自然资源学报,2000(3).

[68] 周炳中,包浩生,彭补拙. 长江三角洲地区土地资源开发强度评价研究[J]. 地理科学,2000(3).

[69] 聂庆华,包浩生,王海英. 基于GIS农田土地质量评价与立地分析——以京郊房山区良乡为例[J]. 地理科学,2000(4).

[70] 周炳中,包浩生,彭补拙,等. 苏北地区可持续发展中的资源环境问题

研究[J].人文地理,2000(6).

[71]陈浮,陈刚,包浩生,等.城市边缘区土地利用变化及人文驱动力机制研究[J].自然资源学报,2001(3).

[72]田友萍,陈建群,张捷,等.云南色球藻科新分类群[J].植物分类学报,2001(3).

[73]赵振斌,包浩生.国外城市自然保护与生态重建及其对我国的启示[J].自然资源学报,2001(4).

[74]赵振斌,包浩生,马荣华.城市格网化及其景观生态效应研究——以西安市为例[J].地理科学,2001(5).

[75]陈浮,濮励杰,彭补拙,等.新疆库尔勒市土地利用变化对土壤性状的影响研究[J].生态学报,2001(8).

[76]万绪才,包浩生.山岳型旅游地旅游环境质量综合评价研究——安徽省黄山与天柱山实例分析[J].南京农业大学学报,2002(1).

[77]吴晋峰,包浩生.旅游系统的空间结构模式研究[J].地理科学,2002(1).

[78]张捷,李升峰,周寅康,等.九寨沟风景区游客入游距离特征研究[J].长江流域资源与环境,2002(1).

[79]周炳中,陈浮,包浩生,等.长江三角洲土地利用分类研究[J].资源科学,2002(2).

[80]周炳中,杨浩,赵其国,等.红壤丘陵区土地可持续利用中的干旱约束与调控研究[J].地理研究,2002(4).

[81]周炳中,杨浩,包浩生,等.PSR模型及在土地可持续利用评价中的应用[J].自然资源学报,2002(5).

[82]田友萍,张捷,宋林华,等.云南石林碳酸盐岩表面气生蓝藻(蓝细菌)研究[J].生态学报,2002(11).

[83]毛端谦,张捷,包浩生.旅游目的地映象的对应分析——以江西庐山、龙虎山、三清山、井冈山为例[J].长江流域资源与环境,2003(1).

[84]田友萍,张捷,宋林华,等.云南石林碳酸盐岩表面气生藻类群落的研究[J].中国岩溶,2003(3).

[85]徐海根,王连龙,包浩生.我国丹顶鹤自然保护区网络设计[J].农村生

态环境,2003(4).

[86] 田友萍,张捷,宋林华,等.气生藻类在云南石林景观形成中的作用[J].中国科学 D 辑:地球科学,2004(1).

[87] 徐海根,包浩生.自然保护区生态安全设计的方法研究[J].应用生态学报,2004(7).

[88] 吴晋峰,包浩生.旅游流距离衰减现象演绎研究[J].人文地理,2005(2).

[89] 毛端谦,张捷,包浩生.基于 Lancaster 特性理论的旅游目的地选择模式——理论分析与江西省旅游客流的实证研究[J].地理研究,2005(6).

(鸣谢:本文初稿写成后,得到胡伟、单卫东、濮励杰、施振斌等包浩生先生所指导的研究生的修改和完善,在此深表感谢。)

第十章　中国计量地理的开创者
——林炳耀先生(1940—2018)

沈　山

(江苏师范大学地理测绘与城乡规划学院)

　　林炳耀教授,1940年2月28日生于福建省福州市后洲街道透龙街89号,一个商业资本家庭。1951年7月毕业于福州市私立南郡小学(校长:丁幼铭)。中学时代是在上海市徐汇区日晖中学(1982年5月改制为上海第一仪表电子工业学校,日晖中学建制撤销)度过的。1958年考入南京大学地理系经济地理学专业,1963年毕业留校任教,2000年担任南京大学人文地理学博士生导师。曾任南京大学经济地理教研室主任、南京大学城市规划设计研究院代院长。先后担任国际地理联合会(IGU)数学模型委员会常委(1986—1996年),中国地理学会数量地理专业委员副主任(2001—2005年),中国地理学会经济地理学术委员会委员,中国区域协会信息系统委员会副主任,中国城市规划学会新技术应用学术委员会委员,教育部地理学教学指导委员会委员,《经济地理》、《地理科学》中英文版编委。2001—2005年间担任江苏省人民政府参事(时任江苏省省长季允石颁发聘书)。2010年11月在苏北城市发展论坛演讲中意外发病,造成一段8年与疾病艰辛抗争的生活,2018年11月5日14时28分在江苏省中医院告别生命的历程。

　　林炳耀先生主要从事经济地理、城市规划、区域规划、计量地理与城市信息系统等方面的研究,是我国计量地理学开拓者之一。在城市地理学界最早进行城市系统分析和研究,将数学方法和计算机技术应用到城市空间形态分析、城市与区域规划中,推动了全国地理科学和城市与区域规划的计量化、科学化,并出版了我国最早的计量地理学教材。在城市规划理论发展方面,积极倡导应用数学模型,探讨新经济对城市、区域发展的影响和城市规划的新思路以及战略应对。他的知识、他的思想、他的激情、他的风采是我们宝贵的精神财富。

一、启迪人生的教育家

1954 年南京大学在全国地理系中第一个设立经济地理专业,并按莫斯科大学地理系的教学计划和我国地学培养的传统,设置了大学本科课程。1958 年林炳耀先生从上海日晖中学考入南京大学经济地理学专业。大学期间,林先生就对高等数学产生了极大的兴趣,在学好经济地理专业相关课程的同时,先后到数学系选听了 2 年"常微分方程"、"概率论"、"数学建模"等课程。1963 年毕业留校任教,初期担任专业基础课的教学工作,协助宋家泰等老一辈地理学家主持的专业课程教学工作等。

恢复高考之初,林先生主要从事对学科新知识的引入和基础知识的普及工作。1978 年初,应商务印书馆之约,南京大学地理系遥感组成立了翻译小组,由马仲荃、陈钦峦、林炳耀、吕明强四人组成,翻译加拿大比肖普斯大学多萝西·哈珀(Dorothy Harper)所著《碧空慧眼:遥感入门》,同年 11 月完成,交由北京大学地理系江美球校订,1979 年 11 月商务印书馆出版发行。该书主要介绍遥感的基本原理、方法、仪器及其应用,林炳耀和吕明强共同完成了遥感应用部分第八章《河流、湖泊和海洋》、第九章《农业、林业和野生动物》的翻译工作。之后,林炳耀先生又应科学出版社之约,和孙以年合作翻译了 Grolier 公司 1977 年出版的大众科学书籍《我们的地球》,纳入科学出版社的大众科学译丛,1984 年 7 月出版发行。《我们的地球》包括"探索我们的地球、地球的内部、地壳、地球上的晶体、地质年代表、用热致发光测定物体的年龄、移动中的陆块、地球的颤动、山脉的形成、间歇泉和火山、地球深处、平原高原和荒漠、风的作用、自然保护"等内容。

20 世纪 80 年代初,南京大学经济地理教研室承担了中央广播电视大学"中国经济地理"课程的讲授和教材的编写工作,1983 年林先生开始担任"中国经济地理"课程主讲教师之一,并参与教材的编写工作。"中国经济地理"课程是中央广播电视大学经济类各个专业的必修课程(半脱产和业余班是选修课程),主要包括总论、部门经济地理和区域经济地理,一共四十讲,以播音形式的课程讲述为主。1983 年 10 月,上海电视大学《政工学刊》编辑室印刷了宋家泰等著《中国经济地理广播讲稿》。1985 年 11 月,中央广播电视大学出版社出版了宋家泰主编,南京大学经济地理教研室编的《中国经济地理》教材。

1987年11—12月,应英国曼彻斯特大学的邀请,中国地理学会和中国科学院地理研究所组织由吴传钧、李文彦、胡序威、许学强、林炳耀、唐振铁组成的中国人文地理学家代表团访问英国半个月。主要是参加了在曼彻斯特举行的"英中城市与区域发展学术讨论会",访问了伦敦和英格兰北部的几个城市,参观了曼彻斯特大学地理系、伦敦大学学院地理系、纽卡斯尔大学城市与区域发展中心,以及利兹、设菲尔德、纽卡塞尔、电视广播大学等12家高校地理系及相关研究单位。在《英国城市经济与地理教育近况——我国人文地理学家代表团访英简报》(1988)中写道:长期以来,英国的区域规划与区域政策主要由中央政府控制的经济规划来考虑,从50年代到70年代,致力于衰落地区增加就业(1945—1965年有42万个工作岗位移向边缘地区),70年代末转为注意于衰落地区的自我振兴与改造。虽然新城镇建设仍在部分地区继续进行,但主要力量已投入到内城地区的复兴和荒废工业区的重新开发上。1978年通过了内城区法案,划定了7个合作区与23个规划区,并授予开发的经济权力,以后又增加了8个规划区和3个重点扶持区。1980年以后,针对城市经济复兴采取了以下措施:(1)建立城市开发公司。(2)通过企业特区规划,全国建立24个特区,实行优惠政策吸引工业投资。(3)发展土地市场。(4)设立城市发展基金。英国大学的人文地理教育:教学体制灵活,因材施教,培养各种类型的人才;重视培养学生的实际工作能力,拓展学生就业空间,从60年代集中于各级规划部门,转向多元就业,相当部分地理系毕业生转向从事管理、商业、保险等事业。大学地理教师研究兴趣广泛,特别重视参与政府政策的制定。

80年代后期,林炳耀先生独立开设"数学方法在地理学中的应用"、"城市与区域系统数学模型"等专业课程,以及"西方经济学理论与分析方法"等选修课。其"西方经济学理论与分析方法"开阔了经济地理专业学生的新视野,影响了诸多学子的人生之路。经济学博士赵先信在2018年11月13日个人论坛中刊发的纪念林先生的文章《上帝的孩子》[1]中总结道:"从他的课堂上,我们第一次听到了匈牙利经济学家亚诺什-科尔奈的大名,知道了他的预算软约束理论。第一次知道了米塞斯和哈耶克,知道了奥斯卡-兰格与米塞斯关于计划经济可行性的世纪论战。那时候没有互联网,但有图书馆。在图书馆如饥似渴的日子,全都是

---

[1] 赵先信:《上帝的孩子》,先信风险论坛,2018年11月13日。

激动人心的心智之旅。师傅领进门,修行在个人。林老师的课为我们打开了眺望新大陆的窗口,通往未来求知的新旅程。"

90 年代后期,李小建主持编写"面向 21 世纪课程教材"《经济地理学》,特别邀请林炳耀先生编撰了"第十三章经济地理学研究方法"中的"第二节　经济地理区域及部门分析方法"和"第三节　经济地理信息系统"。该书 1999 年由高等教育出版社出版,后历经多次印刷和修订,成为经典的国家级教材。

二、中国计量地理的开创者

20 世纪 50 年代末,我国大学开设运筹学课程,《地理学报》等刊物开始发表有关数学方法研究地理问题的论文。70 年代末,计量地理学逐渐引起国内地理学界的重视。1980 年 5 月,《计量地理学》被列为全国综合大学地理系和高等师范大学地理系的专业课;同年,教育部委托南京大学地理系于 10 月举办全国计量地理讨论班,全国 40 多名学者一道学习"计量地理",林炳耀先生专门为讨论班编写了《计量地理学概论》培训教材。"林炳耀老师重点讲回归分析、聚类分析、主成分分析等多元分析方法,超越了西方一般的'数理统计'理论。张忠文讲计算机操作。"[1]1982 年 12 月,教育部理科地理教材编审委员会召开了林炳耀先生的《计量地理学概论》教材审稿会,参加审稿会的有华东师范大学张超教授、辽宁师范大学张耀先教授、湖北大学刘妙龙教授、西北大学贡英教授、兰州大学艾南山教授、中山大学陈沃林教授、福建师范大学关文良教授、南京师范大学张润如教授等。

中国地理学会于 1983 年 5 月在南宁展开全国第二次人文地理学术讨论会的同时举行了第一次计量地理研讨会,明确了人文地理学是计量地理学的重点服务对象,并成立了中国地理学会数量地理研究组的筹备组,推选出杨吾杨、朱德威、林炳耀、张超、姜德华、刘妙龙、张耀光、许学强等为筹备组负责人。

1983 年到 1984 年,林炳耀、江晓鹤和戴建秋组成科研协作组,探讨微型电子计算机在城市与区域规划中的应用问题,先后在《经济地理》1984 年第 1 期发表学术论文《微型电子计算机(MICROCOMPUTER)在城市规划与城市系统分析中的应用》,在《南京大学学报》(自然科学版)1984 年第 2 期发表学术论文《应用微型机建立城市与区域发展的数据管理软件包》。《经济地理》1984 年第 2 期

---

[1] 姜德华:《填补我国数量地理研究的空白》,新浪博客,2008 年 12 月 24 日。

刊发了林炳耀撰写的《论发展我国计量地理学的若干问题》,阐述了计量地理学的性质与特点,指出计量地理学应该是地理学方法论性质的学科,计量地理学发展的鲜明特点是不断吸取计算机科学的新成就和面向应用,方法复杂化、大量计算化、决策功能加强的同时,人—机对话功能简易、方便。我国计量地理学的起点应该放在多元统计方法和地理信息系统的设计与应用上,微型机将很快在我国地理研究与教学单位普及。重点建设项目和工程的可行性研究是计量地理学中多元分析、信息系统方法理想的应用领域。

1985年4月到5月间,中国地理学会委托南京大学地理系举办地理数据管理讨论班,主要内容是第四次产业革命与地理学的发展,地理学信息系统的建立与应用,微型机系统与软件应用等,林炳耀先生作了"数量地理学及其发展"的学术报告。同期华东师范大学张超教授和南京大学林炳耀教授的计量地理学的教材编撰工作完成,1985年和1986年,高等教育出版社正式出版了教材《计量地理学基础》(张超、杨秉庚编)(1985年5月第1版)和《计量地理学概论》(林炳耀编著)(1986年5月第1版)。林炳耀先生编著的《计量地理学概论》共分十章,分别介绍地理系统的基本概念,地理信息系统,地理系统要素的统计分析,空间分布的测度,时间序列分布,地理系统要素的预测,地理系统多要素关系的分析与预测,地理系统要素最优分析与预测模型,地理类型的划分和地理区界线的确定,地理系统模拟与地理系统规划。书后附有各章习题与思考题。

为了推进计量地理学的发展,中国地理学会决定征集计量地理论文结集出版,自1983年筹备组成立以来历经5年的论文征集与编撰,科学出版社1988年正式出版了我国第一本计量地理学方面研究的专著《数量地理学在生产布局中的应用》,署名中国地理学会数量地理专业组编,由姜德华、林炳耀、李雁芳主编。该书由中国地理学会理事长吴传钧院士撰写前言、杨吾扬撰写序言。全书31篇论文中,开篇即为林炳耀先生撰写的《数量地理学及其发展》,还收录了林炳耀撰写的《论国土规划与区域、城市发展的数据管理》,崔功豪与林炳耀合作的《城市规划建设管理信息系统的设计和应用》,谢顺平与林炳耀合作的《城市经济信息系统管理的实验研究》,另外整个文集中收录了杨吾扬、张超、姜德华、刘妙龙、艾南山、张耀光等知名学者的论文,以及美国地理学家李育的《零售地理及其分析方法》一文。此书的研究成果大大缩短了我国同西方在计量地理学方面研究的差距,并在国内外产生了较大的影响,一些学者评价"模型的实践和应用等方面已经超过了欧美"[1]。此时的计量地理学在应用研究上呈现为以下几个方面：利用空间分布测度的方法研究工业布局，进行合理性论证；运用主成分分析、聚类分析和模糊聚类方法研究区域分类，为区域规划和生产决策提供依据；应用线性规划、多目标规划的方法，为生产合理配置选取最佳方案；采用多种回归模型，分析和预测各种地理要素的发展变化；运用系统工程原理研究自然地理系统和经济地理系统，为区域资源的综合利用和开发进行规划；利用图论方法解决交通运输问题；应用系统仿真解决首钢发展规模等问题；利用多元统计解决人工养殖对虾的布局问题，等等。[2]

1986年8月26日至28日，林炳耀先生应IGU Math Models Working Group(IGU数学模型工作组)主席比基姆的邀请，作为该组常委成员参加数学模型组学术讨论会并任住房与劳动力市场数学模型组主席。会议期间，林先生对我国若干领域的地理研究观点与国外相关学术探讨进行对比分析和总结陈述，其论文《比较地理学的事例分析与建议》(刊发于《地理科学》1987年第4期)中几点认识价值独特：我国学者视地理数学模型为地理研究的辅助工具和计量技术，IGU数学工作组则认为地理数学模型的作用是多元化的，地理数学模型十分接近于理论表述。从事地理学理论的探索，我国学者归纳法是主要的逻辑思维工具，西方学者多采用一是规范分析，即通过地理调查，把实际事实与判断准则作比较，然后归纳出特征，并提出应该怎样解决存在的问题；二是实证分析，即根据地理学的背景，对所探讨的问题(系统)作严格的定义，提出所探索的地理理论的适用范围和条件，即一组假设。近十年来，动态系统研究是欧美地理学术界的重点方向，研究的重点在于发展过程本身而不是现有的结构和状态。状态怎样形成的逐步转移到下一个状态，是研究所关心的核心问题。在数量分析技术的应用上，线性的描述性方法退居次要地位。

1998年，林炳耀先生在《城市规划汇刊》第3期刊发《城市空间形态的计量方法及其评价》，标志着他的计量经济学理论与城市规划学科实践的结合，文中提出了城市空间形态计量研究诸多概念：形状率、圆形率、紧凑度、椭圆率指数、放射状指数、伸延率、标准面积指以及城市布局分散系数和城市布局紧凑度。此

---

[1] 姜德华：《填补我国数量地理研究的空白》，新浪博客，2008年12月24日。
[2] 张耀光、张伯祉：《数量地理学学术活动简述》，《地理研究》1986年第1期。

文成为城市空间形态研究的指引性文献。

清华大学顾朝林教授在2015年4月8日接受南京大学校友会关于"南京大学城市规划学科口述历史"的采访中说:林炳耀先生是国内计量研究方法的开创者,由南京大学开办的首期计量地理培训班在全国产生了巨大的影响。并在林先生去世时发出"认识在他乡,相谈在异地,永远的牵挂,挥不去的思念!"的纪念语。

三、新经济时代的规划引领者

1990年9月到1991年6月,林炳耀先生赴加拿大滑铁卢大学地理与环境管理系开启了为期10个月的访问学者生活。该系在加拿大大学的地理系中位居前列,特别是经济与社会、国际发展和规划政策的研究,这极大地开拓了林先生的视野。访学回国,适逢改革开放进入一个新的阶段,《中华人民共和国城市规划法》的实施,城市与区域发展成为地方政府的核心战略,区域性规划和城镇体系规划独特的"政策分析研究和制定"功能得到全面的认识。地方政府掀起的区域规划和城镇体系规划的实践邀约让林先生率先投入到福建省的城镇体系规划中,并开始着手探索城市规划的学科发展以及城镇体系规划的理论问题。

从1992年开始,林先生"专家领衔",先后完成了福州市永泰县、连江县、平潭县、罗源县、福清市、长乐县,泉州市德化县、安溪县的城镇体系规划,成为南京大学城市规划设计研究院城镇体系规划理论体系创建的探索者和实践应用者。与此同时,通过不断总结规划实践中的问题,先后发表了《论市县域规划模式的变革》(《地理科学》1994年第1期)、《城市化与城镇布局》(《城市规划汇刊》1994年第6期)、《城镇体系规划的性质与政策分析》(《城市规划汇刊》1997年第2期)、《21世纪城市规划研究的前沿课题》(《城市规划汇刊》1997年第5期)、《科学技术发展趋势与城市规划学科的建设问题》(《城市规划汇刊》1998年第2期)等文章。

在《论市县域规划模式的变革》(1994)中,指出现有市县域规划模式存在的六种缺陷:目标不具体、不明确;对发展中存在的问题缺乏系统、深入的研究;对开发与保护、发展与控制缺乏量化表示和综合分析,也缺乏相应的指标体系;对区域发展的动力机制和奖励政策缺乏应有的认识;规划与管理脱节,规划的法制意识淡薄;对规划程序缺乏深刻研究,规划各阶段的成果混杂地表示在规划文本中,眉目不够清晰。而解决这一问题,需要:一是从规划程序方面变革,把规划活动与立法、管理活动结合起来。二是从规划的专题内容上变革,市县域规划应充分依据国民经济长远计划,围绕城镇和乡村居民点布局,编制国民经济发展纲要。重点突出自然遗产、历史文化遗产和生态环境保护规划,突出了与之相关的旅游、文化教育等第三产业规划和各级保护区规划,使区域经济开发与地区生态环境的优化相协调。制定以工业、居住、第三产业、交通、通讯、能源供应网络和开放空间为主要要素的区域土地资源开发和布局规划,相应地划定空间控制线和制定发展与控制指标,强化空间规划和管理的内容。根据地区经济发展要求,把各类开发区布局作为市县域规划的重要内容,分析开发区区位,确定开发区性质与发展方向,划出开发区的近远期发展的空间界线。这样,可以加强市县域规划的可操作性,更好地为改革开放服务。选择重点保护和开发地段或区域,进行市县域规划的分区规划。三是从市县域规划的分区规划方向深化,分区规划,要求有更详细的内容和更高的深度,发展与控制指标也要求更具体,空间界线也应有更高的精度和详细程度,以使市县域规划能在建设中发挥引导开发、促进保护的管理功能。四是从挖掘传统和运用现代规划技术的结合上开拓,形成有特色的规划方法论。五是从规划的个性化方向塑造新的规划模式。这些"真知灼见",到今天经过20多年的发展实践,依然闪耀着"光芒"和"卓越"。

《城市化与城镇布局》(1994)一文,在全面扼要地论述城市化概念界说、世界城市化过程的特征和经验、发展中地区的城市化战略之后,从以下几个方面阐述中国城市化进程特征问题及战略:一是中国的城市人口增长率在城市化增长阶段的50年代和80年代,城市人口、非农业人口均以5％的年增长率增长,这一增长率明显高于世界发展中地区的水平(4.5％)。二是我国东中西三个地带城市化水平有明显差别。三是在设市的城市中,大城市人口增长绝对数和份额大于中小城市。四是人口流动与人口老龄化。京津沪直辖市流动人口占常住人口20％—25％,广州达38％。城镇人口户型缩小,大城市出现"老龄化"。五是交通与环境问题突出。六是长江三角洲的城市化与加拿大城市比较。中国城市化中,出现中心城市人口比例偏低的现象。七是各类产业社会劳动者分布——上海、北京、天津等与东京首都圈的比较。第三产业就业劳动者比例偏低,是中国大城市特征和问题,它影响城市功能的发挥。八是大城市中心区的结构调整。疏解超高密度地段是大城市结构调整的任务之一。此文对城市化的系统阐述和对中国城市化特征的前沿解读得到学术界的高度认同,获得同济大学首届金经昌城市规划教育基金会、《城市规划汇刊》优秀论文奖。

《21世纪城市规划研究的前沿课题》(1997)则强调了五大前沿课题需要我们不断深入探讨：城市规划研究生态内容的地位突出；城市可持续发展是城市规划研究前沿课题的核心问题之一；城市发展的文化资源的利用、文化传统的阐扬、文化内涵的充实及其与现代化进程的契合的探索，成为城市规划研究的前沿课题；科技进步对区域与城市发展正负面效应；世界经济的一体化过程与城市发展。

《科学技术发展趋势与城市规划学科的建设问题》(1998)一文，从科学技术的发展历史特征和学科交叉发展这一新趋势展开，对城市规划学科的发展作了简要的回顾后指出，城市规划学科需要从多学科交叉、纵向拓展建立完善的城市规划学科体系、工程技术层次的城市规划学科的建设和城市规划学科人才培养等四个方面强化它的建设，以适应跨世纪的紧迫需要，担负起推进第一生产力发展的历史使命。

1996年，世界经合组织发表了题为《以知识为基础的经济》的报告，成为人类面向21世纪的发展宣言。林先生敏锐地把握住这一学术热点，通过网络大量的阅读和思考总结，短期内连续撰写"知识经济"对城市发展与城市规划的影响的系列文章，成为新经济时代的规划引领者。1998—1999年，林先生连续发表了多篇文章：《知识园区》(《城市规划汇刊》1998年第5期)、《知识经济与城市要素新特点》(《城市规划汇刊》1999年第2期)、《知识经济与区域可持续发展》(《地域研究与开发》1998年第4期)、《知识经济与人地关系地域系统》(《云南地理环境研究》1998年第2期)、《21世纪知识产业与小城镇规划建设》(《小城镇建设》1998年第6期)、《城市经济的知识测度和城市发展战略》(《经济地理》1999年第5期)、《知识经济与城市规划思想变革》(《规划师》1999年第1期)。

《知识经济与城市规划思想变革》(1999)，提出了知识经济条件下城市规划思想创新的思路与重点研究课题。以高技术产业和园区作为研究的切入点，从生产力特性和城市区域空间结构对比研究。对重点研究课题，需要这样的思考：(1)知识产业各部门具有哪些新的生产力特性？这些部门相互之间是如何具体联系成一个完整体系的？现在处于什么样的发展阶段？其发展趋势如何？(2)知识经济各部门产生哪些新的区位特性？它在什么样的基础上倾向于积聚状况，形成何种空间结构特征？又是在什么因素影响之下趋于弱集聚、弱中心化?集聚与弱中心化怎样相互影响,通过哪些发展阶段,达到何种均衡?又是如何打破均衡,寻求新的结构?(3)处于工业化过程的国家或地区,知识产业的发展起什么样的引导作用,引向哪一种新的空间结构?是否可以借助知识产业实现跨越式发展?如果可行,工业化与知识产业之间将出现何种关系?其空间系统特征将如何演变?(4)建立在传统工业化基础上的空间结构理论,如中心地、增长极、均衡—集聚—新均衡论、回浪理论、城市模式理论,在新生产力迅速发展的条件下,需要进行哪些修正?工业化—城市化时代与"后城市时代"是什么关系?有没有必要或可能建立新的空间结构理论模式?(5)知识产业与可持续发展之间存在什么关系?能否运用新的生产力寻求可持续发展的目标?如何探讨以知识经济为基础的可持续发展的地域系统模式?(6)在系统研究知识经济与城市区域系统新特征的基础上,根据不同发展水平和地域系统特征,如何制定正确的发展决策和相关的导向政策?(7)知识经济与传统体制、制度和价值观念是什么关系?新生产力有没有可能催生新的价值观念?新生产力、新的价值观念与空间结构之间存在什么关系?是否要考虑一种理想的空间结构形态?(8)面对许多新课题,在我们研究方法和分析技术上应当采取什么对策?系统科学和从定性到定量的综合集合方法在探讨这些新课题的方法论中处于什么地位?我们的学科结构应当如何充实和调整?问题(1)和(2)主要针对知识产业各部门的生产力新特性及其空间影响;问题(3)和(4)探讨工业化过程的理论与实践在知识经济条件下的新趋势;问题(5)和(6)研究可持续发展与知识产业之间的关系;问题(7)和(8)分析价值观念的影响及方法论的更新。这些问题的提出充分彰显了林先生的系统而又充满着跳跃性创新的学术研究。

林炳耀先生,一个具有哲学思想、人文情怀、诗人气质、科学精神的学者,启迪人生的教育家,中国计量地理的开创者,新经济时代的规划引领者。

四、代表性论著

林炳耀先生学术思想活跃,善于思考与探索,其所著述,多具学术前瞻性和引领价值。他主导完成或参与完成的论著与教材近10部,发表或指导发表的论文70多篇。代表性成果如下:

1. 编著、译著或参编教材

[1] 林炳耀编著. 计量地理学概论[M]. 北京:高等教育出版社,1986.

[2] 林炳耀. 数量地理学及其发展[G]//中国地理学会数量地理专业组. 数

量地理学在生产布局中的应用.北京:科学出版社,1988.

[3] 曹桂发,陈述彭,林炳耀,等. 城市规划管理信息系统[M].北京:测绘出版社,1990.

[4] 林炳耀,张为斌.农业区划研究方法的探讨[C]//周立三. 中国农业区划的理论与实践.北京:中国科学技术大学出版社,1993.

[5] 李小建,李国平,曾刚,等. 经济地理学[M].北京:高等教育出版社,1999.

[6] 南京大学地理系经济地理教研室编.中国经济地理[M].北京:中央广播电视大学出版社,1985.

[7] 我们的地球[M]. 林炳耀,孙以年,译.苏宗伟,校.北京:科学出版社,1984.

[8] [加拿大]多萝西·哈珀. 碧空慧眼:遥感入门[M]. 南京大学地理系遥感组,译.江美球,校.北京:商务印书馆,1979.

二、期刊论文

[1] 林炳耀,江晓鹤,戴建秋. 微型电子计算机(MICROCOMPUTER)在城市规划与城市系统分析中的应用[J]. 经济地理,1984(1).

[2] 林炳耀. 论发展我国计量地理学的若干问题[J]. 经济地理,1984(2).

[3] 江晓鹤,林炳耀,戴建秋. 应用微型机建立城市与区域发展的数据管理软件包[J].南京大学学报(自然科学版),1984(2).

[4] 林炳耀.喜读丁骕先生的《数量地理》[J].经济地理,1985(2).

[5] 林炳耀. 比较地理学的事例分析与建议——参加西班牙马德里IGU数学模型工作组会议的几点体会[J]. 地理科学,1987(4).

[6] 李文彦,林炳耀,许学强. 英国城市经济与地理教育近况——我国人文地理学家代表团访英简报[J]. 地理研究,1988(4).

[7] 林炳耀. On the development of quantitative geography in China(论中国数量地理学的发展)[C]//International Symposium on Mathematical Models of Geography(国际地理学数学模型研讨会),1990.

[8] 林炳耀.论我国城市和区域信息系统的开发和建设[J].经济地理,1991(3).

[9] 林炳耀,藏淑英.试论我国大城市边缘区的若干社会经济发展特征[J]. 城市规划汇刊,1991(6).

[10] 林炳耀. On the socio-economic development features on the fringe areas of large cities in China(论我国大城市边缘地区的社会经济发展特征)[J]. China City Planning Review(《中国城市规划评论》),1992(3).

[11] 林炳耀. 论市县域规划模式的变革[J].地理科学,1994(1).

[12] 林炳耀. 城市化与城镇布局[J].城市规划汇刊,1994(6).

[13] 林炳耀. 生活方式、生产模式变革与可持续发展战略的实施[J].城市规划汇刊,1997(1).

[14] 林炳耀. 城镇体系规划的性质与政策分析[J].城市规划汇刊,1997(2).

[15] 林炳耀. 21世纪城市规划研究的前沿课题[J].城市规划汇刊,1997(5).

[16] 林炳耀.21世纪小城镇规划研究的若干理论问题[J].小城镇建设,1998(1).

[17] 林炳耀.科学技术发展趋势与城市规划学科的建设问题[J]. 城市规划汇刊,1998(2).

[18] 林炳耀.科学发展趋势与经济地理学发展中的几个问题[J].经济地理,1998(2).

[19] 林炳耀. 知识经济与人地关系地域系统[J]. 云南地理环境研究,1998(2).

[20] 林炳耀.城市空间形态的计量方法及其评价[J]. 城市规划汇刊,1998(3).

[21] 林炳耀. 知识经济与区域可持续发展[J].地域研究与开发,1998(4).

[22] 林炳耀.知识园区[J].城市规划汇刊,1998(5).

[23] 林炳耀. 21世纪知识产业与小城镇规划建设[J].小城镇建设,1998(6).

[24] 林炳耀. 探索虚拟城市[J].地球信息科学,1999(1).

[25] 林炳耀. 知识经济与城市规划思想变革[J].规划师,1999(1).

[26] 林炳耀. 知识经济与城市要素新特点[J].城市规划汇刊,1999(2).

[27] 付重林,林炳耀. 城市经济的知识测度和城市发展战略[J].经济地理,1999(5).

第三篇　当代人文地理学科重点领域

第十一章　城市地理[*]

甄峰[1,2]，席广亮[1,2]

（1. 南京大学建筑与城市规划学院，2. 南京大学人文地理研究中心）

南京大学是我国最早从事城市地理研究与教学的主要单位之一。教育部曾于1955年在我校建立全国第一个经济地理学专业，并于1977年率先在经济地理专业的基础上开设城市与区域规划专业，目前已形成自本科生至博士后的教学培养体系。1997年又被教育部、建设部批准为国内第一所综合性大学设立城市规划（工科）本科和硕士点的单位。60多年来，我校城市地理学科依托学校理、文、经等多学科综合优势，顺应世界城市地理学科发展趋势，充分强调了城市地理学的理论研究与城市发展实践的高度融合，在城市地理学理论研究与应用领域已经积累了丰硕的系统化的研究成果。理论研究方面，形成以城市体系、城市边缘区、城市空间结构演化研究为特色的较强、成梯队的学术群体，出版了一批标志性专著。应用理论研究方面，本学科依托多学科交叉优势，在区域规划、城镇体系规划和城市总体规划的理论与方法等方面取得了系列成果，部分研究成果已纳入《中华人民共和国城市规划法》和建设部《城镇体系规划编制办法》。近年来，本学科在区域与区域空间结构、城市与区域管治、城市生态与景观、城市GIS和虚拟现实研究领域进行了开拓性的研究，取得了丰富的成果和可观的经济效益。

一、1949年以来城市地理学学科发展历程回顾

中国城市地理学的迅速成长，很大程度上归于它在实践中的旺盛生命力。

---

[*] 本文检索了1949年以来《地理学报》、《地理研究》、《地理科学》、《经济地理》、《人文地理》、《城市规划》、《城市规划学刊》、《国际城市规划》、《城市发展研究》、《城市问题》、《规划师》等主要刊物，限定了第一作者的第一单位为南京大学的论文，共检索了1100余篇文献。

一开始,中国城市地理学者结合专业特长,及时配合国家建设的需要开展了城市与区域规划。1977年,南京大学率先在经济地理学专业的基础上开设城乡规划专业,开展了综合性大学理科在城市规划工作中的广泛参与。此后,南京大学成立了具有甲级资质的城市规划设计研究院。广大城市地理工作者积极参与城市与区域规划,不断开拓进取,逐渐走出了一条理科与工科相结合的城市规划道路。近年来,从事城市地理研究的队伍在日益壮大,主要教学研究机构正在形成各自的研究特色和风格,南京大学主要侧重于城市化、城镇体系、城市总体规划研究,近年来又进行区域城市化、海港城市、城市社会地理研究以及宜居城市、信息城市研究。根据南京大学城市地理学研究的进程,可以划分为以下四个研究阶段。

1. 探索研究时期(1949—1974年)

新中国成立后,受苏联计划经济体制影响,中国经济发展带有明显的计划经济特点,以研究生产力布局为主。李旭旦、宋家泰、张同铸等一批学者重点研究了人地关系、农业区划、经济区划等方面,使得南京成为人文地理学研究的一个重要基地。

2. 复苏发展时期(1975—1984年)

从20世纪70年代中期开始,随着城市工作开始复苏,并提出在城市规划中加强区域分析和社会经济分析的要求,城市地理在人文地理学科的重要性日益凸显。1975年以来,宋家泰先生及全教研室师生致力于城市与区域规划的实践和研究,取得了一系列科研成果。从1976年开始即接受教育部委托,陆续举办城市规划培训班,成为中国城市规划人才培训基地,承担了建设部"城镇合理规模研究"、"南京市域城镇体系研究"等课题,在国内城市规划界首开城市规模的系统研究。1980年,宋家泰先生在《地理学报》上发表文章《城市—区域与城市区域调查研究》,提出了著名的"城市—区域"观理论,开展了城市发展的区域分析、城镇体系以及城镇化的早期研究。同时,南京大学地理系成立了城市与区域规划专业,奠定了当代南京大学城市地理研究以及城市与区域规划学科发展的基础,成为现代城市地理创新的重要源头之一。

3. 旺盛发展时期(1985—2000年)

20世纪80年代中期,中国城市地理学研究进入历史以来最旺盛的时期,全国各大学地理系和相关地理研究所都相继在城市地理学的基本理论、实践领域有所拓展。1985年,我国首届"城市地理学术研讨会"在无锡召开,宋家泰在大会上作了《论中国城市发展问题》的报告,全面讨论了城市化问题与发展方向,南京大学城市地理研究也进入旺盛发展时期。宋家泰、顾朝林等汲取国外经验,结合中国实际提出了城镇体系规划"三结构一网络"的理论,被《中华人民共和国城市规划法》、建设部《城镇体系规划编制办法》等吸收,为城市规划部门广泛接受并应用;出版了中国地理界第一部城市规划专著《城市总体规划》,随后崔功豪、顾朝林相继出版了《中国城镇发展研究》、《城市地理学》、《中国城市地理》等教材和专著;1998年组建了以"数字城市"为主攻方向的城市规划与区域开发模拟实验室,建立了大型城市仿真与虚拟现实系统,为科研和教学搭建了良好的平台;2000年顾朝林教授获得国家杰出青年基金,是我国城市地理学界第一位杰出青年获得者。这一时期,南京大学在城镇体系、城市化、城市与区域理论等方面取得了大量的研究成果。

4. 多元发展时期(2001年至今)

进入21世纪,随着一批青年学者的崛起,学科梯度逐渐完善,学科领域也得到了更大的拓展,从传统的城市化与城镇体系、城市与区域规划研究拓展到了城市与区域管治、信息化与城市区域空间结构、城市社会文化地理等领域。先后承担了"中国城市化格局、过程与机理研究"国家自然科学重点项目,"信息化影响下的区域城市网络形成过程与机制:以长三角为例"、"中国城镇密集地区城市与区域管治研究"、"沿海城镇密集地区经济、人口集聚与扩散机制和调控研究"、"体制转型背景下中国城市空间结构演化研究"、"信息时代城市就业与居住空间变化研究"等十多项国家自然基金项目,以及国家"973"项目、"985"工程一二期、教育部社科项目和科技部、建设部等研究课题,出版了《城市社会学》、《城镇群体空间组合》、《城市管治:概念、理论、方法、实证》、《概念规划——理论、方法、实例》、《城市体系规划:理论、方法与实例》、《信息时代的区域空间结构》、《全球化世纪的城市密集地区发展与规划》、《城市规划经济学》等著作。举办了2001年"城市与区域管治国际学术研讨会"、2003年"人文地理学发展前沿问题学术沙龙"、2005年"中国城市化研究海内外研究组专题讨论会"、2006年"中日城市化专题讨论会"、2011年第一届"城市化与城市发展中青年创新论坛"等重要学术会议,先后与美国、英国、加拿大、德国、法国、澳大利亚等国家和地区进行了广泛的国际学术交流。

二、研究重点领域与学术贡献

1. 城市化理论研究与政策实践

改革开放以后,我国城市化和工业化得到了较快的发展,也迎来了我国城市化研究的快速发展时期。南京大学是最早研究中国城市化问题的单位,1979年吴友仁在《城市规划》上撰文,率先探讨了我国社会主义城市化问题。该篇文章重点分析了新中国成立以来影响我国城市人口增长的因素,并从粮食生产和基本建设投资角度预测了2000年中国的城市化水平。此后合作承担了国家城建总局(现建设部)"中国发达地区城市化途径"的研究项目;1985年起,开展了中美合作关于中国城市化研究;1987年,在美国一级地理科学杂志 *Annals of the American Association of Geographers*(AAAG)发表了中国大陆地区地理学家在该刊物的第一篇文章;1988年,在南京主持举办了第二届亚洲城市化国际学术讨论会;1995年,在美国鲁斯基金会资助下,又与美方合作主持了"中国自上而下城市化研究"项目,在美国国家地理学会刊物上发表研究成果;结合自然科学基金重点课题,开展了沿海地区农村城市化研究,并出版了专著;进入21世纪,承担了"中国城市化格局、过程、机制"国家自然科学基金重点项目以及其他多项基金项目。经过长达30多年的研究,积累了大量的研究成果。关于城市化的研究主要集中在以下几个方面。

(1) 城市化发展过程的研究

根据城市化水平、社会经济发展状况、重大历史事件等,学者对中国城市化过程进行阶段划分,归纳各阶段发展特点,尽管对中国城市化过程的阶段数量和起止时间的意见并不统一,但基本同意改革开放前后是一个转折点,90年代是又一个转折点。南京大学关于城市化过程的集中研究从2000年开始,顾朝林等学者在国家自然科学基金重点项目"中国城市化类型、过程与机理研究"及教育部博士点基金项目"中国城市化类型、过程与机理"的资助下,开展了中国城市化过程及典型区域(长江三角洲、珠江三角洲、京津冀地区、辽中地区、经济发达地区等)的城市化过程研究,主要研究成果收入顾朝林等主编《中国城市化格局、过程、机理》中。李震(2006)基于人口普查数据,分析了90年代我国省区间城市化进程的差异性。

在城市化过程研究的同时,对郊区化、城乡一体化、半城市化等城市化发展过程进行了探讨和研究。顾朝林(1998)从郊区化现象、形式和特点等角度分析了中国大城市发展的新动向,张越等(1998)从城市化发展阶段的角度,分析提出我国并未出现真正的郊区化,仍处于集中城市化发展阶段;甄峰(1999)最早总结了城乡一体化的内涵、模式、动力及规划实施等内容;洪银兴、陈雯(2003)分析了城市化发展过程中解决城乡一体化问题,指出城乡一体化是当前阶段城市化的主要内容;张敏等(2008)针对城市化进程中欠发达地区出现的半城市化现象,以福建莆田为例进行了分析研究。吴春飞等(2014)在就地城镇化的视角下,以福建省沿海地区晋江市和石狮市的8个典型城中村为例,研究半城镇化地区城中村问题。孙洁等(2018)阐述了由镇升区的概念及其可能产生的城镇化推动作用,并辨析了升区后小城镇就地城镇化效应。

城市化发展过程研究的另一个方面,是对城市化发展过程的影响因素的研究。南京大学利用地理与区域研究的优势,进行了自然资源禀赋、区域经济、产业发展、人力资本等社会经济条件等社会经济条件与城市化关系、全球化对城市化过程影响等方面的研究,曾尊固等(1989)最早研究了南通农村产业结构变化、劳动力转移和城镇化发展关系;顾朝林(2004)分析了改革开放以来中国城市化与经济社会发展关系;甄峰等(2007)以江苏省为例,研究了人力资本、经济增长和城市化的关系。也有学者从自然资源禀赋、港口开发方面研究与城市化的关系。王沣等(2014)以宁夏为例,分析了西部欠发达地区经济增长、人口迁移、少数民族政策与城镇化的关系。

随着生产要素的全球范围流动和中国加入世界贸易组织(WTO),以及大量的外商直接投资(FDI)流入,全球化对城市化过程的影响日益明显,1999年顾朝林出版著作《经济全球化与中国城市发展——跨世纪城市发展战略研究》,系统性地分析了经济全球化对城市化的影响,探索了我国城市化与城市发展在经济体制转型过程中可能出现的新问题和新动向。从全球城市化发展过程及其相应背景、全球化经济影响等方面分析中国城市化发展过程,并提出影响的城市化发展策略。

(2) 城市化发展模式与动力机制

进入90年代后,中国城市地理学界对中国城市化的研究进一步深入,不再局限于采用数理统计方法研究中国城市化的规律问题,而是转向更深层次的机理研究,在城市化动力机制和郊区化的理论研究方面取得明显进展。由郑弘毅主编的《农村城市化研究》一书系统论述了农村城市化的基本理论、动力机制等,对长江三角洲、珠江三角洲、京津唐等地区的乡村地区城市化进行了实证分析。崔功豪、马润潮《中国自下而上城市化的发展及其机制》(1999)一文从城市化启动力的角度指出,这种发生在农村地域,由地方政府和农民群体力量推动的城市化是一种自下而上的城市化过程,具有明显的中国特色,文章并由此分析了自下而上城市化的发展阶段,探讨了其在国家方针政策指导影响和政府、农民、外部(内资、外资)力量共同作用下的运行机制,最终对其在中国城市化发展中的未来地位和作用作了评估。顾朝林在其著作《中国城市地理》中对城市化的动力机制和发展模式进行了全面的总结,将城市化的动力机制分为产业空间集聚、城乡间相互作用等基本动力和行政中心辐射、外资带动、政策因素等独特动力,将中国城镇化模式分为自上而下模式(行政指向、重点项目带动、大城市扩散型)、自下而上模式(苏南模式、温州模式)和外力推动模式(外资带动、边贸激发、旅游促动等类型)。在此研究基础上,南大学者针对不同时代背景、不同地域类型的城市化动力机制和发展模式进行了具体和深入的研究(宁登,2000;王红扬,2000;张敏、顾朝林,2002;王志强,2005;章光日、顾朝林,2006;陈浩等,2012;姜克芳等,2016)。

(3) 城市化空间格局研究

中国城市地理学界在20世纪上半叶初步讨论了中国城市的分布,无锡、重庆、成都、南京、包头等的区位、城市构造、轮廓和功能等。中央大学陈尔寿先生1943年在《地理学报》发表论文《重庆都市地理》,分析了重庆的都市空间格局。进入80年代,宋家泰、林炳耀、崔功豪、顾朝林等学者研究了城市化的城镇体系格局、不同类型城镇空间布局以及城市边缘区空间结构等内容。宋家泰撰写的《中国城市发展的几个问题》一文及顾朝林所著《中国城镇体系——历史、现状、展望》中,较早地探讨了城市化过程中的中国城镇体系。崔功豪等(1990)以南京和苏州、无锡、常州等城市为例,分析了我国城市边缘区的发展过程和社会经济特征,探讨了我国城市边缘区用地形态和空间结构的基本特征及其变化。林炳耀(1994)分析了不同类型城镇空间布局及其相应的城市化发展战略,提出发展中地区应采取主要地区多中心发展、扩大中心城市地域范围、加强副中心等战略。

进入21世纪,城市化空间格局的研究不断得到强化,研究的区域和空间更加广泛,并将定量分析的方法引入城市化空间格局分析当中。顾朝林等在重点基金项目"中国城市化类型、过程与机理研究"的支持下,展开了全国城市化空间格局以及长江三角洲、珠江三角洲、京津冀地区、成渝地区、辽中地区等城市群地区的城市化空间格局的研究。有学者对城市化过程中出现的都市区、城镇密集地区、巨型区域等新的城市化空间形态进行了研究(王兴平,2002;张京祥等,2008;李少星,2010)。同时,采用因子分析、层次分析法(AHP)等定量方法进行了城市化水平的综合测度,并对城市化水平的空间格局和差异性进行可视化表达,王富喜、林炳耀(2005)研究了21世纪山东省城镇化可持续发展的问题与对策,从经济发展、社会发展、基础设施、生态发展、城乡统筹等方面综合研究城市化发展质量及其空间格局。近年来,更多定量方法被用来分析城镇化的空间格局,如陈利等(2017)利用基尼系数及核密度估计方法,系统分析了中国城镇化的地域非均衡及其动态演化规律。王绍博等(2018)基于GIS平台,运用位序规模分布、均匀度指数及引力指数对扬子江城市群空间结构演变、集聚扩散特征、空间相互作用强度进行分析。王绍博等(2019)以上海超大城市为例,基于空间扩展强度指数、标准差椭圆及驱动力分析模型,对上海城市空间扩展的历程、阶段特征及驱动机制进行系统分析。

(4) 城市化政策与道路

在城市化发展过程中,关于中国城市发展方针政策和道路一直是城市地理界研究、讨论的热点。早在20世纪80年代,宋家泰、崔功豪等学者开始关注中国的城市化政策问题。宋家泰积极倡导小城镇发展,在1985年美国俄亥俄州阿克隆大学等三学术团体召开的"国际亚洲城市化会议"第一次会议以及1985年全美地理学家年会上,宣读了以小城镇发展为"中国城市化及其发展途径"的观点。1988年在南京大学举行的"国际亚洲城市化会议"第二次会议上,中国以小城镇发展为中国城市化道路的主要途径取得了国际同行的充分肯定和好评。马润潮、崔功豪于1987年在美国地理学家协会年报(*AAAG*)发表了《中国行政体制变化和城市人口》。陈鹏(1997)从二元城镇化战略的角度分析中国城镇化道路问题;顾朝林(1999)通过城市规模与效益关系的定量分析,提出中国应采取多样化的城市化与城市发展政策。

进入21世纪,多位学者分别从行政区划调整、制度建设、公共政策、制度创新等角度分析城市(镇)化发展政策(张京祥,2002;陈鹏,2005;谷荣、顾朝林,2006;罗小龙等,2010)。同时,针对城市化发展的方针政策及时代需求开展了城市化发展策略研究,并结合各地城市化实际提出相应的策略。围绕转型时期的特殊背景,提出城镇化发展产业、空间策略(宁登、蒋亮,1999),当前新型城镇化背景下城市发展的特点及路径(陈映雪等,2013;罗小龙等,2020),以及城乡统筹与乡村发展研究。同时,立足江苏省、南京市城市化发展的战略要求,开展了城市化途径和策略的研究(戴军等,2005),提出了质量提升、统筹协调及空间优化三大战略(甄峰等,2011)。

2. 城镇体系空间结构与规划

南京大学最早开展了城镇体系研究,并创建了中国城镇体系规划理论与方法,在国内外地理学界、规划学界具有非常重要的影响。经过多年持续不断的耕耘和积累,南京大学在城镇体系理论、区域城镇体系空间结构和城镇体系规划实践方面形成了丰富的研究成果,已经建立了从城市群体到城市内部的全系列空间结构研究体系。

(1) 城镇体系理论研究

20世纪80年代,宋家泰、顾朝林在国内率先提出了城镇体系的"三结构一网络",即地域空间结构、等级规模结构、职能类型结构和城镇网络系统理论,并对城镇体系规划理论与方法进行了研究,分析了城镇体系规划的概念与目标、城镇体系发展机制、城镇体系规划内容等。90年代针对城镇体系的群体空间进行了研究,张京祥、崔功豪等提出城镇群体组合的基本规律,并认为城镇群体空间是在一个城镇群体化发展区域内,由一些具体的城镇及分布其间的区域环境共同组成的空间。进入21世纪,开始关注全球化、信息化等新的时代发展背景对城镇体系结构的影响,顾朝林、李震、孙明洁等分别针对全球化与中国城市体系、中国城市等级模型体系特征、等级体系演变、地域空间结构类型等内容进行了研究;开展了信息技术影响下的城市网络结构、流动空间与全球城市网络的研究(甄峰、刘晓霞、刘慧等,2007;沈丽珍、顾朝林,2009;席广亮、甄峰、沈丽珍等,2013;董琦、甄峰,2013;熊丽芳、甄峰、王波等,2013;席广亮、甄峰,2016;沈丽珍、席广亮、秦萧等,2018)。在网络社会的深入影响下,甄峰等以新浪微博为例,研究了网络社会空间视角的中国城市网络结构,并在2011年中山大学举行的第六次"空间行为与规划研讨会"上进行了宣读,是国内首篇从微博社会网络视角研究中国城市网络的论文。之后,甄峰等又相继利用微博签到数据、大众点评网用户评价数据等网络大数据对城市网络进行系统研究。

(2) 城镇体系空间结构研究

在进行城镇体系理论研究的同时,开展了全国及各地城镇体系空间结构的实证研究。顾朝林在《中国城镇体系——历史、现状、展望》一书中系统阐述了中国城市的起源、城镇体系的产生及其历代的发展,分析了中国现代城镇体系的地域空间、等级规模、职能组合结构,及今后中国城镇体系进一步发展的条件、城镇化水平与人口增长、地域开发对城镇体系发展的影响等,并展望了中国城镇空间的未来发展。同时也开展了长江三角洲地区城市规模时空演变、江苏省城镇体系空间规划、广西沿海地区城镇体系布局以及徐州、宜昌、常德、伊利等地区的城镇体系空间结构和布局研究。

同时,对城市带、城镇群、都市圈、城市边缘区、城市形态与结构、城市内部空间等开展了丰富的研究。结合国外经验和中国经济发达地区城镇发展的特点、趋势,在国内最早开展城市带(megalopolis)的研究。李世超(1989)从城市带的分布及特征、发展前景、国内城市带与世界城市带的差异等方面进行了分析,崔功豪等对城市带的概念特征、形成机制及中国城市带发展实证进行了研究。南京大学自80年代中期起,对城市内部结构、边缘区结构和外部结构三个层次,在国内率先进行城市边缘区的研究,系统介绍了国外相关理论,使城市边缘区成为我国城市地理界和规划界研究的热点;先后承担国家自然科学基金关于城市边缘区(城乡接合部)问题三项基金,出版《中国城市形态、结构、特征及其演变》、《中国城市空间结构模式》、《集聚与扩散:城市空间结构新论》等著作。90年代以来,南京大学相继开展了城镇群、大都市密集区、城市内部空间结构的研究,出版《中国城镇发展研究》、《中国城市地理》等专著,深入地分析了我国的城市群、大都市密集区的空间分布格局及特征,并在国内较早地开展了区域空间极化的研究。2000年以来,继续深化对都市圈、都市连绵区、城市密集地区的研究,顾朝林、张敏(2001)对长三角都市连绵区性状特征与形成机制进行了深入的分析;针对都市圈(区)的空间生长过程、空间演变与发展机制、空间组织模式等分别进行了不同的研究;针对典型区域,对城市群空间结构和空间格局进行了深入研究;张京祥2008年出版专著《全球化世纪的城市密集地区发展与规划》,系统地回顾了城市密集地区的发展历程,描述了全球化时代城市密集地区发展、规划及治理的一系列重大转型,并对中国城市密集地区的规划、治理进行了检讨和建议。

在全球化、信息化的影响和作用下,城市区域不断地重构和产生新的变化。南京大学较早地开展了信息化影响下的城市与区域空间结构研究。甄峰 2004 年出版了专著《信息时代的区域空间结构》,分析了信息时代新的空间形态,首次提出了实空间、虚空间和灰空间,探索性地研究了全球化、信息化对该区域空间结构的影响,提出了以都市圈为空间和经济组织方来式构建长江三角洲网络空间结构的设想。随着生产性服务业对城市与区域发展影响的深入,及时地开展了生产性服务业及其空间影响的研究。沈丽珍(2010)从点、线、面的角度来架构区域流动空间,并分析了流动空间对城市区域的影响和重构。甄峰等(2012)针对移动信息技术的影响,最近又探索性地提出了移动社会框架下的城市地理学研究范式与重点。

(3) 城镇体系规划实践

南京大学对城镇体系理论研究的成果,很好地指导了空间规划的实践工作。宋家泰、顾朝林等提出的城镇体系规划的"三结构一网络"理论,为城市规划部门接受并广泛应用,其基本思想被纳入《中华人民共和国城市规划法》以及建设部《城市规划编制办法》,之后还为建设部起草了《县域规划编制办法》、《县域城镇体系规划编制办法》。南京大学相继在 80 年代和 90 年代为建设部举办城镇体系规划培训班,培养了大批城镇体系规划人才。

与此同时,南京大学也积极投身于城镇体系的规划实践工作,配合建设部及各地规划部门开展了大量的城镇体系规划工作,在实践过程中对城镇体系规划的理论和方法进一步完善、充实。如宋家泰、顾朝林、林炳耀、吴缚龙、胡俊等在实践过程中进一步深化对城镇体系规划的研究,针对生产力布局与城镇体系的关系、城镇体系规划边界、城镇体系规划性质、城镇体系规划方法与思路等内容进行了研究。顾朝林 2005 年出版了著作《城镇体系规划——理论·方法·实例》,全面系统地总结了城镇体系规划的理论与规划实践方法。张京祥、胡嘉佩 2016 年出版了《中国城镇体系规划的发展演进》,系统梳理了中国城镇体系规划的演化特征、脉络逻辑及其发展趋势。近年来,南京大学也承担了多项重要区域规划、城市群规划、城乡统筹与城市战略规划及宜居城市研究与规划,涉及长江三角洲、关中城市群、长株潭城市群、冀中南地区等,海南、南京江宁、杭州、合肥、石家庄等城乡统筹规划及城市发展战略规划,以及南京、银川等城市的宜居城市研究与规划,均产生了较大的社会影响,这也充分体现了城市地理学理论研究对城市发展实践的重要贡献。

3. 城市与区域管治及规划研究

20世纪80年代宋家泰最早提出"城市—区域"概念,南京大学开展了城市与区域规划的理论研究和实践工作。90年代末在国内最早开展了城市与区域管治研究,并积极进行城镇密集地区的规划研究。

(1) 城市与区域管治

南京大学是国内最早进行城市与区域治理研究的机构,2001年在国内第一次举办了"城市与区域管治国际学术研讨会",完成了国家自然科学基金项目"中国城镇密集地区城市与区域管治研究",顾朝林、张京祥、罗小龙等在大城市管治、城镇密集地区治理等方面取得了大量成果,出版了《城市管治——概念、理论、方法、实证》《中国都市区发展:从分权化到多中心治理》《长江三角洲的城市合作与管治》等重要著作。

早在1999年,张京祥讨论了国外城镇群体地区的区域与城市管治,并对中国城镇群体的行政管理体制及管治体系进行研究。2000年,顾朝林、张京祥分别探讨了城市管治的理论渊源、研究内容以及管治的意义,在此基础上城市管治研究得到了重视和延续,并集中研究了以下几个方面内容:① 城市与区域治理模式。针对中国城市发展的特殊环境,研究城市治理的多种模式,探讨了大都市区管治的集权化的科层模式、分权化的市场模式和组织间的网络模式三种治理模式。② 行政区划调整与城市管治。研究行政区划调整对都市密集地区区域管治的作用、省直管县体制对城市发展影响等内容。③ 城市与区域治理机制研究。从调控机制、区域合作治理等角度研究城市治理,并专门针对长三角多中心城市区域的功能和管治等内容进行研究。

(2) 城市与区域规划

南京大学城市地理学科发展的一个重要特色就是理论研究与规划实践高度结合。1975年即开展城市与区域规划工作,是国内理科大学最早参与城市规划的学校。在理论研究的基础上,将地理学的理论方法与技术引入城市与区域规划,提高了城市规划的科学性,得到了建设部的肯定。从1976年起,即接受建设部委托,陆续举办城市规划培训班,成为我国城市规划人才培养基地。出版了《城市总体规划》《区域分析与区域规划》《城市规划经济学》等著作,承担了建设部"城镇合理规模理论和方法"项目,是国内规划界首次对城镇规模的系统研究,受到了国家和学术界的重视与赞同。

紧密结合中国城市化快速发展、城市密集地区快速发育的背景,探索城市群、都市圈、城市发展战略等多类型城镇密集地区规划的理论与方法,出版了《城镇群体空间组合》、《概念规划——理论、方法、实例》、《全球化世纪的城市密集地区发展与规划》等著作,形成了南京大学独特规划编制思路和系统性的分析研究方法。在规划实践中承担了长三角区域规划、哈尔滨城市总体规划、哈尔滨都市圈规划、杭州城市概念规划、合肥城市概念规划、辽中城镇群规划、关中城市群、苏锡常都市圈规划、河北省冀中南区域空间布局规划等省会城市及区域性的规划项目,成为我国城市与区域规划领域重要的人才培养基地和技术支撑单位之一。

三、未来学科发展及研究展望

目前中国的经济发展进入新的历史发展时期,由于复杂的国际、国内环境变化,以及资源短缺、环境脆弱等关键因素的制约,中国的城市化和城镇发展面临新的严峻形势,国家"十二五"规划明确提出转变经济发展方式,推进工业化、城镇化和农业现代化,促进区域协调互动发展,积极稳妥推进城镇化,这给南京大学城市地理学科发展提出新的要求和研究方向。

(1)健康城市化发展研究。以促进健康城市化发展为目标和出发点,深化对城市化空间格局研究,重点研究城镇化密集地区的可持续协调发展机制、中小城市功能完善与提升以及城市化发展的区域协调机制。加强对城市化半城市化、乡村"空心化"、新城市化贫困阶层、城市化过程中弱势群体、农民工进城等城市化发展过程中的焦点问题研究。

(2)城市网络体系研究。在工业化向后工业化发展转变过程,以及全球化、信息化深度影响的背景下,传统的城市等级体系结构逐渐转向网络结构,应加强世界城市网络、全球城市体系、全球城市(区域)、流动空间,以及转型时期的城市与区域空间重构等研究,突出对"去工业化"背景下的区域关系、区域生产与服务网络等的研究,探讨全球化的生产网络、服务网络、社会网络的空间特征,对城市网络的空间影响、作用机制及结果。

(3)城市内部空间重构研究。研究范式的转变(文化转向、消费转向、制度转向)为城市内部空间研究带来新的研究课题,加强城市的社会文化空间、网络空间的转变及空间效应研究。随着消费主义倾向的兴起,城市消费空间的研究也成为城市内部空间研究的重点内容。

（4）城市与区域规划方法研究。随着时空行为理论的出现,学者开始关注居民行为特征的空间变化及空间影响,并开始探讨基于个人规划的城市规划方法,这可能是未来城市空间研究和规划应重点探讨的内容。

参考文献：

[1] Luo,X.L.,Shen,J.F. Urban governance in cross border coalitions: the case of the Jiangyin economic development zone in Jingjiang,China[J]. International Development Planning Review,2007,29(3).

[2] Ma,C.,Cui,G.H. Administrative changes and urban population in China[J]. Annals of the American Association of Geographers(AAAG),1987,77(3).

[3] Song,J.T.Problems of urban development in China[J].The Journal of Chinese Geography,1990(1).

[4] Zhen,F.,Shen,Q.,Jian,B.X.,et al.Regional governance,local fragmentation,and administrative division adjustment: spatial integration in Changzhou[J]. The China Review, 2010, 10(1).

[5] 蔡建辉.徐州市域城镇体系布局的研究[D].南京:南京大学,1985.

[6] 曹荣林.南京市江溧高地区的社会经济发展与城镇体系研究[D].南京:南京大学,1984.

[7] 曹荣林.广西沿海地区城镇体系发展布局研究[J].地域研究与开发,1994,13(3).

[8] 陈尔寿.重庆都市地理[J].地理学报,1943,10(2).

[9] 陈浩,张京祥,周晓路.发展模式、供求机制与中国城市化的转轨[J].城市与区域规划研究,2012,5(2).

[10] 陈利,朱喜钢.中国城镇化的地域非均衡及其动态演进——来自基尼系数及核密度估计的经验证据[J].统计与信息论坛,2017,32(5).

[11] 陈鹏.谈中国城镇化道路问题——论二元城镇化战略实施[J].城市规划汇刊,1997(1).

[12] 陈鹏.从规模控制到制度建设——论中国城市化战略的范式转换[J].城市规划,2005,29(2).

[13] 陈映雪,甄峰,翟青,等.环首都中小城市新型城镇化路径研究——以张家口怀

来县为例[J].城市发展研究,2013(7).

[14] 城镇合理规模组.研究城镇合理规模的理论和方法[M].南京:南京大学出版社,1986.

[15] 崔功豪.中国城镇发展研究[M].北京:中国建筑工业出版社,1992.

[16] 崔功豪.区域分析与规划[M].北京:高等教育出版社,1999.

[17] 崔功豪,马润潮.中国自下而上城市化的发展及其机制[J].地理学报,1999,54(2).

[18] 崔功豪,王本炎,查彦玉.城市地理学[M].南京:江苏教育出版社,1992.

[19] 崔功豪,武进.中国城市边缘区空间结构特征及其发展——以南京等城市为例[J].地理学报,1990,45(4).

[20] 戴军,张京祥,曹荣林.江苏城市化的科学发展观思维[J].中国人口·资源与环境,2005,15(4).

[21] 董琦,甄峰.基于物流企业网络的中国城市网络空间结构特征研究[J].人文地理,2013(4).

[22] 谷荣,顾朝林.城市化公共政策分析[J].城市规划,2006,30(9).

[23] 顾朝林.地域城镇体系组织结构模式研究[J].城市规划汇刊,1987(2).

[24] 顾朝林.中国城镇体系——历史、现状、展望[M].北京:商务印书馆,1992.

[25] 顾朝林.新时期中国城市化与城市发展政策的思考[J].城市发展研究,1999(5).[129]顾朝林.论城市管治研究[J].城市规划,2000,24(9).

[26] 顾朝林.城市管治——概念、理论、方法、实证[M].南京:东南大学出版社,2003.

[27] 顾朝林.城市化的国际研究[J].城市规划,2003,27(6).

[28] 顾朝林.改革开放以来中国城市化与经济社会发展关系研究[J].人文地理,2004,19(2).

[29] 顾朝林.城镇体系规划:理论、方法、实例[M].北京:中国建筑工业出版社,2005.

[30] 顾朝林,柴彦威,蔡建明,等.中国城市地理[M].北京:商务印书馆,1999.

[31] 顾朝林,陈璐,丁睿,等.全球化与重建国家城市体系设想[J].地理科学,2005,25(6).

[32] 顾朝林,孙樱.中国大城市发展的新动向——城市发展的郊区化[J].规划师,1998,14(2).

[33] 顾朝林,吴莉娅.中国城市化研究主要成果综述[J].城市问题,2008,(12).

[34] 顾朝林,熊江波.简论城市边缘区研究[J].地理研究,1989,8(3).

[35] 顾朝林,徐海贤.改革开放二年来中国城市地理学研究进展[J].地理科学,1999,19(4).

[36] 顾朝林,姚鑫,徐逸伦,等.概念规划——理论、方法、实例[M].北京:中国建筑工业出版社,2005.

[37] 顾朝林,于涛方,李王鸣,等.中国城市化格局、过程、机理[M].北京:科学出版社,2008.

[38] 顾朝林,张敏.长江三角洲都市连绵区性状特征与形成机制研究[J].地球科学进展,2001,16(3).

[39] 顾朝林,张勤,蔡建明.经济全球化与中国城市发展——跨世纪城市发展战略研究[M].北京:商务印书馆,1999.

[40] 顾朝林,甄峰,张京祥.集聚与扩散:城市空间结构新论[M].南京:东南大学出版社,2000.

[41] 洪世键,张京祥.基于调控机制的大都市区管治模式探讨[J].城市规划,2009,33(6).

[42] 洪银兴,陈雯.城市化和城乡一体化[J].经济理论与经济管理,2003(4).

[43] 胡俊.城镇体系规划研究中的几个问题[J].经济地理,1991,11(3).

[44] 姜克芳,张京祥,罗震东,等.差异分权与多元碎化:大都市边缘地区城镇化空间模式研究——基于武汉市蔡甸区的实证[J].人文地理,2016(4).

[45] 李少星.巨型区域:新的城市化空间形态——理论辨析与实证探讨[J].城市规划,2010,34(4).

[46] 李少星,颜培霞.自然资源禀赋与城市化水平关系的多尺度考察[J].中国人口·资源与环境,2007,17(6).

[47] 李世超.关于城市带研究[J].人文地理,1989(1).

[48] 李旭旦.新沂河完成后六塘河流域的农田水利问题[J].地理学报,1952,18(3、4).

[49] 李震.1990年代我国省区间城市化进程的差异研究——基于第五次人口普查口径的分析[J].现代城市研究,2006(3).

[50] 李震,顾朝林,姚士媒.当代中国城镇体系地域空间结构类型定量研究[J].地理科学,2006,26(5).

[51] 林炳耀.城市化与城镇布局[J].城市规划汇刊,1994(6).

[52] 林炳耀.城镇体系规划的性质与政策分析[J].城市规划汇刊,1997(2).

[53] 刘玉亭,顾朝林,郑弘毅.新世纪我国城镇体系规划的基本思路及完善途径[J].城市规划,2001,25(7).

[54] 罗小龙.长江三角洲的城市合作与管治[M].北京:商务印书馆,2010.

[55] 罗小龙,田冬,杨效忠.快速城市化进程中的人口流出地乡村社会变迁研究——对山西省中部地区的实证研究[J].地理科学,2012,32(10).

[56] 罗小龙,许骁."十三五"时期乡村转型发展与规划应对[J].城市规划,2015(3).

[57] 罗小龙,张京祥,殷洁.制度创新:苏南城镇化的"第三次突围"[J].城市规划,2011,35(5).

[58] 罗震东.中国都市区发展:从分权化到多中心治理[M].北京:中国建筑工业出版社,2007.

[59] 罗震东.长江三角洲功能多中心程度初探[J].国际城市规划,2010,25(1).

[60] 罗震东,张京祥,罗小龙.试论城市管治的模式及其在中国的应用[J].人文地理,2002,17(3).

[61] 马晓冬,马荣华,徐建刚.基于ESDA—GIS的城镇群体空间结构[J].地理学报,2004,159(6).

[62] 马晓冬,徐建刚.江苏省城市化发展的区域差异分析[J].世界地理研究,2006,15(3).

[63] 宁登.21世纪中国城市化机制研究[J].城市规划汇刊,2000(3).

[64] 宁登,蒋亮.转型时期的中国城镇化发展研究[J].城市规划,1999,23(12).

[65] 宁越敏.建设中国特色的城市地理学——中国城市地理学的研究进展评述[J].人文地理,2008(2).

[66] 欧向军,甄峰,秦永东,等.区域城市化水平综合测度及其理想动力分析——以江苏省为例[J].地理研究,2008,27(5).

[67] 彭翀.辽中城市群规划的空间格局研究[J].城市规划,2007,31(10).

[68] 蒲英霞,马荣华,马晓冬,等.长江三角洲地区城市规模分布的时空演变特征[J].地理研究,2009,28(1).

[69] 秦萧,甄峰,朱寿佳,等.基于网络口碑度的南京城区餐饮业空间分布格局研究——以大众点评网为例[J].地理科学,2014,34(7).

[70] 沈道齐,崔功豪.中国城市地理学近期进展[J].人文地理,1996,11(1).

[71] 沈丽珍.流动空间[M].南京:东南大学出版社,2010.

[72] 沈丽珍,顾朝林.区域流动空间整合与全球城市网络构建[J].地理科学,2009,29(6).

[73] 沈丽珍,席广亮,秦萧,等.基于快递物流测度的区域流动空间特征——以江苏省为例[J].人文地理,2018,33(1).

[74] 史健洁,林炳耀.经济全球化背景下的城市化[J].城市问题,2002,(4).

[75] 宋家泰.城市—区域与城市区域调查研究——城市发展的区域经济基础调查研究[J].地理学报,1980,35(4).

[76] 宋家泰.城市总体规划[M].北京:商务印书馆,1985.

[77] 宋家泰,顾朝林.城镇体系规划的理论与方法初探[J].地理学报,1988,43(2).

[78] 宋家泰,李应明,郑弘毅,等.充分利用"黄金水道"建立沿江"经济走廊"——长江中下游沿江生产力布局研究[J].城市规划,1986(4).

[79] 宋家泰,张同铸,苏永煊.江苏省淮阴专区农业区划[J].地理学报,1959,25(2).

[80] 孙洁,朱喜钢,郭紫雨.由镇升区的就地城镇化效应思辨——以马鞍山市博望镇为例[J].现代城市研究,2018(6).

[81] 孙明洁.世纪之交的中国城市等级规模体系[J].城市规划汇刊,2000(1).

[82] 王波,甄峰,席广亮,等.基于微博用户关系的网络信息地理研究——以新浪微博为例[J].地理研究,2013,32(2).

[83] 王波,甄峰,张浩.基于签到数据的城市活动时空间动态变化及区划研究[J].地理科学,2015,35(2).

[84] 王沣,张京祥,罗震东.西部欠发达地区城镇化困局的特征与机制——基于宁夏南部山区调研的探讨[J].经济地理,2014(9).

[85] 王富喜,林炳耀.新世纪山东省城镇化可持续发展问题研究[J].地理科学,2005,25(3).

[86] 王红扬.对新时代背景下中国城市化研究的方法论思考[J].城市规划,2000,24(6).

[87] 王绍博,罗小龙.扬子江城市群空间结构演变与支撑策略研究[J].云南地理环境研究,2018,30(4).

[88] 王绍博,罗小龙,顾宗倪,等.精明增长背景下上海城市空间扩展演变特征与驱动机制[J].经济地理,2019,39(6).

[89] 王兴平.都市区化:中国城市化的新阶段[J].城市规划汇刊,2002,(4).

[90] 王志强.江苏省城市化发展现状及动力研究[J].城市规划,2005,29(7).

[91] 吴春飞,罗小龙,田冬,等.就地城镇化地区的城中村研究——基于福建晋江市、石狮市8个典型城中村的实证分析[J].城市发展研究,2014,21(6).

[92] 吴缚龙.试论城镇体系的边界问题[J].城市规划,1989(2).

[93] 吴莉娅,顾朝林.全球化、外资与发展中国家城市化——江苏个案研究[J].城市规划,2005,29(7).

[94] 吴启焰,任东明.改革开放以来我国城市地域结构演变与持续发展研究——以南京都市区为例[J].地理科学,1999,19(2).

[95] 吴友仁.关于我国社会主义城市化问题[J].城市规划,1979(3).

[96] 武进.中国城市形态、结构及其演变[M].南京:江苏科学技术出版社,1990.

[97] 席广亮,甄峰.互联网影响下的空间流动性及规划应对策略[J].规划师,2016,32(4).

[98] 席广亮,甄峰,沈丽珍,等.南京市居民流动性评价及流空间特征研究[J].地理科学,2013,33(9).

[99] 熊丽芳,甄峰,王波,等.基于百度指数的长三角核心区城市网络特征研究[J].经济地理,2013(7).

[100] 徐素,于涛,巫强.区域视角下中国县级市城市化质量评估体系研究——以长三角地区为例[J].国际城市规划,2011,26(1).

[101] 许璐,罗小龙,王绍博,等."洋家乐"乡村消费空间的生产与乡土空间重构研究——以浙江省德清县为例[J].现代城市研究,2018(9).

[102] 薛俊菲,顾朝林,孙加凤.都市圈空间成长的过程及其动力因素[J].城市规划,2006,30(3).

[103] 易晓峰,苏燕羚.我国城市化研究的再思考——不同城市化水平地区的比较研究[J].城市规划汇刊,2004(1).

[104] 尹俊,甄峰,王春慧.基于金融企业布局的中国城市网络格局研究[J].经济地理,2011(5).

[105] 曾尊固,俞彩萍.南通县农村产业结构变化、劳动力转移和城镇化发展[J].地理学报,1989,44(1).

[106] 张从果,甄峰,汤培源.港口开发、产业发展与人口城市化——以曹妃甸地区为例[J].城市发展研究,2007,14(5).

[107] 张京祥.试论中国城镇群体发展地区区域/城市管治[J].城市问题,1999(5).

[108] 张京祥.城市群体空间组合[M].南京:东南大学出版社,2000.

[109] 张京祥.城市与区域管治及其在中国的研究和应用[J].城市问题,2000(6).

[110] 张京祥.省直管县改革与大都市区治理体系的建立[J].经济地理,2009,29(8).

[111] 张京祥,范朝礼,沈建法.试论行政区划调整与推进城市化[J].城市规划汇刊,2002(5).

[112] 张京祥,耿磊,殷洁,等.基于区域空间生产视角的区域合作治理——以江阴经济开发区靖江园区为例[J].人文地理,2011,26(1).

[113] 张京祥,罗小龙,殷洁.长江三角洲多中心城市区域与多层次管治[J].国际城市规划,2008,23(1).

[114] 张京祥,沈建法,黄钧尧,等.都市密集地区区域管治中行政区划的影响[J].城市规划,2002,26(9).

[115] 张京祥,吴缚龙.从行政区兼并到区域管治——长江三角洲的实证与思考[J].城市规划,2004,28(5).

[116] 张京祥,殷洁,何建颐.全球化世纪的城市密集地区发展与规划[M].北京:中国建筑工业出版社,2008.

[117] 张敏,顾朝林.农村城市化:"苏南模式"与"珠江模式"比较研究[J].经济地理,2002,22(4).

[118] 张敏,甄峰,张晓明.中国沿海欠发达地区半城市化特征与机制——以福建莆田为例[J].地理研究,2008,27(4).

[119] 张同铸,宋家泰,苏永煊.农村人民公社经济规划的初步经验[J].地理学报,1959,25(2).

[120] 张越,韩明清,甄峰.对我国城市郊区化的再认识——从城市化阶段谈中国城市发展[J].城市规划汇刊,1998(6).

[121] 章光日,顾朝林.快速城市化进程中的被动城市化问题研究[J].城市规划,2006,30(5).

[122] 甄峰.城乡一体化理论及其规划探讨[J].城市规划汇刊,1998(6).

[123] 甄峰.信息时代的区域空间结构[M].北京:商务印书馆,2004.

[124] 甄峰,顾朝林,沈建法,等.改革开放以来广东省空间极化研究[J].地理科学,2000,20(5).

[125] 甄峰,顾朝林,朱传耿.西方生产性服务业研究述评[J].南京大学学报(哲学社会科学版),2001,38(3).

[126] 甄峰,花俊,黄朝永.数字化时代城市与区域发展构想[J].人文地理,2000,15(2).

[127] 甄峰,刘慧,郑俊.城市生产性服务业空间分布研究[J].世界地理研究,2008,17(1).

[128] 甄峰,刘晓霞,刘慧.信息技术影响下的区域城市网络:城市研究的新方向[J].人文地理,2007,22(2).

[129] 甄峰,罗俊彦,张苏梅.知识经济与城市规划创新[J].城市规划汇刊,1999(3).

[130] 甄峰,欧向军,王春慧.江苏省城市化战略调整研究[J].长江流域资源与环境,2011,20(7).

[131] 甄峰,魏宗财,欧向军,等.人力资本、经济增长与城市化:以江苏省地级市为例[J].城市发展研究,2007,14(5).

[132] 甄峰,翟青,陈刚,等.信息时代移动社会理论构建与城市地理研究[J].地理研究,2012,31(2).

[133] 甄峰,张敏,刘贤腾.全球化、信息化对长江三角洲空间结构的影响[J].经济地理,2004,24(6).

[134] 甄峰,赵勇,郑俊,等.新农村建设与乡村发展研究:秦皇岛、唐山个案研究[J].地理科学,2008,28(4).

[135] 郑弘毅.农村城市化研究[M].南京:南京大学出版社,1998.

[136] 周庆生.湖北省宜昌地域城镇体系的初步研究[D].南京:南京大学,1984.

[137] 周艳妮,尹海伟.东营市城镇化发展质量测度研究[J].河北师范大学学报,2011,35(2).

[138] 庄林德.常德市域城镇体系发展的历史基础[J].经济地理,2000,20(1).

[139] 邹军,陈小卉.城镇体系空间规划再认识——以江苏为例[J].城市规划,2001,25(1).

第十二章　旅游地理

章锦河[1,2]，钟士恩[1,2]，张宏磊[1,2]，张捷[1,2]

（1. 南京大学地理与海洋科学学院，2. 南京大学人文地理研究中心）

旅游是一种复杂的社会、经济、文化、地理现象。旅游现象在地表空间客观存在，静态上表现为要素、结构与功能，动态上呈现为格局、过程与机理。旅游现象多层次、多尺度的存在，使旅游地理学具有独特的研究对象、丰富的研究内容、科学的研究方法，成为一门关于研究地表旅游现象的人地关系作用规律及其规划实践的科学，成为地理学衍生的具有相对独立的专业知识体系的分支学科，涉及人文地理学、自然地理学与GIS。国际上，旅游地理学已经独立成为一个学科，并有专门学术机构与学术刊物。南京大学旅游地理学，经过70多年的发展，在国内外学术界的影响力与社会贡献度日益提升，已成为南京大学的特色专业、学术国际化的窗口学科，具有广阔的发展前景。

一、学科发展的历程回顾

南京大学旅游地理学研究的历史悠久，最早可追溯到任美锷院士1940年在《地理学报》发表的《自然风景与地质构造》一文。任先生指出"旅游要结合地理地质科学来寻求科学阐释"，对地理学提出"寓游赏于研究"的原则，"世界名胜分析起来不外乎山水植物建筑四项"的风景资源分类理念（任美锷，1940）。相较于张其昀（1934）、徐近之（1934）、任美锷（1935）等科学考察游记类文献，这篇论文被公认为中国旅游地理学萌芽时期的代表作，开创了中国旅游地理学研究的先河。

改革开放后，1979年1月6日，邓小平提出"旅游事业大有文章可做，要突出地搞，加快地搞"，同年7月邓小平发表了著名的"黄山讲话"。中国旅游业的生动实践极大地推动了旅游地理学研究，南京大学成为国内系统开展旅游地理学研究的最早的院校之一。1979年，吴传钧和郭来喜先生《开发我国旅游资源，开展旅游地理研究》一文,比较全面地概述了我国丰富的旅游资源,系统地提出了当时旅游地理需要开展研究的主要内容,显示了地理学界知名学者对旅游地理研究的远见卓识和大力倡导,揭开了改革开放之后我国旅游地理学研究新的大幕(保继刚,2009)。南京大学旅游地理学进入蓬勃发展时期,其学科发展的历程大体可分为两个阶段。

1. 奠基阶段(1979—2002年)

南京大学旅游地理学发展深植于传统优势的地理学科,在任美锷、王颖、朱大奎、雍万里、包浩生、郭来喜、曾尊固、崔功豪、林炳耀、彭补拙、俞锦标、杨达源、丁登山、马永立、陈宝冲等老一辈地理学家的广泛研究与热切关注下,旅游地理学在学科建设、人才培养、科学研究等方面取得了丰硕成果。一是在学科建设方面,1993年在"基础教研室"的基础上成立"旅游地理教研室",1995年在彭补拙先生的支持下,"旅游地理教研室"单独设立。2002年,经南京大学正式批准成立的"南京大学旅游研究所"为校级跨学科研究机构,是一个集旅游研究、旅游规划、旅游策划、旅游教学于一体的综合性研究机构。旅游地理教研室与旅游研究所的设立,为旅游地理学研究与发展提供了组织和平台保障,促进了旅游地理学术团队的形成、培养与提升。二是在人才培养方面,1986年开始在自然地理学、人文地理学设硕士点,面向全国招收旅游地理与规划方向的硕士研究生,1991年在资源环境与城乡规划专业培养旅游规划与管理方向的本科生,1992年在自然地理学、人文地理学博士点支撑下,培养旅游地理学方向的博士研究生。目前国内一批旅游地理学领域的知名学者,如陆林(导师曾尊固)、李悦铮(导师曾尊固)、冯学刚(导师包浩生)等是南京大学第一批,同时也是中国最早一批(1989—1999年)旅游地理方向的博士毕业生。三是在研究领域方面,结合南京大学地理学的优势,在旅游与环境变化(任美锷,1990;王颖,1995)、旅游与国土整治(任美锷,1984)、旅游资源开发与评价(雍万里,1984;包浩生,1991;杨达源,1994;王建业、朱大奎,1999)、旅游环境容量(俞锦标,1990)等领域作出了重要的学术贡献。王颖院士主持的"江苏省海岛资源综合调查研究"成果获1994年江苏省科技进步奖二等奖,"海南岛亚龙湾海洋旅游勘测研究"成果获1995年国家教委科技进步奖三等奖。这一时期,张捷(1996,1999)、陆林(1994,1995)、冯学刚(1999)等一批中青年旅游地理学者,对旅游地理结构、旅游地理学基本问题、旅游环境容量和旅游区域影响等进行研究,为旅游地理学的学科建设与发展作出了重要贡献。

2. 成长阶段(2002年至今)

2002年"旅游地理与旅游规划"博士点成为南京大学首批自主设置目录外二级学科博士点,也是我国唯一从地理与规划视角研究旅游现象的博士点。以旅游地理与旅游规划博士点为平台,旅游地理学向纵深发展,形成以张捷、顾朝林(现为清华大学教授)、杨达源、丁登山、吴小根、章锦河、姜洪涛、任黎秀、张兆干等教授和学者组成的旅游地理学研究团队,取得了丰硕的学术成果,产生了广泛的学术影响,学科特色不断彰显,学科地位日益提升,成为南京大学学术研究国际化重要的窗口专业之一。一是学术成果丰硕,自2002年以来,旅游研究团队在国内外核心期刊发表论文900多篇,其中SCI、SSCI、EI、ISTP收录100多篇。出版专著5部,教材30多部。承担各类科研项目100多项,其中British Academy中英合作项目1项、国家自然科学基金项目7项、国家社科基金项目2项,住建部基金项目3项、省级旅游规划项目12项。学术研究成果获得各类奖项22次,其中国际学术会议论文奖2项、国内省部级奖5项,其他学术奖项6项,省部级鉴定5项,省级和地方优秀旅游规划成果奖7项。二是学术影响广泛,1980—2019年的近40年中,在《地理学报》、《地理研究》、《地理科学》等国内地理学权威核心期刊上,南京大学发表的旅游研究论文数量位居国内所有高校与科研院所首位。在CNKI被引频次过百的总计1289篇期刊论文中(搜索时间:2020年10月31日10:00;篇名含有旅游 or 风景 or 观光 or 游客),南京大学贡献69篇(南京大学作为第一作者单位),约占总数的5.4%。研究团队成员担任国际以及国内诸多学术组织与团体的主要负责人,包括国际地理联合会(IGU)旅游休闲委员会执行委员(Commission Board Member)、国际旅游学会(ITSA)副主席、中国地理学会旅游地理专业委员会副主任、中国洞穴协会副会长、美国 National Geographic 世界遗产旅游地评估专家、美国 Tourism Geographies(SSCI刊物)编委,并受聘美国、日本等高校兼职研究员,拥有广泛的国际国内学术影响力。三是学科特色特出,在各类国家自然基金项目与社科项目的支持下,本学科在旅游流空间模式及区域效应研究(旅游距离衰减模型、旅游场理论、特殊时段旅游流规律等)、旅游景观意象及文化景观研究(基于景观意象导向型旅游规划模式、古镇评价体系及保护规划导则、书法地理学等)、旅游生态环境与可持续发展研究(旅游生态足迹、旅游生态补偿、旅游生态安全、旅游生态效率等)等方面在国内外同类研究中处于领先地位,学科地位不断提升。四是国际交流密切,在学科与学位点建设、学术研究等方面,坚持国际化战略,与 Geoffrey Wall(加拿大 Waterloo 大学环境学院、旅游学院教授,国际旅游研究科学院前主席,南京大学兼职教授)、Rich Harrill(美国 South Carolina 大学饭店与旅游管理学院国际旅游研究中心主任)、Jonathan Edwards(英国 Bournemouth 大学服务管理学院 Reader)、Keith Wilkes(英国 Bournemouth 大学服务管理学院院长)、Edward Inskeep[世界旅游组织(WTO)前首席规划师]、Lewis Lu(新西兰 J & Y 国际顾问有限公司董事长)、Pan Bing(美国 Charleston College 旅游服务管理系助理教授)、Robert Li(美国 South Carolina 大学旅游管理学院助理教授)等世界知名旅游学者保持密切的合作关系,与英国布恩茅斯大学、美国南卡罗来纳大学、康奈尔大学、普度大学、纽约石溪大学、法国昂热大学、南安普顿大学、加拿大滑铁卢大学,日本北海道大学、芬兰赫尔辛基大学,国内香港科技大学、香港大学、台湾大学等高校签署旅游研究合作协议。五是人才培养厚实,截至 2019 年,已培养旅游专业本科毕业生 340 余名,硕士研究生 130 余名,博士研究生 50 余名。旅游本科生发表的论文,多次获得全国优秀青年地理论文奖、江苏省旅游研究优秀青年论文奖、江苏省优秀本科毕业论文一等奖等。旅游硕士、博士研究生已成为南京大学国际 SSCI 等检索论文发表的主力军之一。这些毕业生目前积极活跃在旅游地理研究一线,在国内外形成了较大影响,彰显了南京大学旅游地理学的厚度与学科地位。六是团队力量雄厚,目前旅游地理学已经形成具有竞争力的学术团队,教师 11 人,其中教授 4 人,副教授 4 人,研究员 1 人,助理研究员 2 人。尤其是周其楼、郑春晖、钱莉莉、彭红松、李莉、仇梦嫄、张瑜、曹晶晶、孙晋坤、陈敏等年轻博士的强势崛起,为南京大学旅游研究的持续创新发展提供了不竭的动力(详见本章"附录:南京大学旅游地理学的代表性成果")。

悠久的历史,良好的氛围,雄厚的师资,丰硕的成果,为今后旅游地理学的发展奠定了坚实基础,南京大学旅游地理学的明天一定会与旅游业的发展前景一样更加美好。

二、重点领域与学术贡献

旅游现象的人地关系作用的时间、空间、尺度、景观、地方等方面的层次性、多样性、典型性与复杂性,使旅游地理学具有宽广的研究领域。南京大学旅游地理学研究坚持理论与实践相结合,积极吸收国内外旅游地理研究最新成果,深入探讨中国旅游发展的自身规律,并以之指导旅游规划与管理实践,已形成三个重点研究领域并产生了积极的学术贡献。

1. 旅游地理学的基础理论与方法

旅游地理学基础理论与方法研究一直是南京大学旅游研究的特色之一。旅游资源评价、旅游市场距离衰减模型、旅游场与空间竞争、特殊时段旅游流、基于景观意象导向型旅游规划模式、古镇评价体系及保护规划导则、旅游社区能力建设、旅游地方感、旅游生态环境、旅游信息空间、旅游空间生产、旅游结构方程模型等,在规范国内旅游研究范式、引领旅游研究方向、提供可借鉴的理论与方法等方面,具有积极的学术贡献,赢得了广泛的学术赞誉,提升了南京大学旅游的学科地位(表12-1)。

表12-1 旅游地理学的前沿性和创新性比较:南京大学 & 其他院校机构

研究领域	南京大学的旅游地理学	其他院校机构的旅游地理学
旅游资源分析与评价	任美锷. 自然风景与地质构造. 地理学报,1940,2(2). 雍万里. 武夷山风景区划及旅游资源评价. 地理科学,1984,4(3). 张捷. 九寨沟湖泊色彩成因的初步研究. 地理,1989,2(3).	谢凝高. 关于风景美的探讨. 建筑学报,1981(2). 郑光磊. 风景旅游区环境质量评价. 环境质量评价方法指南. 北京:中国环境科学年会,1982.
旅游资源开发	雍万里. 福建武夷山旅游资源评价与开发规划,1985. 包浩生. 永安鳞隐石林旅游开发规划,1985.	郭来喜. 华北海滨风景区昌黎段开发研究,1984. 杨冠雄. 厦门旅游总体规划,1986.
旅游区划	雍万里. 武夷山风景区划及旅游资源评价. 地理科学,1984,4(3).	郭来喜. 中国旅游资源的基本特征与旅游区划研究. 见:郭来喜等主编. 中美人文地理学研究讨论会文集. 北京:科学出版社,1988.
旅游地理学的基本问题	张捷,周寅康,都金康. 旅游地理结构与旅游地持续发展研究. 南京大学学报(自然科学版),1995,32(地学专辑). 陆林. 我国旅游地理学发展的若干问题研究——皖南旅游区实证分析. 南京大学博士毕业论文. 指导教授曾尊固,1995.	郭来喜. 旅游地理学. 李旭旦主编. 人文地理学概说. 北京:科学出版社,1985. 保继刚. 旅游地理学的研究核心. 人文地理,1992(2).

续 表

研究领域	南京大学的旅游地理学	其他院校机构的旅游地理学
旅游生态足迹	章锦河,张捷.旅游生态足迹模型及黄山市实证分析.地理学报,2004,59(5).	杨桂华,李鹏.旅游生态足迹:测度旅游可持续发展的新方法.生态学报,2005,25(6).
旅游(环境)容量	俞锦标,窦贻俭,章海生,等.黄果树区域的旅游环境.环保科技,1990(2).	刘家麒.旅游容量与风景区规划.城市规划研究,1981(2). 赵红红.苏州旅游环境容量问题初探.城市规划,1983(3).
旅游者行为	陆林.山岳风景区客流研究——以安徽黄山为例.地理学报,1994,49(3).	保继刚.旅游者行为研究.社会科学家,1987(6). 陈建昌,保继刚.旅游者行为研究及其实践意义.地理研究,1988(3).
旅游景观	邵学文.试论南京秦淮风光带旅游景观.人文地理,1990,5(3).	潘基硕.旅游景观规划构思与欣赏.经济地理,1982(2). 吴必虎.论旅游景观.社会科学家,1987(4).
旅游地形象与意象	金卫东.城市旅游形象浅析.城市规划汇刊,1995(1). Mao, D., Zhang, J., Bao, H. Correspondence analysis on images of Jiangxi Province as a tourist destination. *Chinese Geographical Science*, 2005, 15(3). 张捷,聂献忠,李升峰.九寨沟自然保护区喀斯特研究的旅游业意义.中国岩溶,1997,16(4).	李蕾蕾.人—人感知系统:旅游地形象设计新领域.人文地理,1999,14(4). 谢朝武,黄远水.论旅游地形象策划的参与式组织模式.旅游学刊,2002,17(2).
旅游可持续发展	聂献忠,高锡珍,沈思宝,等.我国旅游业可持续发展的因素分析及对策研究.亚太经济,1998,(8-9). 胡志毅,张兆干.社区参与和旅游业可持续发展.人文地理,2002,17(2).	田道勇.浅谈旅游可持续发展.人文地理,1996,11(2). 郭来喜.中国生态旅游——可续旅游的基石.地理科学进展,1997,16(4).
旅游地理结构	Zhang, J., Wall, G., Du, J. K., et al. The travel patterns and travel distance of tourists to National Parks in China. *Asia Pacific Journal of Tourism Research*, 1999, 4(2).	吴必虎.上海城市游憩者流动行为研究.地理学报,1994,49(2). 黄金火,吴必虎.区域旅游系统空间结构的模式与优化——以西安地区为例.地理科学进展,2005,24(1).

续 表

研究领域	南京大学的旅游地理学	其他院校机构的旅游地理学
旅游地方感	唐文跃,张捷,罗浩,等.九寨沟自然观光地旅游者地方感特征分析.地理学报,2007,62(6).	李九全,王立.基于地方依附感原理的景区旅游竞争力探析.人文地理,2008,23(4).
游客满意度	汪侠,顾朝林,梅虎.旅游景区顾客的满意度指数模型.地理学报,2005,60(5).	董观志,杨凤影.旅游景区游客满意度测评体系研究.旅游学刊,2005,20(1).
旅游的区域影响	包浩生,李春华,潘瑞鸿,等.宜兴阳羡景区溶洞资源特征及人类活动对溶洞环境的影响.南京大学学报(自然科学版),1991,27(2).	刘振礼.旅游对接待地的社会影响及对策.旅游学刊,1992,7(3).
旅游信息地理	Zhang, J., Lu, S. F., Wen, M. H., et al. Regional differentiation of Chinese tourism web sites. In Frew A (ed): *Information and Communication Technologies in Tourism* 2004 (Springer Computer Sciences). Wien & New York: Springer, 2004. 张捷,温明华,吕淑菲.知识经济与21世纪的旅游、闲暇业.旅游学刊,1998,13(4).	张自川,万恩璞,田卫.地理信息系统(GIS)与全球定位系统(GPS)在游客调查中的应用——以长春净月潭旅游度假区为例.东北师范大学学报(自然科学版),2002,34(4). 路紫,白翠玲.旅游网站的性能及其发展态势.地球信息科学,2001(1).
自然遗产	高抒,张捷主编.现代地貌学(地貌遗产评价与规划).北京:高等教育出版社,2005.	徐嵩龄.中国文化与自然遗产的管理体制改革.管理世界,2003(6). 董霁红,卞正富.敦煌市鸣沙山月牙泉自然遗产保全的研究.自然资源学报,2004,19(5).
旅游与闲暇地理学	张捷,任黎秀,聂献忠,等.娱乐、闲暇娱乐业与城市持续发展.江苏省科学协会等主编.城市化进程与城市可持续发展.南京:东南大学出版社,1997. 张捷,王淼,任黎秀,等.试论城市闲暇业及其持续发展.南京大学学报(哲学社会科学版),1998(2).	陈传康,冯若梅.康体休闲产业的机遇与市场进入.人文地理,1997(6). 陈传康,冯若梅,李蕾蕾.第四医学与康体休闲、康复养生的旅游开发.地理学与国土研究,1997,13(2).

该领域目前研究主要集中在:旅游客源市场空间结构、旅游市场细分、旅游市场定位、旅游市场预测、旅游市场管理研究,旅游者行为研究,城市闲暇系统管理、旅游目的地管理研究,旅游地域系统及区位研究,旅游规划理论研究,旅游形

象策划、网络旅游信息系统管理规划、知识经济与旅游业发展、旅游业持续发展、旅游对区域社会经济文化影响研究等。近3年发表SSCI论文4篇,SCI、EI、ISTP检索论文10多篇,相关研究获得国际会议优秀论文奖3项、省部级奖项6项。

今后该领域将围绕以下方向展开进一步研究:旅游流空间模式的理论与方法,旅游与城市和区域发展的关系研究,旅游资源评价的理论与方法,城市旅游研究的理论与方法,旅游景观和文化多样性的理论与方法,旅游地方感的理论与方法,基于实验(眼动仪、负氧离子测试仪等)的旅游景观环境影响评价的理论与方法,旅游地理结构的理论与方法,旅游伦理研究的理论与方法,旅游主体功能区的理论与方法等。

文献遴选原则:时间最早、CNKI被引频次和发文作者为重要旅游地理学家相结合、依次优先的原则。部分文献参考了郭来喜和保继刚(1990)、保继刚和楚义芳(1999)、杨冠雄(1988)等。

2. 旅游资源评价与区域旅游开发

作为地理学的地学传统的再现,旅游(风景)资源研究最早获得南京大学旅游地理研究的关注,并成为南京大学旅游地理学的传统。早期,任美锷院士(1940)提出了"世界名胜分析起来不外乎山水植物建筑四项"的风景资源分类理念。南京大学旅游(风景)资源评价既涉及喀斯特洞穴、海岸海岛、山岳、瀑布水体、丹霞地貌、物质遗产与非物质文化遗产、历史文化名镇(村)等资源类型,又涉及旅游资源区划、旅游环境容量、生理环境评价、旅游资源货币价值评估、旅游和文化景观、城市型旅游地竞争力评价等细分研究内容。

雍万里(1984)最早进行旅游区划研究,早在20世纪80年代就对武夷山风景区的区划及旅游资源评价进行了研究,提出了自然景观的差异性、观赏区的地域完整性、观赏区的界限划定等区划方案。包浩生(1991)、张捷(1997)、田友萍(2000)对喀斯特作用及其形成的旅游景观的研究,强调了地学研究与旅游资源研究的紧密联系,为当时中国的洞穴旅游开发和旅游产品设计提供了科学的阐释。朱诚教授(1995)通过对南极旅游资源进行评价和区划,在中国最早提出南极旅游开发的设想。梁修存和丁登山(2002)分析总结了国外旅游资源评价的研究进展。赵宁曦和杨达源(1996)从生理环境角度对海滨旅游度假区的环境质量做出客观评价,为海滨旅游度假区开发、规划与科学管理提供了基本依据。张捷

(1997)在全国最早提出"旅游资源的价值"的概念,陈浮和张捷(2001)核算了九寨沟风景区旅游资源的货币价值,为资源开发、生态保护提供必要的度量手段。张捷(2003,2008,2012)进行了关于书法地理、书法景观与审美、书法与旅游的研究,为中国特色旅游文化景观资源的评价与开发提供了一个新的研究途径,张宏磊和张捷(2012)书法景观研究的最新成果发表在 *Tourism Management*。汪侠(2015)以南京夫子庙秦淮风光带为例,进行了智慧景区的实证评价,为智慧景区的建设和评价提供了依据。

在评价技术和方法方面,涉及了多层次灰色分析法(汪侠、顾朝林,2007)、层次分析与模糊数学方法(刘传华、张捷,2008;Wang, et al., 2016)、旅行费用法(董雪旺、张捷、章锦河,2011)、TOPSIS(张洪,2011)等多种技术方法。有关旅游资源评价,学术界常见的模型是固定权重的线性期望值求和模型(如层次分析法)。为了对不同环境、不同类型的旅游资源进行评价,张捷(1998)提出了主成分优先法,赵勇和张捷(2008)提出了可转换权重法,张捷(2011)提出了效用递减赋值法等新型旅游资源评价方法。针对旅游资源评价模型主要采用层次分析法和多层固定权重线性评价模型的固化模式,张捷等(2012)提出,主成分权重优先法和敏感度转换赋值法,对历史文化旅游资源进行定量评价将有助于解决上述固定权重评价决策模型中的缺陷。资源评价模型的赋值体系必须超出普通管理学范围而成为一种涉及文化、历史、非物质文化、地理、地质及生态等各种具体资源类型属性的专门学问技术。姜鉴铎等以定量描述边的权值为主要切入点,依托南京市智慧旅游大数据的监测平台,运用加权方法对南京市旅游流网络进行了深入分析,在验证方法有效性的基础上,探究网络的结构特征,为旅游流网络研究在方法上提供了改进(姜鉴铎等,2019)。

遗产旅游在我国旅游业发展过程中起着重要作用,但作为旅游资源基础的自然遗产和文化遗产却缺乏完整的遗产资源评价模型。自然遗产资源方面,宏观评价模型较多,而对基层因子如自然资源因子中地貌因子的评价相关工作极少,影响了对地貌作用的认识和旅游资源评价本身的科学性,因此自然遗产评价要整合基层因子来构建资源评价模型。文化遗产资源方面,则更多侧重于定性评价。衡量文化遗产价值特色的高低主要取决于评价者的主观感受,立足于客观数据进行评价的较少。张捷在主持建设部项目"中国历史文化名镇(村)评价指标体系研究"中曾通过定性和定量相结合的方法,构建了由价值特色和保护措施 2 大类 6 层 24 项指标组成的评价指标体系,运用 Delphi 和 AHP 确定评价模型权重,建立中国历史文化名镇(村)评价模型,给未来文化遗产资源评价的研究提供了启示。

中国旅游地理学是以区域旅游开发和规划的研究为主线而发展起来的。1979—1989 年,中国旅游地理学界完成了一大批国家、地方委托的区域旅游开发和规划任务,从文献综述中区域开发的文章占 71.2 %就可以清楚地看到这一点(郭来喜,1990)。区域旅游开发研究是中国旅游地理学研究最多、取得成绩也最大的领域之一。南京大学早期的区域旅游开发与规划研究有 1995 年雍万里《福建武夷山旅游资源评价与开发规划》、包浩生《永安鳞隐石林旅游开发规划》等。陆林(1996)、顾朝林(2003)、章锦河(2008)等对旅游规划理论和方法进行了较为系统的研究。张捷(2009)对旅游规划本体论进行了研究,并提出了基于景观意象导向型的旅游规划理论体系。近年来,以张捷教授为核心的旅游地理学研究团队先后承担了省级旅游规划项目 12 项、市级旅游规划项目 20 多项,不断进行区域旅游规划和开发的创新,如景观意象型的保护和规划理念、历史文化名镇(村)的文脉挖掘理念、旅游客源市场分析的潜力曲线、廊道型旅游资源的评价指标体系、旅游需求预测技术、旅游地竞争力的指标体系构建等。相关规划成果获得省级和地方优秀旅游规划奖 6 项。其中,2008 年,中国历史文化名镇(村)保护规划的理论与应用获江苏省科学技术进步奖三等奖;2007 年,中国历史文化名镇(村)评价指标体系研究获第二届江苏省优秀软科学成果奖三等奖;2007 年,中国历史文化名镇(村)评价指标体系研究获全国优秀城乡规划设计二等奖。江苏省沿江旅游发展规划(2006—2020)、苏州旅游业发展"十二五"规划暨苏州市旅游资源单体调查,分别获得第一届和第二届江苏省旅游规划设计成果奖一等奖。

旅游规划对信息化时代与快速交通时代等新形势的不适应,易造成旅游规划措施对时代响应的滞后。张捷等(2012)提出未来的旅游规划必须强调信息化、旅游与城市一体化、新空间结构等新内容支撑,景观意象导向型旅游规划开发和保护、文化符号理论与文化象征景观符号、规划本体理论等新理论支撑的应用和深化。

该领域目前研究侧重于对旅游资源评价、区域经济变动、区域旅游业集聚模式、旅游业区域经济效应、经济结构变动、区域旅游竞争力、旅游消费者行为与满意度、旅游规划理论与方法等进行研究。今后,该领域将进一步加大下述方向的深入研究:旅游规划的理论与方法,旅游土地利用与规划,旅游消费行为与满意度,区域旅游竞争力,区域旅游经济影响评估,旅游资源价值评估,旅游社区能力建设,旅游地文化变迁,滨海旅游地资源开发与规划等。

3. 旅游生态环境与旅游人地关系

人类和地理环境的相互关系(人地关系)素来是地理学的研究传统(吴传钧,1991),同样也是南京大学旅游地理学研究团队长期坚持的研究传统,在旅游与环境变化、旅游地理结构、旅游景观和旅游地意象、地方感、旅游满意度等方面取得了积极的研究成果。

(1) 旅游与环境变化

作为地理学的地学传统的再现,旅游与环境变化同样是南京大学的旅游研究传统。旅游被认为在国土整治、资源开发中扮演重要角色,自20世纪80年代起,任美锷(1984)在海岸带国土整治中就强调了经济开发建设中的旅游资源开发和保护珍稀动物的关系问题;雍万里(1984)提出了山岳资源开发的旅游区划方案;任美锷(1990)、王颖(1995)、朱大奎(1999)等研究了海平面变化对区域旅游发展的影响等,对旅游与地理环境之间辩证关系的认识具有前瞻性。俞锦标(1990)在界定黄果树风景区旅游环境基本特征(自然环境、人工设置环境、社会性的近邻环境)的基础上,在我国较早提出了水环境、大气环境等旅游环境容量的评价方法。冯学钢、包浩生(1999)通过研究旅游活动对风景区地被植物—土壤环境影响,提出了综合考虑自然生态环境净化量与人工处理废物量的旅游生态环境容量的概念和测度模型。章锦河、张捷(2004,2005,2008)在国内率先提出旅游生态足迹、旅游生态补偿、旅游生态安全、旅游废弃物等的概念与模型,架构了旅游环境与可持续发展研究的科学体系和范式,揭示了旅游环境影响的区际空间扩散距离衰减规律,验证了旅游环境影响具有区内叠加性、跨地区性扩散、生态责任区际转移及其全球范围影响的特征,有利于理解与认识全球尺度范围内享有旅游环境利用效益和负担生态环境保护费用之间的公平与生态伦理问题。传统旅游规划中对旅游环境影响评价以定性评价为主,缺乏定量分析手段。生态足迹分析作为一种新的可持续发展的定量评价方法,为旅游环境影响评价提供了新的测度途径和新的研究视角。章锦河和张捷的生态足迹研究有助于分析旅游业对环境的影响程度、影响路径以及影响因素等,可以更好地引导旅游业向绿色化、低碳化发展。

（2）旅游地理结构

张捷（1996）对旅游地理结构和旅游地可持续发展进行了综述性研究，指出旅游地理结构应包括风景资源结构、旅游业影响评估、旅游地演化时序结构和旅游资源的可耗性等，并认为旅游地理结构是旅游可持续发展研究的基础之一。通过对九寨沟的案例研究，构建了国内旅游流距离衰减模型，分析了地理结构对旅游流时间分布的影响，揭示了旅游者距离感知中存在的心理学韦伯定理的现象（张捷，1999）。吴晋峰、包浩生（2002）在阐明旅游系统概念的基础上，将旅游系统空间结构模式界定为以目的地和客源地为结点、交通线路为连接所形成的占据一定空间范围的网络，并进行拓扑分析。章锦河、张捷（2005）揭示出中国旅游集聚场与扩散场的等级结构受市场原则作用，表现为K-3序列的空间模式，旅游集聚场地域结构呈"U"型特征，而旅游扩散场呈"三级阶梯"状格局分布的中国大尺度旅游空间结构特征。此外，杨国良（2006）、聂献忠（2006）、史春云（2007）、李东和（2007）、刘佳（2008）、杨效忠（2009）、刘法建（2010）、刘泽华（2010）、蒋志杰（2011）、钟士恩（2011）、张宏磊（2012）、刘法建（2016）、张卉（2019）等分别研究了旅游流齐夫结构、一体化旅游区、区域旅游的核心—边缘结构、区域旅游影响的空间分异、中国旅游网站的空间格局、跨界旅游区的空间组织模式、入境旅游流的空间扩散模型、短期旅游流对区域旅游空间结构的影响、小尺度环境地形认知与空间行为、旅游流的方向性倾向、交通系统对旅游流的影响、旅游流模式类型划定、旅游流网络结构等，在研究领域、研究方法上均实现了重要的突破和创新。

（3）旅游景观和旅游地意象

邵学文（1990）关于秦淮河风光带的旅游景观研究是国内相关研究的早期文献。朱诚（2000）认为丹霞地貌作为一种奇特的风景地貌，具有很高的旅游开发价值。李亚兵和张捷（2006）关于中国水乡古镇旅游意象的研究是旅游地意象开拓性的成果。吴小根（2011）探讨了旅游目的地游客感知形象的形成机理。张捷在全国率先进行了关于书法地理、书法景观与书法审美的实证研究，为中国特色文化景观的实证研究提供了新的研究途径。他提出了书法景观的概念与书法地理学研究体系，提出书法审美中的自然景观描述的功能类型、书法审美评价维度体系及其无差异曲线分析，利用眼动仪开展了书法景观知觉的实验美学研究。

张捷(2012)认为旅游景点的书法景观作为地域标志和景观标志,在公众知觉过程中占有重要地位。

(4) 旅游地方感

旅游地方感是旅游者与旅游地环境相互作用的结果。唐文跃和张捷(2007)的旅游者地方感研究(含自然风景维度、社会人文维度、旅游功能维度和情感依恋维度等四个维度)、许振晓和张捷(2009)的居民地方感(含旅游核心社区居民地方感、旅游发展期望、旅游发展获益感知、旅游发展成本感知以及旅游发展支持度等五个维度)研究成果,为旅游地理学中的人地关系研究开辟了新的阐释路径,为旅游地规划与管理提供了新的依据。张宏磊等提出了旅游业溢出指数,以反映旅游地区从具有多目的地的游客那里获得溢出收益的潜力,以便于增强特定目的地的吸引力(Yang, et al., 2017)。

(5) 旅游满意度

汪侠和顾朝林(2005)在我国较早开展了游客满意度的研究,从旅游学、统计学和计量经济学等多学科的角度出发,构建了旅游景区顾客满意度指数模型(TACSI),为旅游景区的顾客满意度研究工作提供了可资借鉴的思路和方法。汪侠(2010)又将旅游满意度的研究延伸到当地居民方面,构建了居民期望、居民社区归属感、旅游获益和利益分配、正面旅游影响感知、负面旅游影响感知等维度的旅游开发居民满意度模型。目前,游客满意度已经成为重要的旅游统计发布内容。张捷等人利用刺激超载和社会干预的理论,提出了一种多维方法来衡量游客对拥挤的看法。通过对三清山国家公园的游客进行调查,使用二阶结构方程模型来分析拥挤感、目的地吸引力和满意度之间的关系(Li, et al., 2017)。张捷等使用结构方程模型和自举分析,研究了一个行为模型,该行为模型描述了游客对自然声景的态度、自然声景的图像、游客满意度和忠诚度之间的关系。结果表明,游客的态度直接影响自然的声景图像,但不影响游客的满意度和忠诚度。自然的声景图像在以游客满意度为中介的情况下,直接影响游客满意度,并间接影响游客忠诚度。

该领域今后将进一步加强以下方向的研究:全球气候变化与旅游发展,旅游环境影响评价,旅游生态安全与生态补偿,旅游业碳排测度与评估,旅游生态效率测度与评估,区域旅游业可持续发展研究等。

三、旅游地理学的发展构想

未来10—20年国际社会对旅游地理学最主要、最紧迫的知识需求将主要集中在提高人类的生活质量和可持续发展能力方面。因而,全球变化(包括自然环境变化、遥感技术和数据采集集成、人类活动与自然变化的关系等)正成为国际最前缘和热点的科学领域之一,其研究内容同旅游地理学的研究内容和学科方向密切相关,将牵引着旅游地理学科向更高更远的方向发展。坚持立足南京大学综合科研优势,将旅游地理学科建设成为国际知名、国内一流学科。

(1) 提升学术团队。加大人才引进力度,着力引进具有国际学术竞争力的年轻学者;优化人才培养渠道,强化与落实南京大学同国际旅游研究院校和机构之间的学术研究合作与交流;培育学科发展梯队,优化人力资源配置,健全考核激励机制,形成3—4个实力雄厚的研究团队,创建旅游地理学国家级创新团队。

(2) 凝练学术方向。进一步凝练旅游地理的科学问题,不断探索并形成2—3个新的研究方向,如旅游与城市空间生产、旅游休闲与全球变化、旅游网络与信息地理学等。

(3) 推进学科融合。由于旅游系统的边缘组合特质,旅游地理学横跨文、理、工、商、管等多个学科门类,发挥南京大学综合科研优势,利用旅游研究所平台,大力推进旅游与城市规划学、管理学、经济学、社会学、民俗学、环境学、土地科学、生态学、人类学等的学科融合,承接国家、地方重大基础与应用科研项目。

(4) 建设科研基地。在现有"南京大学黄山旅游可持续发展观测站"、"南京大学地表过程及旅游可持续发展九寨沟观测站"等基础上,进一步创建各类旅游科研基地,结合国家社会经济发展需求,走产学研相结合的道路,推进旅游地理学的横向拓展与纵深发展。

参考文献:

[1] Jiang, J.D., Zhang, J., Zhang, H.L., et al. Natural soundscapes and tourist loyalty to nature-based tourism destinations: the mediating effect of tourist satisfaction [J]. Journal of Travel & Tourism Marketing, 2018, 35(2).

[2] Li, L., Zhang, J., Nian, S., et al. Tourists' perceptions of crowding, attractiveness, and satisfaction: a second-order structural model[J]. Asia Pacific Journal of Tourism Research, 2017, 22(12).

[3] Li, Y., Zhang, J., Chen, Y. Image of landscapes in ancient water towns—A case study on Zhouzhuang and Tongli of Jiangsu Province[J]. Chinese Geographical Science, 2006, 16(4).

[4] Liu, J., Zhang, J., Wall, G. The geographical space of China's tourism websites [J]. Tourism Geographies, 2008, 10(1).

[5] Wang, X., Li, X. R., Zhen, F., et al. How smart is your tourist attraction? Measuring tourist preferences of smart tourism attractions via a FCEMAHP and IPA approach[J]. Tourism Management, 2016, 54.

[6] Yang, Y., Timothy, J. F. Zhang, H. L. Designing a tourism spillover index based on multidestination travel: a two-stage distance-based modeling approach[J]. Journal of Travel Research: The International Association of Travel Research and Marketing Professionals, 2017, 56(3).

[7] Zhang, H., Gu, C., Gu, G., et al. The evaluation of tourism destination competitiveness by TOPSIS & information entropy—A case in the Yangtze River Delta of China[J]. Tourism Management, 2011, 32(2).

[8] Zhang, H., Zhang, J., Cheng, S., et al. Role of constraints in Chinese calligraphic landscape experience: an extension of a leisure constraints model[J]. Tourism Management, 2012, 33(6).

[9] Zhang, J., Tang, W., Shi, C., et al. Chinese calligraphy and tourism: from cultural heritage to landscape symbol and media of the tourism industry[J]. Current Issues in Tourism, 2008, 11(6).

[10] Zhang, J., Wall, G., Du, J. K., et al. The travel patterns and travel distance of tourists to National Parks in China[J]. Asia Pacific Journal of Tourism Research, 1999, 4(2).

[11] Zhong, S., Zhang, J., Xiang (Robert) L. A reformulated directional bias of tourist flow[J]. Tourism Geographies, 2011, 13(1).

[12] 包浩生,李春华,潘瑞鸿,等. 宜兴阳羡景区溶洞资源特征及人类活动对溶洞环境的影响[J]. 南京大学学报(自然科学版),1991,27(2).

[13] 保继刚. 从理想主义、现实主义到理想主义理性回归——中国旅游地理学发展30年回顾[J]. 地理学报,2009,64(10).

[14] 董雪旺,张捷,章锦河. 旅行费用法在旅游资源价值评估中的若干问题述评[J].

自然资源学报,2011,26(11).

[15] 冯学钢,包浩生.旅游活动对风景区地被植物—土壤环境影响的初步研究[J].自然资源学报,1999,14(1).

[16] 郭来喜,保继刚.中国旅游地理学的回顾与展望[J].地理研究,1990,9(1).

[17] 姜鉴铎,张建新,吴国平,等.基于加权方法的旅游流网络结构特征分析——以南京市为例[J].资源开发与市场,2019,35(5).

[18] 蒋志杰,张捷,李丽,等.小尺度环境地形认知与空间行为的关系分析——以南京大学浦口校区为例[J].地理学报,2011,66(6).

[19] 李东和,张捷,赵玉宗,等.基于旅游地居民感知和态度的旅游影响空间分异研究——以安徽省三河镇为例[J].地理科学,2007,27(4).

[20] 李悦铮.辽宁沿海地区旅游资源评价研究[J].自然资源学报,2000,15(1).

[21] 梁修存,丁登山.国外旅游资源评价研究进展[J].自然资源学报,2002,17(2).

[22] 刘传华,张捷,曹靖.层次分析和模糊数学方法在我国岩溶洞穴旅游资源综合评判中的应用[J].中国岩溶,2008,27(2).

[23] 刘法建,张捷,陈冬冬.中国入境旅游流网络结构特征及动因研究[J].地理学报,2010,65(8).

[24] 刘法建,张捷,章锦河,等.旅游地研究中的"联系"和网络——基于社会网络理论的旅游地研究述评[J].旅游科学,2016,30(2).

[25] 刘泽华,李海涛,史春云,等.短期旅游流时间分布对区域旅游空间结构的响应——以云南省黄金周旅游客流为例[J].地理学报,2010,65(12).

[26] 陆林.山岳风景区客流研究——以安徽黄山为例[J].地理学报,1994,49(3).

[27] 陆林.我国旅游地理学发展的若干问题研究——皖南旅游区实证分析[D].南京:南京大学,1995.

[28] 聂献忠,张捷,章锦河,等.一体化旅游区(ITR)空间发展战略研究——以长江三角洲旅游区为例[J].地理科学,2006,26(6).

[29] 任美锷.兰州附近地质研究[M].南京:钟山书局,1935.

[30] 任美锷.自然风景与地质构造[J].地理学报,1940,2(2).

[31] 任美锷.海岸带国土整治的若干问题[J].海洋开发,1984(1).

[32] 任美锷.全球气候变化及海平面上升研究的现状与发展趋势——为《地理科学》创刊十年而作[J].地理科学,1990,10(3).

[33] 邵学文.试论南京秦淮风光带旅游景观[J].人文地理,1990,5(3).

[34] 史春云,张捷,尤海梅,等.四川省旅游区域核心——边缘空间格局演变[J].地理学报,2007(6).

[35] 田友萍,何复胜.论旅游资源中石灰华景观的形态建成过程:以四川九寨沟和贵州黄果树等地石灰华群为例[J].地理科学,2000,20(5).

[36] 汪德根,陈田,王金莲,等.1980—2009年国内外旅游研究比较[J].地理学报,2011,66(4).

[37] 汪侠,顾朝林,刘晋媛,等.旅游资源开发潜力评价的多层次灰色方法:以老子山风景区为例[J].地理研究,2007,26(3).

[38] 汪侠,甄峰,吴小根,等.旅游开发的居民满意度驱动因素——以广西阳朔县为例[J].地理研究,2010,29(5).

[39] 汪侠,甄峰,吴小根.基于游客视角的智慧景区评价体系及实证分析——以南京夫子庙秦淮风光带为例[J].地理科学进展,2015,34(4).

[40] 王建业,朱大奎.江苏沿海滩涂资源利用的新方向——生态旅游开发设想及其前景[J].海洋通报,1999,18(6).

[41] 王颖,吴小根.海平面上升与海滩侵蚀[J].地理学报,1995,50(2).

[42] 乌铁红,张捷,李文杰.地域文化差异对旅游者的旅游地意象感知影响——以内蒙古自治区草原旅游地为例[J].旅游学刊,2010,28(6).

[43] 吴传钧.论地理学的研究核心——人地关系地域系统[J].经济地理,1991,11(3).

[44] 吴传钧,郭来喜.开发我国旅游资源,开展旅游地理研究[C]//首次全国旅游工作会议参阅资料,1979.

[45] 吴小根,杜莹莹.旅游目的地游客感知形象形成机理与实证——以江苏省南通市为例[J].地理研究,2011,30(9).

[46] 徐近之.西宁松潘间之草地旅行[J].地理学报创刊号,1934,1(1).

[47] 杨达源.试论清江流域的旅游资源与开发[J].长江流域资源与环境,1994,3(2).

[48] 杨冠雄.我国旅游地理学的发展[J].国外人文地理,1988(1).

[49] 杨国良,张捷,艾南山,等.旅游流齐夫结构及空间差异化特征——以四川省为例[J].地理学报,2006,61(12).

[50] 杨效忠,张捷,乌铁红.跨界旅游区的组织网络结构与合作模型——以大别山天堂寨为例[J].地理学报,2009,64(8).

[51] 雍万里. 武夷山风景区划及旅游资源评价[J]. 地理科学, 1984, 4(3).

[52] 俞锦标, 窦贻俭, 章海生, 等. 黄果树区域的旅游环境[J]. 环保科技, 1990(2).

[53] 张宏磊. 交通系统要素变动下的旅游流时空响应[D]. 南京: 南京大学, 2012.

[54] 张卉, 张家榕. 台胞入境旅游线路的空间格局与特征分析[J]. 现代城市研究, 2019(12).

[55] 张捷. 区域民俗文化旅游资源的类型及旅游业价值研究[J]. 人文地理, 1997, 12(3).

[56] 张捷. 区域民俗文化旅游资源的定量评价研究[J]. 人文地理, 1998, 13(1).

[57] 张捷. 基于人地关系的书法地理学研究[J]. 人文地理, 2003, 18(6).

[58] 张捷. 历史文化旅游资源数量敏感度调整评价模型研究——以江苏吴江水乡古镇古诗词文化为例[J]. 苏州科技学院学报(自然科学版), 2011, 28(4).

[59] 张捷, 都金康, 周寅康, 等. 自然观光旅游地客源市场的空间结构研究——以九寨沟及比较风景区为例[J]. 地理学报, 1999, 54(4).

[60] 张捷, 卢韶婧, 蒋志杰. 中国书法景观的公众地理知觉特征——书法景观知觉维度调查[J]. 地理学报, 2012, 67(2).

[61] 张捷, 聂献忠, 李升峰. 九寨沟自然保护区喀斯特研究的旅游业意义[J]. 中国岩溶, 1997, 16(4).

[62] 张捷, 章锦河, 刘泽华. 中国旅游规划研究与发展的若干趋势[N]. 中国旅游报, 2012-03-14.

[63] 张捷, 周寅康, 都金康. 旅游地理结构与旅游地持续发展研究[J]. 南京大学学报(自然科学版), 1995, 32(地学专辑).

[64] 张其昀. 浙游记胜[J]. 地理学报创刊号, 1934, 1(1).

[65] 章锦河. 旅游废弃物生态影响评价——以九寨沟、黄山风景区为例[J]. 生态学报, 2008, 28(6).

[66] 章锦河. 中国旅游规划研究的成熟与完善[J]. 旅游学刊, 2008, 23(8).

[67] 章锦河, 张捷. 旅游生态足迹模型及黄山市实证分析[J]. 地理学报, 2004, 59(5).

[68] 章锦河, 张捷, 梁玥琳, 等. 九寨沟旅游生态足迹与生态补偿分析[J]. 自然资源学报, 2005, 20(5).

[69] 赵勇, 张捷, 李娜, 等. 历史文化村镇保护评价体系及方法研究——以中国首批历史文化名镇(村)为例[J]. 地理科学, 2006, 26(4).

[70] 朱诚, 陈传康, 郑平建, 等. 南极旅游开发与设想[J]. 人文地理, 1995, 10(4).

附录:南京大学旅游地理学的代表性成果

科研基金

[1] 张捷:主持国家自然科学基金项目"九寨沟自然保护区旅游地理结构及旅游持续发展研究",项目编号:49571031,1996.1—1998.12,已结题。

[2] 张捷:主持国家自然科学基金项目"中国旅游/游憩流的空间分布模式及空间效应研究",项目编号:40371030,2004.1—2006.12,已结题。

[3] 张捷:主持国家自然科学基金项目"中国城镇书法景观的地理分异及地方感过程的案例研究",项目编号:40871072,2009.1—2012.2,已结题。

[4] 章锦河:主持国家自然科学基金项目"旅游废弃物生态环境影响评价模型及测度研究",项目编号:40971301,2010.1—2012.12,已结题。

[5] 汪侠:主持国家自然科学基金项目"贫困地区旅游开发的居民满意度驱动机制及空间分异研究——以桂、滇两省区为例",项目编号:40901075,2010.1—2012.12,已结题。

[6] 刘泽华:主持国家自然科学基金项目"闲暇时间约束对区域短期旅游流空间模式的影响研究",项目编号:41001070,2011.1—2013.12,已结题。

[7] 张捷:主持国家自然科学基金项目"突发危机事件对旅游目的地社会地理影响的时空模式研究:以大九寨沟地区为例",项目编号:41171121,2012.1—2015.12,已结题。

[8] 章锦河:主持国家自然科学基金面上项目"旅游地生态效率评价模型及测度研究",项目编号:41271161,2013.1—2016.12,已结题。

[9] 汪侠:主持国家自然科学基金面上项目"旅游对贫困人口扶贫效应的时空分异及成因机制研究",项目编号:41371149,2014.1—2017.12,已结题。

[10] 张捷:主持国家自然科学基金面上项目"自然声景观的资源分类体系、地理空间结构及评价模型研究",项目编号:41571136,2016.1—2019.12,已结题。

[11] 张宏磊:主持国家自然科学基金面上项目"基于游客时空行为的目的地交通网络可靠性研究",项目编号:4177115,2018.1—2021.12,在研。

[12] 汪侠:主持国家自然科学基金青年科学基金项目"贫困地区旅游开发的居民满意度驱动机制及空间分异研究",项目编号:40901075,2010.1—2012.12,已结题。

[13] 张宏磊:主持国家自然科学基金青年项目"交通发展对区域旅游空间结构演化影响机理及其空间效应研究",项目编号:41301134,2014.1—2016.12,已结题。

[14] 张捷:主持建设部科研项目"中国历史文化名镇(村)保护规划编制技术导则研究",项目编号:20031018,2004—2005,已结题。

[15] 张捷:主持建设部科研项目"中国历史文化名镇(村)保护评价体系研究",项目编号:2004012,2004—2005,已结题。

[16] 张捷:中方主持英国 British Academy 资助项目:"How sustainable is ecotourism in nature reserve in China and U.K. 中英自然旅游可持续性比较研究",项目编号:SG—47266,2007.1—2009.4,已结题。

SCI、SSCI

[1] Mao, D., Zhang, J., Bao, H. Correspondence analysis on images of Jiangxi Province as a tourist destination[J]. Chinese Geographical Science, 2005, 15(3).

[2] Li, Y., Zhang, J., Chen Y. Image of landscapes in ancient water towns—A case study on Zhouzhuang and Tongli of Jiangsu Province[J]. Chinese Geographical Science, 2006, 16(4).

[3] Shi, C., Zhang, J., Yang, Y. Application of shift-share analysis to international tourism competitiveness: the Jiangsu Province experience[J]. Chinese Geographical Science, 2007, 17(2).

[4] Zhong, J., Zhang, J., et al. Nodes and field of tourist origins to ancient village [J]. Chinese Geographical Science, 2007, 17(3).

[5] Liu, J., Zhang, J., Wall, G. The geographical space of China's tourism websites [J]. Tourism Geographies, 2008, 10(1).

[6] Zhang, J., Tang, W., Shi, C., et al. Chinese calligraphy and tourism: from cultural heritage to landscape symbol and media of the tourism industry[J]. Current Issues in Tourism, 2008, 11(6).

[7] Cheng, S., Xu, F., Zhang, J., et al. Tourists' attitudes toward tea tourism: a case study in Xinyang, China[J]. Journal of Travel and Tourism Marketing, 2010, 27(2).

[8] Dong, X., Zhang, J., Zhi, R., et al. Measuring the recreational value of world heritage sites based on contingent valuation method: a case study of Jiuzhaigou[J]. Chinese Geographical Science, 2011, 21(1).

[9] Zhong, S., Zhang, J., Xiang (Robert), L. A reformulated directional bias of tourist flow[J]. Tourism Geographies, 2011, 13(1).

[10] Zhang, H., Gu, C., Gu, G., et al. The evaluation of tourism destination competitiveness by TOPSIS & information entropy—A case in the Yangtze River Delta of

China[J]. Tourism Management, 2011, 32(2).

[11] Cheng, S., Zhang, J., Lu, S., et al. Influence of tourists' environmental tropisms on their attitudes to tourism and nature conservation in natural tourist destinations: a case study of Jiuzhaigou National Park in China[J]. Chinese Geographical Science, 2011, 21(3).

[12] Zhang, H., Zhang, J., Lu, S., et al. Modeling hotel room price with geographically weighted regression[J]. International Journal of Hospitality Management. 2011, 30(4).

[13] Yang, Y., Wong, K. K. F., Zhang, J. Determinants of length of stay for domestic tourists: case study of Yixing[J]. Asia Pacific Journal of Tourism Research, 2011, 16(6).

[14] Zhang, H., Zhang, J., Cheng, S., et al. Role of constraints in Chinese calligraphic landscape experience: an extension of a leisure constraints model[J]. Tourism Management, 2012, 33(6).

地理学报(南京大学作为第一作者单位)

[1] 徐近之. 西宁松潘间之草地旅行[J]. 地理学报创刊号, 1934, 1(1).

[2] 张其昀. 浙游记胜[J]. 地理学报创刊号, 1934, 1(1).

[3] 任美锷. 自然风景与地质构造[J]. 地理学报, 1940, 2(2).

[4] 陆林. 山岳风景区客流研究——以安徽黄山为例[J]. 地理学报, 1994, 49(3).

[5] 张捷, 都金康, 周寅康, 等. 自然观光旅游地客源市场的空间结构研究——以九寨沟及比较风景区为例[J]. 地理学报, 1999, 54(4).

[6] 张捷, 甘萌雨. 理性研究的教材——《旅游地理学》(修订版)评述[J]. 地理学报, 2000, 55(2).

[7] 朱诚, 俞锦标, 赵宁曦, 等. 福建冠豸山丹霞地貌成因及旅游景观特色[J]. 地理学报, 2000, 55(6).

[8] 章锦河, 张捷. 旅游生态足迹模型及黄山市实证分析[J]. 地理学报, 2004, 59(5).

[9] 汪侠, 顾朝林, 梅虎. 旅游景区顾客的满意度指数模型[J]. 地理学报, 2005, 60(5).

[10] 杨兴柱, 陆林, 王群. 农户参与旅游决策行为结构模型及应用[J]. 地理学报,

2005,60(6).

[11] 杨国良,张捷,艾南山,等.旅游流齐夫结构及空间差异化特征——以四川省为例[J].地理学报,2006,61(12).

[12] 史春云,张捷,尤海梅,等.四川省旅游区域核心——边缘空间格局演变[J].地理学报,2007(6).

[13] 唐文跃,张捷,罗浩,等.九寨沟自然观光地旅游者地方感特征分析[J].地理学报,2007,62(6).

[14] 杨兴柱,顾朝林,王群.南京市旅游流网络结构构建[J].地理学报,2007,62(6).

[15] 卢松,张捷,李东和,等.旅游地居民对旅游影响感知和态度的比较——以西递景区与九寨沟景区为例[J].地理学报,2008,63(6).

[16] 许振晓,张捷,Wall Geoffrey,等.居民地方感对区域旅游发展支持度影响——以九寨沟旅游核心社区为例[J].地理学报,2009,64(6).

[17] 杨效忠,张捷,乌铁红.跨界旅游区的组织网络结构与合作模型——以大别山天堂寨为例[J].地理学报,2009,64(8).

[18] 刘法建,张捷,陈冬冬.中国入境旅游流网络结构特征及动因研究[J].地理学报,2010,65(8).

[19] 刘泽华,李海涛,史春云,等.短期旅游流时间分布对区域旅游空间结构的响应——以云南省黄金周旅游客流为例[J].地理学报,2010,65(12).

[20] 董雪旺,张捷,刘传华,等.条件价值法中的偏差分析及信度和效度检验——以九寨沟游憩价值评估为例[J].地理学报,2011,66(2).

[21] 蒋志杰,张捷,李丽,等.小尺度环境地形认知与空间行为的关系分析——以南京大学浦口校区为例[J].地理学报,2011,66(6).

[22] 李敏,张捷,董雪旺,等.目的地特殊自然灾害后游客的认知研究——以"5·12"汶川地震后的九寨沟为例[J].地理学报,2011,66(12).

[23] 张捷,卢韶婧,蒋志杰,等.中国书法景观的公众地理知觉特征——书法景观知觉维度调查[J].地理学报,2012,67(2).

[24] 章锦河,李曼,陈静,等.旅游废弃物的环境库兹涅茨效应分析——以黄山风景区为例[J].地理学报,2012,67(11).

被引频次过百期刊论文(南京大学作为第一作者单位)

[1] 吴泓,顾朝林.基于共生理论的区域旅游竞合研究——以淮海经济区为例[J].

经济地理,2004,24(1).(被引频次:568)

[2] 苏伟忠,杨英宝,顾朝林.城市旅游竞争力评价初探[J].旅游学刊,2003,18(3).(被引频次:567)

[3] 章锦河,张捷.旅游生态足迹模型及黄山市实证分析[J].地理学报,2004,59(5).(被引频次:540)

[4] 胡志毅,张兆干.社区参与和旅游业可持续发展[J].人文地理,2002,17(2).(被引频次:500)

[5] 张捷,都金康,周寅康,等.自然观光旅游地客源市场的空间结构研究——以九寨沟及比较风景区为例[J].地理学报,1999,54(4).(被引频次:446)

[6] 吴晋峰,包浩生.旅游系统的空间结构模式研究[J].地理科学,2002,22(1).(被引频次:426)

[7] 陈浮,陈刚,包浩生,等.城市边缘区土地利用变化及人文驱动力机制研究[J].自然资源学报,2001,16(3).(被引频次:396)

[8] 章锦河,张捷,梁玥琳,等.九寨沟旅游生态足迹与生态补偿分析[J].自然资源学报,2005,20(5).(被引频次:385)

[9] 汪侠,顾朝林,梅虎.旅游景区顾客的满意度指数模型[J].地理学报,2005,60(5).(被引频次:371)

[10] 宣国富,陆林,章锦河,等.海滨旅游地居民对旅游影响的感知——海南省海口市及三亚市实证研究[J].地理科学,2002,22(6).(被引频次:365)

[11] 丁蕾,吴小根,丁洁.城市旅游竞争力评价指标体系的构建及应用[J].经济地理,2006,26(3).(被引频次:324)

[12] 章锦河,赵勇.皖南旅游资源空间结构分析[J].地理与地理信息科学,2004,20(1),108.(被引频次:311)

[13] 章锦河,张捷,李娜,等.中国国内旅游流空间场效应分析[J].地理研究,2005,24(2).(被引频次:306)

[14] 陆林.山岳风景区客流研究——以安徽黄山为例[J].地理学报,1994,49(3).(被引频次:302)

[15] 金卫东.城市旅游形象浅析[J].城市规划汇刊,1995,(1).(被引频次:294)

[16] 苏勤,林炳耀.基于态度与行为的我国旅游地居民的类型划分——以西递、周庄、九华山为例[J].地理研究,2004,23(1).(被引频次:294)

[17] 梁修存,丁登山. 国外旅游资源评价研究进展[J]. 自然资源学报,2002,17(2). (被引频次：278)

[18] 赵玉宗,李东和,黄明丽. 国外旅游地居民旅游感知和态度研究综述[J]. 旅游学刊,2005,20(4). (被引频次：254)

[19] 聂献忠,张捷,吕菽菲,等. 九寨沟国内旅游者行为特征初步研究及其意义[J]. 自然资源学报,1998,13(3). (被引频次：232)

[20] 冯学钢,包浩生. 旅游活动对风景区地被植物—土壤环境影响的初步研究[J]. 自然资源学报,1999,14(1). (被引频次：232)

[21] 张捷,都金康,周寅康,等. 观光旅游地客流时间分布特性的比较研究——以九寨沟、黄山及福建永安桃源洞鳞隐石林国家风景名胜区为例[J]. 地理科学,1999,19(1). (被引频次：229)

[22] 章锦河,张捷,刘泽华. 基于旅游场理论的区域旅游空间竞争研究[J]. 地理科学,2005,25(2). (被引频次：221)

[23] 陆林. 皖南旅游区布局研究[J]. 地理科学,1995,15(1). (被引频次：220)

[24] 宣国富,陆林,汪德根,等. 三亚市旅游客流空间特性研究[J]. 地理研究,2004,23(1). (被引频次：218)

[25] 汪侠,梅虎. 旅游地游客满意度：模型及实证研究[J]. 北京第二外国语学院学报,2006(7).(被引频次：214)

[26] 万绪才,丁登山,马永立,等. 旅游客源市场结构分析——以南京市为例[J]. 人文地理,1998,13(3). (被引频次：196).

[27] 汪侠,刘泽华,张洪. 游客满意度研究综述与展望[J].北京第二外国语学院学报,2010,32(1). (被引频次：189)

[28] 李悦铮. 辽宁沿海地区旅游资源评价研究.自然资源学报,2000,15(1). (被引频次：182)

[29] 张捷. 区域民俗文化的旅游资源的类型及旅游业价值研究——九寨沟藏族民俗文化与江苏吴文化民俗旅游资源比较研究之一[J]. 人文地理,1997(3). (被引频次：151)

[30] 聂献忠. 旅游形象建设与都市旅游业发展——以香港、上海为例[J]. 城市规划汇刊,1998(2). (被引频次：143)

[31] 汪侠,顾朝林,刘晋媛,等. 旅游资源开发潜力评价的多层次灰色方法——以老

子山风景区为例[J].地理研究,2007(3).(被引频次:135)

[32] 尹立杰,张捷,韩国圣,等.基于地方感视角的乡村居民旅游影响感知研究——以安徽省天堂寨为例[J].地理研究,2012,31(10).(被引频次:112)

[33] 陆林.山岳风景区旅游季节性研究——以安徽黄山为例[J].地理研究,1994(4).(被引频次:110)

[34] 刘泽华,李海涛,史春云,等.短期旅游流时间分布对区域旅游空间结构的响应——以云南省黄金周旅游客流为例[J].地理学报,2010,65(12).(被引频次:105)

[35] 汪侠,甄峰,吴小根,等.旅游开发的居民满意度驱动因素——以广西阳朔县为例[J].地理研究,2010,29(5).(被引频次:100)

(说明:截至2019年,数据库来源——CNKI主站点,主题关键词——旅游或观光或风景或游客,搜索时间——2020年10月31日上午10:00)

第十三章 非洲地理

甄峰[1,2,3]，尹俊[1]

（1. 南京大学非洲研究所；
2. 南京大学人文地理研究中心；3. 南京大学建筑与城市规划学院）

地理学是研究地球表面的地理环境中各种自然现象和人文现象，以及它们之间相互关系的学科。新中国成立70多年来，国内学者对非洲地理进行了坚持不懈的探索与研究，对具有中国特色的非洲学研究作出了较大贡献。南京大学是我国最早从事人文地理学教学与研究的单位，人文地理学先驱和奠基人胡焕庸、张其昀、李旭旦、任美锷、吴传钧等先生都先后在此进行过人文地理的教学和研究工作，因而被称为"中国人文地理学人才的摇篮"之一。毛泽东主席于1961年4月27日在会见非洲朋友时指示："我们对于非洲的情况，就我来说，不算清楚。应该搞个非洲研究所，研究非洲的历史、地理、社会经济情况。"中国社会科学院哲学社会科学部亚非研究所随即于1961年7月成立。此后，北京大学于1964年4月成立亚非研究所，同年7月，高教部批准成立南京大学非洲经济地理研究室。

改革开放以来，中非学术研究与交流取得了重大进步，南京大学的非洲地理研究也步入了一个新的台阶。作为全国高校设立的第一批外国问题研究机构之一，南京大学非洲研究所成立50多年来，以非洲资源、人口、环境、区域经济、城市化问题、中非关系、非洲文化等为主要特色，在非洲问题研究方面取得了丰硕成果，是中国非洲问题研究的重要基地和国家非洲问题研究的智囊机构——"中国非洲问题研究会"的主要创办单位和总部所在地。因此，对20世纪五六十年代以来的南京大学非洲地理研究进行总结，梳理主要的研究内容，明确在新形势下今后非洲地理研究的方向，对于非洲地理研究的持续发展以及构建有中国特色的非洲学体系都有着重大意义。

一、南京大学非洲地理研究历程

1. 非洲地理研究的初创时期

20世纪60年代以后,南京大学开始从事非洲地理研究,发表了大量关于非洲的学术论文。1964年7月在南京大学成立了中国第一个非洲经济地理研究室,并在当时较差的研究条件下,创刊了《非洲经济地理参考资料》[1],创刊首篇论文就是《非洲的石油开采业》。随着中国与非洲国家交往的增多,对非洲问题的研究要求加强专题性、学术性,并提供有分析、有见解的成果。该内部刊物内容丰富,是关于非洲区域和部门地理的学术性刊物,以刊登非洲经济地理研究室教师撰写的研究报告和论文为主,并有选择地刊用了一些质量较高的译文,以及地理动态、学术活动等方面的文章。前期主要是翻译、整理、总结国外学者对非洲研究的相关文献资料,后期结合当时的一些地理考察更多体现了地理学者对非洲问题的思考。包括非洲自然资源及其分布,矿产资源尤其是石油和有色金属的分布与开采,撒哈拉沙漠的水和绿洲农业,农业的经济文化类型,粮食生产的经济地理问题,非洲的油料作物、经济作物、纤维作物、林业、畜牧业、渔业、土地关系及其变化,以及交通运输业概述与运输地理。针对非洲大陆内部的巨大地理差异,南京大学非洲经济地理研究室有针对性地组织了非洲不同国家的地理文献资料的编写,包括索马里、坦桑尼亚、乌干达、塞舌尔、塞内加尔、尼日尔、喀麦隆、纳米比亚、南非、斯威士兰、莱索托、马达加斯加、突尼斯、阿尔及利亚、厄立特里亚、埃塞俄比亚、象牙海岸、扎伊尔、几内亚(比绍)、乍得、刚果、加蓬、赞比亚、安哥拉、罗德西亚、津巴布韦等很多国家,内容涉及地理概况、自然地理、政治地理、农业地理、资源开发及城市化等方面。对非洲的自然地理、经济地理、国别地理等研究文献的引入、整理、消化、吸收、创新的过程,促使南京大学非洲研究的地理特色日益明显,成果丰富,也涌现出了如张同铸、苏永煊、沈汝生、苏世荣、曾尊固、姜忠尽、庄仁兴、唐发华、董文娟、张兴玉、丁登山、张耀增、于宝翠、李德富、陶慕华、周志成、孙兰园等一批老一辈非洲地理研究学者,为中国非洲学的发

---

[1] 南京大学非洲经济地理研究室主编,《非洲经济地理参考资料》于1964年11月20日创刊第1期,每期登载4~5篇论文;从第3期开始改名为《非洲地理资料》一直到第23期;从第24期更名为《非洲地理》。因为"文革",非洲地理的教学与科研中断了8年,到了1973年12月才重新恢复。1964—1984年,《非洲地理资料》共办了27期。

展和南京大学非洲研究所的建设、发展作出了重要贡献。

1973年，随着国内教育与科研秩序的恢复，非洲地理教学与研究工作也得以逐渐恢复。在研究生的培养方面，恢复研究生制度以后就开始招收区域地理硕士点非洲地理方向研究生。研究生学位论文选题紧扣非洲地理和国家社会经济建设的需求，如《西非的沙漠化与农牧业生产》（丁登山，1981）、《扎伊尔农业自然条件与农业生产的发展》（冯九璋，1983）、《非洲海港形成发展及其在非洲经济发展中的作用》（冯德显，1986）、《黑非洲人口分布与经济发展》（赵媛，1988），这些研究生后来也都活跃在非洲地理学术研究中。同时，完成了一批国外学者的非洲国别地理著作的翻译工作。适应国家的需要，承担了农业部课题——非洲粮食问题研究，并受对外经济联络部委托完成了坦桑尼亚、赞比亚、苏丹、索马里、阿尔及利亚五个非洲国家的援外成套项目设计基础资料汇编。2000年以来，随着中国国际影响力的加强和中非合作的深入，南京大学招收了一批来自非洲国家的博士和硕士研究生，从事中非发展的比较研究。

2. 非洲地理研究快速发展期

20世纪70年代末，出于改革开放的形势的需要，以及响应经济学界前辈、著名世界经济学家钱俊瑞教授关于"加强对世界的研究"的倡导，南京大学、北京大学、湘潭大学和中国科学院地理研究所等非洲研究机构代表倡议成立了中国非洲问题研究会。这一国内综合性非洲问题研究的学术社团的成立，标志着国内非洲问题研究力量得到整合并进一步加强。1985年，张同铸教授接受教育部高等学校哲学社会科学博士学科点专项基金资助"非洲经济发展战略研究"。1992年由该会会长张同铸教授主持编著出版的专题性学术著作《非洲经济社会发展战略问题研究》[1]，是中国非洲经济地理研究的一个里程碑，包括1999年编辑出版的《21世纪中非关系发展战略报告》，都得到了国内外专家的高度评价。多年来，该学术团体的研究涉及非洲的政治、经贸、历史、地理、人口、民族、宗教、社会文化、资源环境等诸多领域，围绕非洲发展过程中资源、环境、人口与经济可持续发展的重大问题进行了长期的跟踪性研究。

1992年，南京大学非洲经济地理研究室经教育部批准改名为非洲研究所，成为国内少数专门的非洲研究机构之一，研究的地理特色明显。20多年来，承

---

[1] 本书当年获得了全国高校人文社会科学奖二等奖。

担了十多项国家级、省部级基金课题,开展了多项专题研究。《非洲经济社会发展战略问题研究》、《非洲农业地理》(获江苏省哲学社会科学优秀成果奖二等奖)、《非洲自然地理》、《非洲石油地理》、《非洲大地图集》(全国出版的首部世界大洲地图集)、《世界地理》、《世界地名辞典》、《国际能源贸易》、《英国农业地理》、《漫游欧洲》、《中国大百科全书:世界地理卷》等都是具有较高知名度与引用率的研究成果。四川人民出版社出版的《从部落跃向现代——中非三国》(2004),一发行也受到了较多关注。

这一时期,南京大学非洲研究所与美国、法国、英国、加拿大、苏丹、尼日利亚、津巴布韦等国进行了广泛的非洲学术交流。1985年,美国美中非洲研究协会率团访问南京大学非洲研究所,扩大了国际学术影响。教育部委托南京大学组团,访问了苏丹和科特迪瓦等国。1998—1999年间,受教育部委托赴东非四国就"教育援非"专题调研,回国后提交的报告受到时任教育部副部长韦钰同志及有关外事部门和非洲研究同行的高度重视。

3. 非洲地理研究的全面发展期

进入2000年后,南京大学的非洲地理研究开始进入一个全面发展阶段。目前,已经走出了新老人员接班、中青年人才缺失的阵痛,在研究队伍、人才培养、课题研究等方面进入一个新的发展阶段。为配合"中非合作论坛"的后续行动,还开展了"中非经贸合作的区域战略"等问题研究。2002年,南京大学非洲研究所承担了国家自然科学基金课题"全球化、对非贸易与长江三角洲产业结构重构"(负责人:龙国英;批准号:40101011)。2002—2005年,申请并完成教育部人文社会科学研究项目"经济全球化与非洲区域经济发展"(负责人:曾尊固)。近两年来又承担完成了农业部对外经济合作中心的"非洲国家农业研究报告中的农业条件研究",具体涉及刚果(金)、刚果(布)、马里、马拉维、赞比亚、苏丹、埃及七国的农业发展研究(2009),以及2010年农业部的"非洲农业地图志"(负责人:姜忠尽)研究课题。姜忠尽教授还主持了国家开发银行课题"中非合作能源安全战略研究"(2011年)。2011年,南京大学非洲研究所获得了外交部"中非联合研究交流计划"的支持,赴非进行"非洲农业和农村发展"实地考察研究。项目组深入南非、刚果(金)、刚果、加蓬、马里五国的城市与乡村进行了调查研究,与中国驻非使馆、非洲国家农业(乡村)发展部官员及相关大学研究人员进行了交流和访谈,取得了大量的感性认识与一手资料。2012年,黄贤金又获得了外交部"非洲粮食安全与土地制度"研究的课题资助。

30多年来,南京大学非洲研究所作为中国非洲问题研究会总部所在地,为学会过去的发展作出了巨大的贡献[1]。以南京大学为主体,包括南京农业大学、南京人口学院等院校、研究机构也成为国内以地理为特色的非洲问题研究的重要基地之一。近几年来举办了一系列非洲问题学术会议,都取得了较大的学术影响。

为了纪念1949年后中国与非洲开启外交关系50周年暨迎接第三届"中非合作论坛学术研讨会",2006年南京大学举办了"新时期非洲研究"学术研讨会,就全球化与非洲问题研究、非洲城市化与乡村发展、非洲旅游发展研究、非洲资源开发与利用等重大问题进行了深入探讨,会后组织出版了《新时期中非关系发展与前景》(中国非洲问题研究会内部出版物,2006)。

2007年发起和创办了首届"走非洲,求发展"学术论坛,会议主题包括乡村发展、中非贸易合作与投资环境、传统文化与非洲旅游,并出版了论文集《走非洲,求发展》。2010年又举办了第二届"走非洲,求发展"论坛,围绕"大国与非洲的千年发展目标"、"全球视野下的中非关系"、"非洲的粮食安全"、"非洲的工业化与城市化"、"非洲的传统文化与现代化"、"教育援非与高等学校的责任"等六个主题进行了学术交流。此次学术交流还有10余名非洲博士留学生参加,如肯尼亚籍留学生John Kipkorir Tanui和Kere George分别作了关于《茶产业发展面临挑战及中国的援助效益》和《肯尼亚的可持续蔬菜生产:机遇、挑战和解决方案》的专题报告,起到了很好的互动效果。2011年12月9日,在对南非、刚果(金)、刚果、加蓬、马里五国城市与乡村考察的基础上,举办了"非洲考察汇报暨非洲农业和农村发展学术会议",取得了积极的学术影响。

二、南京大学非洲地理研究内容

新中国成立以来,中非关系得到了快速的发展,南京大学对非洲地理的研究也逐渐深入。适应于近年来中非战略合作伙伴关系的深化,非洲地理研究也在从单一的非洲地理要素的研究向多要素综合研究及中非比较研究转型。对新中

---

[1] 非洲地理研究涉及内容广泛,其他的兄弟院校,如北京大学、中山大学、对外经济贸易大学、华东师范大学、南京师范大学、上海师范大学、南京人口学院,以及中国社科院等研究机构都对相关内容展开了学术研究。同时,非洲研究的不同领域之间的融合与交流也呈现出日益密切的趋势。

国成立以来南京大学非洲地理研究专著、期刊论文、会议论文、内部资料等相关文献进行梳理,可以发现研究重点主要集中在非洲自然地理、能源地理、农业地理、矿产地理及人口与城市地理等方面。

1. 非洲自然地理研究

自然地理主要研究的是自然地理环境的组成、结构、功能、动态及其空间分异规律。对非洲地理的研究,一开始就是从认识非洲自然地理环境开始的。学者们运用自然地理学基本理论阐述了非洲自然地理特征及其规律,比较全面、系统而有重点地反映了非洲的自然地理面貌。然后又以相当的篇幅根据地域分异规律按自然区进一步说明区域景观特征及区域差异性。因此,从自然地理要素来讲,水资源、土壤与植被、气候与气象、地质与地貌等内容都普遍涉及了。例如,对非洲30年来旱灾形成原因及战略原则和建议的研究,指出了人类不适当的土地利用和管理对旱灾发生的影响。西非萨赫勒地带是世界上最严重的荒漠化地区,地理学者研究了萨赫勒地带荒漠化四个机制模式,分析了人地关系地域系统的组成,系统内各要素之间的相互作用及其特征,并在此基础上阐述了该地带荒漠化的实质。

随着近年来对资源环境问题的重视,在非洲人口迅速和持续增长的巨大压力下,烧荒、非林化、耕种、牲畜等人类活动及野生动物活动使得非洲的植被正在以空前的速率退化。而水资源历来是非洲最稀缺的资源,自从阿斯旺高坝建成以来,尼罗河水资源供需矛盾一直存在。流域各国之间水冲突时有发生,构成影响东北非洲地区政局稳定的不容忽视的因素。有关各国在流域合作框架内,通过平等协商,努力减少矛盾和冲突,是唯一正确的选择。这些研究成果既为非洲地区的可持续发展,也为中国的人与环境协调发展提供了借鉴。

2. 非洲能源地理研究

能源是经济发展不可替代的动力基础。能源资源开发和能源供应客观地反映着一个国家的经济发展状况。90年代后,能源问题日益严峻,石油等能源资源的战略地位日益突出,对于非洲能源地理的研究也日益重视。南京大学在国内较早开展了非洲能源地理的研究,出现了大批有价值的学术成果。学者指出了非洲能源生产与消费的单一性突出,能源开发的外向性突出,能源进口的单一性突出,能源消费水平和自给率低下,以及乡村能源供应严重短缺等问题,并提出了相应的对策。非洲石油储量丰富,近20年来原油产量稳步增长,成为世界工业强国战略争夺的新宠。提出了世界能源严重依赖于石油,石油严重依赖于海湾,进而引起大国间的博弈。但就目前来看,非洲的石油产业主要还是受到欧美石油大公司的控制,中国石油公司在西非和北非大部分产油国尚处于起步阶段,所占份额有限。但非洲较低的石油勘探和开采成本,原油含硫较低,以及巨大的开发潜力都值得中国的石油公司加大对非洲石油的投资力度。

非洲作为我国石油进口的重要来源地,对保证我国的石油进口安全具有重要作用。我国学界非常重视非洲石油的巨大潜力,普遍看好未来非洲石油出口前景,但非洲也存在人口与经济快速增长以及石油储量有限、开发不足的矛盾。我国在进行石油战略长期布局时,必须以风险性的视角审视任何可能存在的问题。杨帆等基于 NASA 的全球大气 PM 2.5 年均污染浓度栅格数据,通过统计非洲各国大气 PM 2.5 浓度均值及建立空间数据库,利用重力模型、ESDA 模型及 GIS 空间统计分析方法,对非洲 52 个主要国家(地区)2001—2010 年间的大气 PM 2.5 污染浓度空间格局演化特征进行探究。

3. 非洲农业地理研究

非洲是一个有 6000 年农业发展史的大洲,农业的发展状况关联着全洲人口的粮食供应、民族工业的发展、进出口贸易和国际收支状况,决定着非洲国家和地区经济发展的整个进程。在七八十年代,非洲经济地理的研究还主要是向国内介绍非洲的农业资源、粮食问题,以及农业、工业的发展与布局。早期,学者们对非洲植棉业的发展趋势、苏丹吉齐拉农场、种族主义统治下的南非农业、非洲农业发展战略、非洲热带农业等进行了深入的研究。1986 年《南京大学学报》出了一期世界地理专刊,收录了几篇关于非洲农业地理等方面的论文。由于服务业本身在非洲就比较落后,所以涉及较少。90 年代以来,学者们更多地关心非洲地区农业可持续开发方面问题的研究与解决策略,分析了非洲谷物生产发展的限制因素,介绍了非洲农业灌溉的发展情况。

4. 非洲矿产地理研究

非洲的矿产资源极为丰富,许多学者对矿产资源的空间分布等地理特征进行了分析与总结。尤其是有色金属矿产具有重要的战略意义,其矿种之多、储量之大、分布之集中,成了垄断资本集团的重要争夺对象。从资源地理的角度,对非洲有色金属资源进行了评价,对其开采业的形成、发展和布局等问题作了论述。非洲"铜带"是世界上最大的铜钴工业综合体之一,通过实地调查和资料分析,揭示了"铜带"铜钴工业的地域组合特征及空间布局的内在联系规律。这些研究成果对我国在矿山开发过程中,充分发挥矿业带动区域经济社会发展,有着重要的借鉴意义。

5. 非洲工业地理研究

20世纪80年代以后,非洲的工业化开始加速,在非洲大陆出现了一些经济率先发展的"增长极",引起了学者的关注。学者们更加关注非洲地区经济社会的总体发展,尤其是人口增长与粮食供应、土地资源、生态环境、经济发展的关系。随着石油开发和石油对外贸易的发展,利比亚苏尔特湾沿海工业带成了其国家主要的重工业地带。非洲出口加工区在世界各大洲中起步最晚,但发展颇为迅速。其形成的有利内在因素是:区位优越;沿海港口已成规模;资源丰富,尤其是战略矿产资源优势巨大;廉价劳动力充裕。学者揭示了毛里求斯出口加工区卓有成效的内在机理,针对非洲出口加工区所面临的问题,提出了可供选择的应变性对策和措施。

全球化过程中,非洲面临的挑战大于机遇。而最大的挑战源自边缘化与依附性并存。研究表明,非洲正处于世界经济体系的最边缘,在世界经济体系中的地位继续弱化,非洲的依附性不降反升。通过对非洲各国经济分异特征与规律的分析,将非洲各国经济发展模式划分为集聚发展型、极核发展型、集中贫困型、贫困核型、强嵌套发展型和弱嵌套发展型6种,并对非洲经济空间格局形成的原因进行了简要分析。有学者研究了非洲国家产业结构特征,以及基础设施的空间可达性,非洲外商直接投资(FDI)在空间序列上的差异,中国对非贸易在空间序列上的差异,长江三角洲对非贸易的潜力与重点领域等。近年来,信息技术迅猛发展,深刻影响社会经济发展和人民生活方式,而非洲正处于世界经济体系的最边缘,信息化的挑战源自边缘化与依附性并存,有学者研究了非洲信息通信技术应用的地理格局差异,并提出了信息技术在非洲发展的对策。

6. 非洲人口与城市地理研究

非洲的城市地理研究主要集中在城市化、城市与乡村发展等方面。非洲现在正在经历着空前的城市化,城市人口比重已经从1970年的23.18%上升到2003年的38.68%。学者分析了非洲独特的城市化现象及其对中国城市化发展的启示。研究发现贫困问题、非正式经济和平行经济的增长与发展已经成为撒哈拉以南非洲地区城市化进程中不可或缺的一部分。高贫困率已经成为当今非洲大陆在发展过程中面临的首要挑战。学者们探讨了非洲城市边缘区黑人集聚区形成的原因、问题及解决的思路，以及南部非洲地区的持续贫困问题及策略。

乡村发展问题也是城市地理学者关注的重要问题，这可以从政治、经济、社会、文化、环境等多元视角加以分析。张同铸教授曾指出，同独立前相比，现在的非洲乡村社会结构已有一些新的特点。就热带非洲而论，其社会体制正由原始型单一结构向现代型复合结构转变，虽然速度十分缓慢，但多种社会成分互相渗透、互相融合已成为发展趋势。

非洲是世界重要的旅游地区之一。但是，非洲旅游业的总体水平还不高，而且国家之间发展水平很不平衡。因此，如何发挥非洲旅游资源优势，追踪世界旅游市场的变化，发展具有非洲特色的旅游业，是需要加以探讨的问题。唐发华等在分析非洲旅游资源和旅游业状况的基础上，对大力开展观光旅游、积极发展休疗型旅游、努力开拓专题旅游等问题进行了探讨。

三、南京大学非洲地理研究面临的问题与发展方向

当前形势下，随着非洲国际地位的提升以及中非新型战略合作伙伴关系的建立，中非之间在资源开发、能源合作、人才流动、资金与技术输出等方面的合作进一步加大，南京大学的非洲地理研究也将得到新的发展，迎来新的春天。

1. 面临的困境

同美国、英国、法国等发达国家相比较，中国的非洲学研究力量还显得相对薄弱，特别是非洲问题实证研究有待强化。同时，当前南京大学非洲地理研究还存在一些客观问题。表现在：第一，研究队伍急需发展壮大，中青年的学术梯队建设迫在眉睫；第二，尽管非洲研究越来越热，但是在非洲地理研究方面经费相对缺乏，降低了地理学者从事非洲地理研究的积极性；第三，地理学研究注重实证调研与地理综合考察，但是，当前的研究仍然是依靠国际统计资料以及西方研究文献，缺乏一手研究资料，也制约了非洲地理研究成果国际价值的体现；第四，当前的非洲地理研究，强调的还是中国学者对非洲问题的研究，缺乏与非洲学者之间的互动，进而可能会造成一些认识上的偏差。

2. 加强国家战略导向下的非洲地理研究

伴随着中非战略伙伴关系的深化，南京大学的非洲地理研究一方面应强调与国家战略的结合，更好地发挥地理研究对国家经济社会发展的智力贡献；另一方面，应立足地理学科的综合优势，深入调查非洲地理环境，丰富非洲区域地理

研究的理论体系，并为非洲经济社会发展提供政策建议与支持。

非洲政治经济发展和国际地缘政治的研究将成为研究热点。包括非洲联盟、非洲政治经济一体化建设，同时对于世界政治经济格局变化对该地区的影响、宗教和民族问题对现代化进程的影响、地区冲突问题、可持续发展问题、大国的中东非洲战略以及中国与该地区国家关系等重大问题都应进行深入系统的研究。

（1）非洲国家经济发展战略的研究。加强中非工业合作，探讨中非工业合作战略目标、领域、重点、模式与机制势在必行。系统而全面探讨非洲工业化战略的综合性基础研究成果，可为我国涉非工作部门特别是援非工业部门提供决策参考。同时，也为我国企业集团赴非洲开展工业合作提供参考。

（2）非洲城市化与乡村发展研究。加快城市化与城市经济增长无疑是推动联合国"千年发展"目标实现的重要动力。在非洲地区的工业化与城市化过程中，中国因素正在发挥着日益重要的作用，推动非洲地区城市与区域的发展。在中非合作框架下，分析非洲城市化动力、机制、格局及乡村发展，进而有针对性地提出城市化与乡村发展政策，发挥中国近年来在城市化战略中积累的成功经验和有效政策，无疑将有助于中非合作战略的顺利进行，也将为中非合作在经济、社会、基础设施领域提供相应的理论与实践参考。

（3）中非土地与粮食安全问题研究。长期以来，非洲各国粮食供应不足，粮食安全状况十分脆弱。随着人口的飞速增长，土地负担加重，只有合理地利用土地资源，非洲的农业才能得到可持续发展，并最终解决粮食危机问题。因此，需要从中非土地利用比较、中非土地利用战略、中非土地利用战略实施的政策保障等方面开展研究，这也将为我国或非洲制定相关土地利用政策提供决策参考。

同时，需要进一步强化南京大学在非洲能源资源开发利用方面的传统优势，深化石油等非洲能源安全战略问题及非洲矿产资源开发利用研究，并从国家战略高度，研究中非海上能源运输通道及非洲近海资源开发。

参考文献：

[1] Alhadji,C.D. 非洲城市化挑战：大城市的发展和管理[D].上海：华东师范大学,2008.

[2] 丁登山.非洲谷物发展的限制因素[J].世界农业,1990(2).

[3] 丁登山.非洲的农业灌溉事业[J].世界农业,1990(10).

[4] 丁登山.人类活动对非洲植被的影响,干旱区资源与环境[J]. 1991,5(4).

[5] 丁登山.近三十年来非洲的旱灾与环境变化,地理研究[J]. 1994,13(4).

[6] 丁登山.西北萨赫勒地带荒漠化和人地关系地域系统分析[J].人文地理,1996,11(3).

[7] 董文娟.利比亚苏尔特湾沿海工业带的崛起[J].热带地理,1988,8(3).

[8] 董文娟.国际能源贸易研究[M].北京:石油工业出版社,1994.

[9] 何郑莹,徐建刚,曾尊固.长江三角洲对非贸易的潜力与重点领域分析[J].安徽师范大学学报(自然科学版),2004,27(4).

[10] 胡颖文,徐建刚,蔡银寅.非洲外商直接投资的时空分异研究[J].热带地理,2007,27(1).

[11] [苏]加兰特.莫桑比克[M].曾尊固,董文娟,等,译.南京:江苏人民出版社,1977.

[12] 姜忠尽.坦桑尼亚农业地域差异的经济地理分析——热带非洲农业地理的一例[J].热带地理,1988(1).

[13] 姜忠尽.非洲能源若干问题[J].世界经济,1988(2).

[14] 姜忠尽.非洲有色金属开采业的发展与布局[J].热带地理,1991,11(4).

[15] 姜忠尽.当代能源矛盾的焦点:石油问题[J].世界石油经济,1992(4).

[16] 姜忠尽.非洲出口加工区的形成与进一步发展的思考[J].南京大学学报(哲学社会科学版),1995(4).

[17] 姜忠尽.非洲"铜带"铜钴工业地域综合体初步研究[J].热带地理,1998,18(1).

[18] 姜忠尽.非洲石油——世界工业强国战略争夺的新宠[J].国际经济合作,2006(11).

[19] 姜忠尽,等,译.撒哈拉[M].西安:陕西人民出版社,1980

[20] 姜忠尽,庄仁兴,译.毛里求斯[M].南京:江苏人民出版社,1977.

[21] [英]莱恩·贝里.坦桑尼亚图志[M].任美锷,姜忠尽,译.北京:商务印书馆,1975.

[22] 李子星,张永战,夏非,等.非洲对我国石油进口安全的作用趋势分析[J].中国能源,2016,38(6).

[23] 刘成富,姜忠尽.南非城市边缘棚屋区透视[C]//张同铸,迈向二十一世纪的非洲,中国非洲问题研究会,1995.

[24] 卢村禾.非洲自然地理[M].北京:商务印书馆,1959.

[25] 苏世荣,沈汝生,张耀曾,等.非洲自然地理[M].北京:商务印书馆,1983.

[26] 唐发华.非洲旅游业发展与布局研究[J].世界地理研究,1994(1).

[27] [英]瓦利,怀特.加纳地理[M].姜忠尽,译,北京:商务印书馆,1973.

[28] 席广亮,甄峰,等.非洲国家产业结构特征及形成原因[C]//周光宏,姜忠尽.走非洲,求发展,成都:四川人民出版社,2008.

[29] [苏]谢尔盖耶娃.索马里地理[M].曾尊固,董文娟,等,译.南京:江苏人民出版社,1977.

[30] 徐建刚,尹海伟,钟桂芬,等.基于空间自相关的非洲经济格局[J].经济地理,26(5).

[31] 杨帆,周亮,林蔚,等.2001—2010年非洲大气PM 2.5污染浓度空间格局演化[J].世界地理研究,2016,25(3).

[32] 尹海伟,徐建刚,曾尊固,等.中国对非贸易时空分异研究[J].经济地理,2005,25(1).

[33] 曾尊固.非洲植棉业的发展趋势[J].世界经济,1981(2).

[34] 曾尊固.种族主义统治下的南非农业[J].西亚非洲,1982(3).

[35] 曾尊固.当代非洲农业问题[J].西亚非洲,1983(2).

[36] 曾尊固.试论非洲农业发展战略[J].西亚非洲,1988(3).

[37] 曾尊固.非洲出口作物问题的探讨[J].西亚非洲,1989(1).

[38] 曾尊固,龙国英.尼罗河水资源与水冲突[J].世界地理研究,2002,11(2).

[39] 曾尊固,文云朝,庄仁兴,等.非洲农业地理[M].北京:商务印书馆,1984.

[40] 曾尊固,甄峰,龙国英.非洲边缘化与依附性试析[J].经济地理,2003(4).

[41] 翟青,甄峰,童雅娟.非洲信息通信技术应用的地理格局差异研究及对策[J].世界地理研究,2011,20(3).

[42] 张同铸.非洲经济社会发展战略问题研究[M].北京:人民出版社,1992.

[43] 张同铸.世界农业地理总论[M].北京:商务印书馆,1997.

[44] 张同铸,丁登山.试论非洲人口发展战略[J].人口与经济,1985(2).

[45] 张同铸,姜忠尽.非洲能源供应和解决能源供求矛盾的对策研究[J].世界石油经济,1990(1).

[46] 张同铸,姜忠尽.非洲石油地理[M].北京:科学出版社,1991.

[47] 张兴玉.非洲天然气资源及其开发利用前景[J].西亚非洲,1983(2).

[48] 张增玲,甄峰,刘慧.20世纪90年代以来非洲初始化的特点与动因[J].热带地理,2007,27(5).

[49] 张子珩,冯九璋.南部非洲的贫困与人力资源能力研究[J].西亚非洲,2007(1).

[50] 甄峰,尹俊.非洲地理研究综述[J].西亚非洲,2011(5).

[51] 甄峰,郑俊,魏宗财,等.非洲乡村发展研究新进展[J].西亚非洲,2006(7).

[52] 周敏,甄峰,等.南非铁路网空间可达性研究[C]//周光宏,姜忠尽.走非洲,求发展,成都:四川人民出版社,2008.

[53] 周光宏,姜尽忠.走非洲,求发展[M].成都:四川人民出版社,2008.

[54] 庄仁兴.非洲粮食自给问题和采取的措施[J].世界经济,1982(1).

第十四章 经济地理

罗小龙[1,2]

(1. 南京大学人文地理研究中心；2. 南京大学建筑与城市规划学院)

自三江师范学院创立以来，南京大学至今已有一百多年的历史。其诞生之始，也是我国的地理学研究由古代地理学向现代地理学转变的开端。也正是在这一时期，经济地理学作为地理科学中重要的分支学科，登上了我国地理科学研究的舞台。南京大学也因此成为我国经济地理学研究的前沿阵地。

一、南京大学经济地理学发展历程回顾

1. 1949 年之前经济地理学的萌芽

1909 年，中国地理学会在天津成立，1919 年南京高等师范学校（南京大学前身）也设立了史地部。总体来说，1949 年之前经济地理的发展非常缓慢，研究主要集中在人口分布、土地利用、农业区划等方面，而在经济地理、工业地理、运输地理等方面基础较为薄弱。

在这一时期，若干苏联的经济地理著作被翻译成了中文，如《新经济地理学》、《世界经济地理讲座》。还有一些欧美的人文地理学思想和著作，如白吕纳的《人地学原理》、亨丁顿的《文明与气候》也给中国的经济地理学发展注入了新的血液。到了 20 世纪三四十年代，中国新一代的经济地理学家相继成长了起来。从南京大学（当时为中央大学）走出了许多知名的地理学家，如在地理界有"南胡北黄"之称的胡焕庸先生，"统一地理学的践行者"李旭旦先生，地理学界最高奖——维多利亚奖的唯一中国得主任美锷先生。这些经济地理学的先行者积极将国外的经济地理学理论引入中国，传播经济地理学知识，开展经济地理学理论研究。主要的工作有，实地对中国的经济地理进行调查研究，对农业区进行划分，开展边疆考察，等等。

总体上来说，1949年之前的半个世纪中，经济地理学在我国处于开创阶段，专门从事经济地理研究的人员较少，研究的方向也有限。但是，不可否认的是，包括南京大学在内的这些开拓者，为中国的经济地理发展奠定了坚实的基础，也为1949年之后经济地理的蓬勃发展创造了条件。

2. 新中国成立以来经济地理学的发展

1949年以后，经济地理学作为一门研究人类经济活动的地域系统的学科，在经济建设的过程中得到了迅速的发展，成为我国人文地理学中发展最快的分支学科。总体来说，1949年至今，中国经济地理学的发展可分为快速发展期、迅速壮大期、发展停滞期、复苏繁荣期和蓬勃发展期这5个阶段。南京大学的经济地理学科和整个中国的经济地理学科发展历程一致，也经历了5个阶段。

根据南京大学经济地理学者的理论贡献，本章收集南京大学经济地理学者自1949年至2019年在《地理学报》《地理研究》《地理科学》《人文地理》《城市规划》《城市规划学刊》《经济地理》《地理知识》(即《中国国家地理》前身，在1960年曾更名为《地理》，此处统计至1966年——其复刊后逐渐确定读者群为非专业人士)这8本经济地理核心期刊上发表的论文进行统计(图14-1)，可以清楚地发现南京大学经济地理学科发展的阶段：(1) 相较于改革开放之后，20世纪50年代对经济地理学的研究成果较少——这与经济地理学发展初期的具体情况有关——但是一直保持一定水平，说明南京大学经济地理学者进行研究的持续性与长久性；(2) 60年代受到"大跃进"以及三年困难时期的影响("大跃进"中的一些论文没有列入统计)，成果数有所下降，但是研究依旧生生不息；(3) 尽管经历了"十年浩劫"，但是随着拨乱反正的进行，经济地理学的研究瞬间复苏，这其中必然包含着南京大学经济地理学者在"十年浩劫"之中也对经济地理学研究不敢懈怠的学术精神；(4) 随着改革开放的深入，经济地理学者的研究热情被极大地激发，研究成果增长迅速。因此，南京大学的经济地理学研究在这半个世纪中历经风雨，仍然能够经久不衰，并分化出多个独立的分支学科，不得不肯定南京大学的经济地理学者们对科学的孜孜追求。

(1) 快速发展期(1949—1957年)

1949—1957年，正是我国第一个五年计划(1953—1957)实施的时间。配合大规模的工业和城镇建设，作为一门适于"学以致用"的学科，与经济建设密切相关的经济地理学于此期间在我国快速地发展了起来。当时经济地理学的地位，

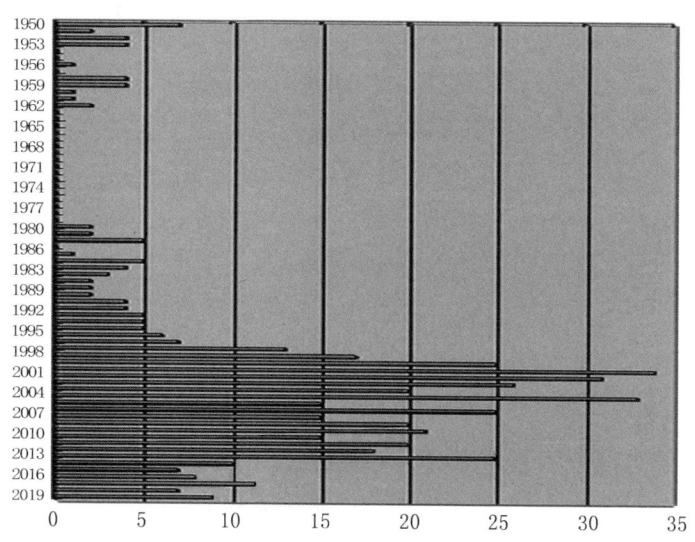

图 14-1　南京大学历年对经济地理学的论文贡献统计(1949—2019)

正如已故中科院院士施雅风先生在《地理知识》创刊词中所道:"人民革命的巨大浪潮,推翻了旧中国,解放了地理学,接着经济建设的高潮,不可避免的是文化建设的高潮。""作为一个特殊部门的工作者,更需要对那一部门的地理知识有比较深入的了解,如经济建设工作者便需学习经济地理。"

为了适应这一时期国家经济建设与人才培养的需要,在1952年全国高校的院系调整中,南京大学与同期一些大学先后增设经济地理专业,成立了经济地理教研室,从事经济地理研究的队伍迅速扩大,为经济地理的快速发展提供了保证。经统计,这一时期,南京大学在《地理学报》、《地理研究》、《地理科学》、《人文地理》、《城市规划》、《城市规划学刊》、《经济地理》、《地理知识》等8本与经济地理有关的核心期刊上共发表经济地理论文18篇,主要的视角是区域经济与区域发展、产业空间结构等方面。

除了理论研究,南京大学的经济地理学发展也致力于服务国家需求。1955年,受农业部委托,南京大学的经济地理学者参与编写了《中国农业区划初步意见》,将全国划分为6个农业地带和16个农业区。与此同时,南京大学教授、农业地理的先行者任美锷先生于1950年出版了著作《四川农作物生产力的地理分布》,开创了经济地理研究农业的先河。此外,南京大学的经济地理学者参与了铁道部组织的铁路选线工作。在教学方面,南京大学配合大学与中学的地理教学编写了一批经济地理教材、参考资料,为经济地理学的后继发展奠定了基础。

(2) 发展波动时期(1958—1977年)

伴随着进一步的工业和城镇建设,经济地理学于1957—1965年间在我国继续发展壮大。在社会经济实践方面,南京大学的经济地理工作者在进行经济地理研究和参与社会主义建设实践的过程中认识到,有必要根据我国自身的生产布局需要来进行生产布局,并根据我国建设的实际情况来发展经济地理学,而不能完全照搬照抄国外经验。因此,在此期间,配合自然地理学的发展,南京大学广泛开展了地理考察和经济区划、农业区划的研究工作。其中,在经济区划与区域规划方面,初期主要是同自然地理相结合的以水利开发、河道整治为依托的流域规划与布局,后期则开展了许多合理部署工业和城镇居民点的工作。经济地理学者参与这项工作,扩大了规划的范围,使区域规划获得了真正的内涵,加强了在实践中的可操作性,发展了工业地理,锻炼了一大批年轻的经济地理学者。

在综合考察方面,主要是以经济为纲,其最终目的是提出考察地区的开发方案,因此经济地理学在这方面发挥了应有的作用。与此同时,这些考察也填补了中国经济地理的空白区,带动了经济地理的发展。在农业区划方面,这一时期的农业区划研究又有了进一步的进展,但是由于当时的政策水平和理论水平还不高,这些工作成果在实践中发挥的作用还有一定局限性。

在理论研究方面,这一时期南京大学在上述8本期刊(其中,《地理知识》在1960年曾更名为《地理》,直到1966年停刊)上发表文章12篇。主要的研究视角是空间结构与空间布局、区域经济与区域发展以及交通运输地理。在教学人才培养方面,南京大学的经济地理等专业培养了一批年轻的青年经济地理工作者,走上了经济地理的研究及实践的工作岗位,为中国科学院、大学等各种经济地理学机构提供了新鲜血液。其中,佘之祥、郭来喜等均为当时南京大学地理系毕业的杰出校友。

尽管这一时期南京大学对经济地理学的理论研究与实践经验都有了较大的进步,但"文革"的到来使南京大学的经济地理学进入了10年的发展停滞期。在这期间,像全国其他地理机构一样,经济地理学几乎被全盘否定,学术活动被禁止,图书资料大批失散,人才梯队遭到破坏。直到1978年的改革开放,才迎来了南京大学经济地理学发展的又一个春天。

(3) 复苏繁荣期(1978—1995 年)

伴随着 1976 年"文化大革命"的结束以及 1978 年党的十一届三中全会的召开,经过国家的拨乱反正,南京大学的经济地理学的研究重新走上了迅速发展的道路,迎来了复苏繁荣的春天。

在学术机构、学术研究方面,南京大学的经济地理教研室重新焕发生机。新老经济地理学家,如宋家泰、曾尊固等出版了大量经济地理学著作,并在《地理学报》等地理类权威期刊上发表大量文章。这一时期,在与经济地理有关的核心期刊上,南京大学共发表经济地理学文章 51 篇。主要的研究领域有区域经济与区域发展、空间结构与空间布局、交通运输地理、企业与区域增长、产业集群及新产业区等。其中,关于区域经济与区域发展视角的文章有 25 篇,几乎占据成果的一半,结束了之前几个时期中,空间结构与空间发展视角一直占据主要地位的局面。

在理论研究与服务国家相结合方面,这一时期,随着改革开放的进一步深化,社会主义市场经济的逐步建立和地区经济实力的增强,南京大学的经济地理工作者更加深入地参与到社会主义经济建设之中。在对各个区域的经济地理调查,对以城市为中心的经济区形成规律的研究,对各个经济区发展战略和产业布局的研究,对沿海开放城市生产结构与布局的研究中,南京大学扮演了积极的角色,很好地服务了国民经济发展。

在学科发展方面,为了适应经济地理学的发展与学科分化的趋势,与经济地理学密切相关的一些学科也得到了迅速的发展。人口地理学、城市地理学、交通地理学、自然资源地理学、生态地理学、计量地理学、旅游地理学,以及范围更为广泛的人文地理学等研究领域,都产生了许多重要的研究成果。南京大学对城市地理学、生态地理学、旅游地理学、自然资源地理学等方面的研究都作出了卓越的贡献,这在本书其他章节将具体讲到。

(4) 蓬勃发展期(1996 年至今)

自经济地理学传入中国以来,中国经济地理学的发展可以用"以生产带学科"来概括,是遵从"实践是检验真理的唯一标准"的学科,"学以致用"是中国经济地理学的重要特点。步入 21 世纪,中国经济地理学的这个特点也没有改变过。在学以致用的基础之上,联系中国社会经济发展面临的机遇与挑战,南京大学的经济地理学发展也进入了一个蓬勃发展的时期。

在学科设置方面,中国传统上的经济地理学受到苏联的"二分法"影响,将地理学分为自然地理学与经济地理学,经济地理学的涵盖范围非常广。到了20世纪90年代,经济地理学曾经的主要分支学科,例如城市地理学、交通地理学、旅游地理学都随着社会经济的整体发展快速地发展壮大。截至1996年,曾经属于经济地理学的主要分支学科,包括交通地理学、旅游地理学等均在国际地理联合会成立了对应的研究专门委员会或小组,成为人文地理学下以经济地理学为依托,但是又独立的分支学科。南京大学也顺应时代潮流,在继续开设经济地理学专业的同时,设置了资源学、旅游学、区域经济、城乡规划等学科专业。

在理论研究方面,这一时期南京大学在相关核心期刊上发表经济地理学论文数呈现井喷状态,总共324篇。主要的研究领域有区域经济与区域发展、空间结构与空间布局、企业与区域增长、产业集群与新产业区、全球化的经济活动、技术进步与信息化、低碳经济与可持续发展、交通运输地理、区域管治等方面。其中,区域经济与区域发展视角仍然是经济地理学研究的主要阵地。但在低碳经济、信息经济、区域管治、高新区等新领域有所开拓。例如,在低碳经济方面,黄贤金发表的《论城市生态经营》、陈逸的研究《循环经济型小城镇建设规划与发展的可持续性评价研究——以江阴市新桥镇为例》等。在区域研究的制度转向方面,张京祥和罗小龙等进行了探索性的研究,从制度视角探索经济地理和区域的发展,主要成果有张京祥的《管治及城市与区域管治——一种新制度性规划理念》、罗小龙的《长江三角洲的城市合作与管治》等,并在这一领域发表了诸多英文文章。经济地理也因此进入了蓬勃发展的新时期。

历经风雨飘摇的半个世纪,可以看到,南京大学的经济地理学研究所具有的顽强的生命力——无论是改革开放前后研究条件的艰辛,还是"文化大革命"中研究环境的恶劣,都不能遏制住南京大学对经济地理学的研究脚步。进入21世纪,南京大学迎来了经济地理学科发展的春天。

二、重点领域

纵观1949年以来中国经济地理学的发展,除了传统的经济地理学领域,还产生了一些新的研究领域。通过对南京大学在8大学术期刊发表成果的归类分析,总的来看可以将南京大学对经济地理学的研究分为区域经济与区域发展、交通运输地理、空间结构与空间布局、产业集群与新产业区、企业与区域增长、低碳经济与可持续发展、全球化的经济活动、技术进步与信息化、制度经济地理学等

9个主要领域(图14-2)。

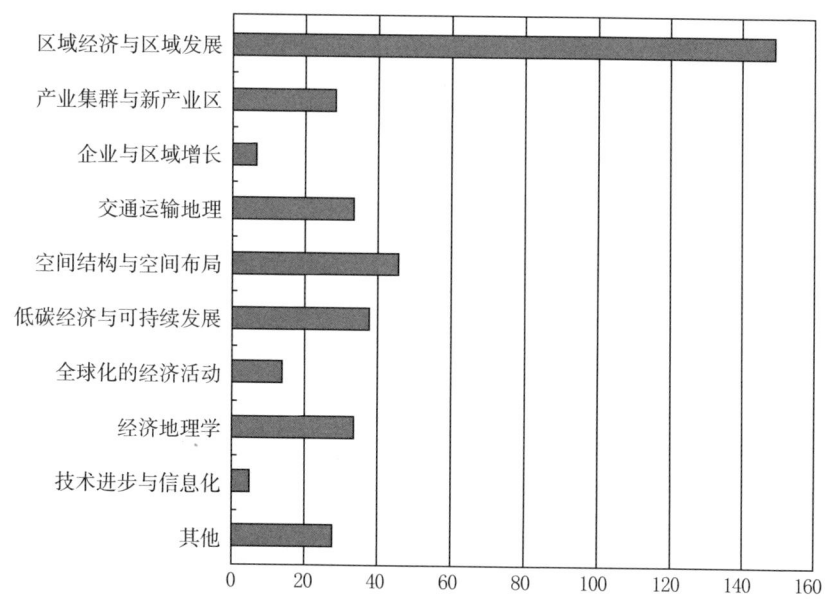

图14-2 南京大学对经济地理学各个领域的论文贡献统计(1949—2019)

1. 区域经济与区域发展

关于区域经济与区域发展的研究是经济地理学的主要研究方向。在中国区域经济与区域发展的方向、状况、影响因素、发展战略等各种方面,南京大学的经济地理学者都发表了大量的论著。

改革开放之前,南京大学对区域经济与区域发展这个领域并不是很关注,研究成果并不太多,具有代表性的是宋家泰的《飞跃建设中的华北区》和吴友仁的《关于我国砂地林牧农合理配置一些问题的初步探讨——以青海省噶尔穆地区林牧农合理配置为例》。此时,区域经济与区域发展领域并没有完整的理论体系以及重点的研究方向。

改革开放之后,随着我国经济社会的快速发展以及区域理论的发展壮大,区域经济与区域发展成为南京大学经济地理学最重要的研究领域,产生了众多的研究成果。在经济地理学的主要核心期刊中,关于区域经济与区域发展的论文也占据较多的份额,共146篇,占了南京大学发表的所有经济地理学论文的39%。在这一时期,其主要研究方向是区域协调发展、区域经济分析、区域与城市发展、区域资源开发利用、区域产业发展、区域发展战略、开发区研究等。

其中,20世纪90年代中期之前,这一领域的主要研究方向有四。第一,区域协调发展,有宋家泰先生发表的《城市—区域与城市区域调查研究——城市发展的区域经济基础调查研究》、苗长虹发表的《区域城乡工业的协调发展战略——以河南为例》;第二,区域经济分析,如南京大学地理系77级城市规划小组发表的《湖南省津市城市发展的区域经济依据》、崔功豪发表的《城市规划中区域经济分析的几个问题》等;第三,区域与城市发展,有郑弘毅发表的《从区域与城市发展的角度评上海港港址选择问题》、曹荣林发表的《南京市江溧高地区的社会经济发展与城镇体系研究》等;第四,区域资源开发利用,如叶光前发表的《江苏省农业资源综合开发利用分区研究》、《江苏省农业气候资源生产潜力及区划的研究》等。

20世纪90年代之后,研究方向更加扩展,不仅涉及区域协调,而且涉及新产业空间等。这一时期的成果有罗小龙的《长江三角洲的城市合作与管治》、甄峰的《数字化时代的城市与区域发展构想》、葛莹的《浙江省区域块状经济和城市化的关系》、丁建中的《区域农业产业化水平综合评价——以江苏省为例》、王兴平关于开发区的系列研究、王黎明的《区域形象设计——区域发展战略研究的新课题》、曹敏娜的《高新技术产业开发区的功能定位研究——以南京高新区为例》、刘荣增的《经济发达地区开发区扩大对内开放问题的思考——以苏州市开发区为例》等。这些研究成果为中国的区域发展与区域建设的实践作出了巨大的贡献。

2. 交通运输地理

交通运输地理也是南京大学经济地理学传统的重要研究方向之一。改革开放之前,作为最早进行经济地理学研究的大学之一,南京大学早在1953年就由丘宝剑先生在《地理知识》上发表了《西南的交通建设》。但是,这一时期的研究主要是对大区域范围内的交通运输做一些大尺度的研究与概述。

改革开放之后,交通仍然是经济地理学研究的重要方向,较为著名的专著有《中国交通运输地理》等。与此同时,在主要核心期刊方面,关于交通地理共发表论文33篇,占发表文章总数的9%。此时的主要研究方向可分为港口运输、物流网络、公共交通、航空网络等几个方面。港口运输方面有曹有挥的《现代芜湖港功能变化分析》、《江苏省长江沿岸集装箱港口群体基本特征与战略方向》等系列文章,在我国交通运输地理研究上产生了深远的影响。此外,还有刘贤腾的

《交通方式竞争:试论我国大城市公共交通的发展——以南京市为例》、管驰明的《公共交通导向的中国大都市空间结构模式探析》等。在航空网络研究上,有罗小龙和沈建法的《香港与深圳机场合作研究——基于使用者的分析》、薛俊菲的《基于航空网络的中国城市体系等级结构与分布格局》等。另外,在交通运输的物流网络建设、城市交通组织形式、区域交通的可达性与组织规律等方面研究也均有涉猎。因交通地理的发展势头迅猛,本书对交通地理列有专门的章节,在此不予赘述。

3. 空间结构与空间布局

南京大学经济地理学对空间的研究起步非常早,因此空间结构与空间布局也属于经济地理学传统的研究方向之一。改革开放之前,南京大学在相关核心期刊上共发表这一领域的文章15篇,占发表的所有经济地理学论文的一半。这一时期的主要研究方向是空间布局,例如杨纫章的《新中国的农业》、宋家泰的《新中国的畜牧业》等研究成果。

改革开放之后,南京大学在这一领域的研究相对有所减少。在经济地理学的复苏繁荣期,关于空间结构与空间布局的论文仅有6篇,较之前下降许多。主要的研究方向有产业空间结构、空间效应分析、空间布局等,例如杜国庆发表的《南京市工业主导行业的定量研究及其空间效应分析》、张晓玲发表的《简论地域流通体系的空间结构——以江苏省江阴市为例》等。直到20世纪末,南京大学对这一领域的研究才迎来了一个复兴的时期,2000年至2019年,共发表论文80篇。其主要的研究方向有空间结构、空间开发、空间分布等。其中,空间结构这一方向的研究成果最多,主要有吴启焰的《从集聚经济看城市空间结构》、王磊的《城市产业结构调整与城市空间结构演化——以武汉市为例》、周颖的《中国FDI的行业空间分布与对区域经济发展的影响分析》、官莹的《北京市集贸市场空间分布特征研究》等。空间发展与空间发展战略视角的这一复苏预示着在能够预见的未来,空间问题都会是经济地理学研究的重点领域之一,对于这一方面的研究也将持续下去。

4. 产业集群与新产业区

在改革开放之前,受到当时中国的社会经济因素的制约,产业集聚与产业集群并不是南京大学经济地理学的重要研究领域。随着时代的进步与社会经济的发展,改革开放之后,产业集群和新产业区成为研究的热点问题。在相关核心期刊上共发表这一领域的文章30篇,占所有发表的经济地理学论文的8%。

在改革开放初期,南京大学对这一领域的研究较为分散,并没有形成具体的研究方向。到了20世纪末,这一领域的研究逐渐成熟起来。一方面,经济地理学对传统的产业集聚现象与产业集群研究有了更深入、更系统的了解;另一方面,在传统的产业集聚研究的基础上也产生了一些新的研究领域,例如"新产业区"的产生与发展。新产业区作为区域经济的增长点,能够发挥区域的劳动力网络优势,以及企业间由于竞争关系形成的灵活性优势。而作为一个正处于高速发展期的发展中国家,产业集聚在中国的经济地理中占据着重要的地位。南京大学关于产业集群的研究成果较多,主要有王仲智的《增长极理论的困境与产业集群战略的重新审视》《无尺度网络视角下的产业集群外部关系考察——以盛泽丝绸纺织业集群为例》等;产业结构研究主要有周劲松的《绿洲系统产业结构的历史演变及其发展方向——以高台绿洲为例》、俞金国的《产业结构演进过程及机理探究——以安徽省为例》等;新产业区的研究主要有顾朝林的《论深圳新工业空间开拓——经济全球化、产业结构重建与转移的结果》和管驰明的《中国城市新商业空间及其形成机制初探》等;产业集聚方向的研究主要有葛莹的《运用空间自相关分析集聚经济类型的地理格局》、周珂慧的《中心城区金融服务业空间集聚过程与格局研究——以潍坊市奎文区为例》等。另外,在空间效应、空间分析等方面也都略有涉及。这些研究成果为中国的持续高速发展添砖加瓦,为发展动力能够源源不断地产生作出了巨大的贡献。

5. 企业与区域增长

改革开放以来,随着中国市场经济的发展,无论是外资企业、民营企业,还是传统的国有企业,都处于一个飞速的生长期,企业数量不断增加,企业规模不断扩大。这些企业从经济地理学的角度来看,通过集聚与扩散,形成不同的区域。因此,区域与企业有着一定的因果关系,联系非常紧密。一方面,企业的增长与发展,不仅直接推动着区域的增长,也间接地通过技术、信息等方面对区域产生了间接的影响;另一方面,区域的扩张与产业结构组成,对企业的发展也有着带动与扶持的作用。但是与此同时,企业与区域之间也存在矛盾关系。根据理性人假设,企业作为单独的利益主体,追求的是其自身的利益最大化。而其自身的利益与区域的整体利益并不是完全重合的。特别是在当今世界经济全球化的大趋势下,跨国公司的发展显示出其强劲的实力。为了公司的总体利益,其并不会保证每一个分公司与加工工厂的利益最大化。

在这种全球趋势之下,经济地理学的研究尺度也在发生相应的改变,经济地理学的研究也慢慢倾向于对企业与区域增长的综合分析研究,并且试图找出两者相互作用的一般规律与空间尺度上的企业布局分析。南京大学顺应这种研究趋势,为满足我国对企业与区域增长的研究需要,作出了不小的贡献,改革开放后在主要核心期刊上共发表论文9篇,占经济地理学论文数的2%。例如,面对蓬勃发展的乡镇企业,对乡镇企业的重点发展区域江苏省江阴市进行研究,在《经济地理》上发表了《乡镇企业主导的区域产业空间研究——以江苏省江阴市为例》;面对应对产业结构升级转型而产生的高新技术产业,在《城市规划》上发表了《南京高新区高新技术企业的空间扩散研究》。这些研究成果在帮助中国在企业与区域增长的浪潮中找到方向发挥了巨大的作用。

6. 低碳经济与可持续发展

随着 20 世纪 90 年代中国工业化进程的加速,中国也面临着西方发达国家曾经面对的一系列问题,包括资源的大量开采与枯竭、环境污染、生态破坏,等等。与此同时,人们也逐渐意识到了这种只关注 GDP 的发展模式已经带给以及将会带给人类社会的不可磨灭的后果。

改革开放之后,低碳经济与可持续发展成为南京大学经济地理学研究的重要视角,发表文章数为 40 篇,占经济地理学论文数的约 3%。其主要研究方向有三,分别是产业可持续发展、资源利用可持续发展、循环经济和可持续发展规划。产业可持续发展主要研究如何在生态环境良好的情况下实现产业的健康、持续发展,例如徐梦洁的《南通市农业可持续发展》、罗守贵的《苏南地区可持续农业与农村发展模式探索》。

资源利用是掣肘可持续发展的重要因素,因此南京大学的经济地理学者对这个方向的研究非常多,例如黄贤金的《长江三角洲地区耕地总量动态平衡政策目标实现的可能性分析》、赵媛的《能源与社会经济环境协调发展的多目标决策——以江苏省为例》、严长清的《江苏省沿江产业带土地资源可持续利用的综合评价》。

实现循环经济是实现可持续发展的重要手段,对这个方面的研究,主要有黄贤金的《循环经济学:学科特征与趋势展望》、陈家祥的《以循环经济理念构筑现代化工园区——以南京化工园为例》等。在进行可持续发展建设之前,往往需要以可持续发展战略规划作为依托,这方面的研究主要有黄朝永的《深圳东部工业组团可持续发展规划研究》、陈逸的《循环经济型小城镇建设规划与发展的可持续性评价研究——以江阴市新桥镇为例》。这些研究引领了学科发展新的方向。

7. 全球化的经济活动

改革开放之后,随着中国经济的迅猛发展与加入WTO等,经济全球化对中国的社会经济发展产生了重要影响,也因此逐渐成为经济地理学的重要研究对象。经济活动全球化加强了全球与地方的联系,使得全球经济体的各个部分都能够充分发挥其在国际分工中的优势,并且获得可达到基本利益最大化的利益分配。然而在实际情况当中,全球化力量与地方力量由于各种组织,包括国际性组织如WTO、大型跨国公司、各个国家的政治力量以及不同尺度区域力量的介入,而变得非常复杂并且难以用简单的模型概括。这就需要经济地理学者对于这些经济关系与地域联系之间的复杂系统进行系统的、详细的分析与描述。

在各种基金的支持之下,南京大学在这个领域共发表论文15篇,占改革开放后经济地理学论文数的5%。其研究主要集中在以下几个方面:第一,是全球化对产业地理集聚和区域发展格局的影响,例如2004年国家自然科学基金支持的"全球化、信息化对长江三角洲空间结构的影响"。第二,是外商直接投资对区位与空间集聚的研究,如2005年国家自然科学基金资助的"全球化、外资与发展中国家城市化——江苏个案研究"。第三,是外商直接投资的区位与空间影响研究,例如2000年国家自然科学基金支持的"外资流动的动力学研究——以广东省为例"和2001年国家自然科学基金资助的"外资对我国区域经济增长的影响"等。第四,是国际贸易地理与国内产业地理的互动关系研究,如2019年国家自然科学基金支持的"中国环境产品进出口的地理格局演变:基于'全球—地方'联系视角"等。在此基础上,也有一批代表性成果,如顾朝林的《论深圳新工业空间开拓——经济全球化、产业结构重建与转移的结果》、甄峰的《全球化、信息化对长江三角洲空间结构的影响》,等等。

8. 技术进步与信息化

根据非均衡发展理论,经济的增长过程实际上是结构不断优化的过程。信息技术作为经济增长的内生力量,就在不断地进行经济结构的升级。因此,信息化在一方面可以促进一般企业间的信息技术交流,另一方面可以创造以及推动新兴信息产业的情况下,不断推动着经济结构的升级以及经济本身的增长。进入21世纪以来,技术的发展速度达到了一个前所未有的高度,这使得技术进步与信息化成为南京大学经济地理学的重要研究方向之一。南京大学在经济地理学的信息化领域的研究,起步于20世纪末21世纪初。经过10多年的研究发展,产生了一些研究成果,共发表论文7篇。对研究成果进行分类归纳,主要可以分为三个方面:第一,信息化对社会经济的影响,例如发表于《地理学报》的《信息化对江苏省经济社会发展的影响》等;第二,信息化对区域空间结构的影响,例如发表于《城市规划》的《信息时代区域发展战略及其规划探讨》等;第三,GIS等先进技术的影响,例如发表于《地理科学》的《基于遥感与GIS技术的城镇体系空间特征的分形分析——以绍兴市为例》等。

9. 经济地理学中的制度转向和文化转向

一些社会经济地理学者面对由于经济发展而产生的一系列社会、环境问题得不到解决的情况,逐渐认识到经济地理学本身的缺陷以及其他因素,例如制度因素、文化因素的重要作用。因此,从20世纪90年代中期开始,"文化转向"和"制度转向"成为经济地理学发展的重要视角。2000年以来,南京大学的张京祥、罗小龙、于涛等开始对经济地理学的"制度转向"进行研究,取得了一些成绩,共发表文章37篇,成为我国关于城市区域管治研究的主要文献。作为一个新兴的视角,其研究发展非常迅速。其主要研究方向有城市与区域管治、行政区划、政府企业化等。城市与区域管治是制度视角中最主要的研究方向,共有20篇论文发表。主要有张京祥的《管治及城市与区域管治——一种新制度性规划理念》、罗小龙的《不完全的再领域化与大都市区行政区划重组——以南京市江宁撤县设区为例》、于涛的《转型期我国城市营销的企业化倾向及其影响》等研究。这个方向正在成为南京大学城乡规划学科和人文地理学科的突出特色。

在文化转向研究方面,南京大学经济地理研究开始关注复合经济和文化现象的空间特征、过程与机制,经济空间的文化解读与文化机制,以及文化对于城市发展和城市化的宏观影响等。张敏等以南京市的文化创意产业空间和文化休闲空间这两类典型的经济与文化复合空间为对象,研究其分布特征、集群化程度、组织结构、形成与演化机制,对南京市文化休闲空间建构的社会文化因素、空间认同模式与机制、空间与文化关联等方面进行深入研究。主要的研究成果有《城市洋快餐门店的空间与文化过程》、《城市网络实体消费空间形成扩散中的文化机制》、《中国城市化进程中的传统文化制约》、《城市文化对于城市经济发展与空间重构的影响》等。这些研究丰富了我国经济地理学中文化转向的研究。

除了上述9大领域的研究外,一直以来,南京大学在经济地理学的基本理念、学科发展思辨等方面也作出了不少贡献。例如李旭旦的《新经济地理学的几个基本原则》、林炳耀的《科学发展趋势与经济地理学发展中的几个问题》等。百花齐放,百舸争流,南京大学经济地理学研究进入了繁荣的春天。

三、学科发展构想

近代经济地理学的发展伴随着一次次新思潮的碰撞与一次次新视角的转换,比如20世纪50年代至60年代的计量革命、80年代的新区域主义等。到了20世纪90年代,经济地理学迎来了快速发展的又一次高潮,出现了两大新的发展趋势。其一,是以诺贝尔经济学奖获得者克鲁格曼为代表的一批经济学家兴起的"新经济地理学",即"地理经济学";其二,是与整个社会科学发展范式相一致,出现了"制度主义经济地理学",即"制度转向",还有"文化转向"。这两个主要的方向都表明经济地理学者对经济地理学未来发展方向和趋势的探索。此外,在中国,经济地理学科也有其特殊性,即服务国家需求和社会民生。目前,社会经济的快速发展和转型给经济地理学发展提出了新的要求。

1. 新经济地理学

20世纪90年代初,以美国麻省理工学院的经济学家克鲁格曼为代表的一批经济学家开始试图将地理学和经济学结合起来。1991年,克鲁格曼在《地理学与贸易》中首次提出"新经济地理学",标志着"新经济地理学"的诞生。克鲁格曼认为,一直以来,新古典主义在进行国际贸易分析时,选择数学上最为省事的做法,即假设空间经济是静态的、完全竞争和不变报酬。而这些研究不能用来阐述关于空间的问题。因此,一贯的做法就是假设世界是个没有运输成本的空间,从而回避有关地理的问题。而"新经济地理学"的理论基础包括经济决策者的完全理性、均衡理论、规模收益递增、外部经济、不完全竞争、空间集聚,等等。在此基础上,引入地理学的区域、区位等空间因素,从而达到自己的目标,既使人们能够描述出一个经济体的地理结构是如何被经济活动的向心力与离心力的消长所塑造,并能从更基本和微观的决策方面解释这些力量。克鲁格曼的新经济地理学的主要研究方向有产业集聚、国际贸易、城市研究等。

作为经济地理学研究的知名高校,南京大学将在新经济地理学研究中发挥更加积极的作用,在以下三个方面进行深入的探索。

第一,继续深入探索新经济地理学的内涵。尽管现在对于"新经济地理学"已经进行了许多梳理与解释,但是对于这一新兴的研究趋势,还有包括概念、逻辑、研究思路等在内的许多方面仍然模糊不清,需要进一步的思辨与讨论,从而明确新经济地理学的研究内涵和意义。

第二,拓展新经济地理学的理论研究。新经济地理学在理论研究方面较为薄弱,特别是离心力与向心力的影响因素方面,仅仅考虑了规模报酬递增、运输费用等方面,而当今社会的经济影响因子非常多,如知识溢出、信息化,等等。这也是许多经济地理学者的弱点之一。因此,南京大学作为一所综合性大学,可以凭借其综合优势,开展不同学科、不同视角在新经济地理学中的交流活动,从而丰富新经济地理学的理论研究基础,也能够体现出经济地理学本身综合性学科的基本属性。

第三,加强新经济地理学的实证研究。中国的发展尚未达到发达国家的水平,现今仍处于一个高速发展的时代,也是克鲁格曼认为最为适合"新经济地理学"实际运用的时代。在这一背景下,南京大学可以将新经济地理学与中国的实证研究相结合,运用于社会生产之中。一方面,"从一般到具体",运用新经济地理学进行社会经济实证分析;另一方面,"从具体到一般",在社会经济实证分析当中,不断用中国的案例深化与丰富新经济地理学的理论,扩展新经济地理学的运用领域。

2. 制度和文化转向

随着经济的高速发展和社会的转型,一系列社会、环境问题开始出现,并受到经济地理学家的关注。经济地理研究者开始尝试从制度因素、文化因素入手,分析社会经济发展的新问题。从 20 世纪 90 年代中期开始,"文化转向"和"制度转向"成为经济地理学研究的重要视角。Thrift 在 "Pandora's Box? Cultural Geographies of Economies"中甚至断言,在某种意义上,文化转向把经济地理学从垂死的、令人厌烦的境地中解救出来。也因此,一些学者把"文化转向"和"制度转向"的经济地理学称为"新经济地理学"。

2000 年以来,南京大学开始了城市区域管治的研究以及经济地理的文化分析,取得了丰硕的成果。作为一个全新的视角,该研究方向成长迅速。结合学科发展的前沿问题,以及我国社会经济发展和转型的总体趋势,南京大学可在以下两个方向上继续开展深入研究。

第一,继续深化现有研究成果,实现理论突破。对于经济地理学中的制度转向,十余年来南京大学已经进行了一系列的理论研究与实证分析。在现有研究成果的基础上,需要努力尝试用中国的案例丰富西方主流的经济地理学理论,实现理论突破。与国内外同行一道,发展中国的经济地理学相关理论。此外,配合国家的经济、社会、政治发展与改革,研究新出现的社会、经济和管理问题,在实践中检验理论。

第二,加强文化经济地理中文化转向的研究。文化因素也正在成为影响社会经济发展的重要因素,南京大学也已经对经济地理学中的文化转向开展了初步研究。从目前的研究状况来看,主要以引介为主,也有少量的实证研究。未来研究,应当加强实证分析,运用恰当的理论,分析现实中的问题,丰富主流的经济地理学中文化转向的研究。

3. 服务国家需求

经济地理学是一门学以致用的学科,从引入我国以来就与社会经济生产实践紧密联合在一起。从最初的参与国土调查,到后来的产业带建设,均扮演了重要作用。2000年以来,我国社会经济高速发展,为经济地理学参与国家社会经济发展提供了广阔空间。例如,参与了诸多长三角、京津冀等国家战略的区域规划,城市空间规划,以及主体功能区规划等。继续面向服务国家需求的学科定位,南京大学的经济地理学科需要在以下方面做出努力。

第一,接轨国际经济地理学,进一步发展经济地理学。首先,这不仅是理论研究的需求。国际经济地理学在发展的过程当中,产生了许多值得学习的理论。有了完善的理论基础,才能更好地参与社会经济实践活动。其次,这是对未来趋势的把握。西方国家的经济建设领先我国几十年,在它们发展的过程当中遇到的许多经济地理学课题都值得我们参考借鉴。最后,这是经济全球化的需要。当今社会,经济活动的全球化意味着我国将会面临更为复杂的社会经济环境。在这种环境之下,南京大学只有接轨国际经济地理学,才能在服务国家需求的过程中占据一席之地。

第二,结合我国具体国情,紧跟社会和经济发展的最新形势。南京大学的经济地理学定位为理论导向和问题导向并重的学科。服务国家需求主要是问题导向。这要求我们要紧跟国家的社会经济发展的最新态势,把握政策方针、动态,及时对有关问题作出研究和回应,使南京大学始终站在我国经济地理学研究的前沿。

相信通过南京大学经济地理学同仁的不懈努力,南京大学的经济地理学建设将会站在一个全新的高度。

四、代表性论著

1. 著作

[1] [英]费舍尔.中东:自然、社会、区域地理[M].苏永煊,高泳源,译.北京:生活·读书·新知三联书店,1958.

[2] 王本炎.中国农业地理丛书——江苏农业地理[M].南京:江苏人民出版社,1979.

[3] 王本炎.中国经济地理[M].北京:中央广播电视大学出版社,1983.

[4] 曾尊固.非洲农业地理[M].北京:商务印书馆,1984.

[5] 宋家泰.城市总体规划[M].北京:商务印书馆,1985.

[6] 林炳耀.计量地理学概论[M].北京:高等教育出版社,1986.

[7] 赵成刚,曹林荣.江苏对外经济贸易发展战略与对策[M].南京:南京大学出版社,1989.

[8] 曾尊固.英国农业地理[M].北京:商务印书馆,1990.

[9] 曾尊固.三角洲国土开发:长江三角洲与莱茵河三角洲比较研究[M].南京:南京大学出版社,1991.

[10] 张同铸.非洲石油地理[M].北京:科学出版社,1991.

[11] 郑弘毅.港口城市探索[M].南京:河海大学出版社,1991.

[12] 张同铸.非洲经济社会发展战略问题研究[M].北京:人民出版社,1992.

[13] 郑弘毅.苏沪浙海洋开发基地研究:空间布局与地域结构[M].南京:河海大学出版社,1992.

[14] 任美锷.中国的三大三角洲[M].北京:高等教育出版社,1994.

[15] 顾朝林.中国高新技术产业与园区[M].北京:中信出版社,1998.

[16] 崔功豪,魏清泉,陈宗兴.区域分析与规划[M].北京:高等教育出版社,1999.

[17] 严东生,任美锷.论长江三角洲可持续发展战略[M].合肥:安徽教育出版社,1999.

[18] 叶舜赞,顾朝林,牛亚菲.一国两制模式的区域一体化研究[M].北京:

科学出版社,1999.

[19] 顾介康,崔功豪,顾朝林,等.江苏农村城镇化和城市现代化的战略与对策研究[M].南京:南京师范大学出版社,2000.

[20] 胡序威,周一星,顾朝林,等.中国沿海城镇密集地区空间集聚与扩散研究[M].北京:科学出版社,2000.

[21] 张同铸.世界农业地理总论[M].北京:商务印书馆,2000.

[22] 宋家泰.宋家泰论文选集:城市—区域地理与实践[M].北京:商务印书馆,2001.

[23] 崔功豪,王兴平.当代区域规划导论[M].南京:东南大学出版社,2006.

[24] 罗震东.城市都市区发展:从分权化到多中心治理[M].北京:中国建筑工业出版社,2007.

[25] 张京祥,罗震东,何建颐.体制转型与中国城市空间重构[M].南京:东南大学出版社,2007.

[26] 黄贤金.循环经济学[M].南京:东南大学出版社,2009.

[27] 祁毅,徐建刚.规划支持系统与城市公共交通[M].南京:东南大学出版社,2010.

[28] 罗小龙.长江三角洲的城市合作与管治[M].南京:东南大学出版社,2011.

[29] 甄峰.城市规划经济学[M].南京:东南大学出版社,2011.

[30] 罗小龙.开发区的死三次创业:从产业园区到城市新区[M].北京:中国建筑工业出版社,2015.

[31] 黄贤金,张安录.土地经济学[M].2版.北京:中国农业大学出版社,2016.

[32] 罗小龙.快速城镇化进程中的乡村转型[M].北京:中国建筑工业出版社,2018.

2. 论文

[1] 李旭旦.东北的钢铁工业[J].地理知识,1950(1).

[2] 任美锷.四川省农作物生产力的地理分布[J].地理学报,1950(1).

[3] 李旭旦.新经济地理学的几个基本原则[J].地理知识,1950(10).

[4] 杨纫章.新中国的农业[J].地理知识,1951(9).

[5] 任美锷.东南亚的经济地理和民族解放斗争[J].地理知识,1952(12).

[6] 丘宝剑.西南的交通建设[J].地理知识,1953(8).

[7] 张同铸.农村人民公社经济规划的初步经验[J].地理学报,1959(2).

[8] 宋家泰.城市—区域与城市区域调查研究——城市发展的区域经济基础调查研究[J].地理学报,1980(4).

[9] 南京大学地理系77级城市规划小组.湖南省津市城市发展的区域经济依据[J].经济地理,1981(1).

[10] 吴友仁.关于我国城镇人口劳动构成的初步研究[J].地理学报,1981(2).

[11] 崔功豪.城市规划中区域经济分析的几个问题[J].经济地理,1982(1).

[12] 宋家泰.努力提高经济地理学科学水平——更好地为城市规划建设服务[J].城市规划,1982(1).

[13] 郑弘毅.海港区域性港址选择的经济地理分析[J].经济地理,1982(2).

[14] 郑弘毅,张务栋.从区域与城市发展的角度评上海港港址选择问题[J].地理学报,1982(3).

[15] 宋家泰,郑弘毅,李应明,等.充分利用"黄金水道"建立沿江"经济走廊"——长江中下游沿江生产力布局研究[J].城市规划,1986(4).

[16] 曹荣林.南京市江溧高地区的社会经济发展与城镇体系研究[J].地理研究,1987(2).

[17] 郑弘毅,顾朝林.我国沿海城市布局演变过程及其规律[J].经济地理,1988(4).

[18] 曾尊固,陆诚.江苏省乡村经济类型的初步分析[J].地理研究,1989(3).

[19] 王黎明.区域形象设计——区域发展战略研究的新课题[J].经济地理,1997(4).

[20] 吴启焰.从集聚经济看城市空间结构[J].人文地理,1998(1).

[21] 曹有挥.安徽省长江沿岸港口体系规模组合与空间结构分析[J].地理科学,1998(3).

[22] 濮励杰,周生路,彭补拙,等.江苏省外向型经济投资环境研究[J].经济地理,1998(3).

[23] 曹有挥.江苏省长江沿岸集装箱港口群体基本特征与战略方向[J].经

济地理,1998(4).

[24] 徐逸伦.谈经济组织形式与城市空间结构[J].城市规划汇刊,1999(2).

[25] 周生路,吴文红,彭补拙.桂林市经济发展及产业关联初步研究[J].经济地理,1999(5).

[26] 甄峰,顾朝林.广东省区域空间结构及其调控研究[J].人文地理,2000(4).

[27] 张京祥,庄林德.管治及城市与区域管治——一种新制度性规划理念[J].城市规划,2000(6).

[28] 黄贤金,彭补拙,张建新,等.论城市生态经营[J].城市规划汇刊,2001(3).

[29] 张敏,顾朝林.近期中国省际经济社会要素流动的空间特征[J].地理研究,2002(3).

[30] 顾朝林,王恩儒,石爱华."新经济地理学"与经济地理学的分异与对立[J].地理学报,2002(4).

[31] 黄贤金.区域产业结构调整与土地可持续利用关系研究[J].经济地理,2002(4).

[32] 王兴平,崔功豪.中国城市开发区的区位效益规律研究[J].城市规划汇刊,2003(3).

[33] 陈修颖,顾朝林.福建省基于闽台互动的产业与空间结构调整研究[J].地理科学,2003(4).

[34] 管驰明,崔功豪.中国城市新商业空间及其形成机制初探[J].城市规划汇刊,2003(6).

[35] 尹海伟,孔繁花.山东省各市经济环境协调度分析[J].人文地理,2005(2).

[36] 张敏,刘学,汪飞.南京城市文化战略及其空间效应[J].城市发展研究,2007(14).

[37] 刘贤腾,沈青,朱丽.大城市交通供需矛盾及发展对策——以南京为例[J].城市规划,2009(1).

[38] 于涛,张京祥,殷洁.转型期我国城市营销的企业化倾向及其影响[J].经济地理,2009,29(4).

[39] 沈丽珍,黎智辉,陈香.产业链视角下工业区产业空间布局方法研究——以盘锦船舶工业区为例[J].经济地理,2009,29(7).

[40] 罗小龙,沈建法.从"前店后厂"到港深都会:三十年港深关系之演变[J].经济地理,2010,30(5).

[41] 申峻霞,张敏,甄峰.空间的符号化与符号化的空间[J].人文地理,2012,27(1).

[42] 刘永敬,罗小龙,田冬,等.中国跨界新区的形成机制、空间组织和管治模式初探[J].经济地理,2014,34(12).

[43] 孙晨,甄峰,常恩予,等.基于招聘网数据的南京市新增就业空间分布[J].经济地理,2016,36(6).

[44] 吴常艳,黄贤金,陈博文,等.长江经济带经济联系空间格局及其经济一体化趋势[J].经济地理,2017,37(7).

[45] Mao, X. Y., He, C. F. Export upgrading and environmental performance:evidence from China[J]. Geoforum, 2017, 86.

[46] Mao, X.Y. He, C.F. Product relatedness and export specialisation in China's regions: a perspective of global-local interactions[J]. Cambridge Journal of Regions, Economy and Society, 2019,12(1).

[47] Mao, X.Y., He, C.F. Export expansion and regional diversification: learning from the changing geography of China's exports[J]. Professianal Geographer, 2019, 71(4).

第十五章　土地利用

陈志刚[1,2]，黄贤金[1,2]，杨绪红[1,2]，曹晨[1,2]，吴珍[1,2]

（1. 南京大学地理与海洋科学学院；2. 南京大学人文地理研究中心）

一、土地利用学科发展历程回顾

南京大学是国内较早开展土地利用研究的高校之一，最早可以追溯到20世纪30年代，当时任美锷等人就已开展土地问题研究。而作为南京大学的前身，金陵大学卜凯教授也于30年代出版了著名的《中国土地利用》一书。

新中国成立后，南京大学于1954年在国内率先设立自然地理学专业；60年代后首创陆地水文专业；1977年高校恢复招生以后，南京大学根据国际地理学发展方向，首先在陆地水文专业发展自然资源方向，1982年，根据当时国际上日益重视的资源环境学科发展趋势，结合南京大学地理学尤其是自然地理学的基础和特色，以水土资源为基础，兼顾其他资源和环境，创设了全国第一个自然资源专业，并进一步拓展了土地利用方向。此后，经自然资源管理（1986—1995年）以及教育部（原国家教育委员会）大学本科专业规范要求等更迭，这一专业于1997年更名为资源环境与城乡规划管理本科专业。

目前，在全国各类高校中已有160多所高校设立资源环境与城乡规划管理专业。南京大学的这一专业则在全国具有较大的影响力，2008年被列入江苏省高等教育品牌专业建设工程。2009年4月25—27日，南京大学成功举办了"全国首届资源环境与城乡规划管理专业建设研讨会"，参会学校及相关单位100余所，参会人数200多人，进一步彰显了南京大学在该学科的优势地位和学科影响力。

基于资源环境与城乡规划管理专业本科培养快速发展之现状，结合该专业的特色（以水土资源耦合为基础，以土地利用与规划为重点，以土地资源管理为方向),以及国家土地资源及其管理的重要性,南京大学于2000年设立了土地资源管理硕士点,隶属公共管理学科,开创了我国以地理学的综合性为特色的土地资源管理的教育与科研工作,强化了南京大学在土地资源管理实践及其学科发展中的地位,精练了资源环境与城乡规划管理这一本科专业的专业方向。

为进一步加强学科发展和人才培养,南京大学于2004年在地理学一级学科下设立了"土地利用与规划"(代码:070524)博士点;2006年土地利用与规划学科荣获江苏省"十一五"重点学科,成为南京大学重要的与国民经济和社会发展密切相关的应用基础型学科之一。作为典型的交叉学科,2010年土地利用学科参与南京大学公共管理学科建设,并成功申报获批公共管理一级学科博士点;2011年,南京大学土地资源管理博士点(隶属公共管理学科)正式设立。自此,土地利用学科形成了一个相对完整的跨学科发展体系。

应该说,改革开放以来,特别是20世纪80年代初期创设自然资源专业以来,经过长期不懈的建设,南京大学的土地利用学科取得了突飞猛进的发展。30多年来,南京大学为国家培养了一大批土地利用与管理领域的专门人才,其中大部分已成为全国主要土地利用科研、教学单位的业务骨干,并在相关领域做出了卓越的成绩。

目前,南京大学土地利用学科已具备了从本科(资源环境与城乡规划管理)、硕士(土地资源管理、自然地理学和人文地理学土地利用方向)、博士(土地利用与规划、土地资源管理)到博士后(地理学一级博士后流动站)的完整的跨学科培养体系,形成了拥有一定规模、结构合理的人才梯队。其中,教授(博导)5人,副教授6人。人才梯队中,以中青年和博士学位获得者为主。此外,还拥有2位教育部新世纪优秀人才,2位江苏省中青年学科带头人(江苏省333计划),1人次被评为江苏省青蓝工程学科带头人,1人次被评为南京大学中青年学科带头人。3人次获得中国地理学会、中国自然资源学会、中国土地学会青年科技奖。有关教授在国内已具有相当的学术地位和影响,分别在中国土地学会、中国自然资源学会、中国地理学会、中国土壤学会、中国生态经济学会等国家级学会分别担任理事、常务理事或专业委员会主任等职务;年轻教师正在迅速成长,已在学科教学与研究中发挥越来越重要的作用。

二、土地利用学科重点领域

经过最近30多年的发展,南京大学土地利用学科已逐步形成"土地利用与规划"、"土地经济与政策"、"土地评价与整治"三个重点研究领域,并在"城市土地利用管理"和"农户土地利用行为"等方面形成了一定的研究特色。

1. 土地利用与规划领域

该重点领域主要以地理学为基础开展土地利用与规划研究,已形成"土地利用变化研究—土地利用规划设计—土地利用规划的环境影响评价于一体的土地利用与规划研究"的内容体系,尤其是自2008年以来增强了土地利用规划应对全球变化的研究能力建设,通过承担国家公益性行业(国土资源)科研专项经费项目"土地利用规划的碳排放效应与调控研究"、国家自然科学基金项目以及多项地方土地利用与规划项目的研究,将地球化学调查、土壤评价、水资源水环境分析、生态环境效应分析、循环经济等纳入土地利用与规划分析体系,更彰显了本学科的特色,有效增强了本学科在全国的影响力。

(1) 在土地利用变化研究领域,基于国家基础研究规划项目("973"项目,300年来我国土地利用/覆盖的时空演变特征及未来变化趋势)、国家自然科学基金和国土资源部重点科技项目等课题的研究,比较系统地梳理了国内外有关土地利用/土地覆被变化(LUCC)研究的相关理论和方法,并选择国内具有典型代表意义的快速城镇化地区(包括城市边缘区),尤其是长江三角洲地区的发达县市(区)开展了广泛而深入的实证研究。一是,构建了区域土地利用变化的人文驱动力分析框架和影响模型,并从人口变化、经济社会发展、制度政策演变等角度对土地利用变化的驱动因素开展了相应的理论和实证研究。其中,有关大通道建设与土地利用变化的研究成果于2009年荣获国土资源科学技术奖二等奖。二是,探索运用多种方法研究了区域土地利用变化的规律。特别是重视运用遥感数据和GIS分析工具研究区域土地利用变化问题,同时也尝试基于马尔可夫模型和CLUE-S模型等数学方法探讨土地利用变化的规律,并应用Agent和SLEUTH等模型开展了相应的土地利用变化模拟分析。三是,系统探讨了区域土地利用变化对经济社会发展和生态环境的影响。从内容上看,这方面研究涉及的范围相当广泛,包括土地利用变化的碳排放效应和物质代谢响应、土地利用变化对水资源和水环境的影响、土地利用变化对气象和生态服务价值的影响以及土地利用变化对土壤质量和粮食生产的影响等。四是,积极拓展研究领域,深入分析了区域土地资源的可持续利用问题。团队成员承担完成的"长江三角洲地区耕地可持续利用研究"和"江苏省沿江产业带土地可持续利用研究"等成果分别荣获2005年江苏省第九届哲学社会科学优秀成果奖三等奖和2009年度国土资源科学技术奖二等奖。近年来,随着江苏省沿海开发战略的深入,南京大学土地学科依据自身优势,联合江苏省土地勘测规划院,于2012年成功申报了"海岸带国土开发与生态国土资源部重点实验室"(已通过评估)。土地利用作为国土空间开发的核心载体,研究其利用过程中形成的各项功能效应及其变化特征,有利于摸清国土空间开发中的症结与问题。金晓斌团队以江苏省为实证,立足区域国土空间发展目标,构建包含农业生产、城镇生活、生态维护等3项一级功能以及9项二级功能的土地利用功能分类体系,运用经济社会数据空间化方法以及 InVEST、RUSLE 等模型,综合测度2000年和2015年两个时间断面下江苏省各项土地利用功能及其变化,分析土地利用功能变化特征,总结土地利用功能变化模式及成因,并划分功能变化分区。该团队建立了一个用于耕地破碎化评估及对空间分化特征的分析的新概念指标体系,基于地理、土地使用和社会经济信息的多源数据,对江苏省东部耕地破碎化的驱动机制与管理进行分析,研究结果将有助于政府制定适当的区域背景和土地整理政策以及应对耕地分割和粮食不安全问题的应对策略,并实现可持续发展目标。

(2)在土地利用规划设计领域,长期开展相关规划理论和实务研究工作,并在土地利用规划的理论基础、技术方法、系统开发等领域取得了诸多研究成果。一是,系统梳理了土地利用规划的相关理论和方法,并深入探讨了学术界所关注的规划热点问题,如土地利用规划与城市规划的关系、土地利用规划与土地可持续利用的关系等。其中,由黄贤金教授承担完成的"弹性土地利用规划模式研究"项目,不仅探讨了弹性土地利用总体规划内涵与本质,还基于柔性决策理论提出了规划的方法和思路,这一研究成果也因此荣获了2009年度国土资源科学技术奖二等奖。二是,探索引入新的技术方法作为土地利用规划设计的重要工具。如,在土地利用规划设计中引入了生态系统服务价值核算的方法;改变传统土地利用规划方法较少从土地利用行为角度分析的缺陷,提出了基于行为主体决策机制的土地利用规划方法,以及在进行土地利用规划设计的过程中科学地引入公众参与机制等。三是,注重土地利用规划及管理系统的开发。目前,南京大学在土地利用规划建库与制图一体化、土地利用规划管理信息系统结构设计与软件开发等方面都取得了显著的成果。此外,南京大学土地利用学科也在全国同类高校中较早地参与了全国和地区层面的土地利用规划实务工作。2001

年,由彭补拙教授等完成的"浙江省温州市瓯海区土地利用总体规划"和"广西壮族自治区柳州市土地利用总体规划"荣获国土资源部优秀土地利用规划成果一等奖。近年来,土地利用学科团队先后承担了江苏省土地利用总体规划(省级)、苏州市土地利用总体规划(地市级)、通州市土地利用总体规划(县级)等各级规划工作,不仅为地方社会经济发展作出了贡献,也很好地提升了学科的社会影响。金晓斌团队使用系统科学、潜在效率贡献分析法和最小二乘误差模型建立了用于土地空间利用效率评估的新概念指标体系,并分析了江苏省土地空间利用效率测算的空间耦合差异与发展分区权衡。他们提出的区域发展权衡分区框架,对协调江苏省农业、经济和生态之间的可持续发展,优化土地空间利用和土地利用规划具有重要意义。

(3)在土地利用规划的环境影响评价领域,利用学科交叉和人才优势,在国内较早开展了系统的土地利用规划环境影响评价研究。学科团队中多位有着环境科学基础和环境影响评价实践的研究人员早在最近一轮土地利用总体规划编制之前,就深入探讨了相关问题。相关的探索性研究主要是通过分析我国土地利用规划的执行状况,特别是存在的环境问题,提出了在土地利用规划中引入环境影响评价的重要性,并重点探讨了土地利用总体规划的战略环境影响评价(SEA)体系(内容、程序、指标体系、方法等)。近年来,随着环境影响评价工作在土地利用规划中的重要性日益凸显,相关研究人员又通过系统梳理国内外土地利用规划环境影响评价的相关研究成果,在系统分析土地利用规划环境影响机理的基础上,提出了未来土地利用规划环境影响评价研究的主要研究方向,即基于土地利用规划层次性和空间性的环境影响评价指标体系的构建、评价方法的选择以及土地利用规划环境影响评价在土地利用规划中的应用研究。正是基于在土地利用规划的环境影响评价领域扎实的理论基础和丰富的研究实践,团队成员的理论研究成果为国家有关部门所采纳,并为制定全国土地利用规划的环境影响评价规程提供了重要参考。

2. 土地经济与政策领域

该重点领域主要基于经济学以及公共管理相关理论开展土地经济与政策研究。目前,该领域以国家社会科学基金重大招标项目、科技部软科学研究项目、国家"十一五"科技支撑项目、国家自然科学基金项目、国土资源部软科学研究项目等课题为支撑,形成了农村土地制度、土地市场发展、产业用地调控、土地政策绩效评估为重点的研究特色,出版了《土地经济学》、《土地政策学》等著作,并先后荣获国土资源科学技术奖二等奖、江苏省哲学社会科学优秀成果奖三等奖等奖励。此外,先后与江苏省国土资源厅合作成立了国土资源研究中心,与无锡市国土资源局合作成立了无锡南大国土资源研究中心,通过加强政学研密切合作,为相关决策提供了重要参考。特别是部分研究成果不仅为中共中央十七届三中全会文件起草提供了参考,也多次被省部级领导和有关部门采纳,取得了显著的社会效益。

(1) 在农村土地制度领域,专注于对土地所有权制度的比较分析和使用权制度的变迁研究,并在农地保护制度方面也开展了系统研究。具体地,一是基于新制度经济学的分析体系,探讨了转型期中国农地所有权的最适安排模式。提出在中国转型期间,由于市场化程度的相对落后以及国有制下多层委托—代理关系的高成本弊端等因素的限制,农地所有权的私有化和国有化往往是低效或是无效的;而农地集体所有制则随着排他性权利的赋予、农地市场的开放以及村民自治等方面的完善,弥补了私有制和国有制的诸多缺陷,是一种相对较优的所有权安排模式。二是,运用德姆塞茨的产权演进模型,阐释了中国土地产权制度改革的轨迹,认为中国土地产权制度的改革遵循的是外部性内部化、成本和利益不断聚焦的过程。三是,针对农村土地流转问题开展了系列调查研究,如,有关扬州市农村宅基地拍卖的个案研究和宜兴市集体建设用地流转制度创新的调查研究等成果多次受邀参加国土资源部政策研究机构和北京大学林肯土地政策研究院的学术研讨会,并被收录进《中国土地政策报告2010》(蓝皮书)。金晓斌团队基于农用地整治全生命周期过程分析,建立了农用地整治建后管护体系框架。农用地整治建后管护是对土地资源、工程设施和土地利用的综合管理,是保障效益长效发挥的关键,具体实践中应基于实际情况,选取相宜的管护模式,以推进建后管护工作。陈志刚教授构建了一个基于新古典生产函数的计量经济学模型,用于评估非法农田转化对经济增长的影响。并利用2001—2012年中国31个省的面板数据估算了非法耕地转化对经济增长的具体影响。

(2) 在土地市场研究领域,主要在土地市场发展的成效与影响因素分析、土地市场建设的体系设计等方面开展了系统研究。一是,通过构建指标体系,系统评价了中国的土地市场化进程,并进一步探讨了土地市场化发展对中国经济增长的影响机理与贡献程度。二是,探讨了土地市场化发展与土地市场政策、社会经济发展以及城镇化发展等因素之间的关系,剖析了各因素对土地市场化程度的影响机理,并进行了相应的实证分析。三是,通过承担国土资源部有关中国土地市场建设体系的设计研究工作,系统梳理了当前中国土地市场发展存在的问题及面临的国际、国内形势变化,提出了土地市场建设的层次论,即从夯实基础制度(包括明晰土地产权、消除地权歧视、加强土地登记)、完善交易规则(统一城乡市场、明确交易规则、公平分配利益)、优化政府职能(促进信息公开、政府科学调控、服务监管市场、鼓励公众参与)三个层次逐步建设并完善中国的土地市场体系。

(3)在产业用地调控领域,围绕土地节约集约利用与产业用地差别化管理等方面开展了系统研究。一是,通过承担国家科技支撑计划项目课题,在城市土地集约利用控制标准、村镇建设用地合理利用规模等方面开展了系统研究,相关研究成果为国家制定土地集约利用和规划管控标准提供了依据、参考。二是,针对典型产业和特定区域开展了土地节约集约利用评价研究。团队研究人员不仅承担了国家级开发区的土地集约利用评价试点工作,也最早在国内开展新兴产业用地(包括新能源产业用地、高新技术产业用地和文化创意产业用地)的集约利用评价研究。研究成果"新型工业化下土地集约利用研究"于2010年荣获国土资源科学技术奖二等奖。三是,联合国土资源部软科学研究基地,开展了针对产业用地管理的差别化土地政策设计。近年来,通过开展国家软科学研究计划项目和国土资源部软科学研究重点项目等课题的研究,在土地政策促进产业结构调整、战略性新兴产业用地政策、土地差别化政策设计等方面取得了多项成果。其中,有关文化产业用地问题与对策的研究成果得到了省部级领导的批示。

(4)在土地政策绩效评估领域,已成为国内较早将公共政策绩效评估的相关理论与方法运用到土地政策实施绩效评估的研究单位。近年来,团队成员已对土地产权制度、耕地保护制度、土地督察制度等的实施绩效开展了系统的评估研究,并取得了一批具有较大影响力的成果。一是,将土地产权制度及其变迁因素纳入生产函数模型,系统分析评价了农村土地产权制度变迁和城市土地制度创新对经济社会发展的影响及增长贡献。相关研究成果发表在《管理世界》等国内权威学术期刊上。二是,从粮食安全和生态环境的角度分析评价了耕地保护制度的实施成效,相关研究成果发表在国际著名SSCI刊物 *Land Use Policy* 上。同时配合国土资源部相关部门研究提出了实施耕地保护补偿机制的政策方案,这一研究成果也荣获了2011年度国土资源科学技术奖二等奖。三是,联合中国人民大学、浙江大学、兰州大学等高校共同承担了对国家土地督察制度实施五周年的绩效评估工作,主要围绕土地督察的工作制度建设、职责履行、实施效果、社会影响等四个方面进行第三方评估,这也是我国在土地政策领域开展的第一次有系统的第三方绩效评估实务工作。四是,与无锡市国土资源局联合成立了无锡南大国土资源研究中心,着力于开展区域土地政策监测分析与创新研究。目前,这一机构也已成为国土资源部中国土地勘测规划院的土地政策实证监测评估基地。

3. 资源环境承载力评价和土地资源评价

该重点领域主要围绕土地资源的数量和质量变化,以"973"计划项目、国家公益性行业科研专项经费项目、国家"十一五"科技支撑计划项目、全国国土资源大调查研究项目、国家自然科学基金项目、国土资源部重点科技项目等为支撑,开展了农用地分等和产能核算、土壤质量时空变化研究、土地整治研究和工程应用以及国土资源承载力研究等工作,形成了较为系统的研究成果,在国外学术期刊发表了多篇 SCI 论文,并出版了《江苏省农用地资源分等研究》、《土地评价学》、《经济发展与农用地重金属时空变化研究》、《高速铁路建设土地破坏控制与复垦利用研究》等著作或教材,不仅为我国国土整治开发的有序推进和农用地分等定级工作的全面开展提供了技术支持、研究基础,也为把握土壤质量和环境污染的时空变化规律提供了重要的区域证据。应该说,这一研究方向所体现出的基础性和前沿性特征相比其他许多有着同样学科的高校具有显著优势。

(1) 在农用地分等和产能核算领域,基于全国国土资源大调查研究项目的开展,以江苏省为研究区域,提出了开展农用地资源分等研究的总体技术路线和研究方案,并从资源的自然质量、利用质量和经济质量等多个不同层次,对农用地资源进行了系统的分等研究。研究内容涉及农用地分等指标区划分与指定作物确定、自然质量参评因素体系构建、权重确定、数据获取与分值量化、土地利用系数与经济系数计算、分等指数计算与等别划分、分等结果确定与分析、标准样地设置与动态监测示范研究、农用地分等信息系统开发设计等。以此研究为基础出版的《江苏省农用地资源分等研究》一书是我国有关省域层次农用地资源分等研究的第一部专著,这一成果于2003年荣获江苏省科技进步三等奖。不仅如此,学科团队还基于农用地分等研究的成果,结合农业统计信息,在江苏省范围内开展了全面系统的农用地产能核算研究,并进一步分析了江苏省农用地产能的空间格局及其分异规律,探讨了各因素指标区农用地产能的主导影响因子等。2009年12月,南京大学承办了全国农用地分等定级与应用学术研讨会,为相关研究的深入推进和广泛交流提供了很好的平台。

(2) 在土壤质量时空变化研究领域,依托国家基础研究规划项目("973"项目)课题和江苏省国土资源科技项目等的支持,基于GIS、RS以及数值计算技术,以土壤重金属为研究重点,从省域农用地环境质量的空间变化、典型代表区农用地重金属的空间分异、来源解析与区划、农用地重金属不同形态含量的空间变化及作物—土壤系统重金属的空间分布、经济快速发展典型过程影响下农用地环境的空间变异、经济快速发展典型过程对农用地重金属累积的影响及通量提取、典型区域农用地重金属的时间变化与累积速率,以及农用地环境时空变化与风险预测预警示范研究等方面,开展了深入系统的研究。基于上述研究成果所提出的有关土地利用、管理、调控等方面的农用地环境改善的措施建议也为有关地方政府和资源管理部门提供了重要的决策依据。近年来,学科团队在这一领域的研究成果十分丰硕,不仅出版了专著《经济发展与农用地重金属时空变化研究》,发表了30多篇SCI/EI论文,还荣获了2011年度国土资源科学技术奖二等奖。

(3) 在国土资源承载力研究领域,南京大学充分利用水土资源与生态环境融合的学科基础,提出了新的承载力内涵和分析评价技术,并在环太湖地区开展了系统的理论和实证研究。一是,立足于协调江苏省环太湖区域地—水冲突,缓解水资源水环境压力的实际需要,以该区域主要国土资源要素为对象,阐述了国土资源系统的结构、功能、特征,国土资源承载力的内涵、特征及演变机制。二是,评判了环太湖区域土地利用时空变化及其对区域环境的影响,并据此构建了国土资源承载力模型,定量评价了国土资源承载支撑力、承载压力,测算了其相对承载能力;定量评价了国土资源系统中各资源要素对人口的绝对承载能力,揭示了区域国土资源赤字、人口超载状况及相应的空间分异。三是,探讨了基于资源、环境阈值人口—资源—环境—经济多目标最优决策下的人口规模、城市规模、用地规模及退田还湖、退田还林规模,提出相应的国土规划与布局建议。该研究成果也获得了2011年度国土资源科学技术奖二等奖。基于这一研究成果,团队成员还陆续以无锡等城市为例开展了区域土地资源承载力方面的应用研究。四是针对区域资源环境问题的综合性、复杂性、耦合性特征，设计了包括土地资源、水资源、碳峰值、环境容量、生态足迹等限制性资源环境要素于一体的资源环境人口—经济—空间承载力评估方法。相关研究成果获得了2016年度江苏省科学技术奖三等奖。

4. 国土综合整治领域

国土综合整治是具体的业务实践，更是科学的研究课题，是地理学、资源科学、生态学、环境科学、农学、经济学、工程学的重要研究领域，是"人口、资源、环境、经济、社会"综合系统的核心问题。国土综合整治作为维护国土安全，保障区域协调和可持续发展的重要抓手，落实生态文明建设的重要途径，其核心是通过改变和调整土地利用/覆被的空间格局和结构类型，将人与自然联系在一起，构建人类与自然的桥梁和纽带，将科学与管理决策紧密相连，促进人与自然和谐发展，是21世纪学术界和国家行政部门关注的重要课题。该研究领域以国家科技支撑计划项目、国家公益性行业科研专项经费项目、全国国土资源大调查研究项目、国土资源部重点科技项目等为支撑，深入研究"土地整治制度创新与土地利用转型"、"土地整治动态监测与效益评价"等科学问题，在国内外学术期刊发表论文200余篇，其中SCI/SSCI、EI论文30余篇，出版了《高速铁路建设土地破坏控制与复垦利用研究》、《黄土高原台塬区土地整治技术与方法》、《农用地转用征收环节土地税费设置分析与绩效评价研究》、《耕地细碎化空间尺度差异与整治协同研究》等著作或教材。此外，针对法制化、标准化的资源管理需求，研究团队亦积极实现科研成果转化，团队带头人周寅康教授和金晓斌教授先后主持参与了多项国土综合整治领域的国家标准、行业标准编制工作，促进科技成果服务国土综合整治战略决策，为国土管理科学发展提供基础支撑。

（1）土地整治制度创新与土地利用转型

国土综合整治是国土要素、结构和功能的重塑，是落实乡村振兴、区域协调发展、可持续发展等国家战略的重要抓手，也是推进供给侧结构性改革的重要支点。然而，由于科学的缺失、决策的失误，一些地区国土综合整治工程不仅未能实现修复受损国土的既定目标，出现了国土开发无序、空间失衡等问题，甚至对生态系统、地域功能造成新的损伤。在国土资源公益性行业科研专项"黄土高原台塬区土地整治技术开发与示范研究"、国家科技支撑计划项目"长三角经济区基本农田建设技术研究与示范"等科研项目的支持下，着眼于制度改革、资源管理等目标,基于人—地关系协调、土地利用多功能性等理论,研究了新时代背景下土地整治的基本内涵、转型方向及其制度构建,并面向区域资源要素特征,就关键土地利用、土地整治问题展开了系统性研究,为国土综合整治转型发展提供了全局认识和科学依据。① 以供给侧结构性改革为切入视角,梳理转型期中国土地整治面临的现实需求和关键问题,探讨土地整治的基本内涵、转型方向及其制度构建,为新时期土地整治实践及其机制创新提供借鉴,研究成果发表在中国土地科学领域唯一全国性学术期刊《中国土地科学》。② 针对快速城市化中出现的城市过度扩张问题,以城市活力为切入点,结合新型地理大数据,首次从城市形态维度、功能维度和社会维度,对全国653个城市进行了综合分析,为识别城市低效建设用地提供了新的视角与方法,研究成果发表在 *Cities*（SSCI 一区,IF＝2.704,2018年被 Web of Science 评为高被引论文、热点论文）。③ 以土地利用多功能性为理论指导,以国土空间规划为现实引领,基于农业、城镇、生态空间,解析区域土地利用多功能演变规律和权衡关系,以期为国土空间规划提供政策参考,研究成果发表在 *Science of Total Environment*（SCI 二区,IF＝4.610）、《地理研究》等国内外重要学术刊物。④ 针对快速城市化进程中的典型区域——皖江城市带,创新土地精明利用数量结构和空间布局优化方法的模型集成,进行了模型验证与效度分析,提出了促进区域可持续发展的针对性策略,研究成果"皖江城市带承接产业示范区土地精明利用模式研究"获得安徽省国土资源科学技术进步奖二等奖。

（2）土地整治动态监测与效益评价

随着国土综合整治目标的多元化、整治内容和手段的多样化、整治时间维度和空间维度的不断拓展,其已经成为大规模改变土地利用/覆被和陆地生态系统有目的、有组织的人类活动,对粮食安全、城镇发展以及生态系统类型结构和服务功能产生重要影响。在国家科技支撑计划项目"中部粮食主产区增量经济型土地整理技术开发研究"和"长三角经济区基本农田建设技术研究与示范"、国土资源部科技项目"中央支持土地整治重大项目田间工程建设模式与投资控制研究"等科研项目以及地方土地整理复垦项目等多项应用课题的支持下,着眼于增产增收、生态友好等整治目标,基于新型地理大数据和遥感监测方法,研究建立了多尺度、全覆盖、长序列全国土地整治项目数据集,从管理绩效、资源匹配、利用效益等多角度对全国土地整治成效进行深入剖析,并对典型区域土地整治项目区进行动态监测,科学评估项目实施成效,为国土综合整治战略决策和宏观布局提供有效数据支撑、现实参照。① 针对全国土地整治项目,科学应用计量模型、系统动力学、景观生态学等方法,综合评估土地整治对社会经济的影响以及生态系统结构和功能的影响,研究成果发表在 *Land Use Policy*(SSCI 一区,IF=3.194)、*Habitat International*(SSCI 二区,IF=3.000)、*Food Security*(SSCI 二区,IF=2.970)、*European Journal of Agronomy*(SSCI 二区,IF=3.192)、《地理研究》、《自然资源学报》、《农业工程学报》、《生态学报》等国内外重要学术刊物。② 针对全国土地整治项目实施状况和典型土地整治项目调查,科学运用遥感监测、机器学习等方法,从全国、区域、项目区等多尺度综合评估土地整治对农业产能及项目的实施成效,研究成果发表在 *Science of Total Environment*、*Scientific Reports*(SCI 二区,IF=4.122,2018 年被 *Nature* 引用)、《地理研究》、《地理科学》、《农业工程学报》等国内外重要学术刊物。③ 针对高速铁路建设土地破坏的特殊性,从高速铁路建设土地的选址决策、用地规模、工程施工等方面提出了破坏控制和管控机制,从技术层面探索了高速铁路建设土地复垦优化方法和关键技术,形成研究专著《高速铁路建设土地破坏控制与复垦利用研究》,该研究获得江苏省国土资源科技创新奖二等奖。

(3) 相关科研成果转化

国土资源科学和技术进步是支撑引领国土综合整治事业科学发展的关键,促进科技成果转化是激励科技进步与创新的重要举措。研究团队针对法制化、标准化的资源管理需求,以农用地转用过程中的土地税费设置和土地整治技术标准规范为重点,促进科技成果在实际管理和实践工作中发挥积极作用。① 在土地税费制度改革方面,围绕《中华人民共和国耕地占用税暂行条例》立法过程中涉及的关键技术性问题,以农用地转用征收环节涉及的主要税费为研究对象,系统解析农用地转用征收环节税费构成的合理性及各项税费的耕地保护绩效,寻求相关税费的改进和完善空间,并从政策制度建设、立法约束、税费体系、管控技术等角度提出相关建议,研究内容被人大立法委员会纳入《中华人民共和国耕地占用税暂行条例》立法支撑材料,部分立法建议被予以采纳。② 在土地整治技术标准规范方面,针对高标准基本农田建设中存在的工程内容不统一、建设重点不突出、整体布局不合理、管理方式不规范等突出问题,开展工程类型区、标准体系、建设模式等研究,团队带头人金晓斌教授作为主要起草人先后完成《高标准基本农田建设标准》(TD/T 1033—2012)、《高标准农田建设通则》(GB/T 30600—2014)和《高标准农田建设评价规范》(GB/T 33130—2016)编制,为国家高标准农田建设决策和实践提供了有效的理论支撑、技术指导、方法借鉴;针对土地整治重大项目建设的重要性和特殊性,通过对其决策机制的理论基础、方法体系、技术手段、支持系统的综合研究,完成《土地整治重大项目可行性研究报告编制规程》(TD/T 1037—2013)、《土地整治重大项目实施方案编制规程》(TD/T 1047—2016)、《土地整治信息分类与编码规范》(TD/T 1050—2017)和《土地整治项目基础调查规范》(TD/T 1051—2017)。研究成果受到国务院、原国土资源部领导多次批示,《人民日报》《新闻联播》对此进行了多次报道,为促进国土综合整治理论研究与生产实践结合,提升科技成果转化水平提供了有益尝试。

此外,南京大学与江苏省土地整理中心合作建立了省级工程中心"江苏省土地开发整理技术工程中心",该中心以沿海土地开发为重点,旨在建设沿海土地开发整理示范基地,开展土地利用及开发整理的碳排放效应研究,增强国土综合整治应对全球变化的技术研发,为国土空间利用可持续发展提供技术支撑。

5. 历史土地利用研究领域

土地覆被是地球陆地表层系统最突出的景观标志,受人类土地利用行为和自然过程共同影响,作为表征人类活动行为对地球陆地表层自然生态系统影响最直接的信号,是理解、解释人类社会经济活动与自然生态交互过程和链接的纽带。全球气候变化与人类活动剧烈地改变了地表覆被状态,增加了地表生态系统的脆弱性,历史时期的土地利用/覆被变化(Land Use and Cover Change,LUCC)作为全球变化研究的重要组成部分,在全球和区域尺度上影响着气候生态过程,是全球环境变化的重要驱动力,也是建立全球环境变化模型的关键因素之一。因气候、生态系统变化存在滞后效应,建立长时间序列土地覆被数据对研究土地利用时空变化,以及分析、预测由此产生的气候和生态效应具有重要作用。通过重建历史时期土地利用/覆被空间数据,有效辨识 LUCC 过程,可以为土地利用及气候模拟、区域可持续发展战略制定提供借鉴和依据。南京大学在历史土地利用变化、人口格局变化、灾害和气候变化等研究领域具有深厚的学术传承。21 世纪以来,南京大学周寅康、金晓斌等教授领衔的研究团队,在全球变化重点研究专项("973"项目)"近300年典型时段我国土地利用格局重建"、国家自然科学基金"基于历史耕地回溯模型的近300年时空连续耕地数据重建研究"、"集成地理建模与历史文献挖掘的近 300 年苏皖地区土地利用格局重建"、"融合开垦过程与行为决策的历史耕地空间格局重建方法研究:以台湾省为例"等课题的资助下,持续开展历史人口时空格局分析、历史土地利用重建、历史土地利用生态环境效应分析,取得一系列研究成果。出版专著 2 部(英文专著 1 部),发表论文 24 篇,其中 SCI 收录 9 篇、一级学报 9 篇,申请软件著作权 1 项,部分成果受到中国科学网报道。

(1) 基础数据整编、集成与提取

基础数据的整编、集成与提取是开展历史土地利用研究的起点,中国现今留存丰富的历史文献资料为开展此项研究创造了良好条件。由于历史时期耕地数据来源复杂、重建方法多样,国内外学者重建的耕地数据集之间存在较大差异,有必要进行进一步的订正和校准。因此,研究构建了一套适用于清代耕地数据的修正校验体系,以清代官方册载田亩数据为基础,采用因素修正、引用替换、线性内插、衔接对比、人地关系检验、垦殖趋势检验、行政面积比例调整等方法对历史耕地数据进行修正,重建了基于现代省界的近 300 年山东以及全国耕地数据集。人口数量及空间分布变化是 LUCC 的主要驱动因子之一。基于人口地理学相关理论,以近 300 年为时间尺度,以省域为空间单元,利用经修正的清朝、民国及新中国成立后 286 个时相的人口数据建立 8 个典型时间断面,通过不均衡指数、集中指数、分布重心和空间自相关等分析方法,研究了近 300 年中国人口数量变化及时空分布格局。城镇建设是人类利用土地的主要形式之一,城镇建成区的变化记录着城镇系统演变的历史,反映了城镇位置、规模和形态的变迁。基于历史文献、古地图和现代遥感数据,引入历史学古代城镇形态复原方法,复原(提取)明清时期全国 2000 余座城镇边界变化的连续过程,在若干时间断面下探讨了近 600 年长江三角洲地区城镇空间与体系等级规模演变格局。

(2) 方法体系构建与创新

国内外学者就定量重建中国区域历史土地覆被数据集形成的结果迥异,而重建方法是导致差异形成的重要原因之一。进一步研究的开展,需从重建思路、假设和方法、结果验证等方面对覆盖中国区域的主要空间数据集重建方法进行综合评述。以省域单元为研究对象,基于约束性元胞自动机提出重建历史时期空间格局的方法,给出了模型建立、参数识别和结果验证的方法,结合数据可获得性,以江苏省为例进行了模型应用;采用"自上而下"与"自下而上"的建模思路,构建数量约束、边界约束、规则约束等准则,重建近 300 年中国耕地和林地的空间格局。针对当前历史土地利用空间重建研究多基于单一地类且空间分辨率较低的特征,提出较高分辨率全地类土地利用空间重建方法。以典型历史断面下的建设用地为研究对象,以数量估算控制下的空间格局重建为基本思路,估算并网格化重建了近 200 年 5 个时间断面下的江苏省建设用地的空间格局。以 1820 年为时间断面,以现代江苏省域为研究区,以历史文献记载、历史地理学研究成果、现代统计数据、自然环境数据等为支撑,将土地利用类型划分为耕地、聚落用地、水域和其他用地,考虑区域自然资源和社会经济特征,提出理论假设,对府级耕地、城镇用地、农村居民点用地数量进行修正;沿用以现代土地利用格局为基础反演历史土地利用格局的基本思路,从人地关系角度出发,采用治所邻近度分析、综合评价等方法网格化重建了 1820 年江苏省土地利用格局,并通过不同地理分区统计及降尺度对比间接验证等分析了重建结果。

(3) 生态环境效应分析

对人类活动引起的土地利用/覆被变化过程中陆地生态系统碳核算的科学评估将有助于减少陆地生态系统碳排放估算的不确定性。探索以簿记模型基本原型作为核心算法,以土地利用年变化率、碳密度预设及干扰曲线系数为基础,构建了一套包含土地开垦/退耕、森林收获/恢复四种情景在内的土地利用碳排放核算系统;同时,将现代自然植被中的农业植被和次生植被用潜在自然植被修正后,构建不受人类垦殖活动影响的历史自然植被潜在格局,并以此推算土地利用变化率和碳密度,而后基于亚热带、温带下不同生态系统的干扰响应曲线参数,应用簿记模型核算了近 300 年来中国耕地开垦导致的陆地生态系统碳排放总量。

此外,研究团队还探索了清代民国时期中国粮食运输格局变迁、清代北方农牧交错带农耕北界的变迁等研究方向。以上述研究为基础出版了 *Historical Farmland in China During 1661－1980 Reconstruction and Spatiotemporal Characteristics*、《近 300 年中国农林地空间格局重建及其碳核算》等专著,前者是我国较早出版的关于历史土地利用重建研究领域的英文专著之一。近几十年来,中国的土地使用发生了巨大变化,这在很大程度上得益于经济的快速发展。科学评估人类活动引起的土地利用/土地覆被变化所导致的陆地生态系统碳收支,将有助于降低陆地生态系统碳排放估算的不确定性。黄贤金团队分析了

1990—2010年间由于土地利用和管理的变化导致的植被和土壤碳储量的变化,他们的结果强调了改善土地利用管理的重要性。碳排放的空间分布对于碳减排策略至关重要,以前的研究试图模拟空间中的碳排放量,但存在很大的不确定性,并且分辨率也需要提高。揣小伟在此方面做了大量研究工作,他基于土地利用数据、实地观察数据、气候数据和社会经济数据,从土地利用类型、土地覆被和土地利用强度等方面对土地利用变化进行了综合分析,并研究了土地利用变化对碳储存、生态系统净生产力(NEP)和与能源消耗相关的碳排放的影响。利用各种来源的大数据,设计了一种新方法来研究南京市300m高分辨率的碳排放,并比较了地区差异,分析了影响因素。杨绪红(2019)基于历史自然植被和耕地数据集建立不同生态系统的开垦速率,设定碳密度和响应曲线参数后,利用簿记模型估算近300年来中国耕地开垦导致的碳排放量。

6. 特色研究领域

该特色研究领域主要包括三个方面:一是城市土地利用管理研究;二是农户土地利用行为研究;三是国土空间规划研究。

(1)在城市土地利用管理研究领域,主要依托南京大学"985"项目城市化平台和国家自然科学基金、国土资源部科技项目等的资助,结合当前我国城市土地利用与管理中存在的热点和焦点问题,从不同角度进行了系统的探讨,并形成了多项研究成果。一是,基于在土地利用变化领域坚实的研究基础,以长江三角洲地区为研究区域,系统探讨了城市土地利用变化的规律及其响应,尤其是结合资源节约型城市土地利用方式构建的需求,以典型城市为例,开展了城市土地利用变化物质代谢响应规律的研究,具有鲜明的特色。二是,基于对我国城市土地供应制度绩效、城市土地供应与房地产市场预警等方面问题的研究,初步揭示了经济发达地区典型区域(城市)土地供应与房地产市场之间的内在关系,并从土地管理角度对土地宏观调控和基于城市住房保障的民生用地政策提出了相关意见、建议,部分成果也为近年来国家民生用地政策的优化提供了参考。三是,针对城市土地市场发展中面临的一些重点问题,包括房价与地价的关系、城市土地市场预警与调控、城市土地储备制度与策略等,进行了系统研究。特别是在城市土地储备制度与策略研究领域,不仅在国内较早开展了相关理论研究,还结合上海和南京等发达地区的工作实践,开展了城市土地储备规划研究和编制工作。快速城市化通过缩小耕地面积和增加土地开发来加速土地利用过渡的过程,这影响了生态系统服务价值并导致了环境退化。为提高生态环境质量,中国启动了建设生态文明的战略,并试图建立生态补偿机制。黄贤金团队将线性优化模型与土地利用转换(CLUE-S)模型相结合,定量模拟了江苏省的土地利用变化,模拟结果为江苏省各区域实施生态补偿机制提供了有效指导。毛熙彦等人探讨了在日益增长的特大城市对城市土地稀缺的应对方案,他们以2001—2016年中国江苏省的13个地级市为例,应用Cobb-Douglas生产函数和固定效应模型来检验城市遏制和城市间联系对城市土地利用效率的影响。

(2) 在农户土地利用行为研究领域,主要依托国家自然科学基金项目的连续资助,通过建立多个相对固定的农村调查工作点,开展了一系列理论和实证探索。特别是近十年来,研究团队陆续获得了5项有关农户土地利用行为研究的自然科学基金项目资助,从农户行为响应的角度,系统探讨了区域农业市场化改革、农产品市场发展、农业补贴政策、微观主体农地流转行为和非农就业等政策环境变化与经济社会发展对农业土地利用和变化的影响。相关研究成果已发表在国际和国内一流学术期刊,其中多篇论文被SCI/SSCI收录。不仅如此,基于这些研究项目的开展,相关研究团队也已在上海市郊区,南京溧水县、苏州常熟市、扬州宝应县、徐州铜山县,浙江嘉兴市,安徽阜阳市,以及江西赣南等地建立了相对固定的农村调查点。自2001年起,学科团队平均每两年就会在这些固定调查点开展村庄和农户调查研究,不仅收集了大量调查数据,也积累了丰富的研究经验。陈志刚教授在此方面做了大量研究,他从"地方感"理论的角度阐释了地方领导人的行为逻辑,通过建立计量模型深入探讨了政府领导者本地化对耕地流转和土地利用的理论影响,这不仅拓宽了对地方政府(尤其是地方领导人)决策行为及其影响的研究领域和理论认识,而且有助于形成对中国耕地转换背后驱动机制的更全面和深入的认识。

(3) 国土空间规划研究领域。国土空间是支撑人类生存与发展的空间载体,随着人类经济和社会发展规模、水平、结构、布局的变化以及人口规模增长,空间规划应时而生。作为综合性、层次性和地域性空间问题的政策工具,空间规划是社会经济发展到一定阶段的产物,扮演着平衡经济社会发展、协调土地开发需求和环境资源限制矛盾的重要角色。而空间规划体系是一个国家政治、经济、社会、文化、法律特征的特殊体现,是规范国土和区域开发、落实城市管理的重要手段和空间机制,也是指导国土空间布局、保障空间治理机制有效运行的必然要求。

我国空间规划体系诞生于生态文明制度改革,服从于国家五位一体推进现代化的总目标。随着2018年自然资源部的成立,我国开启了新一轮自上而下的国土空间规划体系建构进程。2019年《中共中央国务院关于建立国土空间规划体系并监督实施的若干意见》正式发布实施,明确提出"建立国土空间规划体系并监督实施,将主体功能区规划、土地利用规划、城乡规划等空间规划融合为统一的国土空间规划"。建立符合我国国情的国土空间规划体系,对于优化空间开发模式、加快转变经济发展方式,促进经济社会与生态环境协调发展具有重要意义。同时,国土空间规划体系的建构对城乡规划、土地规划等学科的发展产生了重要的影响,并开启了学界对相关学科发展方向的探讨。

南京大学是较早开始国土空间规划相关研究的单位。张京祥等(2019)基于治理理论,从中央—地方以及政府—市场关系维度,分别揭示了西方发达国家和我国空间规划体系在国家治理变迁影响下的演变历程与总体趋向。周子航和张京祥(2019)从空间规划强制性内容的识别出发,明确其具有重要性、可操作性和效力显著性。针对其效力发生的特性,将强制性内容归纳为准入许可型、时空投建型和预测推导型三类。从其效力发生逻辑分析其刚性差异,进而基于并轨期强制性内容发展的若干经验,明晰国土空间规划体系新语境下强制性内容的内涵与外延。厘清强制性内容"想管什么"和"要管什么"的问题,并提出利用国土空间规划层级设置实现刚性内容的冲突消解的方式方法。罗小龙和陆建城(2019)认为,"十四五"时期我国将进入经济转型和制度革新的新时代,在此背景下,国土空间规划应在优化配置供给侧要素、服务新旧动能转换和实现全要素管理自然资源等三个方面落实高质量发展的目标。如今,以互联网、大数据、云计算等为主的信息化技术赋能是当前国土空间规划智慧化的主要动力与发展重点,甄峰、秦萧、孔宇等就如何智慧编制与实施国土空间规划开展了相关研究。

三、土地利用学科发展构想

1. 在国际、国内的总体定位(地位)

结合南京大学建设世界一流大学目标、地理学一级重点学科建设目标、土地利用学科现有基础特色与问题,以及土地利用的国家需求与目标,土地利用学科发展的总体定位是:在未来可预见的时间内,全面实现国内一流优势学科,达到国际同类研究一流水平,并形成与此相适应的人才梯队和学术成就,与南京大学的国际学术地位相称。

2. 中长期发展目标

（1）中期发展目标：建成较完整的土地利用学科体系，实现省级重点学科从自筹到常规的升级，初步建成具有良好结构体系的土地利用与评价实验室（包括海岸带国土开发与生态重点实验室、土壤质量评价与环境监测实验室等）以及土地经济与政策研究基地（包括江苏省决策咨询基地和国土资源部土地政策实证监测基地等），形成较完整且可持续的人才梯队结构。

（2）长期发展目标：建成与国际接轨的具有南京大学特色的土地利用学科体系，实现本学科从省级重点向国家级重点学科的升级，建成具有数字模拟和实体模拟的土地利用与评价教育部重点实验室，形成完整的具有坚强领军人物的人才梯队结构，吸引高水平国外学者（海外学者）加盟本学科队伍。

3. 实现目标定位的总体战略

为了实现上述中长期发展目标，土地利用学科建设的总体战略将是以项目带发展和强化实验室建设为支撑。

（1）基本战略是力争凝聚目前团队力量申请重大科研项目，引进或培养领军人物。项目方面的主要目标是申请重点或重大项目，如国家自然科学基金重点项目、国家社科基金重点项目、教育部重大项目，与土地利用和技术有关的具有重要显示度的"863"项目、国家科技支撑项目，以及有关部委的公益性项目和地方重大决策咨询类项目等。通过有显示度的科研项目的申请与运作，力争出一批高质量的具有显示度的科研成果，包括奖项、专利与重要学术论文，带动和培养年轻学者成长，并形成良性的可持续的团队。

（2）另一战略是实验室（基地）的建设与装备。无论是基础研究还是应用研究，土地利用研究必将十分重视相关实验室（基地）的建设（这一点相对于其他学科具有一定的滞后性，但已得到同行的重视）。南京大学土地利用学科必须抓住这一契机，在土地利用研究方面优先建成具有示范意义的土地利用实验室。如果说新型实验室具有较大潜力和潜能的话，本学科的土地利用实验室就属于这一类。这一实验室的建设不是简单地添加几台有分量的仪器或设备或计算机等，而是要进行顶部设计、分步建设，逐步形成成果，与项目申请相辅相成，并逐步实现教育部重点实验室的目标。

4. 重点研究领域发展构想

（1）在土地利用与规划领域，今后将主要针对当前土地利用空间布局不尽合理等突出问题,以保障耕地安全、生态安全、粮食安全等国家目标为导向,立足和服务于重点区域(如长江三角洲地区和沿海地区),形成适应当前经济社会宏观背景下的土地利用规划理论、方法和技术体系;探讨主体功能区划与区域发展战略的结合,为重点区域土地利用分区与规划提供依据;研究城乡一体化背景下的土地利用规划新思路、新技术和新方法等。

(2) 在土地经济与政策领域,今后将主要针对当前所面临的复杂土地经济关系,以地理学、经济学、管理学、政治学、社会学等相关理论为基础,深入探讨土地利用变化的经济与政策机理以及土地利用规划目标实现的土地经济杠杆与政策驱动过程,提出运用土地经济杠杆及政策调控引导区域土地持续利用的路径。此外,也将探索建立土地制度和政策实施的绩效评估框架,并结合国家和区域层面相关土地政策的出台、实施,开展科学、系统的评估研究,从而为国家和地区的相关决策行为提供参考。

(3) 在土地评价与整治领域,今后将主要针对快速城市化地区实现土地可持续利用目标,土地质量及其评价是其重要的技术基础,依托土壤学、自然地理学、资源与环境经济学等学科基础,以可持续发展理论为指导,重点研究经济发达地区尤其是长三角地区在快速工业化、城市化背景下的土地质量评价、土壤质量变化过程、机理与趋势,建立适合特定区域特征的土地质量、土壤质量评价方法体系,为粮食安全和农产品安全建设提供具有科学依据的土地质量监控体系。

(4) 在城市土地利用管理与农户土地利用行为研究领域,今后将主要针对工业化、城市化和农业现代化同步发展的背景,并结合国家宏观调控和城乡统筹发展的要求,重点研究土地节约集约利用、房地产市场与产业用地调控等城市土地利用管理问题,以及农户土地利用行为响应与农村土地市场建设、土地持续利用等的关系问题。通过深入研究,积累更多研究成果,争取更大项目支持,并进一步扩大土地利用学科在相关领域的学术影响。

四、代表性论著

1. 著作

[1] 彭补拙,杨逸畴. 南迦巴瓦峰地区自然地理与自然资源[M]. 北京:科学出版社,1996.

[2] 濮励杰,彭补拙. 土地资源管理[M]. 南京:南京大学出版社,2002.

[3] 彭补拙,程烨,濮励杰,等. 长江三角洲地区耕地可持续利用研究[M].

北京:地质出版社,2003.

　　[4] 彭补拙,周生路,陈逸,等. 土地利用规划学[M]. 南京:东南大学出版社,2003.

　　[5] 黄贤金,范从来,蔡龙. 城市理性发展与经营机制创新[M]. 南京:东南大学出版社,2004.

　　[6] 周生路,李如海,王黎明,等. 江苏省农用地资源分等研究[M]. 南京:东南大学出版社,2004.

　　[7] 周生路. 土地评价学[M]. 南京:东南大学出版社,2006.

　　[8] 周寅康. 房地产估价[M]. 南京:东南大学出版社,2006.

　　[9] 彭补拙,濮励杰,黄贤金,等. 资源学导论[M]. 南京:东南大学出版社,2007.

　　[10] 黄贤金,濮励杰,彭补拙,等. 城市土地利用变化及其响应:模型构建与实证研究[M]. 北京:科学出版社,2008.

　　[11] 李如海,黄贤金,吕亚生,等. 江苏省土地利用战略研究[M]. 南京:东南大学出版社,2008.

　　[12] 濮励杰,黄贤金,周寅康,等. 城市土地供应与房地产市场运行研究[M]. 北京:科学出版社,2008.

　　[13] 周寅康,濮励杰,黄贤金,等. 城市土地市场:发展与预警[M]. 北京:科学出版社,2008.

　　[14] 黄贤金,彭补拙. 资源环境与城乡规划管理专业建设与发展探索[M]. 北京:科学出版社,2009.

　　[15] 黄贤金,陈志刚,钟太洋. 土地经济学[M]. 北京:科学出版社,2009.

　　[16] 金晓斌,周寅康. 高速铁路建设土地破坏控制与复垦利用研究[M]. 北京:科学出版社,2011.

　　[17] 赖力,黄贤金,等. 中国土地利用的碳排放效应研究[M]. 南京:南京大学出版社,2011.

　　[18] 周生路,李如海,吴绍华,等. 经济发展与农用地重金属时空变化研究[M]. 北京:中国大地出版社,2011.

2. 论文

　　[1] Xiao, S. S., Huang, X. J., Peng, B. Z. Coordinative development

between land use change and regional population-resources-environment-development system—A case study of Jiangsu Province[J]. Chinese Geographical Science, 2007,17(4).

[2] Jin,X. B., Wang, S. M., Zhou, Y. K. Dynamic of organic matter in the heavy fraction after abandonment of cultivated wetlands[J]. Biology and Fertility of Soils, 2008,44.

[3] Jin, X. B., Wang, S. M., Zhou, Y. K. Microbial CO_2 production from surface and subsurface soil as affected by temperature, moisture, and nitrogen fertiliszation[J]. Australian Journal of Soil Research, 2008,46.

[4] Zhong, T. Y., Zhang, X. Y., Huang, X. J. Impact of labor transfer on agricultural land use conversion at rural household level based on logit model[J]. Chinese Geographical Science, 2008,18(4).

[5] Zhou, S. L., Liao, F. Q., Wu, S. H. Heavy metals contents in soil profiles of typical agricultural lands in Yixing, Jiangsu Province, China[J]. Chinese Science Bulletin, 2008,53.

[6] Zhong, T.Y., Zhang, X.Y., Huang, X. J. Simulation of farmer decision on land use converstions using decision tree method in Jiangsu Province, China [J]. Spanish Journal of Agricultural Research,2009,7(3).

[7] Wu, S. H., Zhou, S. L., Li, X. G. Estimating the anthropogenic fluxes of heavy metal accumulations in roadside agricultural soils [J]. Fresenius Environmental Bulletin, 2009,18.

[8] Wu, S.H., Zhou, S.L., Li, X.G., et al. Heavy-metal accumulation trends in Yixing, China: an area of rapid economic development [J]. Environmental Earth Sciences, 2010,61.

[9] Zhong, T.Y., Huang, X. J., Zhang, X.Y., et al. Temporal and spatial variability of agricultural land loss in relation to policy and accessibility in a low hilly region of southeast China[J]. Land Use Policy, 2011,28.

[10] Zhang, J., Pu, L.J., Peng, B.Z., et al. The impact of urban land expansion on soil quality in rapidly urbanizing regions in China: Kunshan as a case study[J]. Environmental Geochemistry and Health, 2011,33(2).

[11] Wu, S. H., Zhou, S. L., Li, X. G. Determining the anthropogenic contribution of heavy metal accumulations around a typical industrial town: Xushe, China[J]. Journal of Geochemical Exploration, 2011,110(2).

[12] Jin, X.B., Zhou, Y. K., Huang, X. J. Gross nitrogen transformation rate in soil is affected by coastal wetland cultivation[J]. Acta Agriculturae Scandinavica Section B-Soil And Plant Science, 2011,61(3).

[13] Wu, S.H., Zhou, S. L., Li, X. G., et al. An approach to partition the anthropogenic and natural components of heavy metal accumulations in roadside agricultural soil[J]. Environmental Monitoring and Assessment, 2011,173.

[14] Chen, Z.G.,Chen, Q., Wang, Y., et al. Is illegal farmland conversion ineffective in China? Study on the impact of illegal farmland conversion on economic growth[J]. Habitat International, 2015, 49.

[15] Lai, L., Huang, X. J., Yang, H., et al. Carbon emissions from land-use change and management in China between 1990 and 2010[J]. Science Advances, 2016, 2(11).

[16] Chuai, X.W.,Yuan, Y., Zhang, X.Y., et al. Multiangle land use-linked carbon balance examination in Nanjing City, China[J]. Land Use Policy, 2019, 1(84).

[17] Liu, J., Jin, X. B., Xu, W.Y., et al. Spatial coupling differentiation and development zoning trade-off of land space utilization efficiency in eastern China[J]. Land Use Policy, 2019, 85.

[18] Liu, J., Jin, X. B., Xu, W. Y., et al. Influential factors and classification of cultivated land fragmentation, and implications for future land consolidation: a case study of Jiangsu Province in eastern China[J]. Land Use Policy, 2019, 88.

[19] Chen, Z. G., Zhang, X., Huang, X. J., et al. Influence of government leaders' localization on farmland conversion in Chinese cities: a "sense of place" perspective[J]. Cities, 2019, 90.

[20] Chuai, X. W., Feng, J. X. High resolution carbon emissions simulation and spatial heterogeneity analysis based on big data in Nanjing City,

China[J]. Science of the Total Environment，2019，686(10).

[21] 彭补拙. 关于西藏南迦巴瓦峰地区垂直自然带的若干问题[J]. 地理学报，1986(1).

[22] 彭补拙,丁栋虹. 土壤学与经济学[J]. 土壤，1994(2).

[23] 周寅康,徐梦洁,彭补拙. 新疆生产建设兵团农垦城镇土地等级体系研究[J]. 自然资源学报，1997(1).

[24] 周寅康,彭补拙,徐梦洁. 区域性城镇土地分等方法研究——以新疆生产建设兵团农垦城镇为例[J]. 南京大学学报(自然科学版)，1997(3).

[25] 濮励杰,包浩生. 土地退化方法应用初步研究——以闽西沙县东溪流域为例[J]. 自然资源学报，1999(1).

[26] 周生路,吴文红,彭补拙. 区域集镇基准地价体系建立研究[J]. 自然资源学报，1999(2).

[27] 周生路,朱凤武,彭补拙,等. 桂林市区域人粮关系及其协调研究[J]. 地理科学，2000(1).

[28] 濮励杰,周峰,彭补拙. 县域农场土地承包价格测算方法研究[J]. 经济地理，2001(1).

[29] 黄贤金,尼克·哈瑞柯,鲁尔特·卢本,等. 中国农村土地市场运行机理分析[J]. 江海学刊，2001(2).

[30] 濮励杰,黄贤金,彭补拙. 耕地总量动态平衡政策体系研究——以长江三角洲地区为例[J]. 南京大学学报(自然科学版)，2001(6).

[31] 彭补拙,安旭东,陈浮,等. 长江三角洲土地资源可持续利用研究[J]. 自然资源学报，2001(7).

[32] 黄贤金,王静,濮励杰,等. 区域土地用途管制的不同方式[J]. 南京大学学报(自然科学版)，2003(3).

[33] 黄贤金. 长三角土地之忧[J]. 中国改革，2004(5).

[34] 黄贤金,于术桐,马其芳,等. 区域土地利用变化的物质代谢响应初步研究[J]. 自然资源学报，2006(1).

[35] 钟太洋,黄贤金. 区域农地市场发育对农户水土保持行为的影响及其空间差异——基于生态脆弱区江西省兴国县、上饶县、余江县村域农户调查的分析[J]. 环境科学，2006(2).

[36] 陈志刚,曲福田,黄贤金.转型期中国农地最适所有权安排——一个制度经济分析视角[J].管理世界,2007(7).

[37] 周生路,廖富强,吴绍华,等.宜兴典型农用地土壤剖面重金属元素含量研究[J].科学通报,2008(S1).

[38] 金晓斌,张鸿辉,周寅康.基于模糊ISODATA聚类方法的农用地定级研究[J].农业工程学报,2008(7).

[39] 陈志刚,周建春,黄贤金.产权价值区域征收农地价格评估模型及应用[J].农业工程学报,2008(12).

[40] 陈志刚,黄贤金,卢艳霞,等.农户耕地保护补偿意愿及其影响机理研究[J].中国土地科学,2009(6).

[41] 钟太洋,黄贤金,王柏源.经济增长与建设用地扩张的脱钩分析[J].自然资源学报,2010(1).

[42] 金晓斌,周寅康,李学瑞,等.中部土地整理区土地整理投入产出效率评价[J].地理研究,2011(7).

[43] 钟太洋,黄贤金,谭梦,等.土地督察的耕地保护效果评价[J].中国人口·资源与环境,2011(5).

[44] 王温鑫,金晓斌,赵庆利,等.农用地整治建后管护体系解析与模式选取[J].中国土地科学,2018,32(4).

[45] 范业婷,金晓斌,项晓敏,等.江苏省土地利用功能变化及其空间格局特征[J].地理研究,2019,38(2).

[46] 杨绪红,金晓斌,项晓敏,等.近300年中国耕地开垦导致的碳排放估算[J].中国科学:地球科学,2019,49(3).

[47] 孔宇,甄峰,李兆中,等.智能技术辅助的市(县)国土空间规划编制研究[J].自然资源学报,2019,34(10).

[48] 罗小龙,陆建城."十四五"时期发展新趋势与国土空间规划应对[J].城市规划,2019,43(10).

[49] 秦萧,甄峰,李亚奇,等.国土空间规划大数据应用方法框架探讨[J].自然资源学报,2019,34(10).

[50] 张京祥,夏天慈.治理现代化目标下国家空间规划体系的变迁与重构[J].自然资源学报,2019,34(10).

[51] 甄峰,张姗琪,秦萧,等. 从信息化赋能到综合赋能:智慧国土空间规划思路探索[J]. 自然资源学报,2019,34(10).

参考文献:

[1] Chen,Z. G.,Chen,Q., Wang,Y., et al.Is illegal farmland conversion ineffective in China? Study on the impact of illegal farmland conversion on economic growth[J]. Habitat International,2015,49.

[2] Chen,Z. G., Zhang, X., Huang, X. J., et al. Influence of government leaders' localization on farmland conversion in Chinese cities: a "sense of place" perspective[J]. Cities,2019,90.

[3] Chuai,X. W.,Feng,J. X.High resolution carbon emissions simulation and spatial heterogeneity analysis based on big data in Nanjing City, China[J]. Science of the Total Environment,2019,686.

[4] Chuai, X. W., Yuan, Y., Zhang, X. Y., et al. Multiangle land use linked carbon balance examination in Nanjing City, China[J]. Land Use Policy,2019,84.

[5] Jin,X. B.,Zhou,Y. K.,Yang,X. H.,et al. Historical Farmland in China during 1661—1980 Reconstruction and Spatiotemporal Characteristics [M]. Switzerland, Gewerbestrasse: Springer International Publishing,2018.

[6] Lai,L.,Huang,X. J.,Yang,H.,et al.Carbon emissions from land-use change and management in China between 1990 and 2010[J]. Science Advances,2016,2(11).

[7] Liu, J., Jin, X. B., Xu, W. Y., et al. Spatial coupling differentiation and development zoning trade-off of land space utilization efficiency in eastern China[J]. Land Use Policy,2019,85.

[8] Liu, J., Jin, X. B., Xu, W. Y., et al. Influential factors and classification of cultivated land fragmentation, and implications for future land consolidation: a case study of Jiangsu Province in eastern China[J]. Land Use Policy,2019,88.

[9] Wu, S. H., Zhou, S. L., Li, X. G., et al. An approach to partition the anthropogenic and natural components of heavy metal accumulations in roadside agricultural soil[J]. Environmental Monitoring And Assessment,2011,173(14).

[10] Yang,X. H.,Jin,X. B.,Guo, B. B.,et al. Research on reconstructing spatial distribution of historical cropland over 300 years in traditional cultivated regions of China

[J]. Global & Planetary Change,2015,128.

[11] Yang,X. H.,Jin,X. B.,Xiang,X. M.,et al. Reconstructing the spatial pattern of historical forest land in China in the past 300 years[J]. Global & Planetary Change,2018,165.

[12] Yang,X. H.,Jin,X. B.,Xiang,X. M.,et al. Carbon emissions induced by farmland expansion in China during the past 300 Years[J].Science China:Earth Sciences,2018. published online,2018-11-21.

[13] Zhang,J.,Pu,L. J.,Peng,B. Z.,et al. The impact of urban land expansion on soil quality in rapidly urbanizing regions in China:Kunshan as a case study[J]. Environmental Geochemistry and Health,2011,33(2).

[14] Zhong,T. Y.,Zhang,X. Y.,Huang,X. J. Impact of labor transfer on agricultural land use conversion at rural household level based on logit model[J]. Chinese Geographical Science,2008,18(4).

[15] Zhong,T. Y.,Huang,X. J.,Zhang,X. Y.,et al. Temporal and spatial variability of agricultural land loss in relation to policy and accessibility in a low hilly region of southeast China[J]. Land Use Policy,2011,28.

[16] Zhong,T. Y.,Zhang,X. Y.,Huang,X. J. Simulation of farmer decision on land use converstions using decision tree method in Jiangsu Province, China[J]. Spanish Journal of Agricultural Research,2009,7(3).

[17] 阿依吐尔逊·沙木西,金晓斌,王千,等.生态系统服务价值核算在土地利用规划上的应用——以新疆库尔勒市为例[J].新疆农业科学,2011(10).

[18] 曹雪,金晓斌,王金朔,等. 近300年中国耕地数据集重建与耕地变化分析[J].地理学报,2014,69(7).

[19] 曹雪,金晓斌,周寅康.清代耕地数据恢复重建方法与实证研究[J].地理学报,2013,68(2).

[20] 陈浮,陈刚,包浩生,等.城市边缘区土地利用变化及人文驱动力机制研究[J].自然资源学报,2001(3).

[21] 陈志刚.农地产权结构与农业绩效[M].北京:中国大地出版社,2006.

[22] 陈志刚,曲福田,黄贤金.转型期中国农地最适所有权安排:一个制度经济分析框架[J].管理世界,2007(7).

[23] 揣小伟,黄贤金,赖力,等.基于GIS的土壤有机碳储量核算及其对土地利用变

化的响应.农业工程学报,2011(9).

[24] 范业婷,金晓斌,项晓敏,等.江苏省土地利用功能变化及其空间格局特征[J].地理研究,2019,38(2).

[25] 国土资源部.国家土地督察制度实施五周年绩效评估报告发布[EB/OL]. http://www.gov.cn.8080/govweb/gzdt/2011-11/25/content_2003373.htm.

[26] 黄贤金,陈志刚,钟太洋.土地经济学[M].北京:科学出版社,2009.

[27] 黄贤金,濮励杰,彭补拙,等.城市土地利用变化及其响应:模型构建与实证研究[M].北京:科学出版社,2008.

[28] 黄贤金,于术桐,马其芳,等.区域土地利用变化的物质代谢响应初步研究[J].自然资源学报,2006(1).

[29] 贾冰,李升峰,贾克敬,等.中国土地利用规划环境影响评价研究评述[J].中国土地科学,2009(5).

[30] 蒋宇超,金晓斌,覃丽君,等.近六百年来苏沪地区城市建成区扩展过程与特征分析[J].城市规划,2019,43(12).

[31] 金晓斌,张鸿辉,王慎敏,等.基于行为主体决策机制的土地利用规划方法初探[J].中国农学通报,2008(2).

[32] 孔宇,甄峰,李兆中,等.智能技术辅助的市(县)国土空间规划编制研究[J].自然资源学报,2019,34(10).

[33] 赖力,黄贤金,张晓玲.土地利用规划的战略环境影响评价[J].中国土地科学,2003(6).

[34] 林忆南,金晓斌,杨绪红,等.近两百年江苏省城乡建设用地数量估算与空间重建[J].地理学报,2017,72(3).

[35] 龙瀛,金晓斌,李苗裔,等.利用约束性CA重建历史时期耕地空间格局——以江苏省为例[J].地理研究,2014,33(12).

[36] 罗小龙,陆建城."十四五"时期发展新趋势与国土空间规划应对[J].城市规划,2019,43(10).

[37] 蒙海花.气候变化与土地利用变化的岩溶水文水资源响应[D].南京:南京大学,2011.

[38] 孟爱云,濮励杰,赵翠薇.土地利用规划生态环境影响区域差异研究[J].环境科学研究,2006(4).

[39] 南京大学城市与资源学系.南京大学地理学系建系八十周年纪念[Z].2002.

[40] 潘倩,金晓斌,杨绪红,等.清代中期建设用地数据恢复与空间网格化重建:方法与实证[J].地理研究,2015,34(12).

[41] 潘倩,金晓斌,周寅康.近300年来中国人口变化及时空分布格局[J].地理研究,2013,32(7).

[42] 潘倩,金晓斌,周寅康.清代中期江苏省土地利用格局网格化重建[J].地理学报,2015,70(9).

[43] 濮励杰,黄贤金,周寅康,等.城市土地供应与房地产市场运行研究[M].北京:科学出版社,2008.

[44] 秦萧,甄峰,李亚奇,等.国土空间规划大数据应用方法框架探讨[J].自然资源学报,2019,34(10).

[45] 覃丽君,金晓斌,蒋宇超,等.近六百年来长三角地区城镇空间与城镇体系格局演变分析[J].地理研究,2019,38(5).

[46] 谭丹,黄贤金,陈志刚,等.中国土地市场化程度及其影响因素分析[J].城市问题,2008(1).

[47] 涂小松,濮励杰,吴骏,等.基于SLEUTH模型的无锡市区土地利用变化情景模拟[J].长江流域资源与环境,2008(6).

[48] 王金朔,曹雪,金晓斌,等.1644—1949年中国粮食生产与运输格局变迁初探[J].资源科学,2014,36(11).

[49] 王金朔,金晓斌,曹雪,等.清代北方农牧交错带农耕北界的变迁[J].干旱区资源与环境,2015,29(3).

[50] 王青,陈志刚,陈逸,等.土地市场运行对经济增长的影响:作用机理与实证评价[J].资源科学,2008(10).

[51] 王温鑫,金晓斌,赵庆利,等.农用地整治建后管护体系解析与模式选取[J].中国土地科学,2018,32(4).

[52] 吴未,黄贤金.土地利用规划中公众利益的价值取向[J].中国土地科学,2005(1).

[53] 肖思思.江苏省环太湖地区国土资源承载力及其优化调控措施研究[D].南京:南京大学,2008.

[54] 杨绪红,金晓斌,林忆南,等.中国历史时期土地覆被数据集地理空间重建进展评述[J].地理科学进展,2016,35(2).

[55] 杨绪红,金晓斌,刘晶,等.土地利用碳排放核算系统设计与实现[J].测绘通

报,2019(4).

[56] 杨绪红,金晓斌,项晓敏,等.近300年中国耕地开垦导致的碳排放估算[J].中国科学:地球科学,2019,49(3).

[57] 杨绪红,金晓斌,周寅康.近300年中国农林地空间格局重建及其碳核算[M].南京:南京大学出版社,2019.

[58] 余婷,柯长青.基于CLUES模型的南京市土地利用变化模拟[J].测绘科学,2010(1).

[59] 翟文侠,黄贤金.我国耕地保护政策运行效果分析[J].中国土地科学,2003(2).

[60] 张红富,周生路,吴绍华,等.省域尺度耕地产能空间分异规律及其影响因子[J].农业工程学报,2010(8).

[61] 张京祥,夏天慈.治理现代化目标下国家空间规划体系的变迁与重构[J].自然资源学报,2019,34(10).

[62] 甄峰,张姗琪,秦萧,等.从信息化赋能到综合赋能:智慧国土空间规划思路探索[J].自然资源学报,2019,34(10).

[63] 周生路,李如海,王黎明,等.江苏省农用地资源分等研究[M].南京:东南大学出版社,2004.

[64] 周生路,李如海,吴绍华,等.经济发展与农用地重金属时空变化研究[M].北京:中国大地出版社,2011.

[65] 周寅康,濮励杰,黄贤金,等.城市土地市场:发展与预警[M].北京:科学出版社,2008.

第十六章 社会地理

沈丽珍[1,3]，甄峰[1,3]，黄贤金[2,3]

(1. 南京大学建筑与城市规划学院；
2. 南京大学地理与海洋科学学院；
3. 南京大学人文地理研究中心)

社会地理学(Social Geography)是研究人类集团和人类社会存在的各种基本机能的空间组织形态和空间形成过程的科学。社会地理学是人文地理学的重要组成部分，但在人文地理学诸分支学科中，其起步较晚。我国社会地理学自20世纪60年代初开始发展，逐渐成为人文地理学中的一门新兴学科。但直到20世纪90年代，才随着人文地理学的逐渐恢复而受到关注。沈道齐、崔功豪指出："特别是进入90年代以后，社会转型加快，社会问题愈加突出地显示出来，人文地理学者在加强对现实问题的研究中意识到需要开拓新的领域。于是发展出社会地理学，建立中国社会地理学的理论框架与内容体系被提到议事日程上来，并出现了较快的发展势头。"

南京大学对社会地理学的研究起步较早，并在20世纪90年代快速发展起来，成为引领社会地理学发展的重要研究力量。其主要研究领域包括流动人口、女性地理、城市空间、社会空间分异、城市管治、乡村城市化、乡村土地利用以及信息社会地理学等，并从理论研究到实证研究等多方面支撑着我国社会地理学的发展。

一、南京大学对社会地理学性质与内容的研究

20世纪四五十年代，我国社会地理学尚处于萌芽状态，未有明确的社会地理学分支学科，只是散见于各种人文地理学论著中，如由南京大学任美锷、李旭旦合译的法国人文地理学家白吕纳的《人地学原理》中提出：人地学基本事实中涉及大量的社会地理学的内容，如生活必需品地理(满足衣、食、住等基本需求的地理事实)、生活地理(人类的集居、市场交易及生活问题等)。其后，刘恩兰提出

了"聚落社会"这一概念,研究中不仅探讨聚落本身,还涉及聚落居民、文化、生活等方面。

当代中国社会地理学的发展仍是从学习西方地理学的研究起步的。李旭旦主持的《国外地理学科文献选译》首先介绍了西方社会地理学研究历史及其主要内容。有的地理学者通过对战后社会地理学的若干成果进行总结,认为早期的社会地理学研究涉及社会的各个方面,包括人口地理、聚落地理、文化地理等多方面的内容。随着这些学科相继发展成为独立的学科,社会地理学研究主要集中到社会集团方面,更加关注各种社会问题,如犯罪、贫富不均等。在学习西方社会地理学研究的同时,结合中国的社会实际,一些地理学者试图建立起中国社会地理学的研究框架。如吴传钧的《人文地理研究》在论述中国社会地理学时,认为要研究社会活动的规律性,其中尤其要注重研究社会集团的空间活动。崔功豪结合学科发展状况,提出城市社会地理学要加强微观的、各类城市的典型调查和深层研究,着力探索中国城市发展规律。其后,城市社会地理学研究领域不断向纵深拓展,新技术在研究中获得了广泛应用。

顾朝林是我国较早开展社会地理学理论研究的学者,其于2002年出版的《城市社会学》中指出社会地理学是研究特定社会群体的空间形式及过程的科学,是探索构成社会关系、社会趋同、社会不平等、社会空间差异机理和构建社会空间作用的学科,尤其重视影响人们生活的福利问题以及导致社会和空间不平等乃至社会压迫的权力形式。

二、南京大学社会地理学的主要研究领域

南京大学开展的社会地理学的研究,主要研究领域包括人口、城市社会地理学、乡村社会地理学和社会问题的研究,其中,以城市社会地理学的研究成果最为突出。

1. 关于人口的研究

人口一直是社会地理学的研究热点之一,它主要是通过对人口现象的分析,找出人口分布的规律性,并从自然环境、社会经济和人口政策方面来探讨其原因。

(1) 人口分布规律的研究

吴友仁研究了我国城镇人口劳动构成,指出城镇总人口中各类人口的比例关系包括非农业人口与农业人口的比例,劳动人口(职工)占城镇总人口(非农业人口)的比重,以及各类劳动人口之间的比例关系。他认为城镇人口劳动构成的研究,就是根据城镇形成发展的客观规律,研究不同类型城镇各类人口的合理比例。其后庞海峰等通过收集中国所有设市城市完整的人口规模数据,揭示该阶段中国城市人口增长过程的总体特征、等级差异特征及空间差异特征。

(2) 人口统计与表达方法研究

庄林德提出统一城乡人口划分标准和城镇人口统计口径,并提出统一人口统计范围与对象的意见。马永立建立了人口地图的编制方法,提出人口地图的编制应针对不同地域的人口分布特征,确定相应的制图单元和表示方法,并拟定相应的人口资料搜集途径和方法。余洋、甄峰引入 Google Earth 软件研究城市人口密度,该思路与方法在缺乏基础资料时能够作为一种有效的分析手段。符海月、李满春等研究的人口数据格网化是目前人口空间分布研究的热点,通过剖析几种主要的人口数据格网化模型,指出模型研究的发展趋势。

(3) 流动人口的研究

顾朝林等通过北京、天津、南京、廊坊、唐山和昆山等大中城市流动人口问卷调查,首次对大中城市流动人口迁移和流动特征、从业结构、迁移原因与途径进行了系统的研究。研究指出,中国正在经历大规模的农村流动人口向城市迁移的过程。这之后,学者们展开对流动人口的多角度研究,包括北京流动人口聚落的形态结构、功能、演化特点和形成机制的研究,女性流动人口家庭类型及其形成要素,城市社区与流动人口聚落的生态关系及其调控。朱传耿利用流动人口统计数据,对中国流动人口的影响要素和空间分布进行了分析、研究,指出中国流动人口分布存在着突出的城乡"二元"结构、东中西"三带、五区"的空间格局。张敏以深圳市平湖镇为例,通过实地考察和典型调查,对大城市外围地区流动人口的结构及其城镇建设用地使用特征进行研究。

(4) 人口的社会构成研究

在人口的社会构成中,学者们主要研究了关于女性地理学的相关社会问题。黄春晓等从女性主义的空间概念出发,分析了现在的城市规划理念与建设方法上存在的问题,阐明女性主义重要的实践价值和澄清女性主义的空间平等观念,基于性别制度分析中国城市结构的历史演变。之后南京大学开展了女性主义视角的宏观与微观研究,如基于女性视角的中国居住空间历史变迁的研究,基于女性主义的城市住房与住区问题,城市生活需求的性别差异研究与规划研究。

2. 城市社会地理学研究

70年代中后期城市地理学的兴起及80年代的旺盛发展为中国城市社会地理学奠定了学科基础,其研究领域逐渐拓展,研究技术和手段日益更新。随着改革开放的深化,我国城市社会问题初显端倪,南京大学许多地理学者紧紧把握住城市地理学科发展契机,重点对城市空间结构、社会空间分异、社区、城市管治等领域展开研究,从理论到实践为城市社会发展提供理论与技术支持。

(1) 城市空间的研究

在对西方城市空间理论充分借鉴吸收的基础上,南京大学对城市空间领域的研究达到了较高水平,较有代表性的研究成果包括崔功豪等的《中国城市边缘区空间结构特征及发展》,顾朝林的《集聚与扩散——城市空间结构新论》,张京祥的《城镇群体空间组合研究》和《体制转型与中国城市空间重构》;在实证研究方面,顾朝林、甄峰、陈修颖分别研究了长江三角洲、广东省、福建省的城镇空间;在制度建设方面,张京祥、吴缚龙等分析了转型期中国城市空间重构,建立一种空间演化的制度分析框架,罗震东提出中国都市区发展的多中心治理。这些研究覆盖面广、多学科交叉性强,从内部结构到外部形态,从宏观结构到微观形态,从城市实体到区域群体,从经济空间到生态空间,从空间发展到经济、人文发展等都有一定深度的阐述和研究,并从宏观上总结了中国城市空间结构特征和演变的规律。

(2) 社会空间分异的研究

社会空间分异是指城市社会要素在空间上明显的不均衡分布现象,其主要表现在居住空间分异、城市社会空间极化和移民社区三个方面。吴启焰等通过住宅市场空间分异研究体系的建立,认为城市居住空间分异是社会阶(层)级分化结果通过市场宏观控制、个体择居行为心理的局部调整而实现的空间化过程,指出居住空间分异机制可以从对住房市场空间分化及个体择居行为机制两个方面来理解。陈浮等展开了城市边缘区景观变化与人为影响的空间分异研究。

在社会空间分异实证研究方面,顾朝林分析了北京等城市的社会空间结构、社会极化与空间分异展开研究。朱喜钢等总结南京市主城区的居住空间分异模式,研究发现不同时段南京城市社会空间结构的主因子、类型以及空间分布等方面均存在较大差异,指出城市居住空间的地域分异是城市社会分化最直接的体现。

(3) 社区研究

社区是人们日常行为生活的基本单元,对其的研究可以促进地理学研究的社会化,也可以作为地理学研究社会的切入点。南京大学对社区的研究处于起步阶段,学者们主要对社区规划和社区公正配置展开了多角度的研究,如:顾朝林指出传统社区的研究领域受到空间作用、性别关系等社会科学发展重点转移的挑战,尤其将研究重点转向性别、残疾人和老龄人方面,城市社会空间不平等成为研究的重点。社区研究较多是通过实证区域研究寻求社区特征、机制与演变规律等,包括顾朝林等利用 1998 年北京街道一级调查数据进行城市社区分析,发现城市土地市场和住房市场建立已经对城市的社会空间结构产生重要影响;张京祥通过中西方城市比较研究,阐述了中国城市居住社区的类型、内质及演变方向;吴骏莲认为受住房状况、文化与职业状况、家庭状况和外来人口状况的影响,南昌城市社会区的空间分布形成一种同心圆和扇形的复合结构;徐昉等利用城市因子生态分析手段,得出南京城市社会区空间分布呈现明显的"三圈层"结构。

(4) 城市管治

城市管治是当今国际城市研究的重点课题,它是指城市政府向市民社会主体和机构赋予权力的过程。南京大学是国内较早深入开展城市管治的研究机构,其最有代表性的著作有:顾朝林等的《城市管治:概念、理论、方法、实证》结合城市管治的理论问题、研究方法和中国城市管治的内在机制进行研究;罗小龙的《长江三角洲的城市合作与管治》以城市间合作与管治为研究主线,系统探讨了长江三角洲地区的城市合作与管治问题。

城市管治实质上是在复杂的环境中,政府与其他组织和市民社会共同参与管理城市的方式。顾朝林结合南京市最近的行政区划调整,通过城市政府机构安排和效率分析,对南京城市行政区重构与城市管治进行研究。罗震东等指出目前中国城市管治主要以福利模式和支持增长模式为主,相应机制尚未完善且相互之间缺乏有机协调的结合,中国城市管治应进一步完善运作管理模式和社团模式,同时加强多种管治模式的交互与整合。张京祥等通过 2000 年以来长江三角洲地区发生的大规模的行政区兼并运动,评估了其影响,指出长江三角洲的行政区兼并将会推动该地区的行政体制改革,以及这一地区正在走向区域管治的态势。

(5) 社会问题研究

在全球化和城市化的社会发展背景下,社会极化和城乡区域发展的不平衡性日益突出。犯罪、贫困、公平、就业等社会问题受到关注。南京大学的研究主要关注城市贫困问题。刘玉亭等从城市贫困的界定、城市贫困的特征、城市贫困产生的原因、城市贫困的解决措施等方面,论述了当前我国城市贫困问题的研究现状。陈果对南京市城市贫困阶层进行了空间分析,并探讨了产生这一格局的原因和机制。

3. 乡村社会地理学研究

乡村社会地理是针对乡村发展过程中的社会现象,从地理学的视角进行研究,以乡村社会变迁为主线,探讨社会现象对乡村各主题空间分布及分异规律的影响。南京大学主要开展了乡村经济、乡村城市化、乡村聚落、乡村土地利用、乡村社会空间重构等方面的研究。

(1) 乡村经济

乡村地理学对乡村经济发展的研究还表现在对非农产业如工业化、农村产业结构、乡镇企业发展的研究。宋家泰开展江苏淮阴专区的农业区划工作,目的在于解决调查地区的农业生产合理布局问题。曾尊固分析我国农业现代化过程引起的农业结构变化,提出发展农业地理学的若干思考,并分析不同尺度的实证地区的乡村经济展开研究,通过对江苏省海安县的分析,归纳较发达地区农业产业化地域模式;研究江苏省的乡村经济类型划分;研究珠江三角洲农业结构变化与空间转移。研究指出,可持续农业与农村发展(SARD)在不同地区不同发展阶段表现出不同的特征,其发展模式各具特色。

(2) 乡村城市化

20 世纪 80 年代中后期,沿海地区乡镇企业的发展带来小城镇的繁荣发展,同时给乡村的发展带来一定的负面影响,迫切需要理论上的指导和制度上的规范。前期研究主要是就某个区域进行实证研究,内容包括乡村城市化的功能、特征、动力机制、存在的问题及对策分析。随着研究范围的拓展及研究资料的积累,崔功豪等开始对乡村城市化跨区域进行比较研究,对区域城镇化的空间差异规律进行探究,对我国城市化的总体特征进行归纳和总结。在乡村城市化成因方面,学界开始关注制度、社会资本等非物质要素在乡村城镇发展的作用,并且谋求合理的制度安排及创新。张敏通过"苏南模式"和"珠江模式"的研究,把具有特色的乡村城市化模式化。未来的研究重点是针对乡村城市化过程中逐渐出现的新现象、新问题,并仍然侧重于区域空间差异及内在形成机制的研究。

(3) 乡村聚落

乡村聚落的演化是乡村地理学的重要研究内容。张京祥等研究了乡村聚落体系演化理论、规划组织理论,提出了区域空间进程中的四个阶段:农业社会阶段、过渡性阶段、工业化阶段、技术工业和高消费阶段。研究了国际上对乡村聚落体系组织的战略方法,包括职能地域一体化战略、选择性空间封闭战略、乡村城市发展战略。

(4) 乡村土地利用

中国快速的工业化、城镇化进程已引发了一系列农村土地问题。钟太洋在理解农户土地利用决策机制的基础上,探讨了影响农户土地用途变更空间决策的影响因素;黄贤金认为在统筹城乡发展战略的引导下,农村要素与城市要素相互影响的市场平台正在发挥越来越重要的作用。农村土地改革对于城市发展的空间布局以及城市土地市场、社会稳定、人力资源供应等方面都将产生复杂且深远的影响。陈志刚解决当前农村土地问题的基本思路为:完善农村产权制度、深化征地制度改革、规范政府职能、培育土地市场体系和加强法律体系建设。

(5) 乡村社会空间重构

快速城市化背景下,乡村发展转型与空间重构相应加速。城乡关系的演进对乡村社会空间产生了多维影响。理解城乡社会空间重构的逻辑,有助于深化对乡村生产生活、组织治理等关系变革的认识,为乡村全面振兴提供更扎实的理论支撑。例如,陈培培和张敏基于行动者网络理论,分析了美丽乡村建设对乡村社会空间的影响,揭示了政府及政策的作用机制、市场机制的灵活性,及其背后潜在的利益争端和社会不公问题。王园等研究了拆迁农民安置区社会空间的重构,揭示了大规模被动城市化带来的社会影响。张敏等揭示了拆迁安置的农民如何重建社区和公共空间,甚至重建乡村生活。申明锐等从乡村治理的角度开展研究,探讨了一系列国家主导的项目在乡村振兴过程中的作用。

4. 信息社会的地理学研究

信息社会的地理学研究对象是与信息社会和信息本身相关的物质、现象。这个方向的研究在国内属于前沿学术研究领域。南京大学从20世纪90年代就开始关注信息技术影响下地理、城市、空间等方面发生的变化。早期研究以信息网络、通信(讯)网络等为主题词展开,近期以互联网、电子商务、信息通信技术、信息化、网络空间、移动信息等为主题词展开,反映了我国"信息社会的地理学"研究的阶段性。其中顾朝林、张捷、陈果、段学军等围绕数字城市、虚拟空间环境的研究技术性较强,且涉及对现实的空间、功能、产业等的影响,探讨我国实现"数字城市"的关键技术,诸如:虚拟现实技术、数字城市空间基础设施、多种GIS系统集成模型研究、3D-GIS、三维城市规划、城市仿真与虚拟现实技术、数字城市支持下的数字社区,等等。近年来,南京大学的甄峰、沈丽珍等展开了对城市网络信息空间的地理学研究,主要包括地理空间与网络空间的相互作用、空间结构与区域城市网络研究、城市空间与出行研究、流动空间的研究等。

三、南京大学在社会地理学方面承担的研究课题

进入21世纪之后,南京大学的社会地理学进入了快速发展阶段,除了进一步对流动人口、女性地理、城市空间结构、社会空间分异、城市社区等进行深入研究之外,开始着重关注城市管治、城市贫困、信息地理学、乡村土地利用等方面的研究,并承担了一些国家自然科学基金(表16-1)。

表16-1 2000年以来南京大学在社会地理学领域获得国家自然科学基金资助情况

年份	项目名称	关键词	项目主持人
2000	城市地理学	城市地理	顾朝林
	中国城镇密集地区城市与区域管治研究——以苏南地区为例	城市管治;区域管治;密集地区	张京祥
2001	新城市空间形成、演变及整合——城市空间重组理论研究	城市空间;重组	崔功豪
	中国城市女性社会空间研究——基于女性主义的视角	女性主义;社会空间	黄春晓
2002	西部生态脆弱区城市化过程及其机理研究	城市化;机理;生态脆弱	顾朝林
2003	信息化影响下的区域城市网络形成过程及机制研究:以长江三角洲为例	信息化;区域城市网络	甄 峰
	基于数据挖掘的城市化测度及其时空演进研究	城市化、测度、演进	徐建刚
2004	基于体制转型背景的中国城市空间结构演化研究——以长江三角洲地区为例	空间结构;体制转型;演化	张京祥
	城市地理学	城市地理	魏也华

续 表

年份	项目名称	关键词	项目主持人
2008	非农就业对土地利用变化的影响研究——基于农户层面的分析	非农就业；土地利用	钟太洋
2009	信息时代中国城市就业与居住空间变化研究	信息；就业；居住；空间	甄 峰
2009	多中心巨型城市区域的空间界定与演化研究——以长江三角洲为例	多中心巨型城市区域	罗震东
2009	区域农产品市场发展的农户土地利用变化相应研究：以长江三角洲典型村庄及农户问卷调查为例	农产品市场；土地利用	黄贤金
2010	基于竞争性区域主义的空间规划和区域建构研究：以长江三角洲地区为例	区域主义；空间规划；区域建构	罗小龙
2011	转型期中国城市空间再生产的效应、机制与治理研究	城市空间；再生产；转型	张京祥
2011	制度变迁视角下的扩权强镇及其地域空间效应研究——以长江三角洲地区为例	制度变迁；扩权强镇；空间效应	于 涛
2011	农业补贴政策的农户行为响应与土地利用变化研究——以江苏典型区域为例	农业补贴政策；行为响应；土地利用	陈志刚
2014	我国大城市消费空间的生产	消费空间；阶层化	张 敏
2019	社区、生活方式与主观幸福感研究	社区、幸福感	张 敏

四、发展建立中国式的社会地理学研究

南京大学社会地理学的发展紧跟国际社会地理学的研究热点,具有强烈的学科开拓与创新性,一直以来都是引领中国社会地理学,特别是城市社会地理学研究的重要研究力量。尽管已经在流动人口、女性地理学、城市空间、城市管治、信息地理学、乡村城市化、乡村聚落、乡村社会空间等方面取得了突出的成绩,但处于社会转型期的中国,仍旧迫切需要地理研究者对具有空间地域特征的社会现象进行分析和归纳,吸收国外社会地理学的理论和方法,结合中国的社会实际,逐步建立中国式的社会地理学,这是中国社会地理学发展的宏观背景。

参考文献：

[1] Zhang,M.,Wu,W.,Zhong,W.,et al.The reshaping of social relations: resettled rural residents in Zhenjiang, China[J]. Cities, 2016, 60.

[2] Zhang,M.,Wu,W.,Zhong,W.Agency and social construction of space under top-down planning: resettled rural residents in China[J]. Urban Studies,2018,55(7).

[3] [法]白吕纳.人地学原理[Z].任美锷,李旭旦,译.南京:钟山书局,1935.

[4] 陈浮,葛小平,陈刚,等.城市边缘区景观变化与人为影响的空间分异研究[J].地理科学,2001(3).

[5] 陈果,顾朝林.网络时代的城市空间特征及演变[J].城市规划汇刊,2000(1).

[6] 陈果,顾朝林,吴缚龙.南京城市贫困空间调查与分析[J].地理科学,2004(5).

[7] 陈璐.基于女性主义视角的城市住房与住区问题初探——以南京市为例[J].人文地理,2005(6).

[8] 陈培培,张敏.从美丽乡村到都市居民消费空间——行动者网络理论与大世凹村的社会空间重构[J].地理研究,2015,34(8).

[9] 陈志刚,曲福田,韩立,等.工业化、城镇化进程中的农村土地问题:特征、诱因与解决路径[J].经济体制改革,2010(5).

[10] 崔功豪.城市地理学[M].南京:江苏教育出版社,1992.

[11] 崔功豪,马润潮.中国自下而上城市化的发展及其机制[J].地理学报,1999(2).

[12] 崔功豪,武进.中国城市边缘区空间结构特征及其发展——以南京等城市为例[J].地理学报,1990(4).

[13] 段学军,顾朝林,于涛方."数字城市"的初步研究[J].地理学与国土研究,2001(2).

[14] 符海月,李满春,赵军,等.人口数据格网化模型研究进展综述[J].人文地理,2006(3).

[15] 顾朝林.集聚与扩散——城市空间结构新论[M].南京:东南大学出版社,2000.

[16] 顾朝林.城市社会学[M].南京:东南大学出版社,2002.

[17] 顾朝林.南京城市行政区重构与城市管治研究[J].城市规划,2002(9).

[18] 顾朝林.论构建和谐社会与发展社会地理学问题[J].人文地理,2007(3).

[19] 顾朝林,蔡建明,张伟,等.中国大中城市流动人口迁移规律研究[J].地理学报,1999(3).

[20] 顾朝林,段学军,于涛方,等.论"数字城市"关键技术及其实现[J].城市规划,2002(1).

[21] 顾朝林,[比利时]C.克斯特洛德.北京社会极化与空间分异研究[J].地理学报,1997(5).

[22] 顾朝林,李满春."数字城市"研究漫谈[J]. 城市规划汇刊,1999(5).

[23] 顾朝林,王法辉,刘贵利. 北京城市社会区分析[J]. 地理学报,2003(6).

[24] 顾朝林,徐海贤. 改革开放二十年来中国城市地理学研究进展[J]. 地理科学,1999(4).

[25] 顾朝林,姚鑫,沈建法,等. 城市管治:概念、理论、方法、实证[M]. 南京:东南大学出版社,2003.

[26] 胡毅,张京祥,徐逸伦. 基于女性主义视角的我国居住空间历史变迁研究[J]. 人文地理,2010(3).

[27] 黄春晓,顾朝林. 基于女性主义的空间透视——一种新的规划理念[J]. 城市规划,2003(6).

[28] 黄春晓,顾朝林. 基于性别制度的中国城市结构的历史演变[J]. 人文地理,2009(2).

[29] 黄贤金. 农村土地改革对城市发展的影响[J]. 现代城市研究,2009(1).

[30] 黄瑛,龙国英. 乡镇撤并是乡村城镇化的必由之路[J]. 江西社会科学,2002(2).

[31] 李旭旦. 国外地理科学文献选译(人文地理词汇专号)下[G]. 南京师范学院地理系,1984.

[32] 刘恩兰. 川西之高山聚落[J]. 地理学报,1948(Z1).

[33] 刘贵利,顾朝林. 城市社区与流动人口聚落的生态关系及其调控——以北京市为例[J]. 人文地理,2000(2).

[34] 刘海泳,顾朝林. 北京流动人口聚落的形态、结构与功能[J]. 地理科学,1999(6).

[35] 刘玉亭,何深静,顾朝林. 国内城市贫困问题研究[J]. 城市问题,2002(5).

[36] 刘玉亭,何深静,顾朝林,等. 国外城市贫困问题研究[J]. 现代城市研究,2003(1).

[37] 罗小龙. 长江三角洲的城市合作与管治[M]. 北京:商务印书馆,2010.

[38] 罗震东. 中国都市区发展:从分权化到多中心治理[M]. 北京:中国建筑工业出版社,2007.

[39] 罗震东,张京祥,罗小龙. 试论城市管治的模式及其在中国的应用[J]. 人文地理,2002(3).

[40] 马永立. 人口地图编制方法新探[J]. 地理科学,1997(4).

[41] 庞海峰,樊烨,丁睿. 中国城市人口增长过程及差异研究[J]. 地理与地理信息

科学,2006(2).

[42] 沈道齐,崔功豪.中国城市地理学近期进展[J].地理学报,1990(2).

[43] 沈丽珍.流动空间[M].南京:东南大学出版社,2010.

[44] 沈丽珍,顾朝林.区域流动空间整合与全球城市网络构建[J].地理科学,2009(6).

[45] 宋国臣,顾朝林.北京女性流动人口的家庭类型及其形成因素[J].人文地理,1999(2).

[46] 宋家泰,张同铸,苏永煊,等.江苏省淮阴专区农业区划[J].地理学报,1959(2).

[47] 宋伟轩,吴启焰,朱喜钢.新时期南京居住空间分异研究[J].地理学报,2010(6).

[48] 王园,张敏,罗佳丽.拆迁农民安置区社会空间的重构——以镇江市平昌新城为例[J].城市问题,2017(10).

[49] 吴传钧.人文地理研究[M].南京:江苏教育出版社,1989.

[50] 吴骏莲,顾朝林,黄瑛,等.南昌城市社会区研究——基于第五次人口普查数据的分析[J].地理研究,2005(4).

[51] 吴启焰,张京祥,朱喜钢,等.现代中国城市居住空间分异机制的理论研究[J].人文地理,2002(3).

[52] 吴友仁.关于我国城镇人口劳动构成的初步研究[J].地理学报,1981(2).

[53] 徐昀,汪珠,朱喜钢,等.南京城市社会区空间结构——基于第五次人口普查数据的因子生态分析[J].地理研究,2009(2).

[54] 徐昀,朱喜钢.近代南京城市社会空间结构变迁——基于1929、1947年南京城市人口数据的分析[J].人文地理,2008(6).

[55] 徐海贤,庄林德.苏南地区乡村城市化制约因素、动力机制与对策[J].安徽师范大学学报(自然科学版),2001(1).

[56] 余洋,甄峰.基于Google Earth的城市人口密度研究——以广东清远为例[J].热带地理,2009,29(6).

[57] 袁雯,朱喜钢,马国强.南京居住空间分异的特征与模式研究——基于南京主城拆迁改造的透视[J].人文地理,2010(2).

[58] 曾尊固,陆诚.江苏省乡村经济类型的初步分析[J].地理研究,1989(3).

[59] 曾尊固,谢杰,燕云.珠江三角洲农业结构变化与空间转移[J].南京大学学报

(自然科学版),1998(6).

[60] 曾尊固,熊宁,沈思保. 较发达地区农业产业化地域模式研究——以江苏省海安县为例[J]. 地理研究,2000(2).

[61] 曾尊固,熊先根. 论农业结构变化及其地理学研究[J]. 地理学报,1994(1).

[62] 张捷,顾朝林,都金康,等. 计算机网络信息空间(Cyberspace)的人文地理学研究进展与展望[J]. 地理科学,2000(4).

[63] 张京祥. 国外城市居住社区的理论与实践评述[J]. 国外城市规划,1998(2).

[64] 张京祥. 城镇群体空间组合研究[M]. 南京:东南大学出版社,2000.

[65] 张京祥,吴缚龙. 从行政区兼并到区域管治——长江三角洲的实证与思考[J]. 城市规划,2004(5).

[66] 张京祥,吴缚龙,马润潮. 体制转型与中国城市空间重构——建立一种空间演化的制度分析框架[J]. 城市规划,2008(6).

[67] 张京祥,张小林,张伟. 试论乡村聚落体系的规划组织[J]. 人文地理,2002(1).

[68] 张敏. 大城市外围地区流动人口结构及其城镇建设用地使用特征研究——以深圳市平湖镇为例[J]. 人文地理,2002(6).

[69] 张敏,顾朝林. 农村城市化:"苏南模式"与"珠江模式"比较研究[J]. 经济地理,2002(4).

[70] 甄峰. 信息时代的区域空间结构[M]. 北京:商务印书馆,2004.

[71] 甄峰,曹小曙,姚亦锋. 信息时代区域空间结构构成要素分析[J]. 人文地理,2004(5).

[72] 甄峰,顾朝林. 广东省区域空间结构及其调控研究[J]. 人文地理,2000(4).

[73] 甄峰,刘晓霞,刘慧. 信息技术影响下的区域城市网络:城市研究的新方向[J]. 人文地理,2007(2).

[74] 甄峰,魏宗财,杨山,等. 信息技术对城市居民出行特征的影响——以南京为例[J]. 地理研究,2009(5).

[75] 甄峰,张敏,刘贤腾. 全球化、信息化对长江三角洲空间结构的影响[J]. 经济地理,2004(6).

[76] 郑弘毅. 农村城市化研究[M]. 南京:南京大学出版社,1998.

[77] 郑泽爽,甄峰. 银川城市生活需求的性别差异及规划建议——基于女性主义视角的研究[J]. 人文地理,2010(4).

[78] 钟太洋,黄贤金. 农户土地用途变更空间决策行为分析——以江苏省常熟市、

如东县和铜山县为例[J].地域研究与开发,2010(1).

[79] 朱传耿,顾朝林,马荣华,等.中国流动人口的影响要素与空间分布[J].地理学报,2001(5).

[80] 庄林德.关于我国城乡人口划分和城镇人口统计方面的问题与建议[J].人口与经济,1988(6).

第十七章 文化地理

张敏[1,3], 张捷[2,3], 姚磊[1]

（1. 南京大学建筑与城市规划学院；
2. 南京大学地理与海洋科学学院；
3. 南京大学人文地理研究中心）

引言

20世纪80年代，随着我国人文地理学的全面复兴，文化地理学作为其重要分支，开始得到学术界的关注。1985年钱今昔教授在《人文地理学论丛》一书中发表了《文化地理学与现代化建设》一文，介绍了国外文化地理学研究的主要内容，并对我国文化地理学发展作了展望。此后，我国学者一方面介绍国外文化地理学的理论、方法和研究进展，另一方面开始对中国文化地理开展深入研究。王恩涌教授的《文化地理学导论》(1989)是我国第一部较为全面的理论著作，界定了文化地理学是"研究世界各地文化在空间上的分布，以及各种文化的差异和变化与地理环境之间的关系和表现"，指出文化地理学研究的主要课题包括文化区、文化扩散、文化生态学、文化综合作用与文化景观五个方面。进入21世纪之后，中国文化地理学进入快速发展阶段，除了进一步对文化景观、地域文化、文化扩散等进行深入研究之外，开始着重关注城市地域，并呈现出新文化地理的转向，这一趋势可以从国家自然科学基金资助情况看出（表17-1）。

南京大学文化地理学在21世纪之后快速发展起来，涌现出一批研究成果。研究的内容涉及地域文化、文化景观、文化区、文化现象的传播与扩散等中国文化地理学基本研究领域。受国家自然科学基金资助（批准号：40501024），张敏等在国内较早运用新文化地理学理论与视角，开展城市文化空间的研究。最近，有关空间的文化研究，如空间的符号与表征（张捷、都金康等，2002；申峻霞、张敏，2012）、地方与认同（唐文跃，2007；唐文跃、张捷等，2007；唐文跃、张捷等，2008）、空间的生产（张京祥、邓化媛，2009；张捷，2009）等成为新的研究趋向。关注文化地理研究与社会、经济的交叉,如有关女性主义的研究(刘合林、沈清,2008;黄春晓、顾朝林,2010;胡毅,2010;郑泽爽、甄峰,2010)、城市文化经济复合空间的研究(张敏、白夜,2008;刘学、张敏,2007)。此外,文化地理学的应用研究不断拓展,如旅游研究与规划(张捷,1997;唐文跃,2007;陈蕴真,2007)、城市文化保护与文化发展(苏勤、林炳耀,2003;唐文跃等,2008)、文化产业研究与规划(张捷,2006;刘学,2008)等。

表17-1 2000年以来中国文化地理学领域获得国家自然科学基金资助情况

年份	项目名称	关键词	承担单位	项目主持人
2001	中国南方传统聚落景观的区域比较研究	传统聚落;景观	衡阳师范学院	刘沛林
2002	粤港澳区域文化综合体结构、文化扩散和整合研究	区域文化综合体;文化扩散;整合	中山大学	司徒尚纪
2002	文化产业空间研究:新文化地理学与深圳、广州的案例	文化产业;新文化地理学	深圳大学	李蕾蕾
2002	王朗自然保护区外围白马人村落文化景观的地理学研究	村落;文化景观	南京地理所	顾人和
2003	海岛型区域文化的形成及发展研究——以海南岛为例	区域文化	中山大学	朱竑
2003	北京城市文化空间与实体空间整合研究	城市;文化空间	北京师范大学	周尚意
2003	社会文化环境差异对上海地区中德企业网络构建的影响	社会文化环境;企业网络	华东师范大学	曾刚
2005	基于新文化地理学的城市文化空间研究:以南京为例	新文化地理学;城市;文化空间	南京大学	张敏
2006	民族文化的旅游展演与重构研究——以云南西双版纳傣族文化为例	民族文化;旅游展演	云南师范大学	陈亚颦
2007	文化全球化背景下城市文化发展演进的地理学解读——以广州为例	文化全球化;城市文化	中山大学	朱竑
2007	中国传统聚落景观群系及其景观基因图谱研究	传统聚落;景观	衡阳师范学院	刘沛林

续　表

年份	项目名称	关键词	承担单位	项目主持人
2008	中国城镇书法景观的地理分异及地方感过程的案例研究	书法景观;地方感	南京大学	张　捷
	北京社会文化空间演替的结构主义研究	社会文化空间;结构主义	北京师范大学	周尚意
	全球化背景下闽台区域文化演化与文化认同空间的地理学解读	区域文化;文化认同	福建师范大学	王　彬
	旅游对云南世居少数民族地区社会文化影响研究——基于女性地理学视角	旅游;民族地区;社会文化;女性地理	西南林业大学	唐雪琼
2009	燕赵非物质文化空间景观格局图谱与演化驱动机制	非物质文化空间;景观	河北师范大学	张军海
	移民的宗教文化扩散、适应及认同——基于入滇回族的宗教地理研究	移民;宗教文化;认同	西南林业大学	薛熙明
	城市化过程中社区居民地方依恋特征、影响及空间效应研究	地方依恋	江西财经大学	唐文跃
	城市发展与文化生态多样性的时空互动机理研究	城市;文化生态	北京交通大学	高红岩
2010	云南南部跨境文化廊道的旅游空间组织与开发模式研究	文化廊道;旅游	云南大学	陶　犁
	民族认同感在地方生产与再生产过程中的变化研究——以西双版纳傣族为例	认同感;地方生产	云南师范大学	陈亚颦
2011	转型时期中国城市新移民的地方感与文化身份认同研究——以珠三角为例	转型;城市新移民;地方感;认同	华南师范大学	朱　竑
	城市化过程中城市象征空间特征、演变及地方建构研究——基于建成环境符号景观的视角	城市;象征空间;符号景观	江西财经大学	唐文跃

续　表

年份	项目名称	关键词	承担单位	项目主持人
2011	全球化背景下城市怀旧空间演变的研究:记忆、想象与地方认同——以广州、佛山为例	全球化;城市;怀旧空间;地方认同	佛山科学技术学院	李　凡
	全球化与社会转型期的民族认同:地理空间下的仡佬族案例研究	全球化;社会转型;民族认同	贵州师范大学	杜芳娟
	地方感的社会构建——以深港两地社区的频繁跨境者为例	地方感	中山大学	Werner Breitung
2012	北京不同区域地方性的刻画及形成机制研究	文化区;地方;文化表征;质性研究	北京师范大学	周尚意
	中国历史文化名村名镇景观的个性化保护与GIS管理	历史聚落;文化景观;地方;旅游经济;地理信息系统	衡阳师范学院	刘沛林
	城市新文化空间的建构与消费研究	社会空间;社区;社会隔离;融合;行为分析模型	中山大学	林　耿
	开发区建设与地方文化空间的重构——基于上海、长沙典型开发区的调研	地方;文化景观;文化认同;文化变迁;开发区	华东师范大学	孔　翔
	文化地理学视域下集镇文化生态的价值功能研究——以陕西关中历史文化名镇为例	文化地理学;集镇;集镇文化生态;价值功能	西北农林科技大学	崔彩贤
	跨境民族的流动性、空间生产与文化建构——云南世居民族案例	跨境民族;社会文化流动;空间生产;社会关系;文化认同	西南林业大学	唐雪琼
	基于文化关联的旅游与贸易互动机理及路径研究——以宁夏与阿拉伯国家为例	旅游;贸易;互动机理;路径;文化关联	宁夏大学	赵多平

续　表

年份	项目名称	关键词	承担单位	项目主持人
2013	我国大城市消费空间的生产：阶层化与日常生活整体性框架下的文化政治研究	消费地理；空间性；权力；文化认同；社会性	南京大学	张　敏
2013	快时尚品牌跨地方升级的文化地理过程：基于入境国际品牌的案例研究	文化扩散/传播；地方；文化认同	华南师范大学	刘　博
2014	广州归侨聚居区的边界建构及其演进研究：基于新文化地理学的探索	边界；新文化地理；城市形态；城市社区；文化空间生产	华南师范大学	王　敏
2014	基于社会资本地域差异的城市文化适应研究	新生代农民工；社会资本；地域差异；文化适应	北京师范大学	朱　青
2015	自然声景观的资源分类体系、地理空间结构及评价模型研究	自然声景观；旅游资源评价；资源结构；空间分异；资源利用	南京大学	张　捷
2015	原产地效应、在地环境与跨地方饮食品牌升级的文化地理机制	饮食；地方；文化扩散/传播	中山大学	曾国军
2015	文化生态保护区空间结构与演变机制研究	传统文化；非物质文化遗产；文化生态保护区；文化生态地域系统；过程机理	中国城市规划设计研究院	周建明
2015	全球化背景下中国城市跨国穆斯林社区的空间实践与文化政治	宗教地理；地方；文化全球化；文化空间；文化冲突	华南师范大学	李　鹏
2015	淘宝村的地方形成及对乡村文化空间的影响研究	地方；地方性；文化空间；淘宝村	北京师范大学	戴俊骋
2015	中国非物质文化遗产海外传播路径、影响强度和机制研究：以皮影在欧盟地区的传播为例	文化扩散/传播；文化遗产；文化多样性；空间性；地理信息系统	中国城市规划设计研究院	刘　畅

续 表

年份	项目名称	关键词	承担单位	项目主持人
2016	新型城镇化背景下乡村旅游地的文化恢复与重构模式研究	旅游地；乡村文化；社区恢复力；文化恢复模型；文化重构模式	南京师范大学	黄震方
	旅游者符号实践的空间模式及其形成机制研究——以世界遗产杭州西湖文化景观为例	旅游行为；旅游体验；文化表征；空间分析模型；旅游者符号实践	杭州师范大学	陈 岗
	传统村镇文化景观保护性补偿机理及途径构建	文化景观；传统村镇；保护；补偿；湘西	湖南师范大学	刘春腊
	语言景观视角下多元文化旅游目的地地方性建构研究	地方；地方性；旅游地；地方性建构	广东外语外贸大学	张蔼恒
2017	文化地理学规范研究范式探究	质性研究；文化空间；地方；地方感；地方性	北京师范大学	周尚意
	线性文化遗产旅游空间生产的过程、效应与机制研究——以京杭大运河江浙段为例	线性文化遗产；旅游空间生产；过程分析；效应评价；调控机制	扬州大学	侯 兵
	旅游场中的仪式：地方性视角下的西藏民族文化旅游体验研究	地方性；旅游体验；文化表征；旅游动机；西藏	东北财经大学	谢彦君
	长白山地区地名文化景观分布特征与演化研究	长白山地区；文化景观；地名；文化地理学；演化	延边大学	金石柱
2018	社区、生活方式与主观幸福感研究：基于日常生活整体性视角		南京大学	张 敏
	跨境流动背景下族裔社区的多元文化与地方协商研究：以粤港澳地区为例		华南师范大学	王 敏

续　表

年份	项目名称	关键词	承担单位	项目主持人
2018	传统聚落文化景观基因传承的空间特征及其机制研究——以侗族村寨为例		衡阳师范学院	杨立国
	本土技术创新的文化机制和空间过程:文化经济地理学的视角		香港大学深圳研究院	钱俊希
	文化旅游区地方意义的尺度效应研究——以西安曲江与深圳华侨城的移民群体为例		陕西师范大学	胡宪洋
	表征与非表征视角下历史文化街区文化综合保护研究——以北京不同功能类典型街区为例		北京联合大学	成志芬
2019	旅游驱动下中国绘画文化产业的地理特征、空间格局及演化机制研究		南京大学	张　捷
	返乡群体日常消费中的身份协商与地方认同建构:基于新文化地理学的视角		广东金融学院	刘　博
	沅澧流域旅游古城镇社会文化空间重构:模式、机理与效应研究		湖南文理学院	王亚力
	黄河流域散杂居回族社区跨文化空间实践及地方意义表征		河南大学	艾少伟
	近百年来不同时代吐鲁番坎儿井与灌区聚落关系的文化地理研究		新疆大学	徐华君
	汉唐时期环塔里木盆地文化地理研究		华南师范大学	张　弛
	跨国移民饮食适应的文化地理机制:基于广州的案例		中山大学	钟淑如
	感知识别视角下文化线路的地方建构与移动——以藏羌彝民族走廊为例		西南民族大学	黄　文

资料来源:国家自然科学基金委网站,http://isisn.nsfc.gov.cn/egrantweb/

一、南京大学文化地理学研究的基本领域

王恩涌教授概括文化区、文化扩散、文化生态学、文化综合作用与文化景观应成为中国人文地理学研究的五个基本领域(王恩涌,1989)。南京大学的研究主要集中在文化景观、地域文化与文化的空间过程等方面。

1. 文化景观的属性研究

有关文化景观的研究包括文化景观与自然景观的知觉比较实证(张捷,1997),以地理格局为基础的城市文化景观格局及其演变特征(姚亦峰,2009),利用特定文化符号(甲骨文)进行历史文化景观研究的理论、方法与实证,并将中国历史文化景观研究从自然科学方法的客观恢复转向了考古历史资料的历史重构(张捷,2004);文化景观对地方意象建构的影响(张捷,2011),文化景观的评价(江昼、张捷、祁秋寅,2008),文化景观变迁研究(李娜、张捷,2009)。

相关研究强调景观的地理基础,以及景观与地方的紧密关系,将文化景观的研究上升到人地关系的理论层面(张捷,2003)。同时,注重将文化景观的理论与城市、旅游的发展相结合,进行了有关文化景观的可持续发展(刘庆友等,2005),对于历史文化名镇村的遗产的评价研究(赵勇等,2008)。

2. 文化景观的知觉研究

古镇文化景观的知觉研究(Li, et al, 2006)、利用公众媒介信息进行古镇文化景观知觉的研究(王艳等,2007)和古镇文化景观的地理美学研究(Zhang, et al., 2006)、文化景观与城市形象(李勇等,2009)、城市环境(江昼等,2008)的评价与建构、城市意象知觉特征(宋国臣、顾朝林,1999)、特殊文化景观的知觉维度(张捷等,2012)及知觉影响因素(柯立等,2010)、地方茶文化的公众知觉态度(Cheng, et al., 2010)等应用研究。

3. 地域文化与文化的空间过程研究

地域文化的研究,主要包括地域文化的类型与结构研究,如江苏省区域文化类型的划分与空间组织结构(安宇、沈山,2006);将地域文化作为地方发展的解释性框架和机制,如通过地域文化的多样性与地域结构的异质性关系研究,提出城市地域结构形成发展的解释性模式(张京祥,1998),苏南模式城市化进程与发展中地域文化机制的作用(李建波等,2003),地域文化与地方旅游发展关系和模式(张捷等,2007;张捷,2007)等。

有关文化的空间过程研究主要是对现代艺术的地域特征、现代艺术体系的"中心—边缘"格局,以及从流派数量和艺术主题的变化上归纳国际现代艺术史上三次重要的扩散过程,并对中国现代艺术发展的时空分布和地理格局的研究(许浩,2005)。

二、南京大学的新文化地理学研究

文化地理学的研究总体上呈现出由文化的空间研究转向空间的文化研究(唐晓峰等,2008)。空间的文化研究,以及从关注乡村转向关注城市,从关注现象转向关注过程与机制,成为新文化地理学的主要特点。南京大学近年来的文化地理学研究,一方面,表现为对空间文化的深入研究,包括空间的文化符号与表征、地方认同、空间生产、女性主义等话题;另一方面,与南京大学的城市地理、经济地理、旅游地理等研究传统相结合,表现为对城市的关注,在旅游研究中的运用,注重文化与经济、社会的交叉。

1. 空间的文化研究

(1) 符号、表征与空间的生产

在当代文化研究中空间已经成为显学的背景下,从地理学角度对空间的多种概念进行梳理和地理学阐发(张捷,2010),对空间的文化研究主要体现在空间的文化表征与文化机制,同时揭示文化对于空间生产的作用。其中,符号成为重要的研究途径。通过符号分析,来解读特定空间的文化景观与特征。张捷、都金康等(2002)较早对网上的情绪符号进行解读,申峻霞、张敏(2012)对网络实体消费空间的网络符号的分析,提出符号对于地方形成的重要作用,隐含着文化的表征性对于文化空间生产的意义。张京祥、邓化媛(2009)则运用空间生产的理论明确指出近代风貌型消费空间的定义是借助特定文化氛围的创造而被符号化了的一种消费空间。特殊文化符号与城市社会文化空间生产问题也被关注(张捷,2010)。

(2) 地方感与地方认同

地方感与地方认同是有关人—地关系最基本也最深沉的研究取向,被Hanson(1997)作为改变世界的十大地理学思想的总结性地理学思想,近年来受到国内文化地理学研究领域的关注。南京大学较早关注了"地方"(Place)的地理学概念(张捷,1997),并进行了地方感的理论研究(唐文跃,2007)和地方理论的引介(陈蕴真,2007),进行了一系列实证研究,如九寨沟自然观光地旅游者的地方感研究(唐文跃等,2007)、古村落居民的地方依恋研究(唐文跃等,2008)、居民地方感对区域旅游发展的支持度(许振晓等,2009)、历史街区文化景观的原真性知觉研究(廖仁静等,2009)等。

南京大学在国家自然科学基金(批准号:40501024)资助下,较早开展了城市文化空间认同的研究(张宜轩,2007),通过对南京市新街口地区、湖南路地区、水木秦淮街区、1912街区、夫子庙地区等5个主要文化休闲空间的实证研究,提出由社会文化背景、文化空间、符号、情绪、认知、行为、文化情境、空间意义等要素构成的认同过程,以及不同文化空间的认同差异。

(3) 女性主义空间研究

性别研究是文化地理学研究的一个重要视角。南京大学在国内较早开展了基于性别的城市空间研究。包括宏大尺度的性别与城市空间变迁的历史研究,如基于性别制度的中国城市结构的历史演变(黄春晓、顾朝林,2009),基于女性视角的中国居住空间历史变迁的研究(胡毅等,2010);也有针对特定功能空间的研究,如城市女性的休闲、就业空间的研究(黄春晓、何流,2007;何流、黄春晓,2008);以及有关城市问题与城市规划设计研究(宋国臣、顾朝林,1999),如城市女性流动人口的家庭类型研究,基于女性主义的城市住房与住区问题(陈璐,2005),城市生活需求的性别差异研究与规划研究(郑泽爽、甄峰,2010),性别对城市广场设计要素的认知差异研究(刘合林、沈清,2008)。研究主要集中于性别的权力差异,以及性别的文化气质、自然属性、社会角色差异所造成的城市空间特色与差异,以及与城市空间变迁的关联。

2. 城市:研究空间的转向

(1) 城市文化空间的研究

在国家自然科学基金资助下,张敏等以南京为实证地区,对城市文化空间进行了一系列研究。包括南京城市文化创意产业空间和文化休闲空间的基本特征(汪飞,2007;张宜轩,2007),南京市典型文化集聚空间的结构与认知研究(刘学、张敏,2007;张敏、张宜轩,2007),文化创意产业空间的网络结构研究(刘学,2008),文化休闲空间认同产生的基础、获得与模式研究(张宜轩,2007)等。此外,对城市文化空间的研究还包括城市中心区大学文化特色空间研究(张建召等,2009)、城市广场研究(刘合林、沈清,2008)以及特殊文化符号空间的跨城市比较研究(张捷等,2009)等。女性主义空间的研究也基本集中在城市这一特征地域。城市文化空间的研究表现为对文化、经济、社会复合空间的复合研究。

(2) 城市的文化机制研究

有关城市的文化机制,既有宏观层面上的整体性、历史性研究,也有针对特定类型空间的具体研究。在宏观层面上,提出中国城市化进程中的传统文化制约机制(张敏,2008),城市文化对于城市经济发展与空间重构的影响(Zhang,2007;张敏、刘学,2007),文化导向的城市复兴策略的批判(王婷婷、张京祥,2009)。针对特定空间的研究有,南京市文化休闲空间建构中的社会文化因素(张敏、张宜轩,2007)、南京市文化创意产业集聚区形成的机制(刘学,2008)、南京市洋快餐文化空间演化中的文化与空间关联(张敏、白夜,2008)。目前的研究趋势反映出对城市的文化研究从将文化看作某种现象、事物的浅层研究走向有关过程、机制的深入研究。

3. 研究尺度的变化

近年来的研究明显呈现出对中小尺度研究的关注。城市尺度成为研究的基本尺度,相关研究包括城市间文化景观比较(张捷等,2010)、城市的景观研究(姚亦峰,2009)、城市空间的性别研究(黄春晓、何流,2007;何流、黄春晓,2008)、城市发展的文化机制研究(张敏,2008;王婷婷、张京祥,2009)等。次一级尺度包括景区尺度(唐文跃等,2007)和城市区段、城市文化集群(张京祥、邓化媛,2009;刘学、张敏,2007)。更小的尺度则为场所(setting)尺度,如环境景观的感知(江昼等,2008;刘合林、沈清,2008)、消费场所的符号景观与文化机制(申峻霞、张敏,2012)。

4. 地理内涵导向的文化研究

利用文化现象中的地理学观念及其信息进行分析,揭示和解释文化现象的属性、特色以及演化历史,是文化地理学的外延。南京大学这方面的研究包括书法美学中的自然景观意象描述的研究(张捷等,2004),及其作为书法理论演进历史传承关系的指标(张捷等,2006)。同时包括行为地理学导向的艺术评价研究(Zhang, et al., 2008)以及通过历史文化景观内容属性分析旅游目的地旅游发展历史研究(张捷等,2010)。

三、南京大学文化地理学的应用研究

南京大学文化地理学的应用研究与南京大学人文地理学的应用发展方向一致,主要集中在文化保护与规划、文化产业与旅游规划等方面。

在文化保护与规划方面,从地域文化和文化生态系统理论出发,提出以文化景观、文化系统和文化生态为基础的历史文化名城综合保护框架(苏勤、林炳耀,2003)。提出非景观历史文化遗产的可视化规划问题(张捷等,2004),综合运用历史学、地理学、建筑学、社会学、景观生态学等方法进行历史文化村镇的保护(赵勇等,2005),景观意象导向型的旅游规划理论构建(张捷等,2007),将文化地理学的方法应用到城市战略规划研究当中(张敏等,2010)。

在文化产业与旅游规划方面,提出基于书法文化链基础上的中国书法文化产业发展的战略(张捷,2006),提出将书法从文化符号提升到景观(张捷,2005)乃至全面渗透而与区域旅游业结合发展的模式(Zhang, et al.,2008),将文化地理学的理论和方法运用到旅游文化资源评价(张捷,1997;张捷,1998)、地方感对旅游发展的作用(许振晓等,2009),以及有关文化创意产业园的发展规划(甄峰,2009)、文化休闲产业园的规划设计(甄峰,2010)中。

四、结论

南京大学文化地理学发展历史虽然十分短暂,但是呈现出良好的发展势头,具有很强的开拓创新性。紧跟国际国内发展趋势,在传统的人文地理研究基础上,派生出若干新的研究方向,呈现出新文化地理学对于空间广泛而深入的文化研究特征,从关注现象到现象背后的深层结构、机制与过程,并且结合南京大学城市地理、经济地理、旅游地理等学科基础,呈现出明显的景观取向、城市取向和旅游研究与规划导向。同时形成了一定的特色方向,如对于中国特色的文化景观(如书法景观)和全球化背景下当代中国城市(文化)景观等的研究,既是未来具有国际对话潜力的文化地理学研究领域,也是中国特色文化地理学影响国际文化地理学术圈的潜在方向。

但是,也应该看到,南京大学文化地理学研究还很不成熟,缺乏系统性的推进,理论和方法主要还是"拿来"为主。今后需要进一步加强理论和方法的创新,进一步拓展实证研究和应用研究。需要坚持和发展人文地理学的"人—地"关系理论,避免研究的去地理化。需要更加注重中国文化本底的价值和影响,及其在

全球化和社会文化转型过程中与西方文化、新的社会文化思潮的碰撞与变迁,避免研究的去中国化。

参考文献:

[1] Cheng,S.,Xu,F.,Zhang,J.,et al.Tourists' attitudes toward tea tourism:a case study in Xinyang,China[J].Journal of Travel & Tourism Marketing,2010,27(2).

[2] Hanson,S.Ten Geographic Ideas That Changed the World[M].New Brunswick,New Jersey:Rutgers University Press,1997.

[3] Li,Y.B.,Zhang,J.,Chen,Y.J.Image of landscapes in ancient water towns—A case study on Zhouzhuang and Tongli of Jiangsu Province[J].Chinese Geographical Science,2006,16(4).

[4] Zhang,J.On audiences' appreciation behaviors in gallery and the aesthetic evaluation of the art works:case of the 2nd China's national landting calligraphy exhibition[C]// In Bordens K S(ed):Proceedings of the 20th Biennial Congress of the International Association of Empirical Aesthetics(Chicago,IL US).IAEA & Indiana University-Purdue University Fort Wayne,2008.

[5] Zhang,J.,Tang,W.,Shi,C.Y.,et al.Chinese calligraphy and tourism:from cultural heritage to landscape symbol and media of the tourism industry[J].Current Issues in Tourism,2008,11(6).

[6] Zhang,J.,Zhang,J.H.,Xu,Z.X.,et al.Place aesthetics of calligraphic landscape in tourist vernacular township[C]// In Gottesdiener H & Vilatte J C(ed):Culture and Communication.France:University of Avignom,2006.

[7] Zhang,M.Urban cultural strategies and urban spatial restructuring:a case study of Nanjing[C]// Yan Xiaopei and Xue Desheng(ed.):Urban Development,Planning and Governance in Globalization(proceeding of IGU-Commission 'Monitoring Cities of Tomorrow' Conference).Guangzhou:Sun Yan-Sen University Press,2007.

[8] 安宇,沈山.江苏省区域文化与文化发展的空间组织[J].经济地理,2006(5).

[9] 陈璐.基于女性主义视角的城市住房与住区问题初探——以南京市为例[J].人文地理,2005,20(6).

[10] 陈麦池,张捷,张宏磊,等.鸣沙景观的地理分布及发声机理[J].中国沙漠,2019,39(5).

[11] 陈蕴真.浅议地方理论在旅游研究中的应用[J].桂林旅游高等专科学校学报,2007,18(3).

[12] 何流,黄春晓.城市女性就业的空间分布——以南京为例[J].经济地理,2008(1).

[13] 胡毅,张京祥,徐逸伦.基于女性主义视角的我国居住空间历史变迁研究[J].人文地理,2010,25(3).

[14] 黄春晓,顾朝林.基于性别制度的中国城市结构的历史演变[J].人文地理,2009,24(2).

[15] 黄春晓,何流.城市女性的日常休闲特征——以南京市为例[J].经济地理,2007,27(5).

[16] 黄敏瑶,张敏.具身实践下的地方认知:非表征理论与南京马拉松[J].地理研究,2019,38(6).

[17] 江昼,张捷,祁秋寅.城市雕塑环境空间视觉满意度的定量评价——以南京市三处城市雕塑环境空间为例[J].经济地理,2008,28(6).

[18] 柯立,张捷,李倩.书法景观旅游地游客感知意象影响因素分析——以桂林叠彩山景区为例[J].中国岩溶,2010,29(1).

[19] 李建波,张京祥,崔功豪.地域人文环境下苏南小城镇发展演化研究[J].人文地理,2003,18.

[20] 李娜,张捷.基于居民感知的旅游地居民建筑景观变化研究——以九寨沟藏寨建筑景观特色变化为例[J].南京师范大学学报(自然科学版),2009,32(3).

[21] 李勇,徐建刚,王振波.城市形象研究进展及展望[J].云南地理环境研究,2009,21(2).

[22] 廖仁静,李倩,张捷.都市历史街区真实性的游憩者感知研究[J].旅游学刊,2009,24(1).

[23] 刘合林,沈清.两性对城市广场设计要素的关注差异研究——基于女性主义视角[J].人文地理,2008,23(4).

[24] 刘庆友,杨达源,任黎秀,等.庐山文化景观可持续发展研究[J].东南大学学报,2005,7(1).

[25] 刘学.城市文化创意产业集群[D].南京:南京大学,2008.

[26] 刘学,张敏.南京市文化集群的特征与模式[J].现代城市研究,2007,22(10).

[27] 申峻霞,张敏.空间的符号化与符号化的空间[J].人文地理,2012,27(1).

[28] 宋国臣,顾朝林.北京女性流动人口的家庭类型及其形成因素[J].人文地理,1999,14(2).

[29] 苏勤,林炳耀.基于文化地理学对历史文化名城保护的理论思考[J].城市规划汇刊,2003,(4).

[30] 汤国荣,章锦河,曹晶晶,等.文化间性理论要义及其在社会文化地理学研究中的启示[J].世界地理研究,2018,27(2).

[31] 唐文跃.地方感研究进展及研究框架[J].旅游学刊,2007,22(11).

[32] 唐文跃,张捷,罗浩,等.九寨沟自然观光地旅游者地方感特征分析[J].地理学报,2007,62(6).

[33] 唐文跃,张捷,罗浩,等.古村落居民地方依恋与资源保护态度的关系——以西递、宏村、南屏为例[J].旅游学刊,2008,22(10).

[34] 唐晓峰,周尚意,李蕾蕾."超级机制"与文化地理学研究[J].地理研究,2008,27(2).

[35] 王恩涌.文化地理学[M].北京:高等教育出版社,1989.

[36] 王婷婷,张京祥.文化导向的城市复兴:一个批判性的视角[J].城市发展研究,2009,16(6).

[37] 王艳,张捷,冉江.公众媒介信息中水乡古镇景观意象研究[J].北京第二外国语学院学报,2007(9).

[38] 肖潇,张捷,卢俊宇.居民对遵义红色旅游商业街中书法景观的认同度研究[J].地理科学进展,2012,31(8).

[39] 许浩.现代艺术运动发展演变的地理学研究[J].人文地理,2005,20(1).

[40] 许振晓,张捷,Geoffrey,W.,等.居民地方感对区域旅游发展支持度影响——以九寨沟旅游核心社区为例[J].地理学报,2009,64(6).

[41] 姚亦锋.南京古都景观核心和生态文化研究[J].地理学报,2009(6).

[42] 尹立杰,张捷,张宏磊,等.书法景观在景区旅游意象构建中的作用研究——以西安碑林为例[J].人文地理,2011(5).

[43] 张建召,徐建刚,胡畔.城市中心区的大学文化特色空间整体性研究——基于南京实证区的空间定量分析[J].城市规划,2009,16(11).

[44] 张捷.区域民俗文化的旅游资源的类型及旅游业价值研究——九寨沟藏族民俗文化与江苏吴文化民俗旅游资源比较研究之一[J].人文地理,1997,12(3).

[45] 张捷.九寨沟自然保护区喀斯特研究的旅游业意义[J].中国岩溶,1997,16(4).

[46] 张捷.区域民俗文化旅游资源的定量评价研究——九寨沟藏族民俗文化与江苏吴文化民俗旅游资源比较研究之二[J].人文地理,1998,13(1).

[47] 张捷.基于人地关系的书法地理学研究[J].人文地理,2003,18(5).

[48] 张捷.甲骨文与殷人景观地理研究刍议[J].人文地理,2004,19(1).

[49] 张捷.书法景观——一种中国特色旅游闲暇空间的文化符号[J].理想空间,2005,13.

[50] 张捷.书法文化链与"大书法文化"发展战略研究——关于中国书法文化产业发展的战略规划的评述和展望[J].云南师范大学学报,2006,38(3).

[51] 张捷.书法遗产、书法文脉、书法景观与书法旅游发展模式[C]// 潘立勇.人文旅游.杭州:浙江大学出版社,2007.

[52] 张捷."空间"的演化:物质的、地理的,抑或是精神的?——关于空间学术概念的历史演化和现代嬗变机制[C]// 陶东风,周宪.文化研究:第十辑.北京:社会科学文献出版社,2010.

[53] 张捷.书法故事、地方文脉传承与书法的空间生产——南京、北京书法文脉与城市书法景观的案例[C]// 陶东风,周宪.文化研究:第十辑.北京:社会科学文献出版社,2010.

[54] 张捷,程章灿,刘泽.作为地方文脉的古典诗词的旅游规划模式——以江苏省吴江市江南水乡古诗词文化旅游产品规划为例[J].地理学报,2007,32(5).

[55] 张捷,都金康,张兆干,等.网上"情绪符号"的地理学研究[J].南京林业大学学报,2002,2(2).

[56] 张捷,柯立,俞锦标.喀斯特洞穴书法景观的分类统计与洞穴旅游发展——以桂林为例[J].人文地理,2010(6).

[57] 张捷,卢韶婧,蒋志杰,等.中国书法景观的公众地理知觉特征——书法景观知觉维度调查[J].地理学报,2012,67(2).

[58] 张捷,饶薇,王小伦.主题内容频数相关分析与历代书法理论演替关系研究[J].情报科学,2006,24(12).

[59] 张捷,唐文跃,林珲,等. 全球化时代中国城市书法景观的空间分异与变异:来自南京、北京和香港的比较案例[C]// 周建渝.城市文化与人文视野(香港亚太研究所·研究丛刊第80号).香港:香港中文大学亚太研究所,2019.

[60] 张捷,王小伦,黄正明.古典书论中自然意象描述的类型及其功能[J].中国书法,2004(2).

[61] 张捷,余颖,张静.城市非景观文化遗产的旅游可视化研究——以南京市书法文化旅游产品概念规划为例[C]// 周武忠.旅游学研究:第一辑.南京:东南大学出版社,2004.

[62] 张捷,赵勇,许振晓,等.景观意象导向型古镇保护与旅游规划[C]// 邢定康,周武忠.旅游学研究.南京:东南大学出版社,2007.

[63] 张京祥.多文化类型的城市地域结构解释性模式综述[J].人文地理,1998,13(1).

[64] 张京祥,邓化媛.解读城市近现代风貌型消费空间的塑造——基于空间生产理论的分析视角[J].国际城市规划,2009,24(1).

[65] 张敏.文化系统[G]// 顾朝林,于涛方,等.中国城市化格局过程机理.北京:科学出版社,2008.

[66] 张敏,白夜.城市洋快餐空间扩散的文化解读——以南京麦当劳肯德基餐厅为例[R].中国地理学会2008年学术年会交流论文,2008.

[67] 张敏,刘学,汪飞.南京城市文化战略及其空间效应[J].城市发展研究,2007,14(5).

[68] 张敏,张捷,姚磊.南京大学文化地理学研究进展[J].地理科学,2013,33(1).

[69] 张敏,张宜轩.基于认知的南京城市文化休闲空间微区位研究[R].中国地理学会2007年学术年会报告论文,2007.

[70] 张敏,甄峰.镇江城市发展战略规划研究[R].2010.

[71] 张宜轩.城市文化空间中的认同建构——以南京市为例[D].南京:南京大学,2007.

[72] 章锦河,汤国荣,胡欢,等.文化全球化背景下地理学视角的文化间性研究[J].地理研究,2018,37(10).

[73] 赵勇,张捷,卢松,等.历史文化村镇评价指标体系的再研究——以第二批中国历史文化名镇(名村)为例[J].建筑学报,2008(3).

[74] 赵勇,张捷,章锦河.我国历史文化村镇保护的内容与方法研究[J].人文地理,2005,20(1).

[75] 甄峰.昆山市张浦镇文化创意产业园规划[R].2009.

[76] 郑泽爽,甄峰.银川城市生活需求的性别差异及规划建议——基于女性主义视角的研究[J].人文地理,2010,25(4).

第十八章 交通运输地理

张 翔[1,2]，曹 晨[1,2]

（1. 南京大学地理与海洋科学学院；2. 南京大学人文地理研究中心）

引言

交通运输地理学是人文地理学的重要分支学科。近代地理学的研究兴起于西方19世纪前半叶，但交通运输地理的专门研究则出现较晚。直到19世纪末，以拉采尔（F.Ratzel）和赫特纳（A.Hettner）为首的地理学家才开始认识到，交通运输对形成景观和促进地理空间变化具有重要作用。20世纪初，法国地理学家维达尔·白兰士（Paul Vidal de la Blache）和白吕纳（J. Brunhes）在地理学研究中已经开始关注货物和人等有形物质的流动，但并未形成交通运输地理学的学科。1930年，苏联的地理统计学者伯恩施坦·科冈（C. B. Bernstein）撰写了《交通运输地理学概论》，是早期的但不成熟的系统论述之一。30年代末，哈恰图洛夫（T.S.Khachaturov）通过对苏联国内外的交通运输考察，出版了《资本主义与社会主义的运输配置》，这是一本世界区域交通运输地理著作。40年代，法国地理学家肖帕·雷伊（R.Capot-Rey）的《大陆交通地理学》出版，成为西方交通运输地理的权威性专著。此外，著名德国地理学家赫特纳（A. Hettner）著作《运输地理学》，作为他的《人的地理学》的一卷，于1952年正式出版。他的著作反映了西欧近代地理学在交通运输方面的观点和方法。

"二战"后，从50年代起，由于实践的要求和地理学的分化，交通运输地理学逐渐形成为独立的地理学分支。苏联学者对于交通运输与生产力布局的关系、区际运输联系和合理运输方面成就较大。哈努科夫（E.D.Khanukov）的《运输与生产置配》、尼柯尔斯基（H.V.Nikolsky）的《苏联运输地理》为这一时期的代表性著作。同时，有关交通运输地理学的教科书也在交通工程学院和大学地理系出现。欧美学者则在港口和航空地理研究、城市与市郊交通系统、交通运输和市场区位等方面开展研究。英国地理学家摩尔根(F.W.Morgan)50年代的著作——《港口与港湾》是一部结合地理条件的代表作。70年代以后,在采用计量方法的基础上,美国的交通运输地理著作显著增多,具有代表性的有:推夫(E.J.Taaffe)和高悉尔(H.L.Gauthier)的《交通运输地理学》,以及劳威(J.C.Lowe)和摩里亚达斯(S.Moryadas)的《移动的地理学》等。

南京大学地理与海洋科学学院(原地理学系)素有中国地理学摇篮的美誉,是中国最早设立的地理学系之一,源于1921年竺可桢先生在东南大学创建的地学系。20世纪90年代以来,地理学院在人文地理、自然地理等方面的研究贡献卓著,也是国内最早开展交通运输地理学理论研究的院系之一。

一、我国交通运输地理学研究进展概述

根据交通运输地理学的研究领域构成,可将其划分为六个部分:① 学科理论体系研究,主要剖析交通地理学的理论构筑过程,包括学科性质、学科体系等;② 区域综合运输和区划研究,主要包括交通区划、交通流分析、区域交通运输与经济、区域旅游交通等;③ 部门交通运输,包括水运、航空、铁路、道路和管道等;④ 城市交通运输地理研究,着眼于城市内部交通的有关内容;⑤ 交通运输的区域效应研究,主要着眼于交通运输对区域所产生的空间效应,包括交通经济带、交通运输与城市的关系等;⑥ 区域交通运输技术研究,主要包括交通运输规划与管理的新技术开发与运用。

1. 我国交通运输地理学学科理论研究阶段

我国交通运输地理学理论的发展过程可以分为以下四个阶段。

(1) 国外理论引入阶段(1949年之前)

该阶段交通地理学的研究主要见诸历史地理学的相关论述。1929年,王金铙在其论著《中国经济地理》中,将路政、航政、电政和邮政统称为"分配地理",并逐一阐述。1931年,盛叙功等学者编译出版的《交通地理》是我国最早的系统性研究交通地理学的著作,该书按"运输理论—部门交通—运输网络"的思路,从国内外视角逐一论述,并界定了交通运输地理学的研究性质与任务。盛叙功的论述明确了我国交通地理学的学科问题,奠定了基本研究框架。1937年,白寿彝编著的《中国交通史》是国内有关交通运输的最早论述,对我国各时期的道路、邮驿、河渠、交通运输工具以及航空运输发展等方面进行了论述。随后,胡焕庸

(1944)在《经济地理》一书中,对部门交通分别进行分析。

(2) 学科初创阶段(1950—1970年)

我国交通运输地理学的学科体系则是50年代从苏联引入的。随着当时综合大学地理系与交通运输学院教学的需要和国民经济建设的要求,交通运输地理学得到了长足发展。该时期理论发展以经济地理学的发展为主线,研究成果多体现在经济地理学的论著中。1957年,中国科学院编著的《中华地理志——经济地理丛书》,是第一部系统地对我国各个大区的交通进行总结的论著;1965年,中国科学院中华地理志编辑部编著的《中国经济地理总论(运输地理)》对我国交通运输业发展条件、特点、配置、物流等进行了深入分析,这是新中国成立后第一部较为系统的区域交通地理论著,对整个理论体系的构筑具有重要作用。

同时,经济地理工作者参与了许多与交通运输有关的实际工作,撰写了相应的研究报告和学术论文,丰富和拓展了交通运输地理学的内容、领域。代表性的研究方向包括交通选线的经济地理分析、客货流分析、网络布局、交通运输与生产力布局等内容。如1952—1953年吴传钧参加了包兰铁路勘察工作,在经济选线工作中发挥了重要作用,并进行了理论总结;1978年杨吾扬完成的中国公路自然区划,对于我国公路养路分区标准的制定起到了重要作用。

(3) 学科体系形成时期(1970—1990年)

该时期,我国交通运输地理学快速发展并形成学科体系。1983年,中国科学院地理所在工业与交通地理研究室设立了我国第一个专门研究交通运输地理学的研究组,开始了国内对交通地理学理论、交通运输、物流、世界交通以及交通与国民经济发展间的关系等领域的系统专门研究。1986年杨吾扬等著《交通运输地理学》,从学科性质、运输布局、货流规划、网络模式等方面深入分析了交通地理学的基础理论,并对部门交通和交通枢纽、城市交通等进行了分析,是我国交通运输地理学最为重要的理论著作,深刻影响了我国交通地理学的发展。1986年,华东师范大学等编著了《经济地理学导论》,从交通运输与生产力布局的关系、运网类型、运输方式评价、货流规划等方面进行了论述。该著作作为高校教材而普遍使用,深刻影响了我国的地理学者。此后,曾廷藩等编著了《经济地理学原理》,该书按行业特点、网络和客货流、综合运输等内容对交通地理部分进行了讲述。

(4) 学科稳定发展时期(1990年至今)

该时期,我国交通地理学的研究不断完善与补充,但主要偏向具体领域的研究,包括交通运输网络空间优化、空间"流"的人文机理、交通基础设施发展的人文—环境、现代物流地理学以及城市交通等领域。该时期具有代表性的著作主要有两部:① 1993年,陈航等著《中国交通运输地理》在系统评价交通发展条件与总结实践经验的基础上,论述了我国交通地理发展全貌、地域组合、发展演变及原因,探讨了国内各部门和各地区的交通发展跳线、现状与发展方向。② 90年代以来,我国交通运输业飞速发展,各种高标准的交通运输投入使用,通信网络也逐步完善,在此背景下,2000年,陈航又主编了《中国交通地理》,该书增加了邮电通信与对外交通的研究内容,强调了地理学的地域性与综合性的特点,是对新时期交通地理学研究成果的总结。

从学科研究力量的布局看,目前我国交通运输地理学的研究力量形成了如下几支有实力的研究团队:以综合性交通运输地理研究为特色的中国科学院地理科学与资源研究所研究团队,以城市和区域交通为特色的中山大学研究团队,以港口和水运研究为特色的中国科学院南京地理与湖泊研究所和南京大学研究团队,以海洋运输研究为特色的辽宁师范大学研究团队,以信息地理研究为特色的河北师范大学研究团队。除上述研究力量外,北京大学、北京交通大学、北京师范大学、东北师范大学、南京师范大学、陕西师范大学、华东师范大学、福建师范大学等大学和科研机构在交通运输地理学的有关领域也有一定的研究力量。

2. 区域综合运输及其经济效应

(1) 区域交通运输区划

交通运输区划是为揭示交通建设条件的地域差异和对运输进行合理地域组织而进行的分区划片。它是我国交通地理学的重要研究内容,其主要包括:① 自然区划。著名学者杨吾扬从自然地理学的角度考察陆路交通与自然环境的关系,确定自然区划的主要因素与地域标志,并将全国划分为7大片区与33地区。在此基础上,耿大定等对我国公路自然区划作出了深入分析,探讨了地理—气候与公路自然区划的关系,确立了区划论据与标志。② 产销区划。1963年,杨吾扬最早提出了交通运输的产销区划概念,分析其影响因素与地域差异,并构建区划模型。随后,陈锡康在此基础上完善了产销区划原理与方法,并设计出区划的线型模型。③ 交通基础设施地域划分。张文尝等学者在分析我国交通枢纽布局与地区系统的基础上,认为其存在陆路、水路和复合等类型,并在空间上分为华北、东北、华东、中南、西南和西北等地域群体。

(2) 区域综合交通规划

由于城市交通规划的推动,我国区域交通规划出现于 60 年代。虽然目前大区域性或全国性交通规划不像城市交通规划那样有标准化的程序,但是规划方法的发展也经历了三代。第一代规划方法是所谓的"需求—标准法"。此法是从 1970 年开始的,即以不同交通方式所规定的标准(包括道路线形的几何设计、道路交通的服务水平以及安全标准等)为根据,将测得的道路现况和预测的未来交通需要进行比较,以两者的差别程度作为交通规划的依据,编制交通规划方案,并视财力制订实施计划。第二代规划方法是所谓"单一交通方式的模拟和评价方法"。此法是从城市交通规划程序沿袭下来的,主要内容有:目标说明;根据目标编制规划以改善现有设施;模拟现有规划系统和未来系统工作状况;评价编制的规划。第三代规划方法是"多种交通方式的模拟和评价方法",主要用于大范围的交通规划。首先对客货运输的需要进行预测,然后将预测的需要合理地分配于各种交通方式,并进行模拟。此法的优点是考虑到所有的交通方式,并能协调各种交通方式之间的关系,得出更合理和有效的规划方案。

(3) 区域交通联系

区域交通运输联系是指在社会、经济、自然诸要素综合作用下,区域间通过交通运输设施进行客货交流所产生的相互联系与作用。它是节间相互作用的重要表现形式,载体是客流与货流。交通运输联系的研究成果较多,主要表现在模型方法与实践研究等方面的探讨。① 模型方法。1988 年,张文尝在对我国客流的产生机理和地域分布进行深入研究的基础上,认为运输联系的影响因素主要包括人口、城镇化、社会经济、交通网密度及便捷度等方面,并设计了绝对结合度($D_绝$)和相对结合度($D_相$)指标体系;杨齐(1990)研究并构筑了区域客流分布模型。金凤君(1991)在对我国运输联系进行深入分析的基础上,利用区域联系强度(H_{ij})和系统联系强度(H_i)对省际铁路货运联系进行了系统研究。张文尝等(1992)的著作《空间运输联系——理论研究·实证分析·预测方法》,详细分析了交通运输联系概念、特征、研究方法和基本规律(生成、增长、分布和交流)。② 实践分析。金凤君等(1997)采用问卷调查法对内地赴香港的客流进行了定量分析。

(4) 区域交通运输与经济

我国交通运输经济理论体系基本上是20世纪50年代从苏联引进过来,遵循的是一套在原苏联运输布局理论基础上的思想方法与工具。20世纪80年代,随着交通运输理论的进一步发展,国内学者开始逐步从理论与实践方面探讨交通运输与经济关系。

目前国内交通运输与经济发展的研究主要集中在陆路交通方面,尤其是高速公路作为经济带对地区经济发展的带动作用,高速公路网络的生产要素积聚与扩散模式等。部分学者从整个交通运输对国民经济发展推动出发,研究两者之间关系,例如1988年,刘统畏在其著作《交通通讯与国民经济》中着重阐述了交通运输与国民经济的关系,并对各类交通工具的特点、作用及其发展规律进行深入探索,提出解决交通通讯问题的途径;桑恒康在其著作《中国的交通运输问题》(1990)中把交通运输作为发展中国家社会经济的一部分,阐述了中国经济改革对交通运输的影响,进而分析了中国各种运输方式的发展及存在的问题。众多学者以地方为例论述两者之间关系,例如陈辐义(1995)提出湖南省的市场发展要充分利用地方区位优势全面拓宽周边市场,利用交通优势迅速发展经济;孟召宜(2002)分析了江苏地方交通对农村经济可持续发展的贡献;段进军(2002)探讨长三角地区交通、城市化及产业发展的态势,等等。

(5) 区域旅游交通

旅游交通是交通运输地理中重要组成部分,对于它的研究是伴随着旅游地理学的兴起而发展起来的。国内学者对区域旅游交通规划的研究主要集中于交通规划理论探讨、旅游地与交通关联性等方面的研究。

在各地区旅游交通规划研究中,杨建军(1998)、张兴平(2000)和骆培聪(2001)等根据一些旅游城市交通现状及存在问题,从客流量的时空分布特征,利用GIS技术对城市旅游交通规划进行研究。侯学钢(2001)运用多学科综合研究的方法,对江西省旅游交通进行分行业规划和网络综合规划。对于西部地区以及长江三峡地区的旅游交通,针对旅游资源的区位优势和旅游交通相对落后的矛盾,华裔、李云清、殷成志等学者提出了具体的规划目标、方法和发展战略。

在旅游与交通关系的研究中,宣国富研究了三亚市旅游客源市场的分布特征;肖星等部分学者认为青藏铁路的建设为沿线地区旅游资源的开发利用提供了重大机遇;吴艳文研究了滇黔桂三地联合开发国家旅游路线的前景,认为三省区良好的资源、交通与产业发展基础是联合发展旅游的必要条件。此外,陈颖慧(2002)和魏洁(2003)等学者采用灰色关联法、层次分析法、SWOT 分析法等对经济网络、旅游网络与交通运输网络的关联性进行定量和定性分析,并对区域旅游交通与旅游发展适应性进行综合评价。缪婧晶(2003)和吴刚(2003)分别从成本分析模型和价值工程(VE)理论研究旅游交通成本对旅游业的影响及对策。

3. 部门交通运输地理

根据交通运输路线的不同,可以将交通运输分为铁路运输、公路运输、水上运输、航空运输及管线运输等。

(1) 铁路运输地理

1949 年以前我国学者就已经开始关注铁路运输,但研究成果较少,主要有严德一(1937)对我国西南尤其是向缅甸的铁路建设作了分析。1949 年以后,随着我国铁路建设的大规模展开,铁路运输地理学的发展开始加快。其中代表性的成果有:沈玉川(1951)考察了川黔特殊地形对铁路建设的影响;吴传钧等(1955)提出了铁路建设选线的调查方法与相关经验。20 世纪 80 年代以后,我国铁路运输业发展迅速,逐步实现全国范围的覆盖;此时交通运输经济效益分析与运输质量问题开始逐渐引起学者的关注。杨爱芬等(1994)在理论与实践结合的基础上,研究并提出铁路运输中经济效益审计的指标体系和评价标准;许庆斌等(1994)提出铁路运输走向市场可采用"重点突破,整体推进"的战略。另外,铁路的通过能力与回空车的合理利用方面也是该时期的研究重点。进入 21 世纪,我国铁路网已经相对完善,基于对速度效率的追求,铁道部开始逐步关注铁路资源的合理利用,先后进行了数次提速,这对整体的空间产生了深刻影响。金凤君等(2003)以空间系统的视角,利用定量研究方法,对我国铁路运输行业的重大决策——客运提速政策实施的空间经济效果进行了评价;魏冶等(2010)运用克吕金插值方法分析东北铁路客、货运输的空间极化格局,并采用 GIS 技术手段,利用空间分析方法,探讨形成该格局的主要动力机制。此外,董守清等(2005)结合目前铁路运输工作组织实际,通过在可行解空间内部搜索待调整列车最优铺划顺序的方法求解列车运营调整问题。

(2) 公路运输地理

关于道路运输,除了前文所述的公路自然区划和高速公路经济带外,我国地理学者的相关研究很少。1949 年之前的研究成果主要来自中央大学地理系,基本上是为国防战略服务。主要包括:徐近之(1936)在西藏考察期间,研究并论述了周边国家进入西藏的陆上通道;严德一(1937)对西南国际交通尤其是面向缅甸的公路建设作了详细分析。1949年之后,随着铁路和航空等快速交通的发展,公路运输逐渐失去了重要性,我国学者对其研究也逐渐减少。从可考究的文献看,20世纪50年代至80年代,仅黄盛璋(1957)从历史地理学的角度考察了川陕两地的道路交通。当然,部分学者在区域规划时对道路运输有所论述,但不能作为交通地理的研究文献。进入80年代,主要有郑弘毅等(1986)在分析国内外运输发展情况的基础上,从宏观层面探讨了我国公路发展战略。

(3) 水上运输与港口

水运是我国交通地理研究的重要内容,1949年之后尤其是改革开放以来,对此研究成果较多,除了上述的水运与区域经济关系以外,主要集中在对港口的研究,具体表现在以下几个方面:① 内河航运的振兴;② 港口资源评价;③ 港口功能优化;④ 集装箱港口;⑤ 航运规划的信息技术运用。

① 内河航运振兴。随着公路、铁路与航空的发展,近几年来航运尤其是内河航运逐渐萎缩。谢辉(2006)分析了长江三角洲航运形势,提出应通过因势利导,实现长三角地区航运振兴的策略。李阳(2009)提出通过发展船舶融资的策略来振兴航运事业。② 港口资源评价。1949年之后由于国家经济发展的需求,港口资源评价得到广泛的关注。郑弘毅(1982)从经济地理视角对我国沿海港口资源进行了评价;同时,郑弘毅(1982)在对上海港资源进行深入评价的基础上,探讨其选址问题。③ 港口功能优化。20世纪90年代以后,港口的功能空间优化成为地理学关注的焦点,众多学者开始对区域港口体系和功能优化进行论述。曹有挥等学者对长江中下游港口职能结构进行了深入研究,而韩增林等学者则对环渤海港口的发展问题进行了深入分析,并提出了相关具体建议与措施;这些研究尽管对港口功能优化具有指导意义,但未能在理论上进行提升。④ 集装箱港口。海上集装箱运输的发展影响了港口体系的演变,这引起了我国学者的关注,并在90年代末开始相关研究。曹有挥(1999)介绍了Y.海斯的集装箱港口演化模式,对长江下游(南京以下)集装箱港口体系的演化过程进行了实证研究;而安筱鹏等(2000)探讨了集装箱枢纽港的形成机制,并将其分为中转、腹地引致和复合等类型。曹有挥等(2003)提出了我国沿海集装箱港口"低级均衡—非均衡相对集中—非均衡高度集中—高级均衡"的演化模式,并界定了中国目前集装

箱港口体系发展阶段。⑤ 航运规划与管理信息化。李洪星(2010)提出了内河航运一体化应用体系的发展模式来推动内河航运信息化的发展；何立居(2006)重点阐述现代海船管理信息化建设中航运安全问题，提出现代航运安全管理信息化平台架构，并予以解释。

(4) 航空运输地理

航空地理学的起步源于现代航空运输的发展，但18—19世纪的近代航空并未受到地理学家的关注。国内对航空地理学的研究主要集中在以下几个主题：① 航空历史。早期对于航空地理学的研究主要是介绍国内外航空发展现状与历史进程，此后对交通史的研究为丰富航空地理史及区域研究提供支撑。② 机场与城镇关系。机场是现代城市对外交流的重要窗口。国内学者对该领域作出了大量的实证研究，其研究成果因时间截面及区域差异而大同小异。同时，周一星(2002)等学者从航空运输方面入手，探讨中国城市体系空间网络结构；于涛方(2008)基于航空流的视角对1995年以来中国城市体系格局与演变作出了深入研究与探讨。③ 航空网络结构与组织效应。航空航线相互衔接形成的网络不仅体现了航空运输系统空间服务能力和水平，也反映了区域的经济社会发展水平及其对外联系程度。国内该领域的主要研究成果有：潘坤友等(2007)从空港和航线两个角度探讨我国航空货运机场的分布格局和网络结构特征；徐涛等(2008)运用GIS可达性分析方法研究2005年中国民用航空机场的可达性空间格局及其服务水平，进而对航空网络结构优化提出具体意见。④ 航空与区域发展互动关系。航空运输需求源于其机场腹地内的经济社会需要；同时，航空运输提供便捷运输网络，为区域经济社会的发展提供了重要的基础设施保障体系及区位比较优势，有助于促进区域经济发展。曹允春(2001)探讨了中枢机场与区域经济的内在联系，重点论述了中枢机场在区域经济发展中的多方面作用以及实施途径；宋伟等(2006)从原生效益、次生效益、衍生效益和永久性效益四个层次详细分析了接近航空枢纽的人口与产业获得的经济效益；另外，吕斌等(2007)提出了空港都市区的概念，并强调空港发展与区域经济互动。⑤ 机场的布局规划。机场的布局规划是民航发展的重要部分，其与地区经济、社会、政治和自然环境密切相关。姚士谋(2006)以广州新白云机场为例，对国际空港的发展背景、区位选择、布局原则、机场现代化设施以及机场与城市总体布局的互动发展关系进行阐述与研究；王姣娥等(2009)提出基于GIS的基础布局规划方法；另外，王晓川(2003)通过分析海外国际航空港周边区域发展状况,为我国空港地区规划建设提出建议。

(5) 管道运输

我国地理学者对于管道运输的研究成果较少,基本集中在介绍国内管道建设情况、管道规划及工程维护方面。郑朝霞(2003)分类介绍了国内外管道运输建设现状情况,并提出发展前景;熊和金(2002)指出管道运输是"藏水北调"工程送水方式的首选方案;张耀平等(2006)研究分析了真空管道运输的安全问题成因。

4. 城市交通运输地理

城市交通运输地理学一直处于交通运输地理学与城市地理学的交叉领域,长期以来受到国内众多学者的关注。我国最早有关城市交通运输研究的著作为1961年同济大学参考苏联著作而编著的《城市运输》,该书以城市交通规划设计为主、经营管理为辅,分析了城市客货流、交通网络、交通工具和车场等内容。国内对城市交通是以城市道路交通的地理研究为标题,主要包括城市道路交通设施规划、城市交通运输与城市空间演化、城市居民出行分析、城市物流与货运交通。

(1) 城市道路交通设施规划

城市交通线路与站场的规划一直为学者所关注,如周华彬等(2005)提出了与道路功能相适应的城市道路横断面规划布局;王耀斌等(2001)提出了地上与地下停车场规划建议。

(2) 城市交通运输与城市空间演化

该领域一直是国内学者研究的重点,主要表现在以下两个方面:① 交通运输与空间结构关系。国内众多学者认为城市交通变化对城市空间形态演变具有不可替代的作用,道路结构的调整对城市空间结构、城市功能、城市规模与城市发展起到重大决定作用。例如:杨荫凯等(1999)提出了交通技术的创新对城市形态演变起着不可替代的作用;官莹等(2004)从线网、站点与空间形态、轨道交通与城市发展轴、轨道交通与城市中心等四个方面讨论了轨道交通对城市空间形态的影响。② 交通运输与土地利用。城市交通运输与土地利用之间的关系是循环的作用与反作用关系。杨荫凯与闫小培提出城市交通线路的布局和分布格局改变了城市居民住宅空间结构的重组和居民住宅区位的再选择行为。另外,部分学者也研究了土地利用布局对交通运输模式的影响。

(3) 城市居民出行分析

国内学者对城市居民出行行为的研究主要包括城市通勤活动、购物活动、休闲活动及迁居活动的时空特征等方面。潘海啸等(2009)以上海市4个街区为例,研究了空间形态对城市居民出行的影响;何瑞春等(2007)构建了Multinomial Logit 模型,计算得出了兰州市居民出行行为分析结果。

(4) 城市物流货运交通

国内学者对城市货运交通的研究成果相对较少,主要包括以下几方面:城市物流与货运交通对维持城市活力的作用,对城市发展的负面效应,物流与货运交通的发展战略、手段与措施。占英华等(2000)以深圳市平湖物流基地为例,指出城市物流中心建设的必然性;韩增林等(2003)分析了城市物流园区形成与发展因素,探讨了城市物流园区规划的指导思想与原则。

5. 交通运输技术研究

随着信息化时代的到来和各类高新技术的开发,各种新技术、新方法被逐渐引入交通运输的研究中。首先就是智能交通系统(ITS)的开发与推广,对其的研究成果主要有:史新宏(2002)等提出智能交通系统的定义,并介绍了其发展过程及方向;李德仁(2008)介绍了3S技术在智能交通系统方面的典型应用,并展望了3S技术在现代交通领域的发展前景。此外,对于交通网络分析、交通规划及交通管理等方面提出了新的研究方法与技术。例如,南京大学数字城市实验室开创了基于栅格数据的空间成本距离计算方法,并将其运用到区域交通可达性分析上。林漳平(2001)构建了大城市交通可持续发展的分级优化决策模型,提出我国大城市应该实行有限发展公共交通,特别是轨道交通的政策。卫振林等(1997)介绍了交通环境容量和交通环境承载力,并认为其是交通系统发展提出的新的决策依据。

二、南京大学的学科贡献

1. 交通运输地理学理论贡献

1949年之前,中央大学地理系主任胡焕庸教授在其研究生涯中引入大量西方近代地理学理论和方法,并在《经济地理》一书中对部门交通进行分类解析。任美锷院士(1945)在著作《建设地理新论》中强调"二战"之后交通建设乃是中国经济建设的灵魂。

2. 率先研究国内交通地理问题

早在1936年,中央大学地理系学者徐近之在拉萨考察期间,著《西藏、西康国防线上之通路及其重要》一文,重点阐述了中国周边国家进入西藏的陆上通道,这是我国最早研究国内公路交通的论著之一。同年,严德一利用在西南边疆考察的经验,对我国西南尤其是向缅甸的铁路建设作了分析研究,是最早的国内铁路交通方面的研究成果之一。

20世纪80年代后,我国学者对公路交通地理的研究较少,南京大学郑弘毅等(1986)总结了国外公路发展的三种情况:美国与西欧等发达国家的超前型,日本的不适应到适应的过程,苏联等国的滞后型。进而研究我国公路发展的现状,指出其存在以下问题:① 公路在运输结构中所占地位与其实际应有作用不符;② 公路网密度小,分布不平衡;③ 线路等级低,一、二级干线比重太小。最终,提出我国公路建设应采取以下战略措施:① 增加公路建设投资额;② 在公路建设布局上,重点加强五种线路的建设;③ 高速公路建设要慎重,不宜全面铺开,集中财力建设一、二级公路干线,提高级路技术等级。1988年,郑弘毅提出长江是南京市区域发展的横轴线,要珍惜这条"黄金水道";城市区域的纵轴线对沿江城市发展至关重要;并提出沿江修铁路势在必行;建议加快地方交通建设;重视城市交通枢纽组织等改善南京市区与交通问题的措施。

3. 对港口城市与港—城关系研究贡献卓著

南京大学学者郑弘毅对我国港口城市与港—城关系的研究贡献卓著,先后发表十多篇相关论文。主要集中在以下两点。

(1) 港口选址方面的研究

海港港址选择对海港城市建设和沿海地区经济发展都具有重大的战略意义。其一般从自然、技术、经济等三个方面分别和综合加以考虑。但一个海港的建设还跟海港城市各方面具有密切联系,而且将给受其吸引的整个地域范围内生产布局以至政治、经济、文化带来深远的影响。在此基础上,郑弘毅(1982)提出港址选择必须做多方案比较,除对自然、技术、经济等方面进行综合比较外,还应对不同港址进行经济地理比较,以港口布局为中心,进行综合分析与评价。在地理位置与区域经济基础分析上,指出:① 优越的地理位置将赋予港口及其城市发展以强大的生命力,是决定港口发展前景的首要地理要素;② 腹地范围内的经济特征在很大程度上决定了港口的性质,以及港口吞吐量规模与船型吨级,进而决定港址的选择。在区域自然环境条件分析上,提出影响港口选址的因素主要有:① 河流全流域开发措施及人为因素;② 潮汐变化规律及人为因素;③ 水、陆两域的自然环境。进而提出港址选择应对自然环境条件作辩证的、实事求是的分析,既要考虑到人为因素对自然环境的影响,也要对自然环境本身进行利弊得失的评价。在城市体系中的地位分析上,郑弘毅将我国沿海港口及港城分为五级体系,并对各级港口的性质、功能和规模作出分析研究,指出在区域性港址选择时必须充分考虑这一等级体系,且需要分析港口及城市建成后在整个体系中的地位与作用。在城市依托方面的分析上,学者研究指出城市与港口是互为依存的,要发展一个大、中型港口,没有一定规模的城市作为依托,是有一定困难的;同时,港口与城市中心区的距离也是一个重要的港址比较指标:港口与城市的距离要求同城市规模成正比。

同年,郑弘毅等(1982)在发现上海港物资设备条件——码头线总长度、深水泊位数、装卸机械、库场、后方疏运等近年来已不能适应发展之需要,压船与堵塞现象日趋严重的问题后,从港口历史演进历程研究上海港口与上海城市互为依存的关系,进而指出从长远来看分流并不能解决上述问题,最终从区域和城市角度提出在金山嘴建港是较为理想的方案。

(2) 港口城市方面的研究

郑弘毅在港口城市方面的研究成果较为丰富,主要包括港口城市性质确定、海港城市体系、港口城市发展与空间布局规律。

① 港口城市性质确定。1982年,郑弘毅等在《城市规划》上发表的《我国海港城市性质及其拟定方法》一文中指出海港城市是一特殊的城市类型,对其城市性质的拟定,就在于如何确定城市职能构成中海港及其有关职能的地位和变化。提出分析海港城市性质,除了要分析影响一般城市的各因素外,还应着重考虑那些与港口有关的因素,及其对港口兴衰的影响,并根据港口职能的序位变化,分析相应的城市职能结构特征,找出规划期内反映城市最本质特征的主要职能。在对国内外港口城市现状研究的基础上,指出海港城市的职能类型一般为以下四个:专业型单职能城市、地区型多职能城市、区域型综合职能城市、港口衰落型城市;最终确定港口城市职能划定应从两个方面入手:一是港口发展前景分析。一般说来,港口发展前景主要取决于港口腹地的经济发展,需要从交通条件、港口建设条件和城市建设条件这三个方面来分析。二是城市其他职能分析。主要

从分析区域城镇居民点体系入手,对区域内政治、经济、文化三方面进行分析。最终将两个方面确定职能进行分析比较,充分考虑它们相互之间的作用,综合平衡,进而得出影响城市远景发展的最主要的几个职能,也即城市性质。

② 海港城市体系。郑弘毅等(1987)在《我国沿海城市体系初探》一文中首先对我国重要海港的现状资源进行深入分析,得出我国海港城市体系存在如下特点:港口分布密度过低,主要港口偏集北方,海港类型以海岸港与河口港并重,专业港口、码头泊位比较落后,对外开放格局基本形成。并得出我国港口城市的发展具有如下优势:沿海地带经济实力雄厚,对外贸易发达;海港城市中心作用明显;海洋资源丰富,开发潜力很大;海岸绵长,类型多样,港湾众多,海港建设条件优良;旅游资源丰富多彩,得海独厚,得水独优;科技文化发达,劳动力资源充足。但也存在能源不足、交通进展慢和淡水匮乏等制约因素。在此基础上,学者从沿海经济发展战略、地域空间结构、等级规模结构、职能类型结构和集疏网络角度确定我国沿海城市体系的组织结构。经济发展战略方面主要采用"外挤、内联、改造、开发"。地域空间结构方面主要提出"环渤海沿海城市圈、长江金三角沿海城市密集区和东南沿海城市带"的空间结构体系。在等级规模结构方面,学者主要从港口的经济腹地经济出发,预测其发展规模,进而将我国沿海港口城市划分为"特大城市(Ⅰ)—特大城市(Ⅱ)—大城市—中等城市—小城市—重要城镇"六级结构。在职能类型结构方面,学者提出了"商品流通、农—工—贸—港口、港口—工业型"的三大基本模式,并对各城市进行单独分析。在网络系统结构方面,学者主要从疏运干道系统、旅游网络、经济网络三个方面着手研究。

③ 港口城市发展与空间布局规律。郑弘毅等(1988)指出我国沿海港口在先秦时代就已有记载,那时多以军事目的为主,尚不具备海港城市的地位与作用。并分别对秦汉时期海港城市产生、隋唐时期海港城市的发展、宋元时期东南海港城市的大发展、明清时期海港城市的停滞衰落以及近代海港城市的发展情况进行深入分析与探讨,得出我国海港城市布局演变存在以下规律:空间布局上自南而北发展;海港城市发展南方早于北方,但北方快于南方;类型由河口港向海岸港发展;首位港口城市发展与国家经济重心遥相呼应;沿海自然条件是港口建设必不可少的物质基础;港口经济腹地是港城发展规模的社会经济基础;海港建设深水化,港城布局分散化。

4. 交通可达性研究方法的技术创新

在南京大学地理与海洋科学学院思源讲座教授沈青的协助参与下,南京大学数字城市实验室徐建刚教授科研团队运用 GIS 技术手段,提出基于栅格数据的空间成本距离计算方法,是对传统基于网络分析的可达性方法的创新。经过几年的研究与推广,该方法目前已经为学术界所普遍接受。目前,南京大学地理与海洋科学学院对此作出了众多研究,在《地理学报》、《地理科学》和《生态学报》等国内重要期刊发表了多篇文章,主要集中在以下两个方面。

(1) 基于栅格成本计算的空间可达性方法应用

该方法主要应用于:宏观区域交通可达性分析与城市经济腹地划分,中观层面城市设施服务范围分析研究。

① 宏观层面的研究成果较多,主要有:吴扬(2008)应用时间加权距离方法,对扬中市过江通道建成前后的区域可达性变化进行了分析;王振波等(2010)借助 GIS 平台,运用栅格成本加权距离算法,计算全国县(市、区)域单位的空间可达性并进行区域划分,进而探讨中国大区域交通可达性与人口分布的关系,解释不同交通条件和不同区域类型中人口迁移与人口流动内在机制,为区域规划、交通规划和中国人口配置提供了科学依据;蒋海兵等(2010)应用基于栅格成本计算的可达性分析方法,选取加权平均旅行时间指标、潜力模型与场强指数,对比分析苏通大桥通车前后乡镇可达性空间格局与中心城市腹地和场强空间变化;王振波等(2010)运用该模型定量评价了渤海海峡跨海通道的修建对我国交通可达性的改进程度;蒋海兵等(2010)运用该模型生成高铁通车后城市等时圈图,探讨高铁对中心城市可达性和经济腹地的影响;蒋海兵等(2010)采用成本加权栅格法和空间叠置,研究中国各地级城市空间可达性及其腹地范围。吴旗韬等(2012)采用改进的可达性模型计算了港珠澳大桥两种情景下珠三角区域可达性空间格局的变化,探讨港珠澳大桥对中心城市时间和费用可达性的影响。张超亚等(2015)基于栅格数据的成本加权距离法,比较分析有无高速公路和有无高速铁路情况下长三角地区中心城市可达性空间格局变化,探索两种快速交通方式对中心城市可达性的影响差异。李亚飞等(2016)采用成本距离分析方法,定量研究京津冀地区民用机场交通可达性的空间特征。

② 中观层面的研究主要集中在城市设施服务范围上,主要有:尹海伟等(2006)采用加权距离可达性模型研究济南市整体绿地系统和公园与广场绿地可

达性的时空动态变化及其原因；尹海伟等(2008)运用该模型对上海和青岛市城市绿地系统的可达性与公平性进行评价分析；尹海伟等(2009)运用基于栅格成本计算的可达性及其他模型,定量分析了上海主要城市绿地类型对房屋价格的影响；张建召等(2009)运用基于栅格成本计算的可达性研究方法开展南京大学、东南大学与南京师范大学周边公共服务设施的服务范围研究；蒋海兵等(2010)以上海市为例,运用可达性模型与伽萨法则研究城市大卖场区位问题。刘欣嵘等(2018)采用最小费用路径(LCP)方法,构建洛阳市的多功能复合型绿道网络。

(2) 基于矢量栅格一体的可达性方法应用

该方法主要是对栅格可达性计算模型的改进与发展,它是将传统的基于网络分析与基于栅格成本计算的可达性模型相结合,用其解决城市内部问题。主要有：祁毅(2008)运用矢量栅格一体的可达性模型研究南京市区空间可达性分布特征和多情景规划对比问题；张翔(2011)提出交通可达性与可靠性的理念,运用该模型,从供需角度分析研究南京市主城区内消防设施布局现状问题,并提出规划建议。吴旗韬等(2015)采用矢量—栅格集成法,以厦深高铁为例,分析高铁开通前后广东省东部区域可达性变化程度和空间分布。戚晓峰和刘丁硕(2018)运用路网—栅格集成法的加权时间成本距离模型对滇西边境山区县域综合交通可达性进行了测算。

5. 对城市交通研究的贡献

近几年南京大学地理与海洋科学学院对城市交通问题的研究成果较为丰富,主要集中在轨道交通、城市公共交通、居民出行和城市道路网结构等方面。

(1) 轨道交通

随着中国城市轨道交通快速建设,对该方面的研究也成为学术界的热点,南京大学的主要研究成果有：王锡福等(2005)运用GIS与RS技术研究南京市轨道交通沿线土地利用分异情况,从而提出有利于南京轨道交通建设与高强度土地开发相结合的联合开发模式；刘贤腾(2010)运用同心圆空间结构分析法研究了东京23区1920—2000年间的人口密度分布演化及功能结构变迁。赵丹等(2012)引入可达性的概念,分析了高速铁路系统的发展对长三角区域空间格局未来演化的影响。唐佳等(2018)通过构建信息时代高铁走廊区域活动空间的概念模型,分析了活动空间的构成与形成机理,并从空间性质、尺度、形态、结构等方面提炼了活动空间的新特征。王琼等(2018)基于沪宁高铁乘客候车活动问卷调查数据,了解高铁乘客的候车活动与空间需求,梳理空间建设的现存主要问题,提出高活力、智慧化、人本化的高铁候车空间优化策略。

(2) 城市公共交通

城市公共交通一直是地理与规划界的研究重点,南京大学主要研究成果有:石飞等(2007)分析了国内城市的交通矛盾,结合中国国情,从交通需求管理角度出发,提出控制私家车使用,提倡公共交通的使用;刘贤腾等(2009)提出了在自由竞争的市场环境中,各种交通方式间竞争关系的基本分析框架,进而提出提高公共交通竞争力的措施。石飞等(2014)认为,在城市规划建设中,要关注城市空间结构和用地布局是否适应公共交通发展,并提出公交都市物质性规划建设的策略及路径。石飞等(2015)以南京市主城区为例,探讨公交出行分担率的影响因素。随着新的城市公共交通方式如公共自行车、共享单车的出现,南京大学学者也开始关注这类问题,罗桑扎西等(2018)以南京市为例,研究城市公共自行车使用与建成环境的关系。

(3) 居民出行

南京大学有关居民出行的研究成果有:石飞等(2008)构建了城市居民出行的概率分布函数,并分析了不同规模城市分布函数的参数取值范围;石飞等(2009)提出了基于居住地分层的居民出行调查方法,为开展居民出行调查提供了良好的思路和借鉴。熊丽芳等(2013)采用CHAID决策树方法,分析了南京市居民通勤时间影响因素。冯建喜等(2016)在当前老年人口比例和绝对数量快速增长的背景下,探讨南京市城市老年人出行行为的影响因素。曾珊珊等(2016)立足我国特有国情特点,分析了中国城市街道模式与居民出行方式互动关系。

(4) 城市道路网结构

南京大学有关城市道路网结构的研究成果有:石飞等(2007)从不同角度重点分析了路网功能结构、路网等级结构和路网布局结构,并研究三者相互关系,提出不能片面追求路网容量的增长,应开展结合路网结构特征的道路网规划和分析思路;石飞等(2009)在分析开发区独特的用地特点和布局形式的基础上,指出其路网规划应注意的问题;石飞等(2011)基于排队论,分别研究了四种不同路网模式中的车流沿横向或纵向行驶产生的总耗时的变化趋势。吴凡等(2019)以路网的介数中势量化路网的布局结构,分析城市路网布局结构对公共交通出行的影响。卓娜等(2019)在当前交通规划由"增量"向"存量"转型的背景下,提出将公交优先与土地利用、慢行交通环境相结合的新的道路分类方法,即在主、次、支路网基础上重新划分为骨干路、公交优先级道路、基础路、慢行通道,构建公交导向型路网系统。

参考文献:

[1] Martin, E. J., Ward, E. G. Traffic Geography [M]. 4th ed. Chicago: The American Commerce Association, 1921.

[2] Tam, R., Hansman, R. Impact of air transportation on regional economic and social connectivity in the United States [D]. Reston, VA. American Institute of Aeronautics and Astronautics, 2002.

[3] Wang, Z. B., Xu, J. G., Fang, C. L., et al. The study on county accessibility in China: characteristics and effects on population agglomeration[J]. Geogr Sci, 2011, 21(1).

[4] 安筱鹏,韩增林,杨荫凯.国际集装箱枢纽港的形成演化机理与发展模式研究[J].地理研究,2000,19(4).

[5] 白寿彝.中国交通史[M].上海:商务印书馆,1937.

[6] 曹小曙,彭灵灵.中国交通运输地理学近十年研究进展[J].人文地理,2006(3).

[7] 曹有挥.集装箱港口体系的演化模式研究——长江下游集装箱港口体系的实证分析[J].地理科学,1999,9(6).

[8] 曹有挥,曹卫东,金世胜,等.中国沿海集装箱港口体系的形成演化机理[J].地理学报,2003,58(3).

[9] 曹有挥,毛汉英,许刚.长江下游港口体系的职能结构[J].地理学报,2001,56(5).

[10] 曹允春.中枢机场在区域经济发展中的作用[J].经济地理,2001,21(2).

[11] 陈福义,熊绍华.区域市场发展与流通网络布局的初探——以湖南省为例[J].人文地理,1995,10(3).

[12] 陈航.中国交通地理[M].北京:科学出版社,2000.

[13] 陈航,张文尝,金凤君.中国交通运输地理[M].北京:科学出版社,1993.

[14] 陈锡康.关于产销区划的一些原理和方法的进一步探讨[J].地理学报,1966,32(1).

[15] 陈颖慧.偏最小二乘回归方法在交通运输业与旅游业关系分析中的应用[D].上海:上海海运学院,2002.

[16] 董守清,王进勇,闫海峰.双线铁路列车运行调整的禁忌搜索算法[J].中国铁道科学,2005,26(4).

[17] 段进军.长三角洲地区交通、城市化及产业发展态势分析[J].经济地理,2002,22(6).

[18] 冯嘉苹,李晗涛.京津唐高速公路高新技术产业带兴起与发展[J].经济地理,1995,15(3).

[19] 冯建喜,杨振山.南京市城市老年人出行行为的影响因素[J].地理科学进展,2015,34(12).

[20] 耿大定,陈传康,杨吾扬,等.论中国公路自然区划[J].地理学报,1978,33(1).

[21] 官莹,黄瑛.轨道交通对城市空间形态的影响[J].城市问题,2004(1).

[22] 韩增林.试论环渤海地区港口运输体系的建设与布局[J].经济地理,1995,15(1).

[23] 韩增林,李亚军,王利.城市物流园区及配送中心布局规划研究——以大连市物流园区建设规划为例[J].地理科学,2003,23(5).

[24] 韩增林,王成金.再论环渤海港口运输体系的建设与布局[J].人文地理,2002,17(3).

[25] 韩增林,徐丛春,李双建.交通网络内生要素集散激励与模式研究——以沈大高速公路为例[J].地域研究与开发,2005,24(1).

[26] 何立居.现代海船安全管理信息化建设研究[J].中国水运(理论版),2006,4(6).

[27] 何瑞春,李引珍,张峻屹,等.城市居民出行选择预测模型及实证研究[J].交通运输系统工程与信息,2007,7(6).

[28] 侯学钢.江西省旅游交通综合规划[J].城市规划汇刊,2001(2).

[29] 胡焕庸.经济地理[M].北京:京华印书馆,1944.

[30] 华东师范大学,东北师范大学,西北师范大学,等.经济地理学导论[M].上海:华东师范大学出版社,1986.

[31] 华裔.关于开发我国西部旅游交通的构想[J].综合运输,1995(4).

[32] 黄盛璋.川陕交通的历史发展[J].地理学报,1957,23(4).

[33] 戢晓峰,刘丁硕.基于3D理论与SEM的县域交通可达性与空间贫困的耦合机制[J].长江流域资源与环境,2018,27(7).

[34] 姜长英.中国航空史:中国航空史料·中国近代航空史稿[M].西安:西北工业大学出版社,1987.

[35] 蒋海兵,徐建刚,祁毅,等.基于时间可达性与伽萨法则的大卖场区位探讨——以上海市中心城区为例[J].地理研究,2010,26(6).

[36] 蒋海兵,徐建刚,祁毅.京沪高铁对区域中心城市陆路可达性影响[J].地理学报,2010,65(10).

[37] 蒋海兵,徐建刚,商硕.过江通道对乡镇可达性影响分析[J].长江流域资源与环境,2010,19(5).

[38] 金凤君,王成金,王姣娥,等.新中国交通运输地理学的发展与贡献[J].经济地理,2009,29(10).

[39] 金凤君,王姣娥,孙炜,等.铁路客运提速的空间经济效果评价[J].铁道学报,2003,25(6).

[40] 金凤君,叶嘉安,叶舜赞.北京/上海—香港客源潜力研究[J].地理研究,1997,16(4).

[41] 李德仁,李清泉,杨必胜,等.3S技术与智能交通[J].武汉大学学报(信息科学版),2008,33(4).

[42] 李洪星.内河航运信息化应用模式的研究[D].大连:大连海事大学,2010.

[43] 李亚飞,刘高换,黄翀,等.京津冀地区民用机场交通可达性空间特征分析[J].世界地理研究,2016,25(6).

[44] 李云清,季令.论上海铁路旅游交通发展[J].铁道运输与经济,1999(12).

[45] 林彰平.大城市交通可持续发展动力机制及优化决策模型探讨[J].人文地理,2001,16(3).

[46] 刘国强.城市土地利用与城市交通研究[D].西安:西安建筑科技大学,2003.

[47] 刘贤腾.城市公共交通竞争力分析[J].武汉理工大学学报,2009,31(1).

[48] 刘贤腾.东京轨道交通体系与城市空间结构优化[J].国外城轨,2009(2).

[49] 刘贤腾.提高公共交通竞争力的措施分析[J].城市规划学刊,2009(2).

[50] 刘贤腾.东京的轨道交通发展与大都市区空间结构的变迁[J].城市轨道交通研究,2010(11).

[51] 刘欣嵘,尹海伟,徐建刚,等.基于LCP的洛阳市多功能复合型绿道网络构建研究[J].现代城市研究,2018(1).

[52] 刘增军.城市带交通运输规划模式框架研究[D].上海:同济大学,1999.

[53] 陆化普.交通规划理论与方法[M].北京:清华大学出版社,2006.

[54] 吕斌,彭立维.我国空港都市区的形成条件与趋势研究[J].地域研究与开发,

2007,26(2).

[55] 罗桑扎西,甄峰,尹秋怡.城市公共自行车使用与建成环境的关系研究——以南京市桥北片区为例[J].地理科学,2018,38(3).

[56] 骆培聪,章牧,程炯.福州市旅游交通存在问题及其发展对策[J].福建师范大学学报(自然科学版),2001,17(9).

[57] 孟召宜.地方小交通的构建与农村经济可持续发展研究——以江苏省为例[J].地域研究与开发,2002,21(4).

[58] 缪婧晶,王劲松.交通成本、消费者选择与旅游目的地发展[J].思想战线,2003,29(2).

[59] 潘海啸,沈青,张明.城市形态对居民出行的影响——上海实例研究[J].城市交通,2009,7(6).

[60] 潘坤友,曹有挥,魏鸿雁,等.我国航空货运网络结构研究[J].经济地理,2007,27(4).

[61] 祁毅.基于公共交通可达性分析的规划支持系统研究:以南京为例[D].南京:南京大学,2008.

[62] 祁毅,徐建刚,宗跃光,等.一种基于栅格数据的空间成本距离计算方法:201810194812[P].2009-04-18.

[63] 任美锷.建设地理新论[M].北京:商务印书馆,1945.

[64] 沈玉昌.川黔之间的地形与铁路建设[J].地理学报,1951,18(34).

[65] 盛叙功.交通地理[M].上海:商务印书馆,1931.

[66] 石飞,居阳.公交出行分担率影响因素分析——基于南京主城区的实证研究[J].城市规划,2015(2).

[67] 石飞,陆建,卢金河,万千.开发区道路网规划方法探讨[J].交通运输工程与信息学报,2009,7(1).

[68] 石飞,陆振波.出行距离分布模型及参数研究[J].交通运输工程学报,2008,8(2).

[69] 石飞,陆振波.基于居住地分层的居民出行调查方法[J].吉林大学学报(工学版),2009,39(4).

[70] 石飞,王炜.城市路网结构分析[J].城市规划,2007,31(8).

[71] 石飞,徐向远.公交都市物质性规划建设的内涵与策略[J].城市规划,2014,38(7).

[72] 石飞,于世军,徐建刚.基于排队论的城市路网模式选择[J].同济大学学报(自然科学版),2011,39(3).

[73] 石飞,章光日,徐建刚.我国交通需求管理(TDM)对策研究[J].武汉理工大学学报(交通科学与工程版),2007,31(5).

[74] 史新宏,蔡伯根,穆建成.智能交通系统的发展[J].北方交通大学学报,2002,26(1).

[75] [日]松尾俊朗.交通地理学概论[M].孔涤庵,译.上海:商务印书馆,1937.

[76] 宋伟,杨卡.民用航空机场对城市和区域经济发展的影响[J].地理科学,2006,26(6).

[77] 孙敬之.中华地理志——经济地理丛书[M].北京:科学出版社,1957.

[78] 唐佳,甄峰,秦萧.信息时代高铁走廊区域居民活动空间——概念模型与研究框架[J].地理研究,2018,37(9).

[79] 同济大学城市道路与交通运输教研组.城市运输[M].北京:中国工业出版社,1961.

[80] 王成金,金凤君.中国交通运输地理学的研究进展与展望[J].地理科学进展,2005,24(6).

[81] 王姣娥,莫辉辉.民航机场布局方法探讨[J].中国民航飞行学院学报,2009,20(6).

[82] 王琼,甄峰,唐佳.沪宁高铁沿线车站乘客候车活动特征及候车空间优化研究[J].现代城市研究,2018(5).

[83] 王锡福,徐建刚,李杨帆.南京城市轨道交通建设潜在影响下的土地利用分异研究[J].人文地理,2005(3).

[84] 王锡福,徐建刚,李杨帆.基于GIS的城市轨道交通与土地复合利用研究——以南京为例[J].城市发展研究,2005,12(4).

[85] 王晓川.国际航空港近邻区域发展分析与借鉴[J].城市规划汇刊,2003(3).

[86] 王耀斌,李世武,胡明.城市停车场的规划与设计[J].吉林工业大学自然科学学报,2001,31(3).

[87] 王振波,徐建刚,孙东琪.渤海海峡跨海通道对中国东部和东北地区交通可达性影响[J].上海交通大学学报,2010,44(6).

[88] 王振波,徐建刚,朱传耿,等.中国县域可达性区域划分及其与人口分布的关系[J].地理学报,2010,65(4).

[89] 卫振林,申金升,徐一飞.交通环境容量与交通环境承载力的探讨[J].经济地理,1997,17(1).

[90] 魏洁.四川省经济、交通运输、旅游网络关联研究[D].成都：西南交通大学,2003.

[91] 魏冶,修春亮.赵映慧.基于GIS的东北地区铁路运输空间极化动力机制分析[J].铁道学报,2010, 32(3).

[92] 吴传均,孙承烈,邓静中.铁路选线调查方法的初步经验[J].地理学报,1955,21(2).

[93] 吴凡,石飞,肖沛余,等.城市路网布局结构对公共交通出行的影响[J].南京工业大学学报(自然科学版),2019,41(4).

[94] 吴刚.价值工程在提高旅游交通价值中的应用[J].价值工程,2003(3).

[95] 吴旗韬,张虹鸥,孙威,等.基于矢量—栅格集成法的厦深高铁影响空间分布——以广东东部地区为例[J].地理科学进展,2015,34(6).

[96] 吴旗韬,张虹鸥,叶玉瑶,等.基于交通可达性的港珠澳大桥时空压缩效应[J].地理学报,2012,67(6).

[97] 吴艳文,王越子.滇黔桂联合开发国际旅游线路问题探讨[J].热带地理,2004,24(1).

[98] 吴扬,徐建刚,王振波,等.基于GIS技术的扬中市可达性定量研究——以过江通道的建设为例[J].地域研究与开发,2008,27(5).

[99] 肖星,侯佩旭,李亚兵.青藏铁路沿线旅游资源特色与开发对策[J].地域研究与开发,2003,22(3).

[100] 熊和金.藏水北调及其管道运输方案研究[J].武汉理工大学学报(社会科学版),2002,15(1).

[101] 熊丽芳,甄峰,钱前,等.基于CHAID决策树方法的城市居民通勤时间影响因素分析——以南京为例[J].人文地理,2013(6).

[102] 徐建刚,祁毅,迟有中,等.可定制性的规划审批数字报建系统[J].规划师,2006,22(3).

[103] 徐近之.西藏、西康国防线上之通路及其重要[J].地理学报,1936,3(4).

[104] 徐涛,王黎明,张大泉.中国民用航空机场的可达性研究[J].地理与地理信息科学,2008,24(4).

[105] 宣国富,陆林,汪德根,等.三亚市旅游客流空间特性研究[J].地理研究,2004,

23(1).

[106] 闫小培,毛蒋兴.高密度开发城市的交通与土地利用互动关系——以广州为例[J].地理学报,2004,59(5).

[107] 严德一.论西南国际交通路线[J].地理学报,1937,4(5).

[108] 杨爱芬,郭雪萌.铁路运输经济效益审计的若干问题[J].北方交通大学学报,1994,18(3).

[109] 杨建军,张兴平,毛以林.跨世纪的杭州市旅游景区与旅游交通布局构想[J].城市规划汇刊,1998(5).

[110] 杨齐.区域客流分布模型研究[J].地理学报,1990,45(3).

[111] 杨吾扬.关于产销区划的一些原理、方法的介绍和体会[J].地理学报,1963,29(1).

[112] 杨吾扬.中国陆路交通自然条件评价和区划概要[J].地理学报,1964,30(4).

[113] 杨吾扬,张国伍,张文尝,等.交通运输地理学[M].北京:商务印书馆,1986.

[114] 杨迅周,周峰.高速公路建设与河南经济可持续发展[J].地域研究与开发,1997,16(4).

[115] 杨荫凯.智能交通系统(ITS)概况及我国的发展对策选择[J].地理科学进展,1999,18(3).

[116] 杨荫凯,金凤君.交通技术创新与城市空间形态的相应演变[J].地理学与国土研究,1999,15(20).

[117] 杨兆升.交通运输系统规划[M].北京:人民交通出版社,1997.

[118] 姚士谋,陈彩虹,王书国,等.国际空港的大区位及其规划布局问题——以广州新白云机场为例[J].人文地理,2006,21(1).

[119] 殷成志,吕斌.长江三峡区域旅游交通规划[J].城市规划汇刊,2004(2).

[120] 尹海伟,孔繁花,宗跃光.城市绿地可达性与公平性评价[J].生态学报,2008,28(7).

[121] 尹海伟,徐建刚,孔繁花.上海城市绿地宜人性对房价的影响[J].生态学报,2009,29(8).

[122] 于涛方,顾朝林,李志刚.1995年以来中国城市体系格局与演变:基于航空流视角[J].地理研究,2008,27(6).

[123] 曾珊珊,石飞,徐建刚.中国城市街道模式与居民出行方式互动关系[J].城市发展研究,2016,23(3).

[124] 曾廷藩,张同铸,杨万钟.经济地理学原理[M].北京:科学出版社,1991.

[125] 占英华,易虹.现代城市物流中心及其规划建设研究——以深圳平湖物流中心规划为例[J].经济地理,2000,20(2).

[126] 张超亚,张小林,李红波.快速交通对区域中心城市日常可达性影响——以长江三角洲地区为例[J].长江流域资源与环境,2015,24(2).

[127] 张建召,徐建刚,胡畔.城市中心区的大学文化特色空间整体性研究——基于南京实证区的空间定量分析[J].城市发展研究,2009,16(11).

[128] 张其昀.中国经济地理[M].上海:商务印书馆,1929.

[129] 张文尝.我国客流的影响因素及其地区差异研究[J].地理学报,1988,43(3).

[130] 张文尝.中国交通枢纽布局及其地域整体[J].经济地理,1990,10(4).

[131] 张文尝,金凤君,荣朝和,等.空间运输联系——理论研究·实证分析·预测方法[M].北京:中国铁道出版社,1992.

[132] 张翔.包容性城市与区域规划理论、方法与实证研究[D].南京:南京大学,2011.

[133] 张兴平,杨建军,毛以林.杭州市游客流量的时空分析及旅游交通对策[J].地理学与国土研究,2000,16(2).

[134] 张耀平,于晓东.真空管道运输安全问题成因分析[J].交通运输工程与信息学报,2006,4(3).

[135] 赵丹,张京祥.高速铁路影响下的长三角城市群可达性空间格局演变[J].长江流域资源与环境,2012,21(4).

[136] 郑朝霞.国内外管道运输情况综述[J].物流技术,2003(2).

[137] 郑弘毅.海港区域性港址选择的经济地理分析[J].经济地理,1982,2(2).

[138] 郑弘毅.南京城市区域的交通问题[J].人文地理,1988(1).

[139] 郑弘毅,蔡建辉.试论我国公路发展战略[J].地理学与国土,1986,2(2).

[140] 郑弘毅,顾朝林.关于我国海港城市发展规律的研究[J].南京大学学报(哲学社会科学版),1986(3).

[141] 郑弘毅,顾朝林.我国沿海城市体系初探[J].自然资源学报,1987,2(3).

[142] 郑弘毅,顾朝林.我国沿海城市布局演变过程及其规律[J].经济地理,1988,8(4).

[143] 郑弘毅,蒋宁玲.我国海港城市性质及其拟定方法[J].城市规划,1982(6).

[144] 郑弘毅,张务栋.从区域与城市发展的角度评上海港港址选择问题[J].地理学

报,1982,37(3).

[145] 中国科学院中华地理志编辑部.中国经济地理总论(运输地理)[M].北京:科学出版社,1965.

[146] 周华彬,韩胜风.与道路功能相适应的城市道路横断面布置研究——以临港新城为例[J].华中科技大学学报(城市科学版),2005,22(1).

[147] 周一星,胡智勇.从航空运输看中国城市体系的空间网络结构[J].地理研究,2002,21(3).

[148] 卓娜,石飞,王红扬.公交导向下的道路分级体系重构——以汕头市中心城区为例[J].现代城市研究,2016(3).

第十九章　信息地理

张捷[1,2]，甄峰[2,3]，周其楼[1,2]，钟士恩[1,2]

（1. 南京大学地理与海洋科学学院；
2. 南京大学人文地理研究中心；
3. 南京大学建筑与城市规划学院）

信息地理学研究人类信息传播的地理学问题，包括信息传播的空间分布规律、空间结构及其空间影响，特别是对人类社会、经济空间组织的影响。广义的信息地理包括20世纪40年代人们对电话等媒体的研究，90年代出现的电信地理学研究。信息及其传播的地理学研究，尤其是现代技术条件下的信息社会、信息空间受社会经济影响的地理学研究，以及由于虚拟现实技术带来的地理学问题等，属于人文地理学范畴。信息及其传播媒介环境已经成为地理学中地理环境的重要组成，信息地理学是国际上对这一领域进行研究的专门学科。随着信息技术的发展及其对人类社会影响的扩大，信息地理学越来越重要，特别是互联网和移动通讯技术的出现，导致当代信息地理学成为未来人文地理学不可或缺的分支。

一、信息地理学发展回顾

1. 中国的信息地理学发展

20世纪80年代，在计算机刚刚崭露头角的时候，国内学者就已经开始关注信息地理学的发展，叶嘉安(1988)探索了微型计算机在地理学中的应用和限制，季增民(1989)初步提出信息地理学概念。然而，互联网出现之后，信息技术给人类生产和生活带来又一次革命性的影响，信息地理学研究对象也经历了从现实空间到虚拟空间的转变。信息地理学从传统的通信模式(邮政通信、电话、电报)的地理问题研究转向计算机的地理应用，尤其是互联网形成的信息空间研究(表19-1)。

表 19-1　信息和通讯模式的历史变迁

通讯方式	通信模式	远程指令控制模式	特征
烽火台	单向式	实物信息	点到点,固定路径,速度慢,信号内涵单一
信件	单向式	文字信息	信息传播面扩大,速度慢,信息内容略丰富
电报	单向式	简要文字信息	电磁信号,速度快,仅限于文字信息
电话	双向式	口头信息	速度快,仅限于语言信息
互联网	网络式	信息的集成、实时传输	信息发布实时,跨越空间,多人共享、互动,多媒体信息

中国的信息地理学的研究内容体系主要包括四个层面:

一是信息时代的城市与空间形态探讨。网络地理空间、虚实灰空间、流动空间、赛博空间等新的空间形态以及数字城市、信息城市、智慧城市等新型城市形态的形成机制、构成要素、组织模式,信息时代的距离消亡论、地理消亡论以及信息技术对空间的微弱影响论、适度影响论是近年来讨论的理论热点。张捷(2010)指出从科学的空间到人性的空间,从物质的空间到非物质的空间,从单纯的空间到复杂的空间,从"外壳"的空间到空间里面的空间,空间一直经历着重构和重新解析,地理空间典型形式相应地呈现出原始生存空间、农业空间、企业空间、信息技术空间的演化序列过程。甄峰(2004)系统性地展开了信息空间的内涵、空间形态、空间作用以及信息空间的经济地理研究、社会文化地理研究等。总体而言,信息技术作为未来社会地理环境的重要构成元素,如信息地理环境的知觉、虚拟信息地理环境、信息环境中现实空间的隐喻等需要进行新的批判性思考。

二是信息技术的空间效应研究。信息时代的地理空间的区位、构成要素、空间组织模式与结构等受到影响,体现在以下四个空间层次上:(1) 区域空间:信息时代的区域空间变化、区域空间重构与发展模式、区域经济发展的组织作用;(2) 城市空间:信息技术作用下城市空间特征及演变、城市体系格局、城市空间结构、微观城市空间变化(CBD功能与前景);(3) 产业空间:互联网背景下全球生产网络和地方产业集群中的信息、知识过程、企业信息技术应用与产业链空间变化,具体产业的空间影响及响应(如旅游业);(4)文化空间:信息时代的文化空间响应。

三是信息时代的时空行为和居民活动研究。包括个人联系网络演变、对城市居民出行特征的影响,居民的工作、居住、出行、购物、休闲娱乐等日常行为活动变化。

四是信息技术自身及相关、衍生现象的地理学研究,包括信息技术的区域扩散、发展类型、地域结构和区域空间差异,信息技术的区位选择,信息流,等等。

2. 南京大学的信息地理学发展历程

南京大学关于信息地理学的研究,总体而言具备以下几个特征:

一是研究时间早。信息地理学是南京大学人文地理研究的重要分支,对于我国信息地理学发展和城乡信息化建设作出了杰出贡献。南京大学对于信息地理学的关注较早,在计算机和网络还没有普及的20世纪90年代,南京大学的地理学者就已经以前瞻性的眼光开始关注和探索信息地理学的研究命题。张捷在1997年首次对中国互联网的地理空间联通性进行了实证研究,并结合Harvey的历史空间观提出信息地理时代到来后地理空间不同于以往空间的特殊性。顾朝林、甄峰1999年开始对数字城市、信息城市、信息技术空间的影响,知识经济时代的城市规划创新等进行大量的探索性研究。这其中,甄峰开创性地从行为地理学的角度研究了信息技术对人的空间行为影响。

二是研究范围广。南京大学已经成为国内信息地理学研究阵营里的重要基地和堡垒。在信息地理领域,南京大学的地理学者的视野开阔,研究领域较广,涉及如下重要研究内容:数字城市、信息时代地理空间的特征、网络文化地理问题、网站空间分异及发展战略、信息城市、信息技术对城市空间影响、信息技术对人的空间行为影响、旅游与科技信息化发展战略等。

三是研究跨度大。信息技术发展日新月异,对信息地理的研究提出了极大挑战。20世纪90年代至今,南京大学的相关研究成果从未间断,研究横跨互联网、移动互联网甚至物联网几个技术平台。研究从纯粹的理论探索到实践应用、从概念探讨到规划实践,对于我国信息地理学的发展和信息化实践产生了不可忽视的推动作用。

四是研究团队强。南京大学从事信息地理研究的主要有张捷教授、顾朝林教授、甄峰教授。张捷自1997年起在国内首次对互联网信息地理学进行实证研究,并对互联网信息空间地理学体系、网络文化地理问题、旅游网站空间分异及发展战略、信息时代地理空间的特征、旅游与科技信息化发展战略、主题频率与书论演进关系等进行了探索研究,在 Tourism Geographies、《经济地理》《地理科学》《情报科学》等中英文学术刊物发表信息技术及情报检索研究论文 20 多篇。顾朝林一直关心信息城市以及信息网络影响下的城市空间的研究。甄峰自1998 年开始进行信息城市、信息技术的空间影响、信息化影响下的个人行为等多主题的研究,取得了丰硕成果,共发表研究论文 30 多篇,成果发表于《地理学报》《地理研究》《经济地理》《人文地理》《城市规划汇刊》等刊物;出版著作《信息时代的区域空间结构》,主持国家自然科学基金项目"信息时代中国城市就业与居住空间变化研究"(编号:40971094)和"信息化影响下的区域城市网络形成过程与机制:以长三角为例"(编号:40301014)。目前,张捷教授与甄峰教授仍然坚守在信息地理研究的前沿阵地,培养出了一个具备研究能力的研究团队,正在为我国的信息化和信息地理的研究做出新的努力。

五是研究领域新。南京大学学者对信息技术行业的发展始终高度关注,始终把握信息地理研究的前沿。在移动信息技术平台发展的今天,已经开展了信息时代移动社会理论构建与城市地理研究,提出了基于移动信息技术的移动社会理论框架,进而对移动信息时代城市地理学的研究方法、研究重点进行了探讨,并展望了运用城市地理学的研究服务于移动信息时代的城市与区域的发展、规划、管治(甄峰等,2012)。基于对"物联网"概念、特点及应用的分析,从理论和实证两个层面对"物联网"的发展将会对城市空间结构所产生的影响进行了初步分析和探讨(陈曦、翟国方,2010)。沈丽珍(2010)认为全球化、信息化、城市化的共同作用产生了以流动为特征的新空间形式,具体包括节点、层次、网络、流和面。秦萧等(2013)认为信息技术的快速发展带来了"大数据"时代的到来,改变了城市的空间组织和居民行为,使得城市时空间行为研究方法面临变革,据此构建了基于大数据应用的城市时空间行为研究方法框架。唐佳等(2018)认为信息技术和高速铁路正加速影响居民的行为活动,以高流动性为基本特点的信息时代高铁走廊区域活动空间逐渐形成,并在此基础上构建了信息时代高铁走廊区域活动空间的概念模型,分析了活动空间的构成与形成机理。罗桑扎西和甄峰(2019)从个体行为、空间活动、空间交互联系网络的复合视角,使用手机数据构建了公共空间活力评价方法框架。

二、重点领域与学术贡献

1. 信息时代的空间形态

计算机及互联网出现之后,信息地理学从传统的通信模式的地理问题研究转向计算机的地理应用、互联网形成的信息空间研究。信息地理学研究对象也经历了从现实空间到虚拟空间的转变,传统空间观受到挑战。张捷(2000)较早地认识到信息技术的发展将给人文地理学带来重要影响,并系统地进行了展望,提出近期研究的目标、研究的基本内容、研究方法、近期研究的重点问题。其中,对于信息空间(cyberspace)尤其重视,进行了深入探讨,从本质上研究了信息技术对于地理空间及地理学的深刻影响。在此基础上,林珲、张捷(2006)以现代地理信息科学方法和相应的空间技术为平台,以空间思维与综合人文社会研究为指导思想,探讨多学科人文社会研究的时空特征,对于空间综合人文学和社会学研究进行了初步思考。顾朝林(2002)基于地理空间、网络空间复杂关系的探讨,指出信息社会的城市空间是一种地理空间与网络空间相互依存、相互交织的复合式空间,然而,城市空间仍然具有重要的地理学意义,地缘上的差异以新的方式体现出来。甄峰(2004)在综述西方关于新空间形态解释的基础上,对信息技术影响下的新空间形态进行了探索性研究,提出了实空间、虚空间及灰空间的三元空间假设,分析了虚空间和灰空间各自的内涵、构成、类型,并指出三元空间并存与共生将是一个持续的现象。沈丽珍等(2010)对空间观进一步进行了探讨,指出传统空间观从内涵到外延都发生了深刻变化,空间观的研究正由理论研究向运用与实证研究转化,未来应重点构筑我国信息技术影响下的空间理论体系。席广亮等(2013)认为,在信息技术推动下,流动空间作为新时期的新空间形式,不仅带来时空压缩效应,同时不断地强化着区域城市间联系,推动着人流、物流等的城际流通。近年来,随着信息技术的不断发展,利用大数据进行城市空间形态、网络等的研究也逐渐增多:王波等(2015)基于微博签到数据分析城市活动空间的动态变化;朱寿佳等(2016)利用智能手机的轨迹数据,对南京大学仙林校区的校园活动空间进行评价;龚言浩等(2019)利用微信公众号文章探讨城市关注度等级与联系网络;罗桑扎西等(2019)使用手机数据来评价南京市公共空间活力;李哲睿等(2019)以常州市为例,利用多源数据测度城镇中心性,并将其应用于规划中。

2. 信息技术的空间影响

信息技术已全面渗透到生产与生活领域，形成了空间事物的一种新的组织形式，并引起较多学者的关注。张捷(2000)较早地指出信息技术将带来一系列的区域效应，包括传统地理空间及其结构改变、距离衰减规律的突破、企业空间组织等。张捷(2007)探讨了互联网上的旅游信息(流)空间结构及使用方式对旅游流空间迁移的影响。对于信息技术的空间影响，甄峰(2001)研究了信息技术作用影响下的区域发展战略及其规划。刘慧等(2007)研究了信息化对区域经济社会的影响，通过分析失业率和区域差异的变化，探究了信息化对江苏省社会发展的影响。刘卫东、甄峰(2004)指出信息化对社会经济空间组织的影响包括技术进步的一般影响、信息化时代的特征、区域空间重组、城市空间演化、企业空间组织等五个方面。回顾南京大学对信息技术之空间影响研究进展，其中，对空间结构的影响是研究的重点，包括：

第一，从新的研究课题、研究范式的转变及研究重点三个方面将西方学术界对信息时代区域与城市空间结构及其相关研究进行了总结，指出相关研究内容：(1) 赛伯空间——新的空间逻辑；(2) 区位研究，尤其是生产性服务业研究；(3) 空间的分散与集中、均衡与非均衡发展；(4) 创新网络与区域空间结构；(5) 信息发展模式的空间结果；(6) 新空间极化现象(甄峰、顾朝林，2002)。

第二，分析了信息时代空间结构影响要素，将新的空间结构影响因素归纳为信息技术、信息因素、知识因素、创新因素(甄峰等，2004)。进一步指出对于点要素而言，其规模、功能、地位及不同点之间的联系都发生了变化。而线要素的变化主要表现在信息技术促使了信息流对空间结构作用的强化，不同网络之间的互动日益重要。这些又导致面要素出现了如智能区域等新的空间组合模式(甄峰等，2004)。

第三，探讨了信息时代区域空间结构成长机制，指出动力机制为全球化与地方化、信息技术、产业升级、城市间联系、空间整合、发展政策这六个方面(刘晓霞等，2005)。

第四，研究了全球化、信息化对长江三角洲空间结构的影响，指出新的空间关系正被建立，同时，沪宁杭沿线城镇开始向以信息、知识活动为主的智能发展走廊演化，空间结构的内部联系更趋紧密(甄峰等，2004)。

第五，研究了信息技术影响下，城市居民居住空间的变化(翟青等，2012；秦萧、甄峰，2016；姜玉培、甄峰，2018），以及城市居民网络在线活动对城市空间的影响机理及效应，如居民线上线下消费互动作用及其对城市商业空间的影响、电子商务对城市居民行为活动的影响及空间效应（秦萧等，2014；王波、甄峰，2017）。

3. 数字与信息城市

进入信息时代，传统的城市功能空间发生了巨大变化。从信息技术对城市空间相互作用方式、空间结构构成要素及其影响因素的影响出发，对信息时代城市功能空间变迁进行研究变得尤为重要。顾朝林（1999）较早地涉及数字城市领域，提出将与城市有关的数据借助数字化、网络化做成可管理控制的规划虚拟模型，有利于大众在模型中获取所有与城市有关的信息，成为一个实在的城市综合管理与决策支持系统。在分析"数字城市"研究背景的基础上，对"数字城市"的定义、特征提出见解，探讨"数字城市"的基本框架以及所必需的技术基础（段学军等，2001）。

甄峰对信息地理的研究的一个主要领域是信息城市，并在该领域作出了重要贡献。

第一，从整体角度探索了信息技术与城市发展的关系。从城市地理学的"空间距离摩擦定律"与信息革命的"时空压缩"的观念变化入手，深入探讨信息技术对于城市空间的深刻影响：信息技术使得社会经济空间布局和企业空间重组成为可能；远程通讯网络造成空间结构影响要素、空间形态、空间结构构成要素的变化；互联网以其价值标准重构城市竞争优势，决定原有全球城市体系中城市的进一步成长或衰落；信息技术从规划技术手段、规划内容、规划管理等方面全方位地渗透城市—区域规划领域（翟青、甄峰，2010）。在此基础上，较早地预测了由于信息技术的时空压缩，各种流的运动，导致一系列新的区域城市现象的出现（甄峰等，2002）。

第二，信息化与城市经济增长的关系，通过定量分析实证了信息化水平与经济发展水平有较强的相关性，表明信息化的发展可以极大地带动城市经济的发展（刘慧等，2006）。

第三，城市的功能空间。指出信息时代城市功能空间变迁的主要趋向：全球化、虚拟化、复合化（魏宗财等，2009）。在此基础上，从更细的切入点对精英空间的形成过程、表现形式、文化构成等进行了研究，这也是信息地理学界研究的重要亮点。研究认为数字化城市成为城市未来发展的重要方向,由此产生了通过流动而运作的共享时间的社会实践物质组织,把握流动主导权的人们将构成精英空间,因其体现的是主导和依赖流动的管理精英(而非阶级)的空间组织,他们操纵了未来空间流动和接合的方向性功能。研究进一步分析了精英空间影响下的社会阶层分异,以及由此引发的社会空间分异(沈丽珍等,2010)。

第四,信息技术与城市规划。早在1999年就探讨了知识经济时代城市和城市发展会出现的一些新的特点、趋势,进而提出城市规划应努力实现自身的创新(甄峰等,1999)。对中国城市规划网站空间分布及其差异进行了研究,得出当前国内城市规划网站的主要类型及不同类型网站的空间分布现状。针对网站空间分布的不均衡现象,进行了分析解释,指出了当前网站建设过程中存在信息化意识不强、网站的信息量小、更新速度慢、互动性不强等问题(张年国等,2005)。

最新研究成果重点分析了移动信息技术影响下的地理空间与网络信息空间的变化,提出了基于移动信息技术的移动社会理论框架。对智慧城市的系统构建,有利于服务于移动信息时代的城市与区域的发展、规划、管治(甄峰等,2012;甄峰、秦萧,2014;甄峰等,2015;曹阳、甄峰,2015;曹阳、甄峰,2018;曹阳等,2019)。

4. 信息技术与旅游

信息技术对旅游业的需求、旅游业影响、产品及服务等方面产生了广泛的影响。张捷从旅游研究的背景出发,较早地开始信息技术与旅游的研究(张捷,1997;张捷,1998),在国内引领并大力推动了旅游领域的信息化研究。张捷(2003)对未来科技发展对旅游业的影响进行了初步分析,指出信息技术、环境技术及交通技术等信息社会科学技术的发展,对旅游业的需要、旅游业营销、产品及服务等方面带来了广泛的影响。2004年,进一步指出了信息通信技术与旅行旅游业研究发展趋势(张捷,2004),以及旅游业发展如何应对科技迅速发展的挑战(张捷,2004)。2005年,将信息技术与旅游关系的研究进一步推向深入,研究了基于价值链理论的科学技术与旅游业结合模式,提出了传统功能、衍生功能、虚拟功能和新生功能四种不同功能指向的旅游科技类型,并将科技在旅游业中的应用模式分为两种基本模式:需求导向型和技术导向型(张捷等,2005)。同时,关注到相应旅游规划应当走向信息化,指出信息时代新旅游模式将会在旅游消费者、旅游产业模式及旅游规划等方面得到体现,闲暇化、目的地化、多元化、文化性特征愈来愈明显。旅游业规划必须在规划理念、规划方法、规划内容及规划实施方面进行相应调整和更新(张捷,2003)。并从实践出发,研究了市县旅游管理信息系统(UCTBMIS)的基本功能规划(张捷,1997)。近年来,大数据已经成为旅游研究领域的热门话题。大数据技术可以监控和管理旅游景点的实时游客使用情况,显然为旅游研究、产业运营带来了机遇和利益。但同时也需要考虑大数据与旅游流理论模型、其他旅游地理学理论的关系,以及大数据对对旅游地理的影响(Zhang,2018)。

对于旅游与信息融合发展方面的研究,张捷教授从地理空间角度对信息技术在旅游行业的应用、发展、影响进行了研究,对信息地理、旅游地理的内涵完善以及信息地理研究的范式作出了重要贡献。

第一,对旅游网站的空间分布的研究。通过对网上调查统计和旅游网站特征指数(TWCI)的设计及其分析,描述了中国旅游网站的空间分布类型并分析了其影响因子。指出国内旅游网站的空间分布存在差异,而区域旅游网站发展规模数量与区域社会经济基础、网络技术基础背景以及区域旅游发展的区域分异具有较大的一致性(Zhang,2004;Liu & Zhang,2008;张捷,2004)。进一步对旅游网站空间分布的动力机制进行了深入研究。在指出我国旅游网站空间分布的区域差异和空间规模结构特征——旅游网站数量自东部沿海向中西部递减,且主要集中分布于省会城市和旅游经济发达城市的基础上,定量分析了区域经济、信息技术水平、旅游企业数量、旅游接待人数等与我国旅游网站规模分布的数学统计关系,总结了影响旅游网站空间分布主要由旅游企业和旅游者两个因素推动作用的动力机制(Cheng & Zhang, 2009)。基于旅游网站的空间分布,进一步研究了旅游产品网络营销国际化对策(Cheng & Zhang,2010;程绍文、张捷,2008),将研究推向了实践应用层次,从而使旅游网站空间分布研究形成一个完整的体系。

第二,信息技术的区域旅游流空间响应研究,开创性地将信息技术与旅游地理的传统研究命题结合起来,开拓了信息技术在旅游地理领域的研究空间。通过对九寨沟游客出游信息媒介使用的实地问卷调查和分客源地统计分析,发现网络信息已经成为游客出游决策的重要信息媒介,与亲友传播、电视媒介一起成为前三位信息媒介。统计技术结果表明,各省入游人数与各省入游客网络信息使用者数随入游距离分布呈现一致性,经相关分析呈显著性相关,但这种相关性不是因果关系,而是整体游客群使用网站固定结构的反映(Zhang,2008;张捷,2007)。网络搜索引擎是旅游者获取旅游信息的最重要来源,通过比较PC端和移动端百度指数与实际游客量之间的关系,发现移动端比PC端百度指数模型具有更好的旅游景区日游客量预测效果(孙烨等,2017)。同时,旅游景区日游客数量搜索量指数(SVI)之间存在长期均衡关系(Liu,et al,2019)。

第三,对于计算机的界面、显示形式、符号,从地理角度切入深入研究,以微见大,新颖别致,不仅体现了信息地理的研究深度,也彰显了信息地理的研究乐趣与魅力。网络情绪符号是网民交流情绪感情的从属性符号,构成了网络虚拟空间的重要标志,它的产生、类型、感知、传播及表现内容趣味均有其特定的文化地理背景(张捷,2002)。情绪符号的研究对未来电子商务等有潜在价值。

5. 信息时代的居民行为活动

从行为地理学的角度,探讨信息技术对居民个人行为的时空影响,开展了大量研究,为开拓信息地理领域作出了重要贡献。主要内容包括:

(1) 个人联系网络研究。人是信息化的主体,信息化的迅速发展对个人联系网络产生了重要影响。电视、报纸等传统信息来源比重降低,而因特网、手机等新型信息来源的比重上升;地理实空间的传统联系方式比重逐渐下降,而网络虚空间的远程通讯方式蓬勃发展,且处于强势主导地位等,地理实空间和网络虚空间是互补而非替代关系等。地区城市间个人联系和交流变得频繁,且个体联系频率指数的增幅与城镇等级呈显著的正相关关系(魏宗财等,2008)。

(2) 城市居民家庭联系网络研究。从城市居民家庭的信息来源、联系方式、联系频率等三个方面对信息化影响下南京城市居民家庭联系网络的演变特征和规律进行了分析,并尝试了从居民家庭联系网络的角度来阐释地理实空间与网络虚空间的替代抑或互补的关系等理论争辩(魏宗财等,2009)。

(3) 城市居民出行特征研究。在家办公的出现减少了日常的工作出行。信息网络对居民日常出行的引导作用日益突出,并出现了部分替代。城市居民家庭的交通通讯费用大幅增长,上网时间增长较快,而城区更为明显(甄峰等,2009)。信息技术对南京城市居民的休闲活动已经产生了广泛的影响,而网络休闲活动的增加也确实减少了居民每日的非必要性出行时间(赵霖等,2013)。

(4) 出游行为研究。对南京大学浦口校区的大学生的出游行为进行研究。通过分析互联网对大学生出游行为影响的方式、过程与结果,探讨虚空间对于人在实空间中移动态势的影响,进一步探讨了实空间与虚空间的关系(姜煜华等,2010)。

(5) 消费行为研究。随着互联网的快速发展和普及,网上购物因其巨大的经济潜力已经成为信息技术应用的核心领域之一。网上购物对城市零售空间的影响包括:① 扩大化和碎片化活动空间;② 不同等级零售空间受网购影响差异显著,向虚实融合的零售空间转化;③ 线上线下零售活动向与其他空间渗透和融合,促进传统零售空间转型。

三、信息地理学的发展构想

地理学与信息技术的结合将更为深入,信息(尤其是包括互联网在内的远程通讯信息和现代计算机技术支撑的逼真图像景观信息)及其传播的地理学研究,特别是现代技术条件下的信息社会、信息空间受社会经济影响的地理学研究以及由于虚拟现实技术带来的地理学问题等将受到广泛关注。目前主要强调经济及技术方面研究,对于社会文化及人文方面的实证研究相对较为薄弱。重点突出以下几个未来的发展方向:

1. 信息技术深入影响下的城市空间研究

信息技术深入影响下的城市空间研究,具体包括信息技术深入影响下的空间结构、生产空间、消费空间、社会文化空间、游憩休闲空间等。目前,从城市体系、产业结构、功能空间、空间分异等方面对信息时代的城市功能变迁有较为全面的分析,但在居住、就业、交通、游憩等功能空间之间的关系上缺乏进一步深入的挖掘探索,这是今后努力的方向。信息时代的城市构成要素和功能空间结构以及影响城市发展的动因已发生很大变化,工业时代城市规划的原则和理论已经不能适应信息时代的城市。全球化已不仅仅是进行定位分析的背景分析,已有的用地分类标准已难以表示城市功能的兼容,作为虚空间载体的信息化基础设施的规划建设变得尤为重要,社会空间分异的成因及解决愈加复杂,等等,可能是今后城市规划应重点探讨的问题。

2. 移动信息技术作用下的行为地理研究

基于居民行为活动的时空日志数据的挖掘,研究移动信息技术影响下的居住、工作、出行、旅游度假、购物、休闲娱乐等行为活动的时空制约、破碎化,及其时空特征变化等方面的研究。

3. 信息技术与旅游结合的研究

旅游技术可以分为两类：需求导向型和技术导向型。前者研究重点在目的地管理、旅游者计划安排、中小旅游企业、导游技术、旅游需求、饭店管理及旅游营销等方面，后者研究重点在移动技术、旅游网站及其评价以及虚拟技术等方面。同时，将研究拓展至整个产业运行规律、旅游者行为规律的深度，如信息技术与旅游流、闲暇流的互动影响研究、信息技术对旅游者旅游决策的影响的研究，等等。

4. 移动信息时代的智慧城市研究

移动通信技术的进步及其应用，与高速铁路的加快建设、城市区域化的加速和智慧城市的建设一起，正将世界带入一个全新的移动信息时代。时间和空间概念的重新定义、全新时空观的出现，使得以空间问题为核心内容的城市地理学面临着根本性的变革。在移动信息技术的支撑下，城市地理学的研究范式、方法和内容都开始发生巨大的变化，传统的理论框架已不能满足当前研究的需要。在这样一个全新的城市发展框架下，以城市空间为研究对象的城市地理学需要在强化已有研究的基础上，关注移动信息技术影响下的城市空间形态变化与空间转型、城市经济活动的空间变化、城市居民行为空间变化、城市与区域空间相互作用、城市与区域管治等方面的内容，从而发挥城市地理学研究对于城市发展与城市规划建设的理论支撑和实践指导作用。

5. 物联网的地理学响应研究

新一代信息技术——物联网（Internet of Things）在全球掀起巨大热潮，受到美国、欧盟等国家和地区的高度重视，我国也确定将物联网作为战略性新兴产业来培养。物联网将构造具有空间功能的技术空间——智慧地理空间，形成新型人地关系。一方面，对于这种新的人文地理学现象，进行物联网技术空间组织、分布、产业布局等自身和衍生地理学问题的研究对我国战略性部署物联网产业具有重要的现实指导意义；另一方面，信息地理学必须进行相应调整、适应、提升，从实证角度研究物联网对传统空间观、区位、空间相互作用、空间结构以及行为地理、城市地理的影响。

参考文献：

[1] Cheng, S., Zhang, J., Fox, D., et al. Study on CTW(China's Tourism Web sites)'s

distribution and online marketing effects[J]. Journal of China Tourism Research，2010，(6).

[2] Liu,J.,Zhang,J.,Wall,G.The geographical space of China's tourism web sites[J]. Tourism Geographies,2008,10(1).

[3] Liu,P.,Zhang,H.,Zhang,J.,et al. Spatial-temporal response patterns of tourist flow under impulse pre-trip information search：from online to arrival[J]. Tourism Management，2019，73(8).

[4] Zhang,J.Big data and tourism geographies — An emerging paradigm for future study?[J]. Tourism Geographies，2018(11).

[5] Zhang, J., Liang, Y., Shi, C., et al. Response of regional tourist flow to informational space-example of Jiuzhaigou Valley[C]// In Zhao J, Huang W V (ed). Proceedings of the seventh Wuhan international conference on E-business：unlocking the full potential of global technology. Wuhan, China, 2008.

[6] Zhang, J., Lu, S., F., Wen, M. H., et al. Regional differentiation of Chinese tourism web sites[A]// In Frew A (ed)：Information and communication technologies in tourism 2004 (Springer Computer Sciences). Wien & New York：Springer, 2004.

[7] 曹阳,甄峰.基于智慧城市的可持续城市空间发展模型总体架构[J].地理科学进展,2015,34(4).

[8] 曹阳,甄峰.智慧城市仿真模型组织架构[J].科技导报,2018,36(18).

[9] 曹阳,甄峰,席广亮.大数据支撑的智慧化城市治理：国际经验与中国策略[J].国际城市规划,2019,34(3).

[10] 陈曦,翟国方.物联网发展对城市空间结构影响初探——以长春市为例[J].地理科学,2010,30(4).

[11] 程绍文,张捷,梁玥琳,等.我国旅游网站空间分布及动力机制研究[J].旅游学刊,2009,24(2).

[12] 段学军,顾朝林,于涛方."数字城市"的初步研究[J].地理学与国土研究,2001,17(2).

[13] 龚言浩,甄峰,席广亮,等.基于微信公众号文章的城市关注度等级与联系网络研究[J].现代城市研究,2019(4).

[14] 顾朝林,李满春."数字城市"研究漫谈[J].城市规划汇刊,1999(5).

[15] 姜玉培,甄峰.信息通信技术对城市居民生活空间的影响及规划策略研究[J].

国际城市规划,2018,33(6).

[16] 李哲睿,甄峰,黄刚,等.基于多源数据的城镇中心性测度及规划应用——以常州为例[J].城市规划学刊,2019(3).

[17] 林珲,张捷,杨萍,等.空间综合人文学与社会科学研究进展[J].地球信息科学,2006,8(2).

[18] 刘慧,甄峰,梁作强,等.信息化对江苏省经济社会发展的影响[J].经济地理,2007,27(4).

[19] 刘慧,甄峰,周红生.南京市信息化与城市经济增长关系分析[J].天津师范大学学报(自然科学版),2006,26(3).

[20] 刘卫东,甄峰.信息化对社会经济空间组织的影响研究[J].地理学报,2004,59(增刊).

[21] 刘晓霞,甄峰,张年国.信息时代区域空间结构成长机制研究[J].西北大学学报(自然科学版),2005,35(5).

[22] 刘学,甄峰,张敏,等.网上购物对个人出行与城市零售空间影响的研究进展及启示[J].地理科学进展,2015,34(1).

[23] 罗桑扎西,甄峰.基于手机数据的城市公共空间活力评价方法研究——以南京市公园为例[J].地理研究,2019,38(7).

[24] 秦萧,甄峰.信息渠道对城市居民迁居空间的影响——以南京为例[J].地理研究,2016,35(10).

[25] 秦萧,甄峰,熊丽芳,等.大数据时代城市时空间行为研究方法[J].地理科学进展,2013,32(9).

[26] 秦萧,甄峰,朱寿佳,等.基于网络口碑度的南京城区餐饮业空间分布格局研究——以大众点评网为例[J].地理科学,2014,34(7).

[27] 沈丽珍,席广亮,秦萧,等.基于快递物流测度的区域流动空间特征——以江苏省为例[J].人文地理,2018,33(1).

[28] 沈丽珍,张敏,甄峰.信息技术影响下的空间观及其研究进展[J].人文地理,2010,25(2).

[29] 孙烨,张宏磊,刘培学,等.基于旅游者网络关注度的旅游景区日游客量预测研究——以不同客户端百度指数为例[J].人文地理,2017(3).

[30] 唐佳,甄峰,秦萧.信息时代高铁走廊区域居民活动空间——概念模型与研究框架[J].地理研究,2018,37(9).

[31] 王波,甄峰.城市实体特征对城市网络空间影响力的作用机制——基于互联网新闻媒体的分析[J].地理科学,2017,37(8).

[32] 王波,甄峰,张浩.基于签到数据的城市活动时空间动态变化及区划研究[J].地理科学,2015(2).

[33] 魏宗财,甄峰,张年国,等.信息化影响下经济发达地区个人联系网络演变——以苏锡常地区为例[J].地理科学进展,2008,27(4).

[34] 席广亮,甄峰.互联网影响下的空间流动性及规划应对策略[J].规划师,2016,32(4).

[35] 席广亮,甄峰,沈丽珍,等.南京市居民流动性评价及流空间特征研究[J].地理科学,2013,33.

[36] 翟青,甄峰,康国定.信息技术对南京市职住分离的影响[J].地理科学进展,2012,31(10).

[37] 翟青,甄峰,童雅娟.非洲信息通信技术应用的地理格局差异研究及对策[J].世界地理研究,2011,20(3).

[38] 张捷.互联网时代的地理学展望[C]//李小建.区域研究新透视.洛阳:河南大学出版社,1999.

[39] 张捷.信息时代科技发展、新旅游及旅游规划更新[J].安徽师范大学学报(自然科学版),2003,26(4).

[40] 张捷.科技与旅游发展[J].旅游学刊,2004,19(3).

[41] 张捷.空间概念的演化:物质的、地理的抑或是精神的?[C]//陶东风,周宪.文化研究.北京:社会科学文献出版社,2010.

[42] 张捷,都金康,张兆干,等.网上"情绪符号"(smilies)的地理学研究[J].南京林业大学学报(人文社会科学版),2002,2(2).

[43] 张捷,顾朝林,都金康,等.计算机网络信息空间(Cyberspace)的人文地理学研究进展与展望[J].地理科学,2000,20(4).

[44] 张捷,刘泽华,解杼,等.中文旅游网站的空间类型及发展战略研究[J].地理科学,2004,24(4).

[45] 张捷,温明华.市县旅游业信息管理规划初探[J].旅游研究与实践,1997(4).

[46] 张捷,温明华,刘泽华,等.信息通信技术与旅行旅游业研究发展趋势——国际信息技术与旅游业联盟(IFITT)11届大会综述[J].旅游学刊,2004,19(3).

[47] 张捷,温明华,吕淑菲.知识经济与21世纪旅游、闲暇业[J].旅游学刊,

1998(4).

[48] 张捷,张进,刘佳.基于价值链理论的科学技术与旅游业结合模式研究[J].旅游科学,2005,19(1).

[49] 张捷,周寅康,都金康,等.信息地理学研究二题——信息时代地理空间的历史定位及空间联通性初探[J].经济地理,1997,16(增刊).

[50] 张楠楠,顾朝林.从地理空间到复合式空间——信息网络影响下的城市空间[J].人文地理,2002,17(4).

[51] 张年国,甄峰,王娜.中国城市规划网站空间分布及其差异研究[J].江西师范大学学报(自然科学版),2005(6).

[52] 赵霖,甄峰,龙萨金.信息技术对南京城市居民休闲活动与出行的影响[J].人文地理,2013,28(1).

[53] 甄峰.信息时代区域发展战略及其规划探讨[J].城市规划汇刊,2001(6).

[54] 甄峰.信息时代新空间形态研究[J].地理科学进展,2004,23(3).

[55] 甄峰.信息时代的区域空间结构[M].北京:商务印书馆,2004.

[56] 甄峰,曹小曙,姚亦锋.信息时代区域空间结构构成要素分析[J].人文地理,2004,19(5).

[57] 甄峰,顾朝林.信息时代空间结构研究新进展[J].地理研究,2002,21(2).

[58] 甄峰,黄春晓,张年国.西方信息港发展以及对中国信息港发展的思考借鉴[J].国外城市规划,2006,21(2).

[59] 甄峰,罗俊彦,张苏梅.知识经济与城市规划创新[J].城市规划汇刊,1999(3).

[60] 甄峰,秦萧.大数据在智慧城市研究与规划中的应用[J].国际城市规划,2014,29(6).

[61] 甄峰,魏宗财,杨山,等.信息技术对城市居民出行特征的影响——以南京为例[J].地理研究,2009,28(5).

[62] 甄峰,席广亮,秦萧.基于地理视角的智慧城市规划与建设的理论思考[J].地理科学进展,2015(4).

[63] 甄峰,翟青,陈刚,等.信息时代移动社会理论构建与城市地理研究[J].地理研究,2012,31(2).

[64] 甄峰,张敏,刘贤腾.全球化、信息化对长江三角洲空间结构的影响[J].经济地理,2004(6).

[65] 甄峰,朱传耿,穆安宏.全球化、信息化背景下的新区域城市现象[J].现代城市

研究,2002(2).

[66] 甄峰,朱传耿,赵勇.信息时代空间结构影响要素分析[J].地理与地理信息科学,2004,20(5).

[67] 朱寿佳,甄峰,曹阳,等.基于智能手机移动调查的校园活动空间评价[J].规划师,2016,32(12).

第二十章　土地利用碳排放

赵荣钦[1,2]，陈志刚[1,2]，黄贤金[1,2]，钟太洋[1,2]，
揣小伟[1,2]，张梅[1,2]，於冉[1,2]，李建豹[1,2]

（1. 南京大学地理与海洋科学学院；2. 南京大学人文地理研究中心）

　　近年来，随着"低碳经济"概念的提出和发展，碳排放研究成为跨越自然、人文、经济、管理等不同学科的新的热点领域。对区域碳排放进行核算分析是开展低碳经济战略研究和决策的前提。土地利用变化是引起区域碳排放的重要因素，由于自然条件和人类活动的差异，不同地类具有不同的碳排放强度。土地利用变化必然会对区域"自然—社会"二元碳循环过程产生深远影响。一方面，不同土地利用方式上的自然条件和人为活动具有明显差异，这造成了不同土地利用方式碳排放速率和强度的区别；另一方面，土地利用变化也改变了地类自身的碳循环规律，从而引起新的碳释放或碳吸收。土地利用不仅是陆地生态系统自然碳源/碳汇的载体，也是社会经济系统碳源的载体。从经济运行及政策角度而言，土地利用是人类各种活动及政府产业政策的最直接的落脚点和表现方式。因此，土地利用是碳排放研究的一个重要切入点，也是开展碳排放调控的重要工具，从土地利用角度开展碳排放研究，有助于深入了解区域碳循环的人类影响机制，并能够从土地利用规划、产业结构调控、国土开发与整治等领域全面引领社会经济的低碳发展。

　　南京大学人文地理学科在土地利用研究方面有较强的学科优势。多年来，在国家级纵向项目的支撑下，通过与地方实践项目的结合，南京大学在土地利用规划、农户土地利用、土地利用评价、土地利用变化的驱动力及环境效应等领域形成了大量的研究成果。基于这种学科优势，整合南京大学管理、经济等相邻学科的力量，实现土地利用与碳排放研究的结合，是近年来土地利用研究的又一个新的方向和学科增长点。同时，在南京大学等高校的带动下，国内土地利用碳排

放研究也呈现蓬勃发展之势,涌现了一批研究成果。该领域的研究对于碳排放的土地利用调控、创新土地利用规划环境影响评价机制、土地利用规划中的碳效应评估都起到了较好的实践效果。

一、南京大学土地利用碳排放研究回顾

2007年以来,南京大学人文地理学科逐步开展了碳排放的研究,并通过与土地利用研究方向的结合来突出自身的学科特点。发展之初,研究侧重于对全国或区域层面能源消费碳排放的核算。2008年以来,承担了国土资源部公益性行业科研专项经费项目"土地利用规划的碳减排效应及调控研究"和国家社科基金重大项目"建设以低碳排放为特征的土地调控体系研究"等一系列以碳减排的土地利用调控为研究目标的科研项目。以此为研究平台,黄贤金、濮励杰和周寅康等诸位教授带领课题组相继开展了区域碳排放核算、土地利用碳排放与碳足迹、低碳土地利用结构优化及城市碳循环的土地调控等领域的探索研究,主要目标在于研究土地利用变化的碳排放效应及其调控机制和对策,并取得了一系列研究成果。出版专著10部,发表论文150余篇,其中SCI和EI收录50余篇;撰写江苏省地方标准1项,申请软件著作权1项,发明专利1项;培养博士生14名、硕士生18名。南京大学"土地利用碳排放"研究的主要发展历程可大致分为以下两个阶段。

1. 区域不同尺度碳排放核算及其变化研究阶段

这是碳排放研究的起步阶段,主要是在2007—2010年。在低碳经济研究的背景下,研究成果主要集中在区域碳排放核算及分析方面,主要特点表现在两个方面:一是结合IPCC等的碳排放核算方法和参数,对全国和区域层面(江苏省及东、中、西部地区)的能源消费碳排放以及产业碳排放进行了核算,在国内较早建立了区域碳排放核算的基本方法,并对不同地区、部门和产业的碳排放进行了分析;二是在区域碳排放核算的基础上,初步采用情景分析方法、投入产出方法、因素分解方法、灰色系统和环境负荷模型等方法对碳排放进行机理分析,探讨了区域碳排放的关键驱动因素,分析了不同产业碳排放的关联,探讨了碳排放和区域产值的关系,从全国和区域尺度上分析了碳排放的演变特征。

该时期对于全国土地利用碳排放效应、城市微观主体土地利用对碳排放的影响以及基于碳氧平衡理论的土地利用优化研究也有所涉及,这些探索为土地利用与碳排放研究的结合奠定了前期研究基础。

2. 土地利用的碳排放效应及优化调控研究阶段

该阶段是区域碳排放核算研究的进一步深化。2011年以来,在科研项目的支持下,研究内容从单纯的碳排放核算转向基于不同土地利用方式的碳排放及调控研究,实现了土地利用与碳排放研究的结合。主要内容有:一是通过碳收支核算与土地利用方式的对应,开展了区域不同土地利用方式的碳排放效应与碳足迹研究;二是构建土地利用结构优化模型,提出了基于低碳目标的土地利用结构优化方案;三是通过构建城市系统碳循环机理和模拟模型,研究了城市层面土地利用的碳储量、碳通量及碳流通状况;四是将土地利用碳排放核算方法应用于土地利用规划实践,开展了对土地利用规划方案的碳效应的评估,探讨了低碳土地利用的政策和实施路径;五是开展了建设用地扩展和城市化过程的碳排放效应研究,并对城市建设用地扩展的规模边界和空间边界进行了预测。

该阶段研究成果丰富,学术思维活跃,理论与实践相结合。一方面构建了土地利用碳排放效应研究及其调控的理论框架与研究方法;另一方面与土地利用规划和土地整治工程实践相结合,对江苏省、江苏省南京市、安徽省滁州市等地的土地利用碳排放效应开展了评估,丰富了土地利用规划的实践内容,为地方低碳经济的发展提供了新的思路和实施路径。

二、南京大学土地利用碳排放研究的主要方向

1. 区域碳排放核算、因素分析及减排潜力研究

结合IPCC核算体系及国内外研究的碳排放参数,南京大学从2007年开始,在国内较早开展了不同尺度区域碳排放的核算研究。2007年,黄贤金首次对江苏省产业活动的碳排放进行了核算,并分析了产业结构变动的碳排放效应;2008年,胡初枝和谭丹等分别对中国全国、东中西不同地区以及工业行业的碳排放进行了研究,并分析了其演变特征;结合IPCC温室气体清单方法,孙建卫对中国1995—2005年的碳排放进行了较为系统和全面的核算,建立了中国碳排放清单。在此基础上,揣小伟等分析了中国能源消费碳排放的空间格局和变化特征;李建豹等采用标准差椭圆、探索性空间数据分析(ESDA)和LISA时间路径等分析了中国省域碳排放的空间格局、影响因素和碳排放强度累积目标完成率等;赵荣钦等以中原经济区为例,探讨了县域空间碳收支和碳平衡状况,并提出了基于碳平衡分区的中原经济区主体功能区优化的思路。之后,对碳排放的情景分析、因素分解等的研究也逐渐展开,进一步明晰了区域碳排放的影响因素和规律。

如王倩倩、孙建卫、王伟林、赵雲泰等分别采用因素分解模型、环境负荷模型、投入产出分析方法、自相关分析方法等对中国碳排放的重心移动、碳排放演变的因素和产业活动碳排放特征，以及江苏省碳排放强度变化的因素进行了分解研究。以上研究为深入了解碳排放机理和低碳经济运行规律提供了理论支撑。

就研究尺度而言，主要集中在全国和地方两个层面。对全国碳排放的核算体系主要包括四个部分：能源活动、工业生产过程、农业/林业及其土地利用变化、废弃物。另外，在地方政府的低碳研究项目基础上，对江苏省区域尺度的碳排放和碳收支也开展了核算研究，并开展了基于情景分析的碳减排潜力研究。如张墨逸等基于投入产出分析方法，以江苏省为例分析了产业重构对碳减排的影响，卢芹莉等采用因素分解分析方法，分析了江苏省产业发展与碳排放的脱钩关系，并提出了未来产业低碳发展的对策。以上研究为地方政府低碳经济发展战略的制定提供了理论支撑和实践指导。

基于以上研究，南京大学对中国陆地生态系统碳库和主要人为碳排放进行了全面核算，摸清了我国碳库及碳排放的家底，为土地利用碳排放效应及低碳土地利用研究提供了基础数据支撑。

陆地生态系统：① 收集整理了已有研究中大量关于植被碳密度数据，结合植被类型分布图，形成了覆盖全国的植被碳密度分布图；基于第二次土壤普查数据，生成了全国土壤有机碳密度分布图；基于此，在全国和省级层面核算了典型年份我国陆地生态系统碳储量。② 在区域层面上，基于土壤多目标地球化学调查数据，以及森林、草地、农田等不同生态系统的调查数据，重点对江苏省陆地生态系统碳储量进行了核算（图 20-1）。③ 基于植被数据、土壤数据、气象数据以及我国野外观测站点的实测资料，模拟了我国长时间序列 NEP 空间分布及变化。研究发现：一般情况下，高生物量植被覆盖区植被和土壤碳密度水平较高，我国陆地生态系统总体发挥着碳汇作用，但西部生态脆弱区表现为碳源。

人为碳排放：采用碳排放系数法，结合《IPCC 国家温室气体清单指南》，在全国和区域尺度（图 20-2）上完成了人为碳排放清单的核算。核算项目主要包括能源消费、工业生产过程、废弃物处理以及人口和动物等。研究发现：能源消费是我国碳排放来源的主体，其排放量要远远高于其他碳排放项目，是低碳减排的重点控制领域。

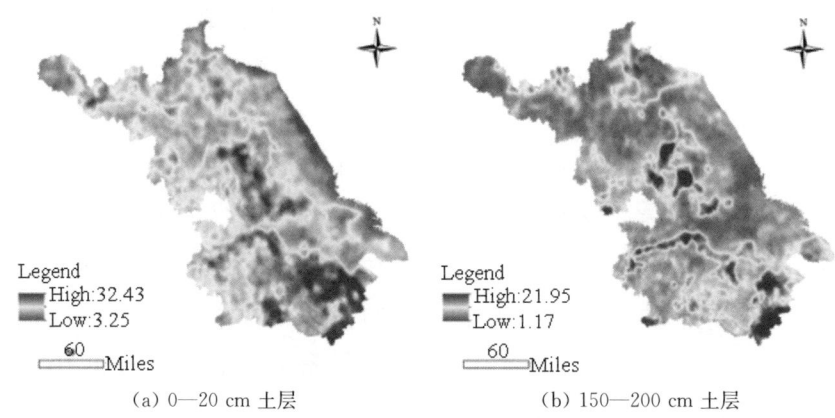

图20-1　江苏省不同土层有机碳密度空间插值分布图（kg/m³）

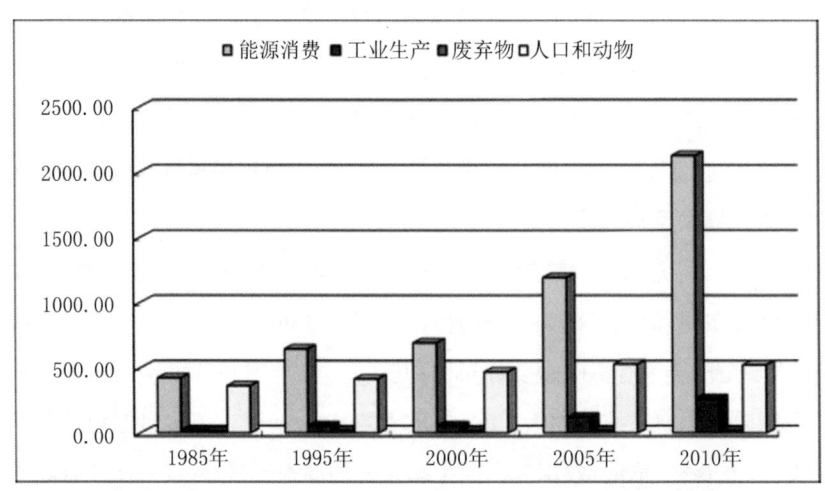

图20-2　江苏沿海地区主要年份不同项目碳排放量（万吨）

总体而言，南京大学在全国人文地理学界较早引入区域碳排放核算研究，这对于在地理学界拓展碳循环的人文驱动研究起到了很好的带动作用，也为碳排放与土地利用研究的结合奠定了基础。

2. 土地利用碳收支特征及其变化的碳排放效应研究

核心内容是将区域碳排放核算的主要项目与土地利用类型相对应，将碳排放落实到不同的用地空间上，从而分析土地利用及其变化的碳排放效应。该研究是从全国和区域两个层面展开的。

在深入分析土地利用碳排放机理、摸清我国陆地生态系统碳库和人为碳排放家底的基础上,整合"自然—社会"二元系统,对不同土地利用类型的碳收支特征进行了综合性分析;设计了土地利用变化碳排放效应的核算框架和方法,为我国土地利用碳排放的核算提供了新的思路;在全国和区域尺度上进行了实证研究,编制了土地利用碳排放清单。

不同土地利用类型碳收支特征:① 在全国及省级层面上,核算了典型年份耕地、林地、草地、水域、建设用地、未利用地植被和土壤碳密度;② 基于 NEP 空间分布及土地利用类型分布图,核算了不同土地利用类型的 NEP 特征;③ 根据不同区域实际情况,因地制宜地建立了人为碳排放项目与不同土地利用类型之间的对应关系,将不同碳排放项目分解到土地利用类型之中,构建了不同产业用地的碳排放清单,比较了不同产业的土地利用碳排放强度差异及省域间的差异;④ 在区域尺度上,基于人为碳排放数据以及夜光灯数据,对建设用地所承载的人为碳排放进行了栅格化模拟(图 20 - 3)。研究发现:生态用地类型,尤其是林地,发挥着重要的碳汇作用,具有较高的碳密度;而建设用地,尤其是工矿用地是主要的碳源地;我国碳源/汇的区域差异性较为明显,东部沿海经济发达地区承载着较高水平的碳排放,西部地区碳排放水平较低,但大面积的生态脆弱区的草地往往发挥着碳源作用。

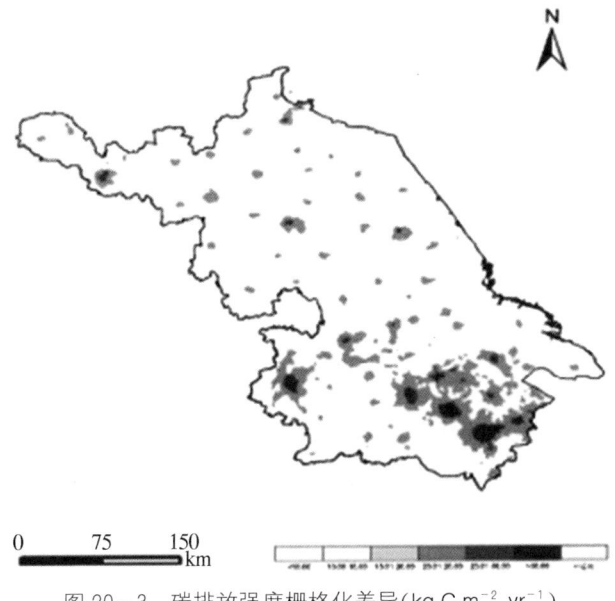

图 20 - 3　碳排放强度栅格化差异(kg C.m^{-2}.yr^{-1})

在国土资源部公益性项目的平台基础上，结合IPCC温室气体清单方法，赖力和黄贤金等构建了基于ARC/INFO的1km-Grid碳排放评估模型，系统分析了1980—2005年我国土地利用碳排放的时空格局，并结合国家碳排放清单概算，尝试性提出中国土地利用方式的碳排放清单和标准。在此基础上，对中国1990—2010年土地利用变化和管理的碳排放进行了核算，结果发现，中国土地利用和管理导致了1.45 Pg的碳排放。结合以上主要研究成果，课题组申请了"土地利用碳排放核算系统"软件著作权，撰写了《江苏省建设用地碳排放核算标准》，填补了国内土地利用碳排放核算方法的空白。另外，揣小伟等基于陆地生态系统碳蓄积的视角，采用线性规划方法提出了全国不同省份土地利用优化的目标和方案，并结合中国陆地生态系统碳源汇及其对气候变化的响应分析了土地退化的特征，为基于碳收支开展土地利用管理提供了新的视角。

在区域层面，揣小伟在对江苏省沿海地区土地利用碳排放核算的基础上，应用系统动力学方法，探索性地建立了土地利用碳排放仿真系统，为土地利用碳排放的核算和预测提供了全新的思路、方法；在此基础上，对2020年土地利用结构进行了优化研究，并通过CLUE-S模型对其空间变化趋势进行了情景模拟，最后提出了低碳发展的土地调控措施。李颖等采用国内相关研究的参数，对不同土地利用类型的碳源/汇进行了估算，分析了江苏省不同土地利用方式的碳排放效应，并对未来土地利用规划方案的碳排放进行了预测；揣小伟等对江苏省土壤有机碳的空间分布进行了研究，并分析了高程、坡度、土地利用类型、土壤类型等因子对土壤有机碳密度的影响；郑泽庆和张兴榆等利用遥感、地理信息系统，开展了江苏省及环太湖地区土地利用变化对陆地生态系统碳储量的影响研究；揣小伟和黄贤金等探讨了土地利用变化对江苏省陆地生态系统碳储量及土壤碳储量的影响；王佳丽等对江苏省土地利用结构的相对碳效率进行了评价；张梅等对中国土地利用类型转变的碳排放进行了分析，并探讨了不同区域之间的差异；赵荣钦等以南京市为例，采用因素分解分析方法，探讨了土地利用变化的碳排放效应。以上研究对于区域层面土地利用碳排放机理的探索具有重要意义，也在国内丰富了土地利用碳排放效应评价的研究领域。

在实践方面，结合地方规划实践，将碳排放效应评估方法融入土地利用规划环境影响评价，在安徽省滁州市首次开展了基于低碳目标的土地利用规划环境影响评价的研究，这在国内尚属首次。

南京大学土地利用碳排放效应研究一方面强调对不同土地利用方式碳效应的分析,弥补了以往研究仅关注自然地类的不足,探讨了人类经济社会碳排放对土地利用变化的响应;另一方面强调土地利用碳排放效应与规划实践的结合,开展面向低碳优化的土地利用方案调控的创新实践,因此具有较强的应用性和实践价值。

3. 区域土地利用的碳足迹时空格局分析

碳足迹是近年来国内外生态学研究的新的热点领域,反映了人类活动的环境影响程度。2010年,赵荣钦和黄贤金通过构建能源消费及产业活动的碳足迹模型,对中国各省区碳排放量进行了估算;基于土地利用分类体系,建立了不同区域产业空间(农业空间、生活与工商业空间、交通产业空间、渔业与水利业空间、其他产业空间)与能源消费碳排放的对应关系,对各省区不同产业空间碳排放强度和碳足迹进行了对比分析,并提出了降低产业碳足迹和优化产业空间布局的建议;揣小伟等构建了不同区域的碳足迹核算模型,并通过对区域碳排放和碳吸收的测算,分析了中国八大区域的碳排放强度和压力状况,并对主要大区的碳排放强度和碳足迹进行了排序、对比。以上研究在国内较早对碳足迹进行了定量分析,为在低碳背景下评估人类活动的生态影响提供了重要的理论和实践方法,对于产业结构的低碳优化调控具有重要的现实意义。

在区域层面上,赵荣钦和黄贤金对江苏省化石能源、农村能源、电力消费等的碳排放进行了核算,通过土地利用类型和能源消费平衡表的对应关系,对不同土地利用方式的碳排放及碳足迹进行了定量分析,该研究定量分析了不同土地利用方式带来的环境影响,为进一步开展土地利用结构优化研究奠定了基础。

另外,卢俊宇和黄贤金等对1997—2008年全国各省级区域碳足迹重心的时空演变趋势进行了分析,通过区域碳足迹压力指数的构建,对全国各区域的生态压力强度进行了分级;通过对基尼系数内涵的扩展,构建了碳排放公平性评价模型,对中国不同区域碳排放的公平性进行了初步分析。

以上研究在国内较早对碳足迹进行了定量核算,为低碳背景下评估人类产业活动的生态影响提供了重要的理论指导和实践方法,对于区域产业用地结构的低碳优化调控具有重要的现实意义。

4. 面向低碳目标的土地利用结构优化研究

土地利用结构优化研究是土地利用碳排放研究的重要实践内容。基于碳排放核算和土地利用碳排放效应的研究基础,南京大学开展了基于不同层面的面向低碳目标的土地利用结构优化研究。主要思路是:通过土地利用碳排放核算分析,对不同土地利用结构方案开展碳效应评估,最终建立能够最大限度实现碳减排的土地利用结构优化方案。

南京大学在全国、省区和城市层面均开展了相关研究。在全国碳排放效应研究的基础上,李颖对中国碳排放效率进行了分析,对全国国土空间进行了主体功能分区,设立碳汇功能区、收支平衡区、总量排放控制区、单位产出排放控制区等四类功能区,提出了全国国土空间利用低碳调控的对策。

在省区层面,李璞建立了能源消费碳排放与土地利用类型的对应关系,并以江苏省为例,面向低碳目标对建设用地结构优化配置进行了研究;揣小伟对江苏省陆地生态系统碳储量进行了核算,并开展了基于陆地生态系统碳储量的江苏省土地利用结构优化研究。

在城市层面,赵荣钦通过对南京市土地利用碳储量和碳通量的分析,对土地利用规划方案的碳效应进行评估;建立了三种土地利用结构优化方案,并分析了其减排潜力。结果发现,基于碳排放最小化的土地利用方案能够显著降低区域碳排放强度。

另外,在低碳土地利用数量结构优化的基础上,开展了"低碳土地利用空间优化—驱动因子优化反演"等层层深入的研究,不断推动该领域的创新与发展,推广了研究的应用价值。

低碳土地利用空间优化:以江苏沿海地区为例,分别开展了基于碳储量最大化和碳排放最小化的低碳土地利用结构优化研究。为了保障优化土地利用结构方案的有效实施,申请人进一步开展了低碳土地利用的空间结构优化模拟,制作了低碳优化情景下土地利用转移矩阵,展示了未来情景下土地利用变化剧烈以及碳储量损失和碳排放增加明显的区域,将低碳土地利用落实到空间层面,以便更加有效地加强管理。

低碳土地利用驱动因子优化反演:经济社会因子是驱动土地利用变化与碳排放增长的原动力。为了保障优化方案的实施,将优化落实到驱动因子层面。以江苏省为例,在碳储量最大化的土地利用结构优化方案基础上,创新性地开展了低碳土地利用驱动因子优化反演研究。研究发现,在不考虑技术进步的情况下,优化的驱动因子虽然会带来一定程度的经济损失,但可以有效遏制江苏省

2010—2030年间碳储量减少的趋势,同时,能使能源消费碳排放减少12%。该理论与方法首次提出对影响因子进行控制和优化,为该领域的研究拓展了新的思路与方法。

以上研究对区域土地利用布局和产业规划的实践起到了重要指导,不仅从理论上拓展了土地利用的研究方向,而且丰富了土地利用规划的实践内容。

5. 城市系统碳循环及土地调控研究

作为人类能源和产业活动的集中地,城市系统碳循环是全球和区域碳循环的重要环节。开展城市层面碳循环及土地调控研究对于正确评估城市在区域碳循环中的作用、促进城市低碳发展具有重要的现实意义。

城市系统具有明显的"自然—社会(经济)"二元碳循环特征,城市系统碳循环是一个包括自然和人工过程、经济和社会过程、水平和垂直过程、地表和地下过程在内的复杂系统。在国家社科基金重大项目的支持下,赵荣钦通过城市系统碳循环机理分析,在国内比较系统地构建了城市系统碳收支核算及评估的方法体系,并以南京市为例,开展了城市系统碳储量、碳通量、碳平衡、碳流通的核算和评估的实证研究;通过城市碳循环与土地利用方式的对应,探讨了南京市土地利用碳排放强度和碳足迹状况,以及土地利用变化的碳排放效应;建立了基于碳蓄积最大化和碳排放最小化的土地利用结构优化方案,对比分析了其减排潜力,并提出了基于土地利用结构优化的南京市低碳城市管理和调控策略;叶浩通过碳氧平衡理论,对苏州市若干土地利用调整方案进行了评估,并提出了碳氧平衡基础上的苏州市城市用地的优化调控方案和对策;卢俊宇以江阴市为例,构建了符合中国实际国情和统计体系特征的城市系统温室气体排放框架,并以国家可持续发展试验区江阴市为案例地,进行中小城市温室气体排放核算框架的研究,详细全面核算了江阴市近十年来的温室气体排放量,并从温室气体排放结构、时间序列变化、排放强度、与经济发展的关系等不同方面分析江阴市温室气体排放的变化特征;黄金碧对江苏省城市碳排放进行了分析,通过对13个地市碳排放及其强度的变化分析,提出了城市碳减排的潜力和对策。

城市碳排放也可以从微观层面展开。徐健借助于连续逼近法以及交通周转量,构建了城市微观土地利用影响背景下的碳排放评测模型,对南京市城市微观土地利用模式的碳排放进行了评测。提出了不同交通方式及其组合特征下的碳排放情景,及城市微观土地利用影响下的碳减排措施,为城市微观土地利用配置过程中碳减排的实现提供了有益参考。

开展城市系统碳循环及其调控研究不仅能够为国家低碳城市策略的制定提供决策参考,并且为气候变化背景下发展中国家城市发展模式的构建和评估提供新的方法、途径。这也是碳循环的重要研究内容之一。

6. 土地整治工程项目的碳效应研究

土地整治工程不仅影响区域土地利用结构、方式和强度,造成土地利用活动中人类能源消费和物资投入的强度的变化,从而引起碳排放强度的改变,而且通过影响土壤质地、肥力和生物特性等改变土壤碳通量过程。因此,土地整治工程会对区域碳平衡产生重要影响。

首先,土地整治工程会对表层土壤碳含量造成影响。谭梦等以江苏省丹阳市、兴化市和泗阳县的三个土地整理区为例,通过土壤采样分析方法,对不同土地整理区土地整理后的土壤碳含量变化及其差异的原因进行了分析。结果发现,通过土地整理,三个区域土壤碳含量都得到了提高,但增幅有所差别,这与各整理区土壤类型、土地整理施工方式、施工时间等因素密切相关。另外,土地整理后旱地碳含量增幅大于水田。

另外,张庶等构建了土地整治工程碳效应分析的研究框架,并以江苏省宜兴市农用地整治项目为例,从工程实施碳效应、土地结构碳效应、土地利用方式碳效应三个方面对农用地整治的碳效应进行了分析。结果发现,项目整治后,土地结构和方式变化均带来了碳储量的增加,而工程建设过程则造成了净碳排放。其中,灌溉排水工程是造成碳排放的最重要的工程类型,水泥、钢材和柴油等工程建设物资投入是碳排放量增加的主要因素;区域年净碳汇量明显增加,主要源于耕地种植面积的增加和农业灌溉条件的改善。

拾少军开展了煤炭区废弃地土地再利用模式与低碳效益研究,并以徐州市为例,煤炭区低碳经济效益评价指标体系,用模糊综合评价法对徐州市煤炭区进行了低碳经济效益评判。这为煤炭区废弃地土地再利用提供了有益参考。

总体而言,将碳排放效应评估引入到土地整治工程实践领域,为土地利用和碳排放的结合提供了新的视角,也为今后进一步从土地学科体系的角度构建碳排放的研究框架打下了基础。

7. 城市化过程的碳排放效应研究

城市化及城市建设用地的扩展对城市生态环境系统产生了重要影响,尤其从碳排放的源头来看,城市建设用地承载着大量高耗能、高碳排的人类活动,其扩展必然对碳循环过程和气候变化产生深远影响。因此,探讨城市化过程的碳排放效应有助于揭示城市化发展不同阶段以及不同城市发展模式下碳排放的特征,为区域城市低碳发展和管理提供实践指导。

南京大学从全国、城市群和典型城市等不同尺度开展了城市化的碳排放效应研究。揣小伟等从全国尺度对建设用地扩展的碳排放效应进行了分析,结果发现建设用地的碳排放占全国能源消费碳排放的 27.87%—34.31%;於冉结合土地利用变更调查和统计数据,开展了合肥市 1995—2012 年的土地利用变化的碳排放效应研究,基于建设用地扩展及其所承载的碳排放的计算结果,对合肥市建设用地碳排放峰值及其峰值控制下的建设用地扩展进行了预测,并对合肥市城市建设用地扩展的规模边界和空间边界进行了模拟;李建豹分析了 1995 年以来长三角地区碳收支平衡的时空特征,探讨了城市化过程与碳排放效率的关系;基于情景分析方法,对长三角地区的碳排放峰值进行了预测,在碳排放总量和强度双重目标的约束下,提出了"十三五"时期碳排放配额优化分配的方案;张润森等分析了无锡市的建设用地扩张及碳排放特征,并构建了建设用地比例与碳排放强度之间的库兹涅茨曲线模型,对无锡市建设用地扩张与碳排放效应之间的相关关系进行了实证研究。

以上研究是土地利用碳排放研究在城市扩展角度的进一步深化,对于全面评估城市化过程的碳效应提供了重要的思路和方法参考。

三、土地利用碳排放的研究展望

回顾以上研究,南京大学在"土地利用碳排放"研究方向较早开展了区域碳收支核算研究,并通过与土地利用的结合,在国内开创了土地利用碳排放效应研究、基于低碳目标的土地利用结构优化研究、城市系统碳循环的土地调控研究等,不仅在理论上促进了人文地理学科土地利用研究方向的深入,而且为土地利用规划中碳效应评估和地方政府开展低碳土地利用结构优化提供了实践指导。

学科融合和交叉是 21 世纪学科发展的趋势。结合南京大学人文地理学科发展,为发挥学科优势,今后可进一步结合城市规划、城市环境设计、区域产业活动、资源耦合开发等开展土地利用碳排放研究,加强城市层面产业用地和功能区碳排放及规划调控研究,以及土地利用"自然—社会"二元碳收支的综合集成研究。随着人文地理学科的发展和碳排放研究的进一步深入,南京大学土地利用碳排放研究有望在以下领域得到进一步发展。

1. 从土地科学的学科体系的视角构建土地利用碳排放研究的整体框架和方法体系

可考虑以现有的土地利用技术体系为基础,将"碳"作为土地利用环境影响的关键评估要素,融入土地资源学、土地管理学、土地工程学及土地信息学等不同的土地分级学科中,建立碳排放"调查—监测—核算—评价—过程模拟—低碳优化—碳减排效益评价—低碳政策及碳管理"的整体框架,并以某一土地综合整治区为案例开展示范研究。其中关键是构建基于本地化因子的碳排放调查、核算、评价和模拟的方法体系。

2. 区域产业用地碳流通机制及典型产业区碳排放研究

土地利用与具体的产业活动密切相关,不同的产业活动方式,其能源消费的组合特征也具有较大差异。因此应该对土地利用类型进一步细分,探讨不同产业用地方式的碳排放强度及机制。同时在区域系统中,不同产业活动之间存在着含碳产品的流通,这对于产业用地的碳排放也具有较大的影响。因此,应该进一步分析产业用地的碳流通机制及碳流通效率,从而进一步深化土地利用碳排放研究。另外,可针对典型开发区、高新区及产业园区等,开展产业用地碳排放的实证研究,分析不同产业用地的碳排放和碳流通状况,提出基于碳减排目标的产业园区土地利用结构优化布局方案。

3. 城市土地利用空间改造、城市建筑环境设计与碳排放的关系

当前中国面临快速城市化和大规模城市更新,低碳大有可为,走出一条中国特色的城市低碳改造和重建道路很重要,这是中国的后发优势。因此,应在宏观层面上,深入开展城市空间结构对碳排放的影响研究,从低碳排放的角度权衡城市集中度和分散度的关系。另外,从微观层面而言,可以进一步分析居住区范围内,建筑环境设计及不同景观设计方案对城市能源利用和城市碳排放的影响;从城市微环境入手,建立城市空间与碳排放的定量分析关系;同时,也可以从旧城改造入手,采用生命周期分析方法,对拆迁、土地利用改造和重建过程中的碳排放进行分析,以提出符合低碳理念的城市改建方案。

4. 基于城市土地利用分类体系的城市功能区碳排放研究

前期研究对于城市内部土地利用类型的划分还有待进一步深入。因此,应

基于城市规划的用地分类体系,对城市内部地类(如城市商服用地、交通用地、公共设施用地、住宅用地等)的碳排放开展深入调查和分析,探讨城市不同用地方式上的碳排放强度特征,分析城市不同建筑物组合方式、建筑容积率和土地混合使用等对于不同用地方式碳排放强度的影响,同时开展不同城市发展水平下用地方式碳排放的对比研究;开展城市不同功能区碳排放的研究,定量研究城市功能区及其组合布局方式对城市碳排放的影响以及城市功能区优化布局的碳减排潜力。

5. 加强土地利用"自然—社会"二元碳收支的综合集成研究

综合集成并不意味大尺度研究,而在小尺度上开展综合更能提高研究的精度和适用性。未来可从较小尺度的地块入手,比如,可结合碳通量观测数据,以农作物"类型区"或"农田单元"、"企业单元"、"住区"和城市"社区"尺度开展碳收支的综合集成研究,一方面开展自然碳储量和碳通量的观测研究,另一方面开展人类社会经济活动的碳排放调查统计研究。这不仅能从地块单元的角度提高研究精度,而且有助于加强对不同属性用地单元碳收支特征的对比研究。只有扎扎实实地开展基于地块尺度的研究,才能为未来不同区域不同地类土地利用碳排放数据库的构建和精确模拟打下坚实基础。

6. 加强土地利用生命周期过程的碳排放核算及其效率变化的机制研究

土地利用是一项持续性的活动。未来可以对土地开发利用的全生命周期(开发、占用、建设、维护、追加投入及废弃等)的碳排放进行核算和跟踪研究,分析不同地块单元土地利用属性、质量、集约度与人类投入和土地利用碳收支的内在关系,将区域不同地块单元的碳排放效率与碳减排目标相结合,构建土地利用空间布局结构碳效应评价的方法,并提出区域碳排放约束下的土地利用空间布局方案。这样能够进一步揭示土地利用不同阶段的碳排放强度和效率,并能够为土地利用全生命周期内的碳减排提供切实可行的实践指导。

7. 进一步与资源利用、生态过程、经济调控等方向相结合,拓展土地利用碳排放研究的应用领域

今后应进一步加强学科交叉,如开展区域"水—土—能—碳"耦合作用机制、不同资源耦合开发利用过程的碳排放效率、土地利用、食物消费与碳足迹的关系、土地生态过程的碳循环机制、土地利用碳交易与碳补偿研究、政府政策和土地价格对碳排放效率的调控机制等,以更好地发挥土地科学在低碳研究中的

作用。

8. 区域土地利用碳排放的调控机制和方法体系研究

要构建区域土地利用碳排放的调控体系,可以从政策或经济手段入手,通过对土地利用结构、布局、规模和强度的影响,调控区域碳循环和碳流通的规模、效率;也可以通过采用供地计划、用地价格、投资倾斜和税收等手段设置不同行业的碳准入门槛,从而将土地调控手段与经济手段结合起来,以起到更好的低碳调控效果。通过土地利用的调控,引导区域国土开发和产业布局,形成低碳型的产业结构、城镇布局体系和城市发展模式等。以上都应该在以后的研究中进一步深入。

四、代表性论著及学位论文

1. 著作

[1] 赖力,黄贤金.中国土地利用的碳排放效应研究[M].南京:南京大学出版社,2011.

[2] 赵荣钦.城市系统碳循环及土地调控研究[M].南京:南京大学出版社,2012.

[3] 高珊,黄贤金,赵荣钦.江苏低碳发展模式及政策研究[M].南京:南京大学出版社,2013.

[4] 赖力,徐建荣,张国林.江苏省低碳高效产业体系发展路径研究[M].南京:南京大学出版社,2013.

[5] 赵荣钦,刘英.区域碳收支核算的理论与实证研究[M].北京:科学出版社,2015.

[6] 黄贤金,金雨泽,李升峰.江苏绿色发展:2007—2015[M].南京:南京大学出版社,2016.

[7] 卢俊宇,卢芹莉,周艳,等.应对气候变化统计指标和方法研究:以江阴市国家可持续发展实验区为例[M].南京:南京大学出版社,2016.

[8] 徐建荣,赖力,刘向丽.江苏低碳转型与经济增长的协调性研究[M].南京:南京大学出版社,2016.

[9] 於冉.碳排放峰值与城市建设用地扩展边界研究——基于合肥市的实践[M].北京:中国农业出版社,2017.

[10] 杨绪红,金晓斌,周寅康.近300年中国农林地空间格局重建及其碳核算[M].南京:南京大学出版社,2019.

2. 学位论文

[1] 孙建卫.中国碳排放核算及其人文驱动分析[D].南京:南京大学,2008.

[2] 徐健.城市微观土地利用影响背景下碳排放评测研究——以南京市某单位为例[D].南京:南京大学,2008.

[3] 叶浩.基于碳氧平衡理论的土地利用结构调整与优化研究——以江苏省苏州市为例[D].南京:南京大学,2008.

[4] 李璞.低碳情景下建设用地结构优化研究——以江苏省为例[D].南京:南京大学,2009.

[5] 郑泽庆.陆地生态系统有机碳储量测算及其对土地利用变化的响应研究:以江苏省为例[D].南京:南京大学,2009.

[6] 赖力.中国土地利用的碳排放效应研究[D].南京:南京大学,2010.

[7] 拾少军.煤炭区废弃地土地再利用模式与低碳效益研究——以江苏省徐州市为例[D].南京:南京大学,2010.

[8] 李颖.中国碳排放效率及土地利用调控研究[D].南京:南京大学,2011.

[9] 赵荣钦.城市生态经济系统碳循环及其土地调控机制研究[D].南京:南京大学,2011.

[10] 揣小伟. 沿海地区土地利用变化的碳效应及土地调控研究——以江苏沿海为例[D].南京:南京大学,2013.

[11] 卢俊宇. 城市系统温室气体排放核算框架构建及实证研究——以国家可持续发展实验区江阴市为例[D].南京:南京大学,2013.

[12] 於冉.基于碳排放峰值的城市建设用地扩展边界研究——以皖江城市带核心城市合肥市为例[D].南京:南京大学,2015.

[13] 卢芹莉.基于碳峰值的江苏省自然资源用途管制研究[D].南京:南京大学,2016.

[14] 张庶.农用地整治项目对农田生态系统碳循环的扰动效应分析与核算研究[D].南京:南京大学,2016.

[15] 杨绪红. 近300年来中国农林地空间格局重建及其碳排放核算[D].南京:南京大学,2017.

[16] 李建豹. 长三角地区城镇化碳排放时空效应研究[D].南京:南京大学,2018.

参考文献:

[1] Chuai, X. W., Huang, X. J., Lai, L., et al. Land use structure optimization based on carbon storage in several regional terrestrial ecosystems across China[J]. Environmental Science and Policy, 2013, 25.

[2] Chuai, X. W., Huang, X. J., Lu, Q. L., et al. Spatiotemporal changes of built-up land expansion and carbon emissions caused by the chinese construction industry[J]. Environmental Science & Technology, 2015, 49(21).

[3] Chuai, X. W., Huang, X. J., Qi, X. X., et al. A preliminary study of the carbon emissions reduction effects of land use control[J]. Scientific Reports, 2016, 6.

[4] Chuai, X. W., Huang, X. J., Wang, W. J., et al. Spatial variability of soil organic carbon and comprehensive analysis of related factors in Jiangsu Province, China[J]. Pedosphere, 2012, 22(3).

[5] Chuai, X. W., Huang, X. J., Wang, W. J.. Spatial econometric analysis of carbon emissions from energy consumption in China[J]. Journal of Geographical Sciences, 2012, 22(4).

[6] Chuai, X. W., Huang, X. J., Wang, W. J., et al. Spatial simulation of land use based on terrestrial ecosystems carbon storage in coastal Jiangsu, China[J]. Scientific Reports, 2014, 4.

[7] Chuai, X. W., Huang, X. J., Wang, W. J., et al. Land use, total carbon emission change and low carbon land management in coastal Jiangsu, China[J]. Journal of Cleaner Production, 2015, 103.

[8] Chuai, X. W., Lai, L., Huang, X. J., et al. Temporospatial changes of carbon footprint based on energy consumption in China[J]. Journal of Geographical Sciences, 2012, 22(1).

[9] Chuai, X. W., Qi, X. X., Zhang, X. Y., et al. Land degradation monitoring using terrestrial ecosystem carbon sinks/sources and their response to climate change in China[J]. Land degradation and development, 2018, 29(10).

[10] Lai, L., Huang, X. J., Yang, H., et al. Carbon emissions from land-use change and management in China between 1990 and 2010[J]. Science Advances, 2016, 2(11).

[11] Li, J. B., Huang, X. J., Kwan, M. P., et al. The effect of urbanization on carbon dioxide emissions efficiency in the Yangtze River Delta, China[J]. Journal of Cleaner

[12] Lu, Q. L., Yang, H., Huang, X. J., et al. Multi-sectoral decomposition in decoupling industrial growth from carbon emissions in the developed Jiangsu Province, China[J]. Energy, 2012, 82.

[13] Zhang, M., Huang, X. J., Chuai, X. W., et al. Impact of land use type conversion on carbon storage in terrestrial ecosystems of China: a spatial-temporal perspective[J]. Scientific Reports, 2015, 5.

[14] Zhang, M. Y., Huang, X. J. Effects of industrial restructuring on carbon reduction: an analysis of Jiangsu Province, China[J]. Energy, 2012, 44.

[15] Zhao, R. Q., Huang, X. J., Liu, Y., et al. Urban carbon footprint and carbon cycle pressure: the case study of Nanjing[J]. Journal of Geographical Sciences, 2014, 24(1).

[16] Zhao, R. Q., Huang, X. J., Liu, Y., et al. Carbon emission of regional land use and its decomposition analysis: case study of Nanjing city, China[J]. Chinese Geographical Science, 2015, 25(2).

[17] Zhao, R. Q., Huang, X. J., Zhong, T. Y., et al. Carbon footprint of different industrial spaces based on energy consumption in China[J]. Journal of Geographical Sciences, 2011, 21(2).

[18] Zhao, R. Q., Huang, X. J., Zhong, T. Y., et al. Carbon flow of urban system and its policy implications: the case of Nanjing[J]. Renewable and Sustainable Energy Reviews, 2014, 33(5).

[19] 揣小伟.沿海地区土地利用变化的碳效应及土地调控研究——以江苏沿海为例[D].南京:南京大学,2013.

[20] 揣小伟,黄贤金,赖力,等.基于GIS的土壤有机碳储量核算及其对土地利用变化的响应[J].农业工程学报,2011,27(9).

[21] 揣小伟,黄贤金,郑泽庆,等.江苏省土地利用变化对陆地生态系统碳储量的影响[J].资源科学,2011,33(10).

[22] 揣小伟,黄贤金,郑泽庆.基于陆地生态系统碳储量的江苏省土地利用结构优化[C]//中国农业工程学会2011年学术年会,2011.

[23] 胡初枝,黄贤金,钟太洋.中国碳排放特征及其动态演进分析[J].中国人口·资源与环境,2008,18(3).

[24] 黄金碧,黄贤金.江苏省城市碳排放核算及减排潜力分析[J].生态经济,2012,

28(1).

[25] 黄贤金,高珊.赵荣钦.等.江苏省发展低碳经济的总体思路与策略[J].群众,2011(4).

[26] 黄贤金,胡初枝.区域产业结构变化的碳排放效应研究——以江苏省为例[C]//中国地理学会2007年学术年会论文集,2007.

[27] 赖力.中国土地利用的碳排放效应研究[D].南京:南京大学,2010.

[28] 赖力,黄贤金.中国土地利用的碳排放效应研究[M].南京:南京大学出版社,2011.

[29] 李阿萌,张京祥.江苏省13城市1996—2008年碳排放时空变异分析[J].长江流域资源与环境,2011,20(10).

[30] 李建豹.长三角地区城镇化碳排放时空效应研究[D].南京:南京大学,2018.

[31] 李建豹,黄贤金,孟浩,等."十二五"时期中国碳排放强度累积目标完成率分析[J].长江流域资源与环境,2018(8).

[32] 李建豹,黄贤金,吴常艳,等.中国省域碳排放影响因素的空间异质性分析[J].经济地理,2015,35(11).

[33] 李建豹,黄贤金,吴常艳,等.中国省域碳排放的空间格局预测分析[J].生态经济,2017(3).

[34] 李璞.低碳情景下建设用地结构优化研究——以江苏省为例[D].南京:南京大学,2009.

[35] 李颖,黄贤金,甄峰.江苏省区域不同土地利用方式的碳排放效应分析[J].农业工程学报,2008,24(S2).

[36] 李颖.中国碳排放效率及土地利用调控研究[D].南京:南京大学,2011.

[37] 卢俊宇.城市系统温室气体排放核算框架构建及实证研究——以国家可持续发展实验区江阴市为例[D].南京:南京大学,2013.

[38] 卢俊宇,黄贤金,陈逸,等.基于能源消费的中国省级区域碳足迹时空演变分析[J].地理研究,2013,32(2).

[39] 卢俊宇,黄贤金,戴靓,等.基于时空尺度的中国省级区域能源消费碳排放公平性分析[J].自然资源学报,2012,27(12).

[40] 卢俊宇,卢芹莉,周艳,等.应对气候变化统计指标和方法研究:以江阴市国家可持续发展实验区为例[M].南京:南京大学出版社,2016.

[41] 拾少军.煤炭区废弃地土地再利用模式与低碳效益研究——以江苏省徐州市为

例[D].南京:南京大学,2010.

[42] 孙建卫.中国碳排放核算及其人文驱动分析[D].南京:南京大学,2008.

[43] 孙建卫,陈志刚,赵荣钦,等.基于投入产出分析的中国碳排放足迹研究[J].中国人口资源与环境,2010,20(5).

[44] 孙建卫,赵荣钦,黄贤金,等.1995—2005年中国碳排放核算及其因素分解研究[J].自然资源学报,2010,25(8).

[45] 谭丹,黄贤金.我国东、中、西部地区经济发展与碳排放的关联分析及比较[J].中国人口·资源与环境,2008,18(3).

[46] 谭丹,黄贤金,胡初枝.我国工业行业的产业升级与碳排放关系分析[J].四川环境,2008,27(2).

[47] 谭梦,黄贤金,钟太洋,等.土地整理对农田土壤碳含量的影响[J].农业工程学报,2011,27(8).

[48] 王佳丽,黄贤金,郑泽庆.区域规划土地利用结构的相对碳效率评价[J].农业工程学报,2010,26(7).

[49] 王倩倩,黄贤金,陈志刚.基于环境负荷模型的中国碳排放情景分析[J].生态经济,2009,25(1).

[50] 王倩倩,黄贤金,陈志刚.我国一次能源消费的人均碳排放重心移动及原因分析[J].自然资源学报,2009,24(5).

[51] 王伟林,黄贤金.区域碳排放强度变化的因素分解模型及实证分析——以江苏省为例[J].生态经济,2008,24(12).

[52] 徐健.城市微观土地利用影响背景下碳排放评测研究——以南京市某单位为例[D].南京:南京大学,2008.

[53] 严婧,黄贤金,李颖,等.土地利用规划的碳排放评价和预测与调控——以安徽省滁州市南谯区为例[J].国土资源科技管理,2010,27(1).

[54] 叶浩.基于碳氧平衡理论的土地利用结构调整与优化研究[D].南京:南京大学,2008.

[55] 於冉.基于碳排放峰值的城市建设用地扩展边界研究——以皖江城市带核心城市合肥市为例[D].南京:南京大学,2015.

[56] 张梅,赖力,黄贤金,等.中国区域土地利用类型转变的碳排放强度研究[J].资源科学,2013,35(4).

[57] 张润森,濮励杰,文继群,等.建设用地扩张与碳排放效应的库兹涅茨曲线假说

及验证[J].自然资源学报,2012(5).

[58] 张庶,金晓斌,杨绪红,等.农用地整治项目的碳效应分析与核算研究[J].资源科学,2016,38(1).

[59] 张庶.农用地整治项目对农田生态系统碳循环的扰动效应分析与核算研究[D].南京:南京大学,2016.

[60] 张兴榆,黄贤金,赵小风.环太湖地区土地利用变化对植被碳储量的影响[J].自然资源学报.2009,24(8).

[61] 张秀梅,李升峰,黄贤金,等.江苏省1996年至2007年碳排放效应及时空格局分析[J].资源科学,2010,32(4).

[62] 赵荣钦.城市生态经济系统碳循环及其土地调控机制研究[D].南京:南京大学,2011.

[63] 赵荣钦,黄贤金.基于能源消费的江苏省土地利用碳排放与碳足迹[J].地理研究,2010,29(9).

[64] 赵荣钦,黄贤金.城市系统碳循环:特征、机理与理论框架[J].生态学报,2013,33(2).

[65] 赵荣钦,黄贤金,揣小伟.中国土地利用碳排放的研究误区和未来趋向[J].中国土地科学,2016,30(12).

[66] 赵荣钦,黄贤金,高珊,等.江苏省碳排放测算与减排潜力分析[C]//2010年第二届能源科学家论坛论文集,2010.

[67] 赵荣钦,黄贤金,彭补拙.南京城市系统碳循环与碳平衡分析[J].地理学报,2012,67(6).

[68] 赵荣钦,黄贤金,徐慧,等.城市系统碳循环与碳管理研究进展[J].自然资源学报,2009,24(10).

[69] 赵荣钦,黄贤金,钟太洋.中国不同产业空间的碳排放强度与碳足迹分析[J].地理学报,2010,65(9).

[70] 赵荣钦,黄贤金,钟太洋,等.南京市不同土地利用方式的碳储量与碳通量[J].水土保持学报,2012,26(6).

[71] 赵荣钦,黄贤金,钟太洋,等.区域土地利用结构的碳效应评估及低碳优化[J].农业工程学报,2013,29(17).

[72] 赵荣钦,刘英,丁明磊,等.区域二元碳收支的理论方法研究进展[J].地理科学进展,2016,35(5).

[73] 赵荣钦,张帅,黄贤金,等.中原经济区县域碳收支空间分异及碳平衡分区[J].地理学报,2014,69(10).

[74] 赵雲泰,黄贤金,钟太洋,等.1999—2007年中国能源消费碳排放强度空间演变特征[J].环境科学,2011,32(11).

[75] 赵志凌,黄贤金,赵荣钦,等.低碳经济发展战略研究进展[J].生态学报,2010,30(16).

[76] 郑泽庆.陆地生态系统有机碳储量测算及其对土地利用变化的响应研究:以江苏省为例[D].南京:南京大学,2009.

第二十一章 40年南京大学人文地理学发展研究
——基于CiteSpace的文献计量学分析

金晓斌[1,2],何杰[1,2],张宇[1,2],肖瑞[1,2],
冯丹玥[1,2],蒋昀辰[1,2],李瑾[1,2],李寒冰[1,2]

(1. 南京大学地理与海洋科学学院,2. 南京大学人文地理研究中心)

南京大学是中国人文地理学的重要教学和科研阵地,其学科体系自改革开放以来不断完善,形成了当今多学科综合发展的特色。为了进一步梳理南京大学人文地理学发展特点和演变脉络,本文整理了40年来南京大学在人文地理学方向发表的2846篇论文,采用文献计量学的方法,使用CiteSpace工具对研究团队、研究内容、研究特点、研究热点、主要学科发展情况等内容进行综合分析,得到以下主要认识:(1)学科方向日趋多元,学科特色不断增强,形成了以资源地理学、城市地理学、旅游地理学为主要特色的多学科融合发展的局面;(2)科研队伍呈引领性、均衡性及活力性,不同作者群体科研水平发展较为均衡,在传承前人研究基础上展现出新时期科研工作者的引领性;(3)研究方法和尺度逐渐更具针对性,在全球化问题日益突出、城市化进程不断加剧、资源环境不合理利用问题扩大等时代背景下,更加致力于解决中宏观尺度下的特殊区域问题;(4)研究内容具有丰富性和前沿性,形成了15个主要研究类别,重点关注新时期政策形势下的"土地整治"、"空间生产"、"大数据"、"智慧城市"、"城乡统筹"、"景观格局"、"土地集约利用"、"书法景观"等研究热点。

一、人文地理学概况

人文地理学是描述人类活动与物质环境之间的关系,解析区域空间差异及其过程的一门综合性学科,其学科概念及体系经历了漫长的完善和发展,逐渐形成了当今具有各自现实意义的不同分支学科交叉融合的格局。早期地理学可以追溯到古希腊时期,其间人们对所发现的生物和非生物进行记录,描述了人与自然环境之间的关系。19世纪,地理学开始形成自然和人文两大学科分支,其中德国地理学家李特尔(Ritter)运用经验法和比较法,探讨自然与人文现象的相互关系,将自然作为人文的基因起源,为近代人文地理学人地关系理论的发展提供了基础。此后人地关系理论在西方人文地理学界不断完善,先后经历了拉采尔(Ratzel)及孟德斯鸠(Montssquieu)等将人类作为环境产物的"地理环境决定论"时期;佩舍尔(Pechel)等否认自然与社会统一性的"二元论"时期;白兰士(Blache)及白吕纳(Brunhen)等论述人类利用自然具有一定区域选择能力的"或然论"时期;罗士培(Roxby)论述人类社会对环境利用及利用可能性的"适应论"时期;索尔(Sauer)以文化景观作为人文地理研究核心的"文化景观论"时期,以及阿努钦(Anuqin)及怀斯(Wise)等追求人与自然和谐发展的"协调论"时期。同时,伴随人地关系理论的不断发展,人文地理学不断分化,形成了不同时期下独具特色的哲学思潮及人文地理学流派。英国地理学家约翰斯顿将地理流派归结为经验主义、实证主义、人文主义和结构主义。20世纪40年代,在"或然论"以及经验主义的指导下,逐渐形成在区域尺度下研究人地关系的方法,区域地理学成为当时的主流学派;随着实证主义的不断深化,1953年舍弗尔(Schaefer)在《地理学中的例外论》中提出地理学应是解释现象而不应是罗列现象,带动了20世纪50年代末由美国地理学家发起的计量运动,地理学的计量数学革命涉及"社会经济"等诸多话题,为以人口、社会、经济为重点的人文主义地理学流派的迅速发展奠定了基础;20世纪70年代,道温斯(Downs)提出的与"计量革命"相对应的"行为革命",强调地理学的重要任务是研究"空间的行为"与"空间的知觉",以索尔为代表的文化地理学流派迅速壮大;20世纪七八十年代,人文地理学研究在产业、经济、城市、区域、社会、文化等领域开始了分门别类的研究,其间学科的内部专门化及长期以来的哲学多元化趋势使得人文地理学作为一门独立学科日趋成熟;20世纪90年代,随着人文地理学研究向社会和文化的转型,人文地理学进一步进入社会科学轨道,成为西方人文社会科学领域的重要基础学科。经历了20世纪的变化之后,当代国际人文地理学研究领域分别向着社会、经济、环境等不同学科发展,学科边界逐渐模糊,具有多维视角并强调个体和微观尺度的行为研究,更具综合性、边缘性、可操作性和可视性,与实际应用结合更加紧密。

中国古代在很多哲学、历史、文学作品中论述了人类活动和自然界的相互关系,为近代地理学引入奠定了思想基础。1909年中国地学会的成立标志着人文地理学开始萌芽,随后中国地理学家开展了人文地理的理论与实践研究。20世纪二三十年代是中国人文地理学快速发展的时期,其间"决定论"和"或然论"思想是人地关系讨论的重点,竺可桢、丁江文、翁文灏等详细论述了中国人口、土地利用及区域发展问题,在此基础上,人口地理、农业地理等学科方向不断发展。20世纪30年代以后涌现了大批人文地理学学者,胡焕庸在《中国人口之分布》中提出"胡焕庸线",为近代人文地理学发展提供了人口及区域的理论支撑,他还按照竺可桢划分的气候区域将全国划分为九个农业区,开创了中国农业区划的先河。任美锷在《工业区位的理论与中国工业区域》中划分六大工业区,提出各区工业重点,为我国工业区划研究提供了理论基础。新中国成立后,受"二元论"的影响,人文地理学逐渐被经济地理学取代,直到1978年以后在李旭旦、吴传钧等推动下,中国人文地理学开始复苏。改革开放以后,人文地理学在不同的发展形势下产生了多样的理论体系并形成了独特的学科格局。随着中国人文地理学进入高速发展阶段,旅游地理学、城市地理学、人口地理学等分支顺应国家潮流日趋成为独立的学科;人文地理学在新的历史背景下具有新的战略指导意义,在西方及中国近代人文地理学研究的基础上,中国涌现出大批优秀学者,逐渐形成了以人地关系为核心的百花齐放新局面。南京大学作为中国人文地理学的重要科研阵地,是中国人文地理学思想理论发展的中坚力量,是人文地理学主要分支学科建设的引领者。改革开放以后,随着经济快速发展,区域经济与区域发展成为南京大学人文地理学重要研究领域之一,并与20世纪90年代发展起来的城市地理学、应用城市规划等成为南京大学人文地理学的优势;进入21世纪后,在城市化快速发展的背景下,资源、环境等可持续发展问题成为地理科学研究的重要领域,以人地关系为主要内容的新方向得到重视。改革开放之后的40年,南京大学人文地理学不断发展,逐渐形成了应用学科综合交叉发展的新局面。本章采用文献计量方法,从发文特点、研究特点、作者特点、主要学科发展情况、主要研究内容发展情况等方面对1978—2018年南京大学人文地理学发表的2846篇文献进行综合分析,旨在全面梳理改革开放以来南京大学人文地理学发展的情况、研究热点以及研究的阶段性特征,厘清南京大学人文地理学的发展脉络。

二、数据来源及研究方法

1. 数据来源

本章分别对中文社会科学引文索引数据库(CSSCI)、中国科学引文数据库(CSCD)和科学引文索引 Web of Science 核心合集中属于南京大学人文地理学的相关研究进行统计分析,具体检索条件见表 21-1。其中将关键词检索条件设置为包含"人文地理"、"城市"、"城镇"、"旅游"、"经济"等与人文地理学有关的专业词汇,将机构检索条件设定为自 1978 年以来南京大学地理系演变或重构的不同院系和机构,分别为"南京大学地理系"、"南京大学大地海洋科学系"、"南京大学城市与资源学系"、"南京大学地理与海洋科学学院"、"南京大学建筑与城市规划学院"、"南京大学国土资源与旅游学系"、"南京大学人文地理研究中心"。英文期刊检索条件限定为关键词或标题含有"human geograph*"、"tour*"等有关人文地理学的关键词,机构限定同中文检索。本次检索起止时间均为 1978 年 1 月 1 日至 2018 年 12 月 1 日,剔除其中属于书评、短评及其他非学术文献,最终得到科研论文 2846 篇,其中中文 2436 篇,英文 410 篇。

表 21-1 检索条件表

中文检索数据库	关键词 KY%	机构 AF%
CNKI 中国学术期刊网络出版总库:中文社会科学引文索引数据库(CSSCI)中国科学引文数据库(CSCD)	人文地理、城市、城镇、乡村、旅游、规划、评价、非洲、经济、区域、产业、社会、乡村、资源、农业、工业、文化、制度、空间、区位、生态、景观、土地、整治、信息化、历史、区位、企业、交通、人口、食物、粮食、食品、房、房地产、住房	南京大学地理系、南京大学大地海洋科学系、南京大学城市与资源学系、南京大学地理与海洋科学学院、南京大学建筑与城市规划学院、南京大学国土资源与旅游学系、南京大学人文地理研究中心
英文检索数据库	关键词或标题 AK=() OR TI=()	机构 AD=()
Web of Science:核心合集	human geograph*、city、cities、tourism*、soci*、cultur*、transportation*、planning*、local*、spatial、resource*、ecolo*、environment*、evaluat*、estimat*、assess*、capacity*、landscape*、industrial structure、region*、structure、sustain*、system*、popula*、rural*、resident*、land use*、histor*、land consolidation	Nanjing Univ, Dept Urban & Resources Sci, Geog & Oceanog Sci, Nanjing univ, Dept Geog, Nanjing Univ, Sch Architecture & Urban Planning

2. 研究方法

本研究首先对文献的发表时间、关键词、期刊来源、作者、被引量等进行描述性计量分析,并运用文献计量学方法及 CiteSpace 计量可视化软件对检索结果进行展示,分析 40 年来南京大学人文地理学的发展趋势与动向;其次对高频关键词进行共词聚类分析,梳理 40 年来南京大学人文地理学的重点研究领域和热点研究方向。

3. 关键时间节点设定

1977 年恢复高考招生后,南京大学首先在经济地理学专业基础上设立了城市与区域规划方向;1987 年南京大学地理系易名为大地海洋科学系,设经济地理与城乡区域规划(城市规划)专业,成为全国综合性高校首个培养城市规划理科人才的单位;1995 年南京大学大地海洋科学系易名为城市与资源学系,设经济地理与城乡区域规划(城市规划)、资源环境与城乡规划管理(土地管理与房地产开发)、旅游规划与管理等专业;2006 年,成立地理与海洋科学学院,下设国土资源与旅游学系、城市与区域规划系;2010 年,城市规划与建筑学科合并成立南京大学建筑与城市规划学院。

为了进一步分析改革开放以来各阶段不同学科发展导向下南京大学人文地理学发展的脉络,设定以下分析阶段:① 1995 年 11 月国务院正式启动"211"工程,实施新一轮"科教兴国"战略。同年易名为"城市与资源学系",新增了资源、旅游等专业,丰富了学科体系;② 2006 年 5 月,成立"地理与海洋科学学院",南京大学人文地理学迎来新时期的发展机遇;③ 2014 年,为了进一步提升学科综合实力,学院提出丰富学科内涵、紧跟国际前沿的多元化学科发展路径。以上三个时间节点分别涉及国家政策形势变化、人文地理专业内部学科演变、新时期下新的学科发展要求,故本章分别从 1978—1995 年、1996—2006 年、2007—2014 年、2015—2018 年四个时间阶段进行梳理和总结。

三、南京大学人文地理学发文特点

1. 发文特点

机构发表论文的数量可在一定程度上反映该机构科学知识总量情况,机构在不同时期科研侧重点和研究水平的强弱对发表论文的数量、方向都会产生剧烈影响。40 年间,南京大学人文地理方向共发表学术论文 2846 篇,其中中文 2436 篇、英文 410 篇。

总体来看,南京大学人文地理学研究自改革开放以来不断发展,特别是在20世纪90年代后期发展速度激增,1991—2018年间发文量年均增长率达到23.40%,2013年后总体保持平稳。中文发文量自1991年后总体上呈现持续快速上升趋势,自2012年起年均发文量维持在140篇左右,在2013年达到最大值171篇;英文发文量自2011年之后逐年上升,2018年达到最大值74篇,2012—2018年发文量年均增长率达到76.16%。自2015年起年英文发文量保持在50篇以上,并且与中文发文量的差距不断缩小(图21-1)。40年间,南京大学人文地理学科研总体实力不断增强,尤其是进入21世纪后科研水平保持高速增长。同时,依靠自身独特的学科发展方向和研究特点,在保证国内研究数量与质量的基础上,不断深入研究,拓宽研究视野,逐渐融入国际同行前沿科研方向。

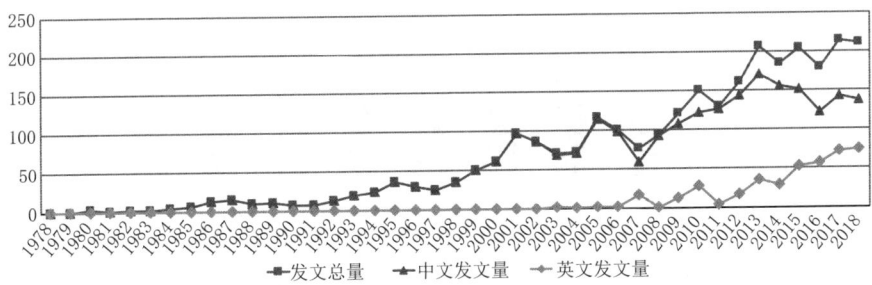

图21-1 1978—2018年间南京大学人文地理学载文量

南京大学人文地理学的中文论文主要刊载在《经济地理》、《人文地理》等刊物(图21-2),英文论文主要刊载在 Habitat International、Sustainability 等期刊(图21-3)。2018年《中国人文社会科学期刊 AMI 综合评价报告》将中文期刊划分为顶级、权威、核心、扩展四类,上述中文论文中的76.1%属于核心及以上期刊;按照 ISI 出版的《期刊引用报告》(Journal Citation Reports)中 Q1—Q4 的分区标准,上述英文论文中的56.59%发表在 Q2 以上期刊(Q1 为32.93%,Q2 为23.66%)。

2. 研究特点

人文地理学的研究方法总体上可分为定性分析和定量分析两类,其中定量分析又可分为基于方法的模型计算和基于案例的实证分析。故本章将研究方法分为理论研究、方法研究、实践研究和综述研究四类。

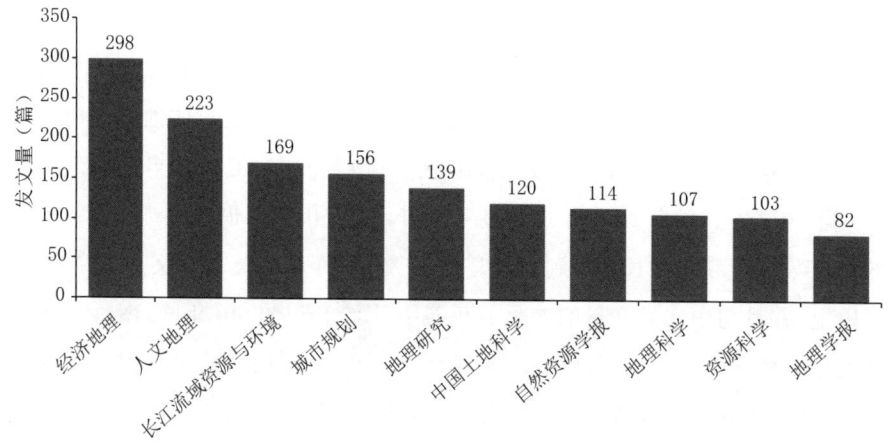

图 21-2 1978—2018 年间南京大学人文地理学中文期刊刊载

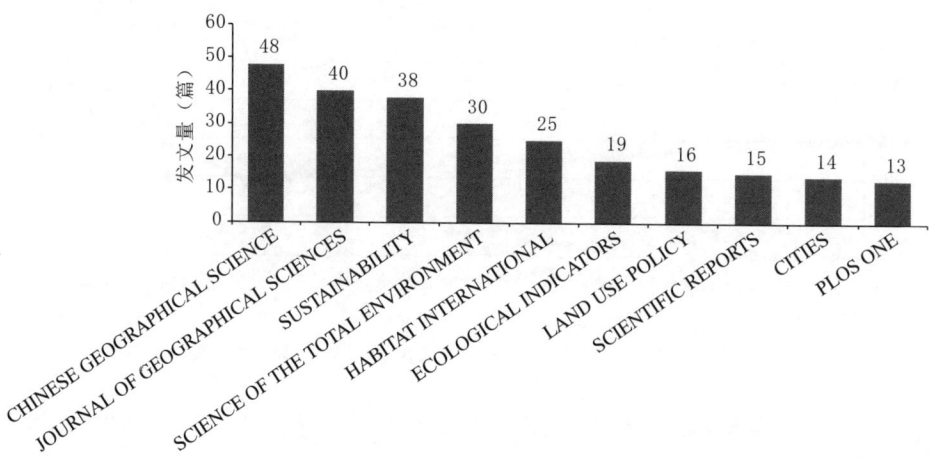

图 21-3 1978—2018 年间南京大学人文地理学英文期刊刊载情况

研究期内,南京大学人文地理方向学术论文中,理论研究论文的比例呈逐渐下降趋势;方法研究论文的比例先下降后上升;实践研究论文的比例则先上升随后保持相对稳定;综述研究论文的比例保持相对稳定的上升趋势(图21-4)。总体来看,1978年以来南京大学人文地理学研究从以理论为主、理论指导实践的研究方式,走向了现在更加注重解决实际问题的实践研究方向,并在理论研究的基础上,运用更加合理、科学的方法服务于解决实际问题。这从侧面反映,南京大学人文地理学学科研究的密度已经达到一定程度,亟须更加科学、有效的方法来服务于40年间所积累的科学研究成果,解决当今实际问题。

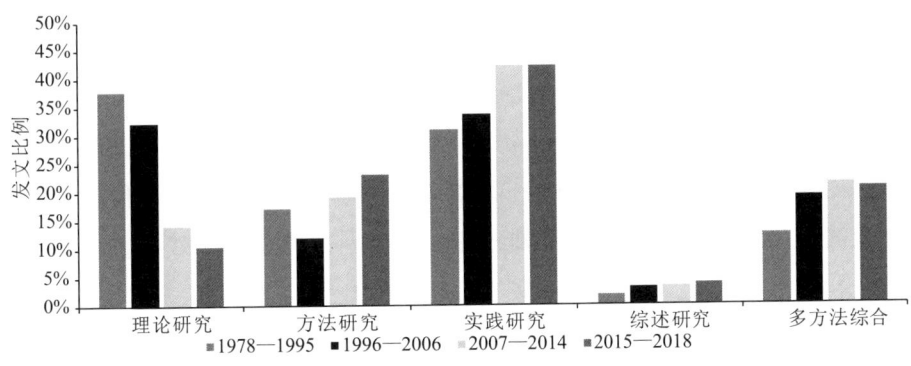

图 21-4 1978—2018 年间南京大学人文地理学研究方法

随着时间的演变，不同尺度下区域会呈现多样复杂的地理现象，对不同尺度下人文地理现象的关注度在一定程度上反映了机构研究的思维特点和侧重点。自 1978 年以来，南京大学人文地理学在家庭、村域、县域、市域等中小尺度的研究比例呈先上升后下降的特点，省域、国家等大中尺度的研究比例保持稳定增长，国际和全球等大尺度研究则呈现先下降后上升的特点。1978—2006 年间，多尺度综合比例上升，表明其间南京大学人文地理学更加关注多尺度及尺度转换的研究。2006 年以后，多尺度研究的比例逐渐下降，表明相关研究逐渐深入并更加具有针对性，集中解决国家、省域、市域等大中尺度等特定区域问题(图 21-5)。

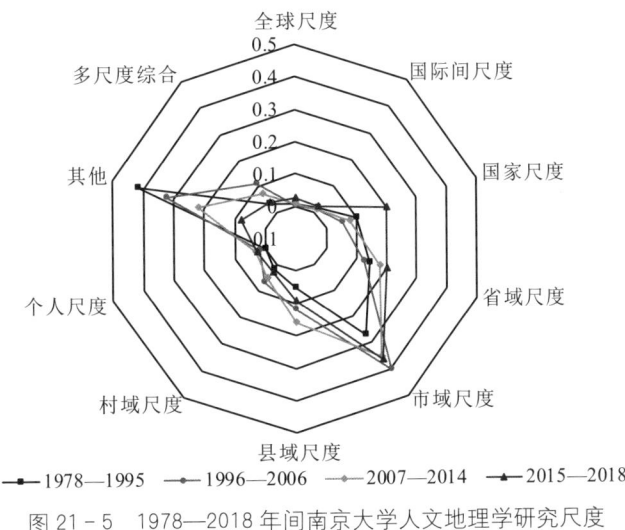

图 21-5 1978—2018 年间南京大学人文地理学研究尺度

3. 作者特点

利用CiteSpace软件对2436篇中文文献的作者进行共现分析，可以识别40年来南京大学人文地理学研究领域的核心作者以及研究人员之间的合作关系。40年来中文发文频率最高的五位作者分别是黄贤金、周寅康、甄峰、张捷、金晓斌，发文数量分别达到267篇、143篇、135篇、134篇和127篇，发文数量在50篇以上的还有张京祥、濮励杰、彭补拙、周生路、顾朝林、钟太洋、徐建刚、章锦河等8位作者。上述13位作者中文论文的发表量占40年来南京大学人文地理学发表论文总人次的19.15%，属于核心作者群，也奠定了南京大学人文地理学的发展基础，强化了研究的核心内容。从作者群体看，各研究领域联系较为紧密，但呈现出明显"学缘"特征，即导师与学生、同事、同学之间的关系较为紧密。总体来看，南京大学人文地理学研究整体发展较为紧密，但交叉学科间的联系紧密程度仍有待提升(图21-6)。

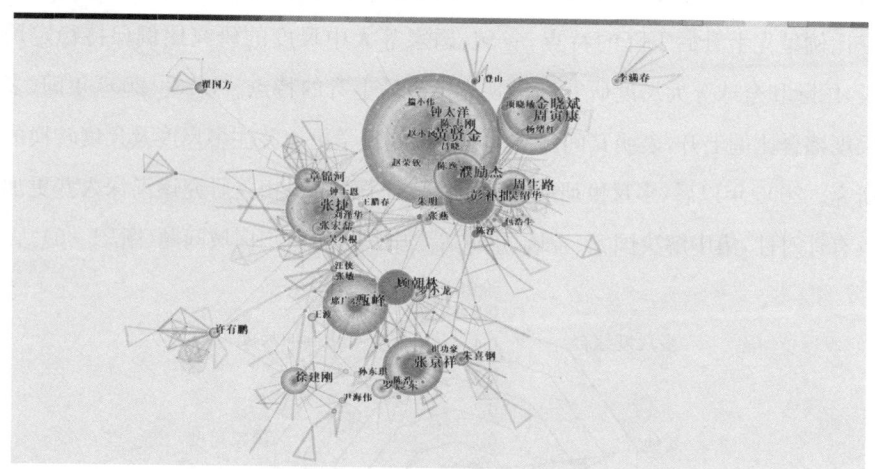

图21-6　1978—2018年间南京大学人文地理学作者共现网络

在经典的期刊评价指标中，反映学术质量和影响力的指标已逐步统一，如期刊载文量、总被引频次、影响因子等。同理，评价作者的综合实力应充分考虑各项因素：H-index可以反映作者发表文献的综合质量水平；已发表文献的下载量可以反映文献研究内容是否足够吸引读者；作者总发文量可以反映作者对研究领域的认知广度；篇均被引可以反映作者对研究领域的认知深度；高被引篇数可以反映作者的高水平文献的数量。由于各指标的计量单位不同，在综合结果中产生的影响也不相同,故对数据进行标准化处理以消除计量单位带来的影响,并分别按 20%、5%、30%、25%、20%对各指标赋予权重,见表 21-2。

表 21-2 作者综合指数表

序号	作者	H-index	下载量	作者发文量	篇均被引	高被引篇数	综合指数
1	黄贤金	61	312283	267	49.59	153	85.25
2	张京祥	46	184347	122	49.55	66	50.61
3	张 捷	41	210194	134	43.46	72	50.26
4	顾朝林	42	98798	82	80.99	57	48.76
5	濮励杰	43	102572	114	42.11	71	46.54
6	彭补拙	45	62907	108	51.05	60	46.29
7	甄 峰	37	184211	135	32.00	60	44.71
8	周寅康	33	98089	143	23.45	54	40.36
9	包浩生	20	18310	21	120.90	20	36.82
10	金晓斌	30	87962	127	20.61	43	35.40
11	钟太洋	28	88010	69	56.20	37	34.80
12	陈志刚	27	66443	47	55.83	29	30.53
13	周生路	27	69071	84	28.29	35	29.82
14	崔功豪	18	27359	23	85.52	17	28.83
15	吴启焰	12	18420	14	102.64	11	28.46
16	陆 林	14	39535	16	81.25	13	25.52
17	朱传耿	15	29165	16	78.19	15	25.31
18	章锦河	20	90767	59	38.68	20	25.25
19	徐建刚	23	59982	65	29.28	25	25.13
20	王良健	10	7478	12	92.08	9	24.96

排名前 20 位的作者主要为 40 年来为南京大学人文地理学作出突出贡献、奠定坚实基础的学者。除黄贤金的综合指数得分明显高于其他作者外,其余作者综合指数差距较小,这说明南京大学人文地理学作者整体科研水平呈现层次

性和均衡性的特点。同时,综合指数排名前列的作者多为现阶段仍在南京大学从事人文地理学研究的学者,表明经过 40 年的积淀,南京大学人文地理学研究领域的广度和深度正在逐渐积累、增加。总体来看,无论是综合层面研究水平,还是顶级层面研究水平,都有大量学者的学术研究支撑。

四、南京大学人文地理学发展特点

1. 主要学科发展特点

人文地理学不同学科方向在不同时间段内刊载论文的比例可在一定程度上反映出不同学科的发展特点。

中文文献方面,1978—1995 年间,城市地理学、资源地理学、经济地理学发展速度较快。此外,旅游地理学、非洲地理学、社会地理学、乡村和农业地理学、信息地理学也有一定程度的发展,其他分支学科处于积累学习的过程;1996—2006 年间,在城市地理学快速发展的同时,旅游地理学也迅速发展;2007—2014 年间,城市地理学、旅游地理学、资源地理学依然保持南京大学人文地理学发展的主流方向,发文量占发文总量的 73.62%。其中交通地理学、资源地理学、信息地理学相较于其他分支学科发展速度较快,发文量相较于上个时期分别增加 19.01%、14.73%和 11.00%;2015—2018 年间,南京大学人文地理学总体发展更为均衡,各个分支学科都得到了相应的发展,尤其是城市地理学、社会地理学分支较其他分支学科发展迅速(图 21-7)。

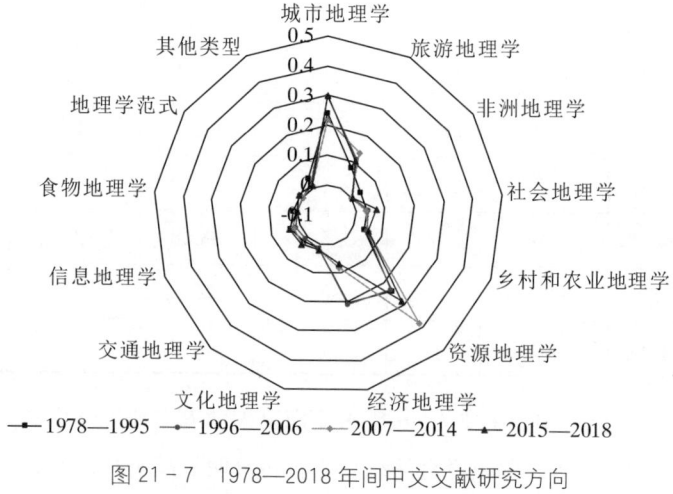

图 21-7 1978—2018 年间中文文献研究方向

英文文献方面,1996—2006 年间,南京大学的资源地理学、城市地理学、信息地理学、乡村和农业地理学开始萌芽;2007—2014 年间,资源地理学、城市地理学和信息地理学保持着相对高速的发展,旅游地理学、社会地理学、经济地理学、交通地理学、食物地理学也不断发展;2015—2018 年间,资源地理学、城市地理学、旅游地理学、社会地理学、交通地理学分别以 41.80%、26.05%、6.43%、6.43%、4.82%的发文比例位居前五(图 21-8)。

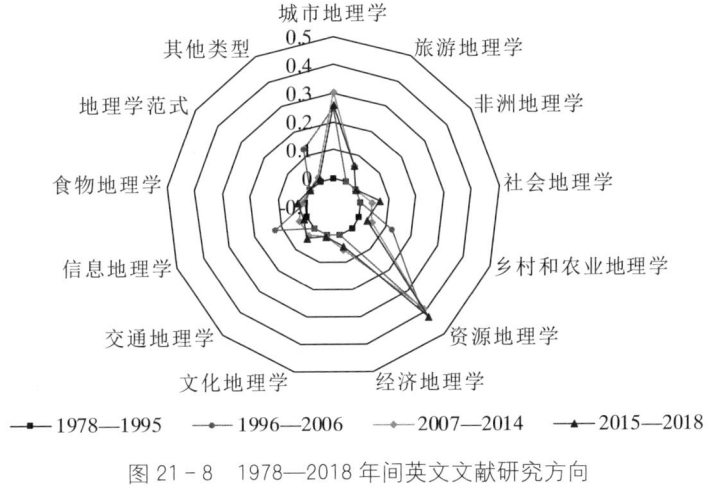

图 21-8 1978—2018 年间英文文献研究方向

整体来看,资源地理学、城市地理学、旅游地理学是南京大学人文地理学一直以来的优势学科,南京大学人文地理学学科发展方向也从早期优势学科的重点发展逐步转变为综合多学科的同步发展。

2. 主要研究内容的发展特点

文献关键词可以高度概括和反映研究的内容、方法、地域、对象等特点,一个学术领域在某一时段内大量学术论文的关键词集合,能够反映出研究领域的重心,高频关键词中包含着研究的热点和重点,关键词出现的频次以及时间可以反映研究变化的趋势和方向。2436 篇中文文献中共有 5101 个关键词,累计出现 9565 次。将其中如"南京市"与"南京"、"城镇化"与"城市化"等含义相似、词形重叠的关键词进行同义替换,统计关键词频次得到频次大于 15 的关键词词频位序图(图 21-9)。

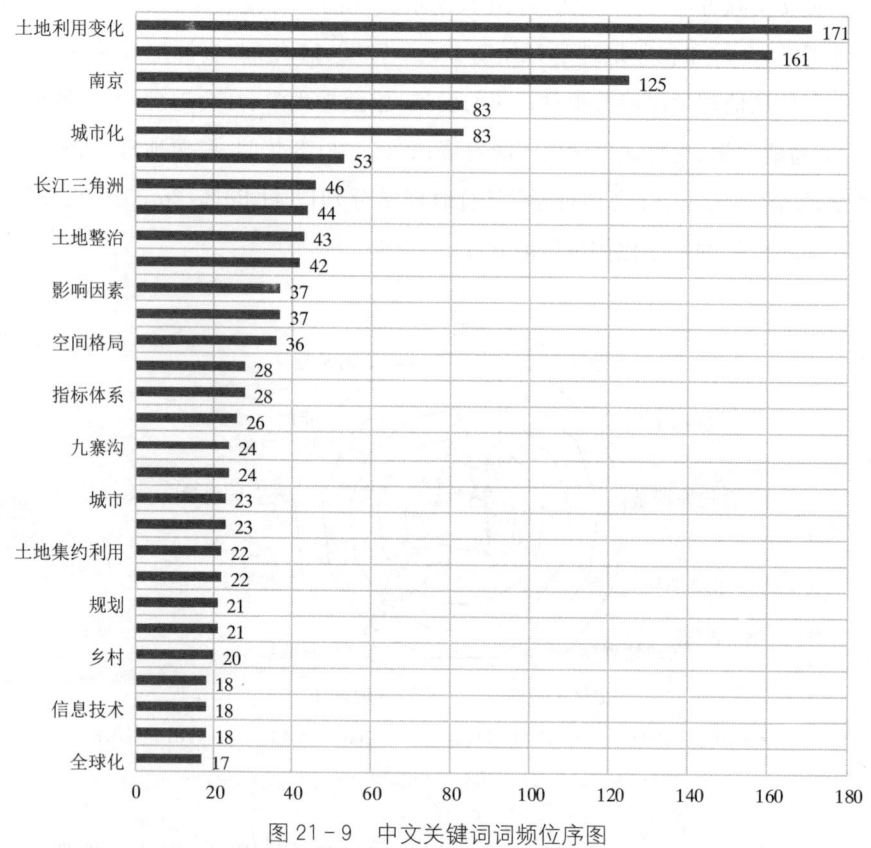

图 21-9 中文关键词词频位序图

40 年来南京大学人文地理学研究的主要内容包括土地利用及其覆被变化、城市化、可持续发展、土地管理、土地集约利用、碳排放等,主要进行空间格局及结构、影响因素及驱动机制的研究,并运用地理信息系统技术、信息技术及大数据支撑主要研究内容。研究区域主要集中在江苏省、南京、长江三角洲、九寨沟等地区,研究的主要方法为指标评价、主成分分析、空间自相关分析等(图 21-9、21-10)。

基于以上研究热点,在观察关键词词频分布规律后,选取词频数大于 10 的关键词作为高频关键词。为了探寻高频关键词之间的相互联系,进一步研究 40 年来南京大学人文地理学的主要研究内容,将词频数大于 10 的 89 个关键词构成 89×89 的关键词共词矩阵,并通过 Ochiai 系数转换成相异矩阵,通过 SPSS 进行系统聚类分析。

第二十一章 40年南京大学人文地理学发展研究

图 21-10　1978—2018年间中文关键词共现网络

根据聚类结果,结合学科发展情况,本章将南京大学人文地理研究内容分为15个类别,分别为"城乡规划研究"、"信息技术的发展及其对城市化进程的影响"、"社会空间的研究"、"长江经济带交通地理及可达性研究"、"遥感技术和土地利用与覆被变化的研究"、"土地资源的可持续利用研究"、"旅游业与旅游经济发展研究"、"开发区土地集约利用研究"、"土地利用评价体系及驱动机制研究"、"生态环境变化对旅游及产业结构影响的研究"、"城市土地可持续发展利用模式研究"、"资源空间分异、利用效率与对策研究"、"土地整治对区域发展影响的研究"、"经济发展与城市化的研究"和"苏南地区土地流转与耕地保护研究"。

通过 CiteSpace 的突变词探测(burst detection)算法揭示南京大学人文地理学研究的前沿领域和发展方向,由于 CNKI 未公开引文数据,本章仅对中文高频关键词进行突变性分析。

突变关键词统计图(图 21-11)展示了从1978年以来突变词的突变时期和突变强度,突变强度>5的关键词包括可持续发展、城市竞争力、长江三角洲、城市化、土地利用、土地利用变化、空间生产、土地整治、大数据、长江经济带。其中可持续发展突变强度最大,突变强度为10.60,突变年份为1998—2004年,这说明其间可持续发展成为南京大学人文地理学的爆发性话题。

总体来说,南京大学人文地理学在不同时期具有不同热点,20世纪80年代南京大学经济地理学与城市地理学开始复苏,1980年宋家泰在《地理学报》发表两篇文章《城市——区域与城市区域调查研究——城市发展的区域经济基础调

Top 25 Keywords with the Strongest Citation Bursts

Keywords	Year	Strength	Begin	End
经济	1978	4.3354	1987	2002
城镇体系	1978	4.0564	1987	2001
城市规划	1978	9.7271	1988	2006
江苏省	1978	4.0718	1995	1997
可持续发展	1978	10.6027	1998	2004
指标体系	1978	4.031	2000	2007
城市管治	1978	4.3776	2001	2002
城市竞争力	1978	5.1268	2001	2004
长江三角洲	1978	6.5017	2001	2007
城市化	1978	6.6862	2002	2007
空间结构	1978	4.6156	2004	2009
土地利用	1978	5.1481	2005	2011
评价	1978	4.1913	2005	2008
土地资源	1978	4.1901	2006	2009
循环经济	1978	3.8408	2006	2007
土地整理	1978	4.8437	2008	2011
gi	1978	4.2013	2008	2014
九寨沟	1978	4.6668	2009	2014
城镇化	1978	4.2704	2011	2018
土地利用变化	1978	8.8672	2012	2013
空间生产	1978	6.3772	2013	2018
土地整治	1978	7.6096	2013	2018
大数据	1978	6.5621	2014	2018
碳排放	1978	4.0785	2014	2016
智慧城市	1978	4.2311	2014	2018

图 21-11 突变关键词 Top 25

查研究》《努力提高经济地理学科学水平——更好地为城市规划建设服务》,分别论述了区域经济发展与城市发展之间的关系和经济地理学对城市规划的影响,拉开了经济和城市规划研究的篇章;随着 21 世纪初城市化加速发展,研究热点逐渐转移到城市化、城市竞争力、城市管治等方向,并且研究的热点区域集中在长江三角洲;进入 21 世纪以后,研究的主要热点逐渐向旅游和土地资源方向转移。

25 个突变关键词中,空间生产、土地整治、大数据、智慧城市、长江经济带处于南京大学人文地理学研究的最前沿,关注度最高,前沿突变词中突变强度最大的关键词为土地整治,突变强度为 7.61,突变年份为 2013—2018 年。伴随着新时期国土空间规划与国土综合整治的提出,土地整治将依然保持研究热度。同时随着大数据时代的来临,大数据相关研究以及以实现信息化、工业化和城镇化融合为目标的智慧城市的深度研究将依然保持热度。结合 CiteSpace 的 Timezone 图(图 21-11、图 21-12)可知,对"土地整治"、"空间生产"、"大数据"、"智慧城市"、"城乡统筹"、"景观格局"、"土地集约利用"和"书法景观"等内容的研究均是新时期背景下南京大学人文地理学研究的主要前沿领域。

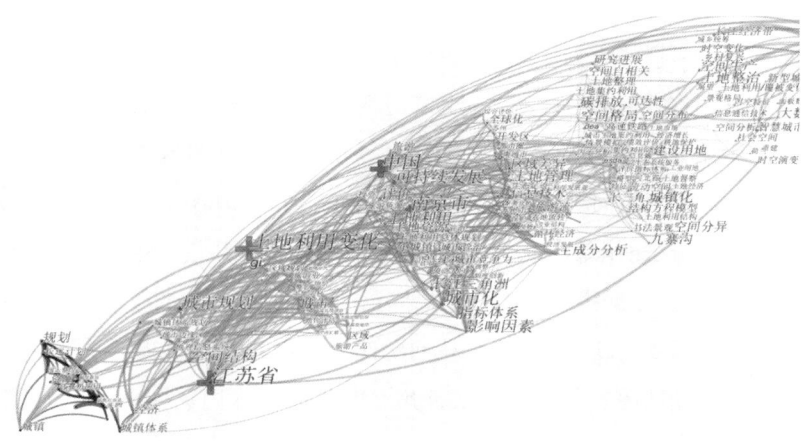

图 21-12　1978—2018 年间中文关键词共现网络时区图

五、小结

经过 40 年的不断探索,南京大学人文地理学不断完善和发展,逐渐形成了独具特色的研究内容和方向,表现出以下特点:

(1) 学科方向趋于多元性和特色性

40 年来南京大学人文地理学学科研究内容从早期的以资源、城市、经济研究为核心逐渐延伸为多领域研究,形成了资源、城市、旅游、社会、经济、交通、食物等研究内容共同发展的格局;同时,人文地理学的发展也更具学科特色,特别是自 2006 年地理与海洋科学学院、2010 年建筑与城市规划学院成立以来,南京大学人文地理学研究在多元性的基础上日趋独特,形成了以资源地理学、城市地理学、旅游地理学为学科特色的多学科融合发展的学科体系。

(2) 科研队伍呈引领性、均衡性及活力性

经过 40 年的积淀和发展,南京大学人文地理学科研队伍呈现出明显的引领性、均衡性和活力性。高水平层面来看,研究成果主要集中在核心科研人员,具有强引领性。南京大学人文地理学科研人员综合指数相近,在综合水平上差距

较小，整体呈现出均衡性的特点。同时，经过40年的积累，现阶段科研工作人员在承接前人研究的基础上，论文的数量和质量都有了较大提升，具有强活力性；但是，整体研究队伍依然存在一定的"学缘"特征，研究团体及学科之间的交叉性有待提升。

（3）研究方法和尺度更具针对性

在新时期的矛盾日趋激化的背景下，南京大学人文地理学的研究方法从20世纪的理论解析为主逐渐演变为新时期以区域问题为导向，在理论解析的基础上借助航天技术、遥感技术、地面测量等技术，运用定性与定量相结合的研究方法解决特殊区域问题；早期研究以理论解析为核心内容，尺度不明晰且受限于研究基础和方法的限制主要集中在市域、省域等中观尺度。中期伴随着信息技术的不断发展，数据获取和处理方式多样性增强，主要研究尺度转变在县域、市域、省域等中微观尺度。随着全球化问题日益突出、城市化进程不断加剧、资源环境不合理利用问题扩大，现阶段关注焦点集中在全球、国家、省域、市域等中宏观尺度。另外，多尺度综合的比例不断下降，这表明南京大学人文地理学研究更具针对性，更加致力于解决中宏观尺度下的特殊区域问题。

（4）研究内容具有丰富性和前沿性

随着不同阶段国家形势政策及面临问题的变化，南京大学人文地理学研究的内容也不断丰富和发展，形成了有关城乡规划、旅游经济发展、土地可持续利用、社会空间等在内的15个主要研究类别；"土地整治"、"空间生产"、"大数据"、"智慧城市"、"城乡统筹"、"景观格局"、"土地集约利用"和"书法景观"等内容成为现阶段南京大学人文地理学研究的前沿研究领域。同时，在现阶段大数据时代来临、国土空间治理与规划的背景下，土地整治、大数据、智慧城市等内容成为新时期研究热点。

参考文献：

[1] Buttimer, A. Grasping: the dynamism of life world[J]. Annals of the Association of American Geographers, 2015, 66(2).

[2] Dearin, R. D. Praxis and action: contemporary philosophies of human activity by Richard J. Bernstein[J]. Journal of Politics. 1999, 12(3).

[3] Dewey, J. Logic: the theory of inquiry[J]. Later Works, 1938, 1953.

［4］Fierlbeck，K.，Rosenau. P. M. Post-modernism and the social sciences：insights，inroads，and intrusions［J］. American Political Science Association，1993，86(3).

［5］Harvey，D. Explanation in Geography［M］. London：Hodder & Stoughton Educ，1973.

［6］May，T. Social Research：Issues，Methods and Process［M］. Buckingham and Philadelphia：Open University Press，2001.

［7］Tuan，Y. F. Geography，phenomenology，and the study of human nature［J］. Canadian Geographer，2010，15(3).

［8］曹永强，刘明阳. 基于CiteSpace V的国内生态工程研究文献的可视化分析［J］. 生态学报，2019(11).

［9］顾朝林. 转型中的中国人文地理学［J］. 地理学报，2009，64(10).

［10］顾朝林，陈璐. 人文地理学的发展历程及新趋势［J］. 地理学报，2004(S1).

［11］郭来喜. 中国人文地理学研究回顾和展望［J］. 地理学报，1994(S1).

［12］何金廖. 新近国际人文地理学研究进展浅议［J］. 地域研究与开发，2018，37(2).

［13］胡泽文，孙建军，武夷山. 国内知识图谱应用研究综述［J］. 图书情报工作，2013，57(3).

［14］黄贤金，张捷，甄峰，等. 南京大学人文地理：1919—2012［M］. 南京：南京大学出版社，2012.

［15］金晓斌，曹雪，周寅康，等. 30年来中国地理学综合学术期刊中人文地理学论文载文分析［J］. 地理科学，2012，32(10).

［16］李旭旦. 人文地理学的理论基础及其近今趋向［J］. 南京师院学报(自然科学版)，1982(2).

［17］陆大道. 变化发展中的中国人文与经济地理学［J］. 地理科学，2017，37(5).

［18］罗小龙，陈烨婷. 南京大学经济地理学发展历程与展望［J］. 人文地理，2012，27(3).

［19］乔家君. 20世纪80年代以来人文地理研究进展及趋向分析［J］. 人文地理，2004(3).

［20］田文祝，柴彦威，李平. 当代西方人文地理学研究动态——《人文地理学词典》评述［J］. 人文地理，2005(4).

［21］王声跃. 人文地理学的起源及其在我国的发展［J］. 玉溪师专学报，1993(1).

[22] 吴传钧.论地理学的研究核心——人地关系地域系统[J].经济地理,1991(3).

[23] 徐建华.计量地理学[M].北京:高等教育出版社,2006.

[24] 翟有龙,李传永.中国人文地理学的现状与发展[J].四川师范学院学报(哲学社会科学版),2003(2).

[25] 张灿灿,孙才志.基于CiteSpace的水足迹文献计量分析[J].生态学报,2018,38(11).

[26] 张景秋.1900—1970年中国人文地理学的发展与回顾[J].人文地理,1998(1).

[27] 张晓霞,金晓斌,杨绪红,等.基于文献计量学的1983—2012年中国自然资源学发展回顾[J].资源科学,2014,36(4).

[28] 郑星.1987—2014年我国历史地理学研究现状——基于《中国历史地理论丛》的文献计量分析[J].中国历史地理论丛,2017,32(2).

[29] 钟赛香,袁甜,苏香燕,等.百年SSCI看国际人文地理学的发展特点与规律——基于73种人文地理类期刊的文献计量分析[J].地理学报,2015,70(4).

[30] 周晓艳,宋亚男.1982—2015年国际土地利用冲突研究文献计量分析[J].城市发展研究,2017,24(1).

图书在版编目(CIP)数据

南京大学人文地理:1919—2019 / 黄贤金等主编.
—南京：南京大学出版社，2021.12
 ISBN 978-7-305-24005-8

Ⅰ.①南… Ⅱ.①黄… Ⅲ.①南京大学—人文地理学—学科发展—1919—2019 Ⅳ.①K901

中国版本图书馆 CIP 数据核字(2020)第 238119 号

出版发行	南京大学出版社
社　　址	南京市汉口路22号　　邮　编 210093
出 版 人	金鑫荣
丛 书 名	南京大学人文地理丛书
书　　名	**南京大学人文地理：1919—2019**
主　　编	黄贤金　张捷　甄峰　罗小龙　金晓斌
责任编辑	荣卫红　　　　　　编辑热线　025-83685720
照　　排	南京紫藤制版印务中心
印　　刷	徐州绪权印刷有限公司
开　　本	718×1000　1/16　印张 24　字数 405 千
版　　次	2021年12月第1版　2021年12月第1次印刷
ISBN	978-7-305-24005-8
定　　价	96.00元
网　　址	http://www.njupco.com
官方微博	http://weibo.com/njupco
官方微信	njupress
销售咨询	025-83594756

* 版权所有，侵权必究
* 凡购买南大版图书，如有印装质量问题，请与所购
　图书销售部门联系调换